A BIOGRAPHY OF
MAO TSE-TUNG

毛泽东传

［英］迪克·威尔逊◎著
《国外研究毛泽东思想资料选辑》编辑组◎译

Dick Wilson

国际文化出版公司
·北京·

图书在版编目（CIP）数据

毛泽东传 / [英]迪克·威尔逊著；国外研究毛泽东思想资料选辑编辑组译. —北京：国际文化出版公司，2013.3（2025.7重印）
ISBN 978-7-5125-0503-2

Ⅰ.①毛… Ⅱ.①威… ②国… Ⅲ.①毛泽东（1893～1976）—传记 Ⅳ.①A751

中国版本图书馆CIP数据核字（2013）第054168号

著作权登记号 图字：01-2008-2990号

THE PEOPLE'S EMPEROR, MAO: A BIOGRAPHY OF MAO TSE-TUNG
by DICK WILSON
Copyright:
This edition arranged with DICK WILSON
Through BIG APPLE TUTTLE-MORI AGENCY, LABUAN, MALAYSIA.
Simplified Chinese edition copyright:
2013 INTERNATIONAL CULTURE PUBLISHING CORPORATION
All rights reserved.

毛泽东传

作　　者	[英]迪克·威尔逊
译　　者	《国外研究毛泽东思想资料选辑》编辑组
责任编辑	王逸明
统筹监制	鲁良洪
策划编辑	杨婷婷
品质总监	张震宇
出版发行	国际文化出版公司
经　　销	国文润华文化传媒（北京）有限责任公司
印　　刷	文畅阁印刷有限公司
开　　本	710毫米×1000毫米　16开 35印张　　500千字
版　　次	2013年4月第1版 2025年7月第19次印刷
书　　号	ISBN 978-7-5125-0503-2
定　　价	70.00元

国际文化出版公司
北京市朝阳区东土城路乙9号　　邮编：100013
总编室：（010）64270995　　传真：（010）64270995
销售热线：（010）64271187
传真：（010）64271187-800
E-mail：icpc@95777.sina.net

目 录
Contents

作者序 /001

☆ 第 一 部 ……引弓待发

1 属蛇的孩子（1893~1910） /007

　　毛泽东1893年12月26日生于华中一个叫韶山冲的小村子里，此时还是19世纪光绪皇帝统治的时期。按阴历算，这一年叫蛇年，如果他的父母向算卦人求教的话，算卦人会说，他们的第一个孩子将具有蛇的禀性：灵活、狡黠、生存能力强。当时的算命人一般会这样解释：属蛇的人"在保护自己时，反应强烈，凶狠恶毒；在躲避和击败敌人时，身手敏捷；喜欢黑夜"。

2 守规矩的学生（1911~1915） /029

　　湖南第四师范学校是辛亥革命之后的1912年创办的，毛将在这里度过骚动不安而又思想定型的五年。他每天都起得很早，漱洗完毕就去教室读书。下课后，一般都在读报室看报，或去图书馆借书。别人都上床睡觉了，他还在茶炉室、读报室看一会儿书，有时就在走廊里通宵不灭的灯光下读书。

3 深渊蛟龙（1915~1918） /047

　　1915年以后的中国政治引起了毛的关注，他雄心勃勃，要改造中国，要在这片古老的土地上创造一个新的社会，需要一种新的力量。他的朋友说他"身无半文，心忧天下"。

1

4　转　变（1918~1921）/065

　　毛泽东在1918年夏游历了湖南，调查各村各乡的风土人情、农民生活、租税情况，了解地主与佃农和无地农民的关系。同年10月，毛参加了李大钊的"马克思主义研究会"，在北京，他第一次产生了爱情。

5　未来的缔造者（1921~1924）/089

　　毛和其他代表在上海一个马克思主义先驱家的卧室里举行了中国共产党第一次代表大会。毛在这时几乎还没有读过列宁的任何重要著作，新党的领袖陈独秀可能把他看作是代表湖南省的一个地方民族主义者。

6　三薯饭（1925~1927）/103

　　毛被国民党任命为农民运动讲习所的负责人。他认为"农民革命乃国民革命的中心问题，农民不起来参加并拥护国民革命，国民革命不会成功"。

☆ 第二部……奋斗

7　"山大王"（1927~1928）/127

　　秋收起义失败，毛发现得以躲避国民党和军阀追击的圣地——井冈山。因为敌人的严密封锁，许多战士只穿着薄棉衣，抵御冬天的霜雪，南瓜是他们的日常主食。

8　抗　争（1928~1930）/141

　　毛拒绝党的权威的让他解散红军去上海的命令。他仍留在江西，巩固新开辟的以瑞金为中心的根据地，并进行温和的土地改革，只没收地主的土地，不动富农和中农。

9　遭　贬（1931~1934）/159

　　1931年到1934年期间，毛在中央没有一点声音，此间对毛的行为和政策的批评越来越频繁。在自身的沉浮之中，毛还必须以铁石心肠去面对他的朋友和妻子所遭受的令人毛骨悚然的命运。

10　长　征（1934~1935）/175

12个月光阴中间，天上每日几十架飞机侦察轰炸，地下几十万大军围追堵截，毛和他的红军饿了吃树皮野草，渴了喝自己的尿，饱尝风雨霜雪，闯过沼泽险地，经受住了各种严峻的考验。

11　延　安（1935~1937）/193

在保安，毛第一次能够过一种较稳定的生活。他拥有一所两个房间的窑洞，主要的奢侈品是一顶蚊帐和墙上的地图。

12　蓝　苹（1937~1938）/213

一群来自上海文艺界的年轻人在日本侵略之后前往延安参加共产党，这群人中有一个23岁的女电影演员，这就是后来的江青，当时她叫"蓝苹"，即蓝色的苹果。1938年江青搬进了毛的窑洞。

13　恶　战（1938~1941）/231

毛在延安的处境更加艰难，因为国民党中止了对红色政府的津贴，同时加紧对红区的封锁。弄到红军没有衣穿，没有油吃，没有纸，没有菜，战士没有鞋袜，工作人员在冬天没有被盖……

14　"抽象的爱"（1942~1945）/245

在著名的延安文艺座谈会上，毛抨击一些作家和艺术家所持的观点——"任何事情都要从'爱'出发"。他明确道：在阶级社会里，只有阶级的爱……

15　魔鬼的晚宴（1945~1948）/273

毛出席了国民党的一个招待会，并乐观地谈到了中国的未来。他的祝酒词是"新中国万岁！""蒋委员长万岁！"两天后，他与蒋总裁签署了临时协定，当晚，蒋介石邀请他看歌剧。就在毛看歌剧的时候，他的汽车在停车场被炸。

16　兵临北平（1948~1949）/289

当最后的曙光在地平线上愈来愈亮之时，毛开始接受这样一个现实，即他、他的士兵和党必须越来越多地参与和他们已经获得经验的乡村地区完全不同的城市生活。

☆ 第三部……大权在握

17　虎口取食（1949~1951）/309

毛作为中华人民共和国的首脑所面临的第一个挑战是，要同斯大林和解。这对他来说是极为棘手的，因为他目前所处的显要地位主要不是靠遵循苏联模式赢得的。但是现在，身为中国的第一位共产主义统治者，他必须去莫斯科与著名的国际共产主义运动领袖握手言欢。

18　挥　鞭（1952~1954）/327

毛泽东正在制定一些新的模式和法规，试图以此去训练他的党。为此，他请求党外人士监督和批评那些没有按照他的要求和思想去做的党员干部。用他的话说，扫帚不到，灰尘不会自己跑掉，因此要不断地打扫灰尘，使房间保持清洁和卫生。

19　弄　潮（1955~1956）/345

高岗事件对毛的领导地位构成了严重的威胁。毛泽东后来说，高一饶事件是一场八级地震。但不管高的野心究竟是什么，毛已经决意开展反对高岗的运动。

20　夜　鹰（1956）/359

毛肯定十分不满地意识到，他的同僚，特别是刘少奇和彭德怀不再像以前那样在公开讲话中，程式化地重复他的名字和思想了。难道他们只是要进行一场非斯大林化的运动吗？或者他们真的讨厌他了？毛花了很多年冥思苦想这一问题。

21 百花齐放（1957）/375

毛在对地方干部讲话时说，军队的宣传干部在报上公开批评"百花齐放"的自由政策带来的不良后果。"他们代表党内百分之九十的同志，所以我没有群众基础。"尽管他很被动地强调指出："我不是鼓励群众造成混乱，我不是开促乱的会议。"但他坚持认为，党在这一时期内要"放"，要接受批评。

22 东风压倒西风（1957~1958）/393

毛主席说，世界上的风向变了。社会主义阵营和资本主义阵营之间的斗争不是西风压倒东风，就是东风压倒西风。后来，这一演说在国际社会里成了毛所作过的最为著名的演说之一。

23 "大跃进"（1958~1959）/413

毛自豪地对中央委员会总结道："找到了一种建设社会主义的形式，便于由集体所有制过渡到全民所有制，也便于由社会主义的全民所有制过渡到共产主义的全民所有制，便于工农商学兵，规模大，人多，便于办很多事。"

24 旧 靴（1960~1963）/433

毛向中央委员会承认他对中国遇到的挫折深感困惑，并再次指出，在人民共和国的最初几年，"我们没有深刻理解国情"。中国未能像他原来希望的那样很快现代化。"我们不可能改变我们不懂的东西"。

25 孤军奋战（1964~1965）/455

毛意识到他在北京是无望的，这里的社会主义教育运动谨慎而无决心。作为一种特有的姿态，他离京前往南方并绝望地转向他妻子那一派政治朋友方面。在周密地安排好他的最后一次庞大的政治运动后，毛长达9个月没有回首都。

26　文化大革命（1965~1966）/477

"文化大革命"正式展开了，它谱写着毛漫长而功勋卓著的生涯中最惊心动魄的诗篇。毛自己把这场革命描绘为"课堂里学不到的政治课"，然而这门课把中国导向了"混乱的边缘"。为这场革命设计的方法则含有雪耻的因素。

27　黑　手（1966~1970）/499

毛发动这场运动的主要牺牲品是他的老同事刘少奇。没有刘的合作，毛很可能在40年代就无法取得党的主席的职位。江青和红卫兵准备比毛走得更远，他们利用刘的女儿来打倒刘。

28　和尚打伞（1970~1976）/519

毛在"文革"中最主要的合作者林彪和陈伯达企图进行一次政治夺权。很明显，他们相信毛已经成为一位令人生厌的领袖，而林彪对军队的控制将迫使其他政治家站到他们的过激政策一面来。

结　论 /543

译后记 /549

作 者 序

毛泽东是近代最后一位伟大的领导者。他从一个农家子弟,获得神秘的幸运之神的帮助,以坚强的毅力,不屈不挠地攀登着,终于成为一个大国的统治者。他的故事是一段不朽的历史。可以说,像毛泽东这样一个统治人类四分之一人口达四分之一世纪之久的伟人,在历史上也是罕见的。

他为中国创造了全新的社会、经济和政治制度,并留下了一批理论著作和评注文章,也留下了一小部分很杰出的诗词,其中很多是在马背上吟诵而成的——本书引录或节引了许多。他为自己规定的使命是把统治中国人民许多世纪的腐败、衰落、无能的帝制引入现代化——这个使命他无法完成。作为一个小省城的小学校长,到1920年,毛确信只有共产主义才是使中国达到社会公正和经济发展的唯一可行的便捷途径。

因而他扮演了中国的列宁和凯沫尔·阿塔图克——从严格的意义上说,还有斯大林——的角色。列宁在1917年以后只执掌了短短9年的开创性权力,而毛在历经30年奋战建立了一个共产党国家后,又执掌权力近30年之久,并力图在中国建设社会主义。挑战与其说是来自反共人士,不如说是来自共产党内的对手和竞争者。毛的许多精力花在了同那些与他的基本思想相同的同志的不必要的斗争上。

也许这是由于他个性中的某种不安全感造成的,一些解释说是缘于他少年时期的经历。他在很小的时候就反抗他的父亲,显示他的独立性,这在那个社会是骇人听闻的。作为家中四个孩子中的长子,他早年的生活并不轻松。他所捍卫的独立,他一心一意地追求了70年之久的个人启蒙和政治权力,有许多缘于那些早年经历。

但他的个人生活付出了代价，他不仅不能为其先后三个妻子提供任何真正物质的保证，而且似乎也未能承担感情上的责任。对他那许多孩子，他没有给予适当的保护，也没有给予传统的做父亲应给予的关怀。

由于他自己从事危险的事业，他的家庭不得不退居第二位，从这个意义上也可以说他毁灭了自己的家庭。他的两个弟弟，一个妹妹，他的堂弟和他的第一个妻子——更不要说他的众多关系密切的校友——都被杀害了，常常是在残酷的环境下，在共产党与其对手的内战中牺牲了。他的长子死在朝鲜战争中，他的第二个妻子和次子得了精神病，而他的第三个妻子、两个女儿和侄子则在他死后不久很快就失宠了，原因是他们进行了恐怕应该说是为了毛本人的政治活动。

令人惊奇的是毛本人活得那么长，幸运偏袒着他的生命与事业。1927年他死里逃生，在内战的一次战役中站在他旁边的士兵被打死了，他却幸免于难。在1935年史诗般的长征途中，幸运之神一直陪伴着他。他率领部队爬雪山，过草地，渡急流，通过充满敌意的少数民族部落地区，跋涉25000里到达了陕北的避难所。

在若干年里，我们将难以知道中国人自己对毛的真实看法。

一方面，他是平等和社会正义的旗手，"大跃进"和"文化大革命"的创造者，中国社会被压迫者的斗士。另一方面，他又是离不开社会的发明者，他坚持搞不停顿的、剧烈的运动，这种运动对许多人来说都是精疲力竭的和可怕的——特别是对技术人员和中产阶级来说更是如此。毛自己承认在1949年以后他引进共产主义的过程中，死了成千上万的人，而敌对的外国估计数字高达5000万人。作为国父式的人物，今后一段时间内，他不会得到公正的评价。

林彪终生是他的信徒，但在其生命的最后几个星期内又转而反对他。林彪当面说毛是"世界上最伟大的天才"，但林的儿子背后在其父母和亲信面前又称毛是"中国历史上最大的封建暴君"。

在中国以外，毛的声誉同样也是相互矛盾的。对许多海外华人来说，毛是个英雄，他使中国站起来反抗外国的压迫，特别是西方和俄国的压力。

毛是公然反对斯大林的共产党人，又是斯大林的后继者，他想发展新的具有现代色彩的恰到好处的马克思列宁主义。他还是在白种人的西方以外，以毫不动摇的自信心面对西方的第一位领导人。在西方面前，他没有丝毫的自卑感，反而向西方作者宣传经过修正和调整的西方理论，同时又适当地糅进了一些原始的道教思想和中国的常理。

斯大林嘲笑毛是一个"人造黄油式的马克思主义者"，赫鲁晓夫扔给毛一顶"小资产阶级"的帽子。但毛还是引起了一些欧洲共产主义者的关注。一个东德哲学家在20世纪50年代宣称："赫鲁晓夫只是个经济上的实用主义者，而毛却是个思想家。"另一个人则说："我们需要思想，今天我们只能从毛那儿……而不是从赫鲁晓夫那儿得到它。"

中国的情况使一些外国共产党人很难欣赏毛。卡斯特罗曾谴责毛是一个"荒唐可笑的凡夫俗子"，而他的党居然还把他奉为"尊神"；同时智利诗人巴布诺·聂鲁达则批评说："毛泽东成了脱离人民的活佛，他通过宗教法庭按他自己的方式来解释马克思主义和当代事件。"

但在第三世界不那么西方化的地方，在亚洲和非洲，毛更多地被称为英雄。当毛在"文化大革命"中竭尽最后力量要改造中国人时，印度尼西亚总统苏加诺评论说："如果毛失败了，那将是伟大革命时代的终结。"

巴基斯坦总理布托在谈到毛的去世时说，"像毛泽东这样的人，百年不遇，也许是千年不遇。他们占据着舞台，以神的启示来书写历史。"毛是"一座奥林匹斯山"，他"使历史为之萎缩"，他是"世界为之震惊的辉煌的新秩序的最杰出的建筑师"。甚至保守的英国人蒙哥马利勋爵也评判毛是"一个非常了不起的伟人，是凡人时代最不平凡的人"。

然而归根结底，毛仍摆脱不了他的农民习性，他节俭得近于吝啬。穿的衣服有补丁，睡一张既没有弹簧也没有垫子的宽大木床，住着朴素的寓所，吃的也是粗茶淡饭。

毛的悲剧在于，他最终未能在中国推行他想要进行的所有改革——他低估了阻力。本书将展示他的那些思想是如何形成的，他如何为此而奋斗——既反对敌人也反对朋友——以及他最后是怎样失败的。

第一部

引弓待发

星星之火
可以燎原
毛泽东

1 属蛇的孩子
（1893~1910）

毛 泽 东 传
A BIOGRAPHY OF MAO TSE-TUNG

毛泽东故居——湖南省湘潭县韶山冲上屋场。

毛泽东1893年12月26日生于华中一个叫韶山冲的小村子里，此时还是19世纪光绪皇帝统治的时期。按阴历算，这一年叫蛇年，如果他的父母向算卦人求教的话，算卦人会说，他们的第一个孩子将具有蛇的禀性：灵活、狡黠、生存能力强。当时的算命人一般会这样解释：属蛇的人"在保护自己时，反应强烈，凶狠恶毒；在躲避和击败敌人时，身手敏捷；喜欢黑夜"。

毛出身农民家庭，他的父亲毛顺生（1870~1920）精力充沛、性子暴烈。相反，毛的祖父生性懦弱，也不会经营，为维持生计被迫出卖田地——毛童年时，他祖父还活着。毛的父亲16岁就离家出去做工，赚钱贴补家用。毛后来回忆说："我父亲原是一个贫农，年轻的时候，因为负债过多而只好去当兵。他当了好多年的兵。后来，他回到我出生的村子，做小生意和别的营生，克勤克俭，积攒下一点钱，买回了他的地。"

毛泽东的父亲毛顺生。

另有一次，毛回忆说："我父亲曾经认为，如果一个人不能照料自己，他就会受到老天的惩罚。我母亲不同意他的看法。我父亲死时，有很少一些人来参加他的葬礼，而我母亲死时，却有许多人来送葬。"毛75岁时曾经很坦率地对一些红卫兵说，他父亲不好。要是他今天还活着的话，他也要坐

"喷气式"（"喷气式"是红卫兵在"文革"时期所施行的一种很痛苦的惩罚措施：弯腰低头，胳膊反剪在背后，高高举起）。但是他并不完全无知。"我父亲读过两年书，"毛回忆说，"认识一些字，足够记账之用。"毛继承了他父亲那倔强的个性。

毛的母亲叫文七妹（1867~1919），是湘乡唐家圫人。她性情完全不一样，善良、敦厚，长着一副中国妇女所羡慕的梨子型脸盘。毛长得更像他母亲，而不像他父亲。"母亲完全不识字。"毛后来回忆说。但她在村里很受尊敬，按照毛的传记作者的话说，她"心地善良"，为人慷慨厚道，"随时愿意接济别人"[1]。她是一个虔诚的佛教徒，也很相信各种地方迷信。

半瓦半茅的房子从中分开，毛家住一半，另一半住的一家姓周。房子前面有一个池塘，据说毛第一次游泳就在这池塘里。

毛家还有一个牛棚，一个猪圈，一个谷仓和一个小磨坊。韶山坐落在狭长的谷地里，地势蜿蜒起伏，住着三百来户人家，许多人都姓毛，毛姓是当地最大的姓。该村的全名叫"韶山冲"，即"美丽和平之山冲"，当地流传着这么一首歌谣：

> 韶山冲来冲连冲，
> 十户人家九户穷；
> 有女莫嫁韶山冲，
> 红薯柴棍度一生。
> 农民头上三把刀，
> 税多、租重、利息高；
> 农民眼前三条路，
> 逃荒、讨米、坐监牢。

韶山冲坐落在群山之中，树木葱茏，翠竹青青，离市镇湘

毛泽东的母亲文七妹（文素勤）。

[1] 埃德加·斯诺《西行漫记》三联书店1979年版，第107页。

潭约有100里路，但毛在童年时代从未去过湘潭。毛在韶山冲度过的童年生活是平静、贫穷而闭塞的，他所知道的只有他家族和邻居的人情琐事。

湖南省有3000万人口，在历史上落后而闭塞，脱离于国家世事沧桑之外。但在毛的时代，湖南不仅因为贸易和交通而变得重要起来，与外界的联系得到了改善，而且已经在知识上领导中国，自然而然地成为变革的中心。在过去两个世纪，湖南的知识分子，特别是王夫之，已经因为重新解释儒家学说而声誉鹊起。他们强调人类社会和政治制度要根据新的时代的需要进行演变，必须对法律的产生进行科学的探讨。部分是由于他们的影响，19世纪的湖南成为引进现代教育和工业的先锋，成为妇女解放的先驱。这就是毛的诞生之地的知识环境和氛围，他自己就很喜欢引用一句很流行的话：如果把中国比作德意志，那么湖南就是普鲁士。

四分之一世纪之后，毛描述了横跨湘江的他的湖南家乡的情景："住在这江上和他邻近的民族，浑浑噩噩。世界上事情，很少懂得。他们没有有组织的社会，人人自营散处。只知有最狭的一己，和最短的一时，共同生活，久远观念，多半未曾梦见。他们的政治，没有合议和彻底的解决，只知道私争……他们中也有一些有用人材，在各国各地方学好了学问和艺术。但没有给他们用武的余地，闭锁一个洞庭湖，将他们轻轻挡住。"①

毛出生在一个充满巨大潜力的国家，后来他在对自己的共产党伙伴演讲时说："我们中国是世界上最大的国家之一，它的领土和整个欧洲面积差不多相等。在这个广大的领土之上，有广大的肥田沃地，给我们以衣食

①《毛泽东早期文稿》，湖南出版社1990年版第294页。

毛泽东出生在其父母的卧室里。

毛家当时居住的半瓦半茅的房子。

之源；有纵横全国的大小山脉，给我们生长了广大的森林，贮藏了丰富的矿产；有很多的江河湖泽，给我们以舟楫和灌溉之利；有很长的海岸线，给我们以交通海外各民族的方便。从很早的古代起，我们中华民族的祖先就劳动、生息、繁殖在这块广大的土地之上。"①

但是到了毛的时代，中国已沦为"东亚病夫"，成为经济、文化落后的国家——毛说："经济落后，文化也落后，又不讲卫生，打球也不行，游水也不行，女人是小脚，男人留辫子，还有太监，中国的月亮也不那么好，外国的月亮总是比较清爽一点……"

在毛出生前后几十年，列强给他的国家带来了耻辱。毛在一次演说中说：

> 用战争打败了中国之后，帝国主义列强不但占领了中国周围的许多原由中国保护的国家，而且抢去了或"租借"去了中国的一部分领土。例如日本占领了台湾和澎湖列岛，"租借"了旅顺，英国占领了香港，法国"租借"了广州湾。②

最糟糕的是中国人民不能组织起来以应付各种挑战。就在第一次世界大战结束后不久，毛抱怨说：

> 原来我国人只知道各营最不合算最没出息的私利，做商的不知设立公司，做工的不知设立工党，做

---

① 《毛泽东选集》第2卷第2版第621页。

② 同上，第628页。原文所引与《毛泽东选集》略有不同。参见日本苍苍社《毛泽东集》第7卷，1983年第2版第101页，"用战争打败了中国后，帝国主义国家便抢去了中国的许多属国与一部分领土。日本占领了朝鲜、台湾、琉球、澎湖群岛与旅顺，英国占领了缅甸、不丹、尼泊尔与香港，法国占领了安南，而蕞尔小国如葡萄牙也占领了我们的澳门。"

学问的只知闭门造车的老办法，不知同共〈共同〉的研究。大规模有组织的事业，我国人简直不能过问。政治的办不好，不消说。邮政和盐务有点成绩，就是倚靠了洋人。海禁开了这么久，还没有一头走欧州〈洲〉的小船。全国唯一的"招商局"和"汉冶萍"，还是每年亏本，亏本不了，就招入外股。凡是被外人管理的铁路，清洁，设备，用人，都要好些。铁路一被交通部管理，便要糟糕，坐京汉，津浦，武长，过身的人，没有不嗤着鼻子咬着牙齿的！其余像学校办不好，自治办不好，乃至一个家庭也办不好，一个身子也办不好，"一丘之貉""千篇一律"的是如此。①

毛的祖国就是这样腐败，毛后来为消除这种腐败而献身。

毛在韶山冲头三年的生活虽然说不上很奢华，但至少是很温暖的，因为他得到母亲深切的、全身心的爱抚和无微不至的关怀。他三岁时，又有了一个弟弟毛泽民（1896~1943），从此毛就进入了竞争的世界。1958年他对自己的同事说："每一个人都有忧患与欢乐。学生们怕考试，儿童怕父母有偏爱。"②八岁的毛在中国的家族制度中的地位无疑"上升"了，他得在家里负起小责任，尽一些小义务，以补偿由于有了弟弟而突然失去的母亲以前所给予他的那一部分爱与关心。但他可能还太小了，不懂得这种补偿的好处，因而由于有这种失落感而受到了较深的伤害。

与此同时，家业开始发达，毛的父亲逐渐成为"富农"。毛后来回忆说："这时我家有15亩田地，成了中农，靠此每年可以收60担谷。一家五口一年共吃35担——即每人七担左右——这样每年还有25担剩余。我的父亲利用这些剩余，又

①《毛泽东早期文稿》第393页。

②毛泽东《在中央政治局武昌会议上的讲话》，1958年12月1日。

毛泽东的大弟毛泽民。

①《西行漫记》第105~106页。

②同上，第106页。

③毛在此用的是中国式的计年法，比实际年龄大一岁（下同）。——编注

④《西行漫记》第106~107页。

⑤同上，第109页。

积蓄了一点资本，后来又买了七亩地，这样我家就有'富'农的地位了。那时候我家每年可以收84担谷。"①

最后，毛的父亲做起了贩运谷物和生猪的生意。

"我父亲还是一个中农的时候，就开始做贩运谷子的生意，赚了一些钱。他成了'富'农之后，就用大部分时间做这个生意了。他雇了一个长工，还叫孩子们和妻子都到地里干活……我父亲做生意并没有开铺子，他只是从贫苦农民那里把谷子买下来，然后运到城里卖给商人，在那里得到个高一些的价钱。在冬天碾谷的时候，他便多雇一个短工干活，那时我家就有七口人吃饭。"②毛六岁时，义和团（韶山还不知道，因为没有报纸）正在围攻北京的外国使馆。毛的父亲开始要他放牛，干农活。两年后毛八岁了，他开始在韶山的小学堂里念书，一直读到13岁，但家里的活他还得干。"早晚我到地里干活。白天我读孔子的《论语》和《四书》。"③

毛刚识了几个字，他的父亲就要他给家里记账。"他是一个严格的监工，"毛后来回忆说，他"看不得我闲着；如果没有账要记，就叫我去做农活。"④

毛的母亲教她的孩子要信佛，他解释说："我们都因为父亲不信佛而感到伤心。"八岁时，"曾经同母亲认真地讨论过我父亲不信佛的问题，从那以后我们好几次想把他转变过来。"毛当然对宗教更是抱怀疑态度，因而"我母亲……责备我不热心拜佛。"⑤

毛把午饭带到学校去吃。但有一段时间，他晚上放学回来，总是喊饿，吃得特别多。他母亲很奇怪，问他："你晚上怎么吃得这么多？是不是

毛泽东少年时代读书的私塾旧址南岸学堂。

午饭不够吃？"

毛告诉母亲说："在我们班来了一个新同学，家里穷，没饭带，我就把自己的饭菜分一半给他。"

"为什么不早告诉我？"母亲赞扬他，以后总是让他带两个人的饭去。

《四书》《五经》引不起毛的兴趣，虽然他背书很在行。"我的国文教员是主张严格对待学生的。他态度粗暴严厉，常常打学生，因为这个缘故，我10岁的时候曾经逃过学。"

他又不敢回家，怕挨父亲的打，在外面乱跑了三天，终于被家里的人找到了。但出乎他意料之外，他受到了温和的对待，"我父亲比以前稍微体谅了一些，老师态度也比较温和一些。我的抗议行动的效果，给了我深刻的印象。这次'罢课'胜利了"。①

1905年，毛12岁，他又有了第二个弟弟毛泽覃（1905~1935），这个弟弟受到了父亲的溺爱。12个月后，毛的父母又领养了一个女孩，她本是毛的堂妹，名叫毛泽建，或毛泽红（1906~1930）。大约在这个时候，毛的年迈的祖父去世了，因而毛在家庭中也就有了一定的地位。第二年毛13岁，他离开了小学堂，整天在地里干活，为父亲记账。他种菜、锄草、放牛、喂猪，什么活都干，50年代他住宅的墙上还挂着金属刷，据说他曾用这把刷子为牛刷洗。

但毛的父亲对毛的劳动不满意。"他性情暴躁，"毛回忆说，"常常打我和两个弟弟。他一文钱也不给我们，给我们吃的又是最差的。他每月十五对雇工们特别开恩，给他们鸡蛋下饭吃，可是从来没有肉。对于我，他不给蛋也不给肉。"

相反，他的母亲"心地善良"，"为人慷慨厚道，随时愿意接济别人。她可怜穷人，他们在荒年前来讨饭的时候，她常常给他们饭吃。但是，如果我父亲在场，她就不能这样做了。我

毛泽东的小弟毛泽覃。

毛泽东的堂妹毛泽建。

①《西行漫记》第106页。

父亲是不赞成施舍的。我家为了这事多次发生过争吵。"

后来毛确实用政治术语来分析他家的形势。他说,他家分成两"党"。一党是他父亲,是"执政党",毛和他母亲、弟弟组成了"反对党","有时连雇工也包括在内"。但在这个"反对党"的"统一战线"内也有分歧。毛的母亲特别反对直接打击或公开的感情流露,主张讲究斗争策略,不要施加太强硬的压力。

毛的母亲也反对毛的激进主义。毛后来在回忆一些哥老会成员抢了他们家囤积的粮食的情形时说,抢得好!人家没有米嘛!但我的母亲不同意我的观点。①也可能他们没有偷毛所珍爱的书籍,否则他也不会这样宽容。

他后来说他在小学堂里没有学到什么有用的知识,如地理、历史或科学都没学到,他收获最大、享受最多的是读旧小说——特别是那些"关于造反的故事",如14世纪的《水浒传》《三国演义》等,他的老师讨厌这些"禁书""坏书",但毛在学校里还是照样看个不停。"老师走过来的时候就用一本正经书遮住……我认为这些书大概对我影响很大,因为是在容易接受的年龄里读的。"②毛常常在深夜里把屋子的窗户遮起,好使他父亲看不见灯光,这样他就可以看书了。

这一时期对他产生巨大影响的一本书是《盛世危言》。这本书讲的是一个在日本受过训练的中国商人强烈地呼吁给私人企业以更大的发展自由,要通过引进西方技术实现中国的现代化。这本书确实对毛产生了巨大的影响,他甚至跑

①《毛泽东同志的青少年时代》,中国青年出版社1979年版第13页。

②《西行漫记》第108页。

毛泽东当时的还书便条和《盛世危言》。

去找本地的一个学法律的学生,和他一起学习,以获取更多的教益。稍后,他又在村里师从一个叫毛钟楚的老先生,学习经书古籍。毛钟楚在官方的科举考试中考中最低的学位"秀才"。

毛的父亲不仅对经书很推崇,甚至希望毛能尽快掌握它们,尤其是在一次打官司时,由于他的对手在法庭上能恰当地引经据典从而使他败诉之后,就更是这样了。与此同时,老头儿继续聚财,这笔财产在那个村子里已被认为是笔大财了。他不再买进土地,而是典进了许多别人的地。他的资本增加到约300美元。①

毛13岁时和他父亲发生了两次严重的冲突。一次他父亲请了许多客人到家里,毛当众和他吵了起来并离开了家。"父亲当众骂我懒而无用。这激怒了我。我骂了他,就离开了家。母亲追上前来,竭力劝我回去。"

毛的父亲也赶来,一边骂一边命令他回去。"我跑到一个池塘旁边,"毛回忆道,"恫吓说如果他再走近一步,我就要跳下去。"这样他父亲停住了,双方达成了妥协。"父亲坚持要我磕头认罪。我表示如果他答应不打我,我可以跪一条腿磕头。"按照毛最要好的同学的说法,毛两次对他的父亲磕头认罪,一次是在众多客人之前,另一次则是在他们走了之后,他母亲又把他带到父亲跟前,要他磕头,但毛只跪一条腿,他母亲双手压住他肩膀,要他跪两条腿。

"战争这样结束了,"毛后来评论说,"我从这件事认识到,我如果公开反抗,保卫自己的权利,我父亲就软了下来;可是如果我仍然温顺驯服,他反而打骂我更厉害……我学会了恨他……"对中国人来说,这是反抗自己父亲的一个很突出的故事,这个故事选自1936年毛对埃德加·斯诺简述的自传的中文本。

毛13岁那年发生的另一件事也是个人私事。按照中国的

① 当时1块银元或1元等于1美元。此处"300"疑为"3000",参见《西行漫记》第107页。——编注

1936年6月,美国记者斯诺到陕北采访。年底,采访的文章陆续在中外报刊上发表。最先将这些文章结集成书的,是1937年4月,北平《外交月报》印刷厂以"上海丁丑编译社"名义出版的《外国记者西北印象记》。

传统，毛的父母在他13岁那年给他"娶"了一个19岁的女子，名叫杨翠花。这桩"婚姻"可能是在一个火柴商人的帮助下安排的，其目的在于促进毛家的农业经济。毛的父亲可以把这个女孩当雇工使用而不付钱，同时，这个女孩的出现可以使毛家传宗接代，养育潜在的劳动力，尽快地派上用场。

但毛背叛社会传统，反对这桩婚事。毛后来在谈到自己的早年生活时说："我14岁的时候，父母给我娶了一个20岁的女子，可是我从来没有和她一起生活过——后来也没有。我并不认为她是我的妻子，这时也许并没有想到她。"① 据说这个女子最终也没有和别人结婚。

毛13岁时，长得和他父亲一样高大，每天能够挑一副沉重的粪桶往田里送好几趟肥。毛养成了带书到田里的习惯，这样，他随时都可以跑到古墓后的大树下读那些英雄传奇和造反的故事。他的父亲总是抱怨看不见他的影子，最后当场抓住了他，手里拿着书，两只空桶放在他身边。

"你是不是成心不想干活？"他父亲问。

"不，爹，"毛回答说，"我只是歇会儿。"

"今天一早你还一担都没挑呢！"

"谁说没挑，"毛抗议道，"从天亮起我已经挑了好几担了。"

"到底几担？"他父亲问。

"至少也有五六担吧！"毛说。

"半天才挑五六担！你以为干那么点活，我就得白养着你吗？"

"那你说你半天能挑几担？"

"20担，"他父亲回答，"起码也得15担。"

"从家里到田头有不少路程呢。"

"那你的意思是不是我该把家建在田埂边，你就省心了？！我像你这么大的时候，还不是一样干这种活。我看你一

① 《西行漫记》第123页。

点也不关心这个家。你说我们该怎么过日子?你生得倒安稳,好像没事人似的。你知不知道感恩图报?耗费时间读这些破书,有什么用?你不是三岁小孩了,要想吃饭,就得干活!"

"够了,"毛说,"你老是唠叨个没完。"

这事发生在上午,吵完之后他们回家吃午饭。但下午五点钟时,毛又不见了。他父亲现在知道到哪里去找他。他径直走到古墓那里,看到儿子像上午一样坐在那儿,手拿着书,身边放着空桶,两个人又吵了起来。

"你真的鬼迷心窍,中了这本书的魔了?把你爹的话只当成耳旁风吗?"

"不是,爹,"毛回答说,"我还是听你的,你叫干什么就干什么。"

"我的意思明白得很,"毛父接着说,"我要你一门心思扑在田里,规规矩矩地干活,别再看这些闲书。"

"我会规规矩矩干活的,"毛回答说,"但我也要看书。我保证先干活,后看书,田里的活干完后,总可以干点自己的事吧。看你还有什么话说,只要做完了田里的那份活,你就不用管我看自己的书了。"

"可是,小子,"毛父反驳道,"你才挑了几担就躲到这儿来看书?"

"来看书之前,"毛坚持道,"你要我干的我都完成了。"

"完成什么了?"

"吃过午饭后,"毛说,"我已经挑了15担肥。要是不信,自己到田里数数去,搞清楚了你再来。现在你还是让我清静一点吧,我要看书了。"

毛的父亲很吃惊:一个下午挑了15担肥可是很重的活,那我还有什么话说呢。他走到田里,仔细数了数,真有15担。

他儿子没撒谎。此后这个孩子继续在他那隐秘的地方读他的传奇小说，他知道如果干完了父亲规定的任务，父亲就不会干涉他了。①

毛的父亲决定送他到湘潭的米店学徒，他和这家米店有些关系，毛也同意了。但就在此时，毛听到母亲文家表兄说，在母亲的家乡湘乡县办了一所新学校，这所新学校教授西方的"新学"，教学方法也是很"激进"的，那里不太注重经书。毛此时在地方小学堂还受到一个"激进"的反佛教先生的影响，这位先生号召人们去除神佛，把庙宇改成学堂。

他还读到一本谈到列强瓜分中国的小册子。30年后毛回忆说："我还记得这本小册子的头一句话是：'呜呼，中国其将亡矣！'这本书谈到了日本占领朝鲜、台湾的经过，谈到了缅甸、越南等地的主权的丧失。我读了以后，对国家的前途感到沮丧，开始意识到，国家兴亡，匹夫有责。"②这一切导致毛去寻求更多的现代知识。

但他没有钱上学，大多数人都认为他已15岁了，早过了上小学的年龄，当毛最终决定和他的父亲谈他不想去米铺当学徒而想去上学时，他遭到父亲的一顿嘲弄。

"真是白日做梦太荒唐，"他父亲咆哮道，"你这么个牛高马大的人能和小娃娃坐在一起念书吗？你都是在发疯。"

毛决定自己想办法。他不顾父亲的反对，请每一个亲戚朋友借给他一点钱，而他父亲一点也不知晓。当他弄到了足够的钱时，一天晚上他在饭桌上宣布说：

"我决定上东山学堂念书去，三天后我就走。"

"你是不是得了奖学金，可以不交学费？"他父亲嘲弄道，"要不就是你今早中了头彩。"

"钱的问题你不用操心，"毛平静地回答，"不要你破费

① 萧瑜《我和毛泽东的一段曲折经历》，昆仑出版社1989年版第46页。

② 《西行漫记》第111~112页。

19世纪末西方报刊上的漫画《中国蛋糕》，赤裸裸地表现了当时列强瓜分中国的野心。

一文钱。"

毛的父亲离开了饭桌,点燃了一锅烟,几分钟后又回来问:"你弄到奖学金了吗?我不付钱你怎么能进学堂?我知道上学的人都得交学费、伙食费和房钱,贵得很。王家小儿子想念书想了好几年,也没念成。唉,学堂的门不是可以说进就进的。只有财主老爷家的人才进得去,我们这样的人家那是没有指望的。"

"你不用操那份心,"毛诡秘地一笑,"反正不要你破费,就这么回事。"

他父亲反驳道:"事情可不像你想的那样简单。你要是走了,就少了一个人手,谁会帮我们干地里的活计?你说是不用我破费,可你忘了我得要给顶替你的长工发工钱。小子,你心里有数,我出不起工钱呀!"

毛没有想到这一招,一时无言以对。最后他还是被狡黠的父亲难住了。愣了一会儿,他起身去找一个远亲,这个亲戚有帮助年轻人读书的好名声。毛向这位亲戚讲了自己的抱负和具体困难,于是这位亲戚给了他一笔钱。

当天晚上,毛问他父亲:"雇一个长工得多少钱?"

"每月至少一块钱,"他父亲答道,"一年就是12块。"

毛不动声色地把钱递过去说:

"给你12块钱,明天一早我就去东山学堂。"

第二天,天刚破晓,毛就起身收拾自己的行装,一顶蓝布蚊帐,两条很有年头、已洗得发灰、布满补丁的白床单,几件褪了色的长衫。他把这些东西卷成一捆,扎到扁担的一头,另一头则挑着两本小说。

"你不打算跟你爹道别吗?"他母亲问。

"不。"毛回答说。

"要不要再带点东西？"

"不用，"他说，"够了。"

再没多说一句话，也没挥手作别，毛泽东毅然上了路。头也不回。①走了很长的一段时间，在山脚的一棵树下，毛看见一个衣衫簇新的孩子和一个老农坐在地上。他走过去，坐下来，和他们聊了起来。

当他知道这个孩子在湘乡县上小学时，毛急忙向他打听情况。他的第一个问题是，这个学校有多少学生。第二个问题是他最感紧张的：

"他们都是多大年纪？有没有比你大的？"

接着毛又问老师是不是很严厉，那个孩子告诉他，有一个老师经常用粗手杖打他们。

"那么，你们就任他这样而不想法子对付他吗？"

"你真是，"那个孩子反问道，"又能怎样呢？"

"你们不应该让他把你们打得那样重。"毛说。

"但我们只是小孩子啊，而他是一个大人。"

"但是你们有很多人，他只是一个人，要制止他不会太困难。"

"是的，不过他是一个先生，我们必须尊敬先生，你难道不了解吗？"

"但是当他对你们太凶的时候，"毛问，"你们仍然尊敬他吗？"

"我们都害怕他——所有的同学都怕他，我们连一句反驳的话也不敢说，我们实在没有办法。"

"你们这些小孩简直都是些傻瓜。"毛轻蔑地说。

"你这样嘲笑我们最容易的，可是如果你在我们那种情况你也和我们没有两样。"

"哈哈，我也会这样子？"毛坚定地说，"假定我是你们，我就把他杀掉！"②

①萧瑜《我和毛泽东的一段曲折经历》第7~10页。

②萧瑜《我和毛泽东行乞记》，新加坡明窗出版社1988年第2版，第19~20页，为统一译文，凡大陆版本将萧瑜原著删节的部分，参照新加坡的中文译本。

当毛在路上第一次看见东山学堂时,他停了一会儿,仔细地打量着,他从来没有见过这么高大的房子。一条小河环绕着学校而过,小河有一百来尺宽,上面架着一座宽大的白石桥。沿河有一堵高约15尺的坚固石墙,孩子们称之为"长城"。

东山学堂始建于1895年,1900年易名为"东山书院";1910年秋,毛泽东来到这里学习。

在这重要的时刻,毛鼓起勇气,朝着第一道大门走去。他慢慢地跨过白石桥,第一个碰到的是看门人。他不让毛进去,因为毛太大了。

"我为什么不能像其他孩子一样进学堂呢?"

在场的一个孩子喊道:"你进大学都够大了!"

另一个孩子叫道:"你为什么要到这里来上学呢?我们都不是工人呀!"

其他的孩子打量着他的行李卷,发现有两本很破旧的卷了边的小说。

"你总共就带了这两本书来吗?"一个孩子问。

"你知道不知道,"另一个说,"我们不许阅读这一类坏书的。"

"我只恳求你告诉校长,"毛恳求道,"我想找他谈谈。"

"我不敢去打扰校长,"看门人回答说,"你是个傻瓜,而我却不傻!真是胡闹透顶了!"

"要是你们不去通报,"毛大声说,"我就自己去。"

"你敢!"看守人恐吓道。

学生们也都冲着他大声喊叫着,毛挑起行李向门口走着,看门人挡住了他,吼着说:"走开!东山学堂不是疯人院!"

与此同时,一个孩子跑去对校长说:"先生,一个小土匪想进我们学堂……他在打看门人,学生都在帮看门人,但这个土匪又高又壮,非常蛮横,你快去帮我们,先生,快点!"

校长出来察看情况。

"怎么回事？"他问，"这么吵吵嚷嚷的？"

"先生，"看门人指着毛说，"这个傻瓜说他想进我们学堂，并且要见你，他是一个十足的地痞无赖！你见他吗？喏，就是这人！"

毛走向校长，用恭敬的口吻说："先生，请您准许我在您这里读书。"

"把他带到我办公室来！"校长吩咐看门人。

毛挑起行李，但看门人又拦住他："你以为是让你挑行李进去吗？把行李放在这儿，随我进去！"

毛不想把行李丢下，怕孩子们会拿走什么东西。

"我想带上行李。"

"你怎么带这样的东西进校长办公室？"看门人吼叫着，"把它放在这儿，谁会对这破东西感兴趣？学校不是疯人院，也不是小偷窝，把东西放这儿，丢了我负责，告诉你，东西被偷了找我！"[1]

毛犹豫了一会儿，把行李放在看门人的屋角里，然后跟着他进了校长办公室，学童翻遍了他的行李卷，拿走了那两本宝书。

一进校长办公室，毛又恳求道："先生，您能准许我在这里读书吗？"

校长不能置信似的打量着他，问他的名字和籍贯。

"多大了？"

"刚刚满15岁，先生。"

"你长得可够大的，看上去至少有十七八。"

"没有，先生，我才15岁零几个月。"

"你在村里念过私塾吗？"

"我跟着王先生念了几年书，能够看懂小说。"

---

[1]《我和毛泽东行乞记》第26~30页。

"你看的是什么小说,毛泽东?"

"《三国演义》和《水浒》我都看过很多遍。"

"你读过小学的课本吗?"

"没有,先生,没读过。"

"你能阅读二年级的课本吗?"

"差不多吧,"毛如实回答说,"也有些字不大认得。"

"学过算术吗?"

"没有,先生。"

"你了解多少历史、地理?"

"一点没学过。"

"你写两行正楷字给我看看。"

毛写了几行,字写得歪歪扭扭,又大又难看。他的手更适合干农活,而不是拿笔杆。

校长宣判说:"唔,不行,不能让你上这间学堂,我们没有专为初入学者设的初级班,再说,你的年龄进小学太大了。"

"请您留下我吧,我要读书。"毛恳切地说。

"你跟不上来,那是毫无希望的。"

"让我试试,"毛恳求道,"留下我吧。"

"那不可能,你肯定跟不上班,只会是白白糟蹋你的时间。"

"但是我一定拼命用功……"

就在这时,另一个老师听到他们的对话,也走进了校长办公室,毛的恳求打动了他。他建议说,让毛跟班试学五个月。校长最后同意了。就这样,毛进了东山小学堂。①

毛交了1400个铜元,作为五个月的膳宿费和学杂费。他父亲也勉强同意了他进这所学堂。因为朋友们对他说,这种先进的教

① 《我和毛泽东行乞记》第12~13页。此说与萧三等人的回忆有出入。

1958年,毛泽东题写的"东山学校"校名。

育可以教会他赚更多的钱。

毛被其他学生镇住了。"我以前从没见过这么多孩子聚在一起。"他后来说。他们多数是地主子弟,穿着讲究。有些学生穿绸缎,着轻裘,华衣美服,很少有农民能送孩子到这样的学堂上学,毛与其他学生形成了鲜明的对比。"我只有一套像样的短衫裤……许多阔学生因此看不起我。"

毛还成为复杂的地域观念的牺牲品,他们认为他不是湘乡人,把他当作外来者,毛后来说:"我精神上感到很压抑。"①

然而毛也交了朋友,其中一个是萧三,他的另一个名字叫艾米·萧,更为人所知。他是个瘦弱的孩子,比毛小两岁。前额高高的,偏好语言和诗歌,他后来写了一本书叫《毛泽东同志的青少年时代》。

还有一些很不错的老师,其中一位是从日本留学回来的。他在毛的记忆中留下了深刻的印象,他已剪掉了辫子,回国后,只得戴着假辫子。"很容易看出来他的辫子是假的。"毛回忆说,"大家都笑他,叫他'假洋鬼子'。"

尽管人们都笑他,但毛从这个"假洋鬼子"那儿学到了许多东西。他教音乐和英语,讲了许多关于日本的事。毛回忆说:"我当时了解到并且感觉到日本的美,也感觉到一些日本的骄傲和强大。"例如,他在学唱纪念日本在1905年日俄战争中战胜俄国的歌曲时就有这种感受。一向被蔑视的东方民族第一次在正式战争中战胜了一个欧洲强国,日本对沙俄的胜利不仅鼓舞了像中国的毛泽东那样的年轻人,也激励了整个亚洲的青年人。

毛在学校表现不错,尽管他自己说他表现不怎么样。如果老师的课枯燥乏味,他就看小说或

①《西行漫记》第112~113页。

萧三,湖南进步社会团体新民学会的发起人之一,中共创建初期的党员。与毛泽东、周恩来、李大钊等人交往密切。

萧三编著的《毛泽东同志的青少年时代》。

打瞌睡——他后来解释说,这是对那些不会用提问和对话引起学生兴趣的老师的一种惩罚。①

"我在这个学堂里有了不少进步。"毛回忆说,"教员都喜欢我,尤其是那些教古文的教员,因为我写得一手好古文。"但他承认他心不在古文上。他当时正在读表兄送的两本书(毛很遗憾,他的表兄后来在革命中站到了另一边,反对共产党)。这两本书一本是梁启超编的《新民丛报》合订本,另一本讲的是康有为1898年发起的流了产的"戊戌变法"。"这两本书我读了又读,"毛回忆说,"直到可以背出来。我崇拜康有为和梁启超……那时我还不是一个反对帝制派;说实在的,我认为皇帝像大多数官吏一样都是诚实、善良和聪明的人。他们不过需要康有为帮助他们变法罢了。"②

一天晚上玩耍之后,毛和萧三随着铃声走进教室,萧手里拿着一本书。

"你那是什么书?"毛问。

"《世界英雄豪杰传》。"

"借给我读一读。"

几天之后毛把书还给萧三,道歉说把书弄脏了。萧打开书一看,发现书上许多地方圈圈点点——特别是那些讲华盛顿、拿破仑、彼得大帝、叶卡捷琳娜女皇、惠灵顿、格莱斯顿、卢梭、孟德斯鸠和林肯的章节,圈点更多。

毛后来对萧三感慨地说:"中国也要有这样的人物。我们应该讲求富国强兵之道,才不致蹈安南、朝鲜、印度的覆辙……"③

毛回忆说:"在一篇讲述美国革命的文章里,我第一次听到美国这个国家,里面有这样一句:'华盛顿八年苦战始获胜利遂建国家……'"④

①毛泽东《在讨论四清问题的中央工作会议上的讲话》,1964年12月28日。

②《西行漫记》第113~114页。

梁启超创办的《新民丛报》。

③萧三《毛泽东同志的青少年时代和初期革命活动》,中国青年出版社1980年版,第25~26页。

④《西行漫记》第114页。

与此同时，毛还关心中国各地的政治、经济危机。他听说在大饥荒时在省城长沙爆发了大规模的反抗运动，许多暴动饥民的领袖被砍了头，高挂在树干上示众。毛的朋友们都在议论这件事，他对政府如此残暴对待起义者表示极大的愤慨。大约在同时，秘密会社哥老会同本地的一个地主发生了冲突。哥老会夺取了他的粮仓；他们的领袖是一个铁匠，后来被砍了头，但他在毛和该省的其他年轻人眼里成了英雄。

1910年4月，长沙抢米风潮爆发后，湖南政府派出军队保护外国驻长沙领事馆。这是当时英国领事馆门前的清朝士兵。

一年以后，韶山也闹米荒，穷人要求富户接济他们。毛解释说："我父亲是一个米商，尽管本乡缺粮，他仍然运出大批粮食到城里去。其中一批被穷苦的村民扣留了，他怒不可遏。"毛并不同情他父亲，"可是我又觉得村民们的方法也不对。"[①]

① 《西行漫记》第111页。

这个孩子确实在实践他的理想。有一次回家过新年，他父亲让他去收猪钱，一个朋友回忆说，在回来的路上，他碰见几个衣衫褴褛的穷人，便马上把收来的钱分给他们。五个月以后，毛由于取得的成绩而被允许留下来。那些偷了他两本小说的孩童们对毛友好起来，并把书还给毛。他们确实是把他当作讲授这些传奇故事的权威，而这又引起了热烈的争论。《三国演义》在毛的心目中占有如此高的地位，以至于他不能容忍人们对它表示非议。历史教员告诉他，这本书很多是历史事实的演绎，但毛在激烈的辩论后也不承认这一点，他跑到校长那儿寻找支持，但校长支持历史教员的观点。所以他向镇长写了一份请愿书，要求撤换校长，但其他学生都不愿在上面签名。

在这种情况下，毛丧失了他最初从老师和同学那儿获得的同情，而按照他一个朋友的记述，这是促使毛决定离开东山学堂的原因。

2 守规矩的学生
（1911~1915）

毛 泽 东 传
A BIOGRAPHY OF MAO TSE-TUNG

1914年2月,湖南第四师范学校职员及预科学生合影。第五排左二为毛泽东。

当毛决定去大城市上中学时，已快满18岁了。他特别想去离他家约120里的湖南省会——长沙。1911年暑假以后，他请东山学堂的一位教员介绍他进长沙的湘乡驻省中学。他带着这封宝贵的推荐信和萧三一同步行去长沙。按照毛后来的话说："当时极其兴奋，一面又担心不让我入学，我几乎不敢希望真能进这所有名的学堂。"①

他们在湘潭停下，换乘渡船去长沙，萧三说当他们看见"喧闹的城市，街上拥挤的人流"，他们感到"说不出的激动"。出乎毛的意料，他几乎没费什么周折，便顺利地被长沙湘乡中学录取了。

在这里他见到了第一份报纸《民立报》，它是革命运动的喉舌，刊载着反清起义以及孙逸仙在1911年至1912年革命运动早期政治活动的激动人心的报道。孙逸仙是广州一带一个农家孩子，他先进教会学校读书，成为基督教徒，后又去香港学医，最后成为共和运动的领袖。毛回忆说："我激动之下，写了一篇文章贴在学堂的墙上。这是我第一次发表政见，思想还有些糊涂。"他仍然强烈地钦佩他在东山学堂读书时知道的政治维新派，所以在他贴出的第一张大字报里提出，孙逸仙当共和国的总统，康有为当国务总理，梁启超当外交部部长，后来

①《西行漫记》第115页。

他自己承认说:"我并不清楚他们之间的差别。"

帝制政权垂死挣扎,竭力阻止变革潮流,反满情绪在学生中进一步加强了,一群爱国者在长沙湘乡中学相约把辫子剪掉,以蔑视帝制。毛和另一个同学剪掉了辫子,但其他人最后都不守信用,没有剪辫子。

毛回忆说:"我的朋友和我就出其不意强剪他们的辫子,总共有十几个人的辫子成了我们剪刀下的牺牲品。"但是毛在这所学校里感到不自在。半个世纪之后毛在一次政治局会议上说:"我小时候,在中学时,只要一听到不合我意的消息,我就火冒三丈……"①

毛到长沙不久,武汉就爆发了推翻满清统治、实现共和的大起义。起义代表来到毛的学校演讲。这次演讲激励着毛去参加革命军。他和几个朋友决定到武汉去。出发前他们借了一些雨鞋,因为听说"汉口的街道很湿"。

但是由于种种原因,毛和他的朋友未被录取,他们只好再返回长沙。

这时毛能够亲眼观察政治风云的变幻。1911年10月22日,他目睹了共和军夺取长沙的经过。起义军沿着铁路线推进,在长沙城外打了一个大仗,同时城里也爆发了大起义。城门被轰开,被中国工人夺取,毛站在一座小山上观察战斗。

起义胜利后,建立了新政府,但新政府的执政时间并不长,几天之后毛看见新都督和副都督横尸街头,他们成为保守派复辟的牺牲品。皇帝仍未退位,毛因而决定参加当地的共和军,为完成这场革命而尽力。

毛所在连的连部设在法院里。在军队里他接受了正规的训练,当然也承担了一些额外的义务,如军队转移时,为长官挑床铺、被褥和衣箱。一些士兵,每天都得到城外的白沙井去为

辛亥革命之后,革命军替群众剪掉了大辫子,以此宣告清政府的倒台。

① 斯图尔特·施拉姆《无法被详述的毛泽东》,伦敦1974年版第137页。

连队、为军官挑水。毛回忆说:"我的军饷是每月七元……每月伙食用去二元。我还得花钱买水。士兵用水必须到城外去挑,但是我是一个学生,不屑挑水,只好向挑夫买水。"毛年轻时很看重劳动的贵贱。

毛剩下的饷银主要用在订报上,他贪读不厌。萧三回忆说:"每张报的四面他一字不漏地看完,报纸上也有新闻,也有政论,也有各种各样的文章,他觉得,真是五花八门,美不胜收!从报纸上可以得到许多的知识。特别从这时起,他就注意研究时事与社会问题。"①

在一张报纸上,他第一次看到了论述社会主义的文章。文章很简略,写得也很糟,但毛受到了启发,他急切地开始和士兵们讨论社会主义。"认为它是迄今为止所提出的拯救世界和人类的最好理论。"萧三回忆说。在他的战友中,只有两个人毛很喜欢,一个是湖南的矿工,一个是铁匠。"其余的都是一些庸碌辈,有一个还是流氓。"毛后来评论说。

在军队里过了六个月灰心丧气、平淡无奇的军营生活后,毛决定退出军队。上层政界达成停战协议,因此"我便退出军队,决定回到我的书本上去"。当时毛已很清楚,无论他们怎么动摇君主制,新的共和军队也无法战胜顽固保守的中国地方军阀。孙逸仙成为中华民国的总统,但不久就被一名将军所取代,湖南的革命者被愚弄,他们的领袖被代表地主官僚的军阀谭延闿暗杀。

毛的军队生活给他上了很好的一堂课。他的一个老师后来解释说:"毛在军营中的雇佣兵生活使他懂得,依靠这种军队来达到革命的目的是徒劳的,因为在政治上很难教育他们。毛明白,要成功地进行农村改革运动……就必须武装农民自己。"②

①萧三《毛泽东同志的青少年时代和初期革命活动》第34页。

1917年9月,孙中山身穿陆军上将礼服照。

②克莱尔和威廉·本德《龙旗,在中国游击队中的两年》,伦敦1947年版第249页。

离开军队后,毛在省城长沙没有明确目的地转悠了一年。他试着读几所学校,但没有一所合他的意。他开始注意报纸上的广告。毛回忆说:"我并没有一定的标准来判断学校的优劣,对自己究竟想做什么也没有明确主见。"

一则警察学校的广告引起了他的注意,于是他去报名投考。但是考试之前,他又改变了主意,交了一元钱去报考一所制造肥皂的学校。招生广告说学校供给膳食住宿,还给一些津贴,又大吹制皂业对社会大有好处,可以富国利民。"这则广告很吸引人,鼓舞人。"毛说。

这时一个学法政的朋友劝他进他的学校,毛也读到了这所学校娓娓动听的广告。它许诺"在三年内教完全部法律课程",并且保证毕业后"马上可以当官"。毛听从了他朋友的劝告,向家里写信要求寄学费来。"我把将来当法官的光明图景向他们描述了一番。"

但又一则广告引起了毛的注意,这是一所商业学堂的广告。毛的另外一个朋友劝告他说,国家面临的真正挑战是在经济方面,最需要经济人才来建设国家。毛又被他的观点打动了,向这个商业学校交了宝贵的一元报名费,并且被录取了。

他在被录取后,还不断受到新广告的诱惑。这一次看到的是一则"把一所公立高级商业学校说得天花乱坠"的广告。毛又交了钱,进了这个学校,并写信告诉他的父母,他父亲很赞成——这个老头现在很支持他的儿子接受进一步的教育。

但是毛碰到了一个没有想到的难题。"在这所新学校上学的困难是大多数课程都用英语讲授。我和其他学生一样,不懂得什么英语。说实在的,除了字母就不知道什么了。"而且这所学校没有英语教师。"这种情况使我感到很讨厌",所以到月底他就退学了,继续留心报上的广告。

他下一个尝试上学的地方是省立第一中学，他又花了一元钱的报名费。结果考试发榜时，他名列第一。这所学校很大，偏重历史。毛受到了校长的鼓励，他欣赏毛的写作。但是毛在这里并不感到愉快。"它的课程有限，校规也使人反感。"他自己阅读了一本历史书《御批通鉴辑览》，是一个老师借给他的。他感到自学比在校学习更好，他在这个学校待了六个月就退学了，开始尝试一种新的生活。

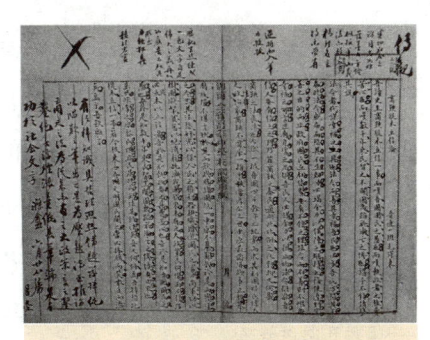

1912年，湖南省立一中（今长沙市一中）始建，毛泽东以第一名的成绩考入，在普通（科）一班读了一个学期。期间他写了一篇题为《商鞅徙木立信论》的作文。这是迄今为止所发现的毛泽东最早的文稿。

在1912年至1913年冬这段时期，他每天都去坐落在浏阳门定王台的湖南省立图书馆读书，一直读到关门才出来。"中午只停下来买两块米糕吃。这就是我每天的午饭。"

他那时住在长沙新安巷的湘乡会馆里，因为伙食便宜。唯一麻烦的是会馆里还住着湘乡籍的被遣散的士兵，他们没有工作，总是跟学生吵架。一天晚上，这种敌对发展成为武斗，士兵想杀死学生。"我躲到厕所里去，"毛回忆道，"直到殴斗结束以后才出来。"

然而，这是毛的知识发展的一个重要时期，他阅读了在英国受教育的达尔文主义者严复翻译的许多西方重要思想家的著作。"我在那里第一次（18岁的时候）看到一幅世界地图，怀着很大的兴趣研究了它。"他读了查尔斯·达尔文的《物种起源》、亚当·斯密的《原富》、穆勒的《名学》、赫伯特·斯宾塞的《群学肄言》、孟德斯鸠的《法意》、让—雅克·卢梭的《社会契约论》以及赫胥黎的《天演论》。

最后一本书对毛的影响特别大，因为它与中国固有的认为今不如昔的传统思想针锋相对。除了阅读这些重要哲学著作外，毛"在认真研读俄、美、英、法等国历史地理的同时"，还广泛地阅读了"诗歌、小说和古希腊的故事"。

毛沉醉在知识的大海里，自由自在地畅游，毛父却非常恼怒，到最后断了他的生路，拒绝对他的这种自学提供资助。毛不得不离开会馆，另找安身之处。毛回忆说，当时，"我也认真地考虑自己的'前途'，我差不多已经作出结论，我最适合于教书。"

毛又开始留意广告了，他看到了一所师范学校的广告，说不收学费，膳宿费低廉。毛的两个朋友也想进这所学校，他们请毛帮助他们准备入学考试的作文。"我替那两位朋友写了作文，为自己也写了一篇。"毛回忆说。他们两个人都被录取了，所以毛夸口道他实际上是被录取了三次。"那时候我并不认为我为朋友代笔是不道德的行为，这不过是朋友之间的义气。"[①]但正是毛，后来要求50年代的青年一代，把对国家和国家思想的忠诚放在高于朋友义气和家庭观念之上。

毛将在湖南第四师范学校度过骚动不安而又思想定型的五年。湖南第四师范学校是辛亥革命之后的1912年创办的，几个月后就和第一师范学校合并。它坐落在长沙南门外的"书院坪"，前临湘江，长沙一片新兴的工业，包括石墨厂、电灯厂和造币厂就在附近。此外，粤汉铁路在1917年以后就日夜啸叫着从附近通过。

这是一所公立学校，学生用不着交学费，其方向是把出身贫苦家庭不能上大学的孩子培养成小学教师。学校的基础是最新式的民本主义教育理论，不仅包括传统的学科，还包括身体活动、社会生活和道德实践。学校还有一个藏书丰富的图书馆，教员思想比较开明，提倡自己思考，这是毛所喜欢的。学校很强调爱国主义，表现为使用全国通用的语言而不是本省方言，教师强调要牢记中国的国耻。

1913年在湖南省立第四师范学校求学时的毛泽东。

[①]《西行漫记》第118~121页。

毛 1913 年春进入该校时已 19 岁了，几乎可以说这是毛真正受教育的开始，毛后来回忆说："我过了 20 年甘露般的生活，对世界一无所知。"

毛计算过，他在这所学校共花了 160 元。"在这笔钱里，想必有三分之一花在报纸上，因为订阅费是每月一元。我常常在报摊买书，买杂志。我父亲骂我浪费。他说这是把钱挥霍在废纸上。可是我养成了读报的习惯。从 1911 年到 1927 年……我从来没有中断过阅读北京、上海和湖南的日报。"星期天如果学生们起来晚了吃不上饭，他们就把食堂里剩下的冷饭冷菜自己热一下，每当别人热饭、热菜时，毛总是一个人吃冷饭、冷菜，也不知道他是节俭呢，还是不在乎，抑或是太懒了。

湖南省立第一师范学校原建筑于 1938 年毁于战火。这是 1968 年在原址按原样复建的。

这所学校给每个新生发一套蓝色的毛料校服，这件校服毛穿了许多年，直到校服已褪了色，磨出了洞，还在穿。此外，毛经常穿一件灰色的布料学生长袍，冬天在长袍里面再加一件旧式的夹克衫，一年四季都穿一条肥大的布裤。夏天他几乎从不穿袜子，布鞋也常常是裂着口子。他经常盖一床很粗糙的蓝色棉被，被里的棉花又旧又硬。

毛每天都起得很早，漱洗完毕就去教室读书。下课后，一般都在读报室看报，或去图书馆借书。别人都上床睡觉了，他还在茶炉室、读报室看一会儿书，有时就在走廊里通宵不灭的灯光下读书。他的朋友说，毛手里总是拿着一本书，他从来不开玩笑，也不闲聊。他还常常独自一个人或邀几个朋友到校后的山上读书。难得几次上街时，他一般也都要去玉泉街或府正街逛逛，因为这两条街上有些旧书摊和新书店，毛常掏空了羞涩的腰包买些他喜欢的书。

他学习中国文学、道德、地理和历史。他的一个同学回忆说，毛特别喜欢司马光的《资治通鉴》和顾祖禹的《读史方舆纪要》，这两本书分别成于11世纪和17世纪。毛习惯于把读报时看到的外国人名、地名记下来，和地图上、书上的相比较，再查找原文。正确的名称或引文他就记在一张小纸条上，再把小纸条夹在书里，这样他就可以随时浏览和复习。无论什么时候要找他，朋友们都知道他"在阅报室"。

他的古文和新式文章都写得很好，文笔流畅，为学生们所传颂。他读书时很细心，他所喜欢的句子都圈点起来，而对不赞成的话则批上诸如"荒谬""不通"等评语。每读一本书都这样，甚至第二次读书时还对前一次所作的圈点加上新的评语。

他的苏格拉底式的特征也是很突出的，他的中文传记作者说他："还特别有好问……的习惯，他最懂得学与问是不可分离的。"

但不是每一件事毛都喜欢。特别是该校至少有35种烦人的校规禁令，限制了他的自由，诸如禁止经商、禁止组织政党、禁止唱下流的歌曲、禁止看坏书、禁止非法集会，等等。毛还讨厌必修的自然科学课程，因为他想专修社会科学。他回忆说："我对自然科学并不特别感兴趣，我没有好好地去学，所以大多数这些课程我得到的分数很差。"他的一个老师还记得，毛的数学成绩特别差，有时考试还交白卷。

毛后来说，他尤其讨厌一门静物写生课，他认为这门课"极端无聊"。他往往想出最简单的东西来画，草草画完就算了。有一次他画了一个椭圆说这是蛋，结果考试不及格。"我画了一个椭圆形就算了事。"

但毛的社会科学各科的成绩都非常好，这就弥补了他在自然科学和艺术各科上的低分数。毛后来描绘自己对学校的态度

毛泽东手抄的屈原《离骚》。

就像是反抗者一样。"我不服从校规,"他承认说,"我的原则是只要不被开除就没关系。就拿考试来说吧,我的分数从50分、60分到80分都有,平均分是70分。"

毛承认他对学校是欠了债的。"我没有正式进过大学,"他告诉他的一个朋友说,"也没到外国留过学,我的知识,我的学问,是在一师打下了基础,一师是个好学校。"

就是在这里,毛的组织才能开始显露,萧三回忆说,无论什么时候,其他人谈话时,毛都"略低着头或偏着头听别人谈话,而自己只'嗯'、'是的'的回答,在倾听对方说完之后,他有条有理地给对谈者分析,提出要点,作出结论。他的话并不多,但每一句都很中肯,都能启发人,再往前进,再往远处大处着想,你有什么疑问,他只要一谈,便会迎刃而解,一切都明朗化,都有了办法。"①

另外一个记述毛这段学校生活的人总结说,毛在会上"从不轻易表态",无论是主持会议还是一般发言——最突出的是他从不做冗长、离题而混乱的讲话。如果他旁边的其他人开始辩论,甚至吵起来的时候,毛都静静地用心倾听各方面的意见。

他的生活方式是清教徒式的,他完全赞同这种观点。一个人如果过不了金钱与女性这两关,这个人就不值得一谈。他的朋友都说他不轻浮放荡,对自己要求非常严格,对自己的操行和知识从不感到满足。

但所有这一切加起来并不意味着他就有了领导别人的公认的才能。他的老师徐特立后来说:"毛在学校里并没有特别显示出领导才能,他具有一种谦恭的气质……"②

十年后,当毛被敌人通缉追捕时,他的家人在后院焚烧他留下来的所有书籍和笔记,有人从"灰烬里"救出了毛的一本做了注释的课本和一本他自己的笔记本。这本94面的笔记本写

① 萧三《毛泽东同志的青少年时代和初期革命活动》第54页。

② 克莱尔和威廉·本德《龙旗,在中国游击队中的两年》第249页。

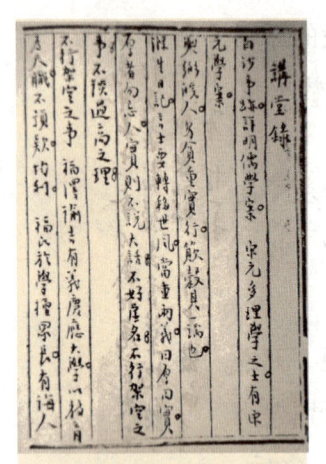

了一万多字，其中有一部分是公元前4世纪两本诗集的手抄本。

另一部分是道德和文学课的课堂笔记，可能是1914年记的，内容有先秦的哲学、楚辞、汉赋、拿破仑、恺撒、福泽谕吉（日本明治维新的倡导者和把西方文化介绍到日本的人）以及自然科学。

从这本笔记本反映的几个主题可以看出毛在那一时期的思想发展状况。一个是他自己的雄心，这是从他无限的自我中心论发展起来的。笔记中说："我之界当扩而充之，是故宇宙一大我也。"毛指出古代的仁人志士"有杀身亡家而不悔者矣"。毛解释说，这样的人毒蛇螫手，他必断腕。

毛评论说："彼仁人者，以天下万世为身，而以一身一家为腕，惟其爱天下万世之诚也，是以不敢爱其身家。身家虽死，天下万世固生，仁人之心安矣。"① 从毛自己写的这些话中可以明显地看出，毛就自己的行为对家庭的影响有一种社会犯罪感，可以看出，他是在为他后来抛弃自己的家庭进行辩护。从笔记中当然也看出毛的使命感。

贯穿笔记的第二个主题是强调刻苦力行的重要性。笔记说："闭门求学，其学无用。欲从天下国家万事万物而学之，则汗漫九垓，遍游四宇尚已。"又说："农事不理则不知稼穑之艰难，休其蚕织，则不知衣服之所自。"②

他特别痛恨的是懒惰。"懒惰为万恶之渊薮……国而懒惰，始则不进，继则退行，继则衰弱，终则灭亡……少年须有朝气，否则暮气中之……故曰怠惰者，生之坟墓。"③

此外毛还注重精细。"人立身有一难事，即精细是也……忽小败大而可鉴者，恺撒是也。"④

① 《毛泽东早期文稿》第589、590页。

② 同上，第587、597页。

③ 同上，第585页。

④ 同上，第600页。

那本留存下来的加了批语的教科书是弗里德里希·泡尔生写的《伦理学原理》，这门课是毛在第一师范求学的最后两年（1917~1918）由杨昌济教授的。在这本约十万字的书上，毛写了一万二千字的批语，加上圈点、单杠、双杠、三角等符号。毛根据泡尔生的《伦理学原理》曾写了一篇《心之力》的文章，杨昌济大加赞赏，给了满分100分，还写上"加5"。毛对此非常骄傲，一个朋友说，毛为此到处向人夸耀。

毛特别反对个人的压抑，他说："凡有压抑个人、违背个性者，罪莫大焉。故吾国之三纲（君为臣纲，父为子纲，夫为妻纲）在所必去，而教会、资本家、君主、国家四者，同为天下之恶魔也。"①

杨昌济教授曾一度以"长沙的大儒"闻名，他对学生时代的毛泽东影响最深。毛后来评论，杨"是一个唯心主义者，一个道德高尚的人。他对自己的伦理学有强烈信仰，努力鼓励学生立志做有益于社会的正大光明的人"。②

杨曾在国外留学十年——先在日本，后到伦敦大学，最后到爱丁堡大学，拿了哲学学位。他回国之前在德国一所大学研究康德，成为塞缪尔·斯迈尔恩、T.H.格林和康德的忠实信徒。那些到欧洲"镀金"、到日本"镀银"的留学生回国后大多数钻营从政做官或办实业，而杨先生却选择了一个微不足道的位置，当一个师范学校的教员，培养青年人才。

作为一个唯心主义者和进化论者，杨特别热衷于将思想付诸个人实践，实事求是。他非常相信意识对物质的操纵作用。他特制了一个澡盆，每天早晨都在澡盆里洗冷水澡，不论春夏秋冬，气候寒热。他解释说："人必须每天做一件艰苦的事来磨炼自己的意志。冷水不仅磨炼意志，还能增强体质。"③但杨自己也乘坐符合他身份的三人抬的轿子来来往往。

①《毛泽东早期文稿》第151~152页。

②《西行漫记》第121~122页。

③萧瑜《我和毛泽东的一段曲折经历》第24页。

毛泽东的导师杨昌济，后成为毛的岳父。

杨的学生都很尊敬他，一些学生，包括毛，在杨的伦理学课后也常到杨的家里与他继续讨论。在这种非正式的讨论中，杨敦促他们要有所作为，要争取留名后世。"凡人欲在社会建功立业者，欲深谋远虑，动之万全……"毛第一次到板仓杨家拜访时，风尘仆仆，一把雨伞，一双草鞋，步行前往。

与此不同的是徐特立。他出身农民家庭，曾留学日本，是学校唯一不坐轿子和人力车而步行去学校上课的两位教员之一。徐先生曾割破手指，在一封血书上签名，向皇帝请愿要求召开国会，这一举动传遍全湖南，妇孺皆知。

徐的坚定信念对毛产生了重要的影响，毛后来对他说："你是我20年前的先生，你现在仍然是我的先生，你将来必定还是我的先生。"[①]

① 《毛泽东书信选集》，人民出版社1983年版第98页。

② 《西行漫记》第121页。

在长沙对毛产生巨大影响的第三个人是袁仲谦，人称袁大胡子，他教古文。毛回忆说，他"嘲笑我的作文，说它是新闻记者的手笔……我只得改变文风……多亏袁大胡子，今天我在必要时仍然能够写出一篇过得去的文言文。"[②]袁要毛从梁启超的半口语化的文体上改过来，要他改习9世纪韩愈的古文体。

毛开始听他的，但逐渐觉得袁太保守、太专制。有一次他拒绝重写一篇把袁不喜欢的句子删掉的文章，而只是原封不动地重抄一遍，袁气得把它撕了。另有一次毛刚好碰到袁在大声斥责一个工友，毛平静地说："哪有这样恶，要这样骂人！"

学校里其他教员也都帮助过毛，一个教员借给毛旧版的《民报》，另一个曾让毛暑假在他家住过，第三个和毛一起参加了共产党。毛和他的同学也相处得甚好，特别是有两个朋友不仅和他趣味相同，而且和他一样很有才华。一个是蔡和森，另一个是萧子升，人们都称他为萧瑜——毛在东山小学的老朋友萧三的哥哥。

杨教授曾经说过，他在长沙教过的几千弟子中有三个最为出色，依次是：萧瑜、蔡和森、毛泽东。这三个人并不都是同一年级的，但年龄和兴趣都很接近，他们常常聚在一起，被称为"三杰"。

蔡和森来自湘乡，上学前是放牛娃，他高而瘦，两颗门牙突出，意志坚强，很固执。尽管他缺乏"首创精神"，但他对他的朋友说，他想书写人民大众而非帝王的历史，他想统一中国的书面语和口语。整个20年代，直到1931年就义前，蔡和森在中共党内一直是毛最亲密的盟友。

蔡和森，中共早期卓越领导人之一，1913年进入湖南省立第一师范读书，期间，同毛泽东等人一起组织进步团体新民学会，创办《湘江评论》，参加"五四"运动。

在1913年第一师范与第四师范合并的第一天，第一师范的萧瑜好奇地打量着从第四师范来的学生。和第一师范不同的是，第四师范没有统一的校服，穿得五花八门。

"有个'新兵'，"萧瑜后来回忆道，"长得高大，粗手大脚，粗布衣裤，鞋子破旧，这个年轻人就是毛泽东。"[1] "他的脸部生得相当大。但眼睛却既不大也不锐利，看起人来也是直愣愣的。毛的鼻子扁平，典型的中国鼻。耳朵长得倒是很匀称，嘴相当小，牙齿白而齐。这一口好白牙使毛笑起来相当有魅力，所以没有人会认为他不真诚，他走起路来很慢，两腿合不太拢，摇摇摆摆有点儿像鸭步。他坐下或站起来的动作都是慢吞吞的，而且他讲话也很慢，但无疑他是个天才的演说家。"[2]

[1] 萧瑜《我和毛泽东的一段曲折经历》第16页。

[2] 同上，第46页。

他们三个人在第一天就认识了，因为他们各自的家乡离得很近，但他们结成朋友只是因为该校有每周展出优秀作文的习惯，萧瑜和毛泽东的文章好几次都从各自的班里被挑选出来参加展出。因此他们都读到了对方的文章。

萧瑜后来说："这时给我印象最深的还是他的字迹。他的笔画粗重，总是把字写到格子外。"

后来毛自愧地对萧瑜说:"你一个小格子里能写两个字,而我写三个字得占两个格子。"

萧瑜当然是全校最优秀的学生,毛也很拔尖,但他主要是作文写得出色,他的作文被认为是特别优秀的。作文好就是好学生,所以毛算是好学生。①

"他的记忆力很强,"萧三后来回忆说,人们"说出一个地名,他会立刻说出它在中国的哪个省,或在某一外国的具体地点,在对地理进行特殊研究的同时,他用同样的方法对付历史——抓住事件的要点,收集广泛资料,但并不扯到题外。这种孜孜不倦地获取知识,很久以来就是毛泽东的特点。而他不遗余力的学习和研究,终于使他成为一个博学者。"

第四师范并入第一师范的几个月后,毛才得到一个适当的机会和萧瑜面谈,他们偶然在走廊上相遇,毛站在这个高年级同学面前,用英语打招呼:"密斯脱萧。"当时在学校里,学生们用英语交谈很时兴。

"密斯脱毛。"萧瑜也客气地回答。

"你在第几教室?"毛问。

"第一教室。"

毛说:"今天下午课后,我想到你们教室看看你的作文,行吗?"

下午四点钟下课后,毛来到萧的教室,他们谈了很长时间,谈论学校的课程、组织和教员,最后毛借走了他这位新朋友的两篇文章,鞠了个躬离去。

第二天课后,毛建议萧饭后出去散步。他们沿着湘江走了两个小时,毛赞扬萧的文章写得好,但不同意他文章中就严光问题提出的观点。严光是公元1世纪中国著名学者。他和后来成为当朝皇帝的刘秀私交很好。新皇帝邀请严光辅佐他治理中

① 萧瑜《我和毛泽东的一段曲折经历》第16~17页。

国，严光应邀前往京城与皇帝同榻而卧。据说当晚睡觉时，严光无意之中将脚搁在皇帝身上，由此可见他们的关系很亲近。皇帝请严光当宰相，但他拒绝了，因为他认为政治是卑鄙的行当，他无意吃政治饭。

毛认为严光应当接受宰相的职位，而萧瑜则说毛不懂严光的观点。①

何叔衡，人称何胡子，是共产党的早期领导人之一。他也是毛的校友和朋友，毛说何"非学问之人，乃做事之人……是一条牛，是一堆感情。"②其他还有陈章甫、罗学瓒、张昆弟、郭亮与夏曦——他们都是于30年代初牺牲了的共产党党员，有些人死前还受到严刑拷打。

在长沙上学时，他们常开玩笑称自己是"栋梁之材"，意指自己是经世济国之才，但只有毛坚持不懈，最后登上了权力之巅，而萧瑜走上了无政府主义道路，既反对共产党，也反对国民党，大部分时间流落欧洲、南美。

在所有有关毛的学校生活的记载中，很少提到他的性生活，毛自己解释说，这是因为他们都有崇高的责任感。

"这是一小批态度严肃的人，他们不屑于议论身边琐事。他们没有时间谈情说爱，他们认为时局危急，求知的需要迫切，不允许他们去谈论女人或私人问题。我对女人不感兴趣……这个年龄的青年生活中，议论女性的魅力通常占有重要的位置，可是我的同伴，非但没有这样做，而且连日常生活的普通事情也拒绝谈论。"

"记得有一次我在一个青年的家里，他对我说起要买些肉，当着我的面把他的用人叫来，谈买肉的事，最后吩咐他去买一块，我生气了，以后再也不同那个家伙见面了。我的朋友和我愿意谈论大事——人的天性、人类社会、中国、世

---

① 萧瑜《我和毛泽东的一段曲折经历》第17~21页。

② 亨利·戴《毛泽东1917~1927文件》，斯德哥尔摩1975年版，第32页。

界、宇宙！"①

当然也有一些青年妇女有着与毛泽东和他的朋友共同的理想，其中包括蔡和森的妹妹蔡畅，她后来成为共产党杰出的妇女领袖之一。但是，出于羞涩和社会传统的束缚，毛19岁、20岁待在长沙的时候没有去追求艳遇——作为某种补偿，这些青年通过这种不同寻常的关系在20世纪头10年结成了同盟。

一个暑假，毛留在了学校，没有回家帮他父亲干活，他的朋友萧瑜说："他那唯一的一双鞋，已十分破旧，鞋底都快磨透了，为了拿双新鞋，他晚些时候总得回家一趟。"

毛反驳说："一心想治理天下的大英雄，没有时间考虑打扫房间！"

在湖南炎热的夏季，萧瑜每天都洗澡，而毛泽东几天都不洗澡，还说萧瑜洗得太勤了。

"润之，"萧瑜揶揄说，"你的汗臭太难闻了。"

"润之"（有点儿女人味）是毛泽东给自己取的学名，意思是"滋润东方"。

这是真的，但毛对汗臭味根本感觉不到，也不在乎别人说他，他不想改变萧瑜所说的"邋遢"样。其他两个暑假留校的学生开始是和毛泽东在同一张桌子上吃饭，后来不得不移到别的桌子上去，与毛保持距离，毛不明白为什么。但萧瑜可能夸大了毛的邋遢，因为后来毛泽东因每天淋浴而在全校闻名。

毛和萧还不断地讨论报纸上登载的最新消息，特别对德国的形势感兴趣，因为中国很尊重德国。按照萧瑜的说法，毛"崇拜"俾斯麦和威廉二世。1914年，第一次世界大战在欧洲爆发，这场战争对中国产生了意想不到的后果，与此同时，中国的共和革命被军阀们叛卖。

①《西行漫记》第123页。

青年毛泽东崇拜的俾斯麦和威廉二世。

3 深渊蛟龙
（1915~1918）

毛泽东传
A BIOGRAPHY OF MAO TSE-TUNG

1918年3月,湖南第一师范学校8班合影,第四排右二为毛泽东。

毛在师范学校的头两年较平淡，他潜心学习以达到他老师所要求的水平和他的朋友所具有的学问，但1915年以后的中国政治引起了他的关注，新建立的共和国走入歧途，全国发生动乱，而日本帝国主义则开始对中国提出一系列要求。毛开始投身繁忙的组织活动和政治活动。第一个活动是以抗议学校当局开始的，这是一个标志。起因是该校的校长下令，从秋季开始每一个学生都必须交10元学杂费。

　　学生们都表示强烈反对，一个学生写了一篇宣言，专谈校长的私德如何不好。毛认为不妥，说他们应该批评学校的管理不善而不应指责校长的私生活，学生们于是让毛另写一篇。宣言很快被印好了，但从印刷厂携带回校时，被学监截获了。学监报告了校长，校长大怒，决定开除包括毛在内的17名学生。很幸运的是，一些教员进行干预，毛也就未被开除。

　　毛泽东在师范期间最有成效的倡议之一是半夜从宿舍逃睡时想出来的。毛和萧瑜养成了一个习惯，夏天吃完晚饭后他们每天都要沿着江边散步，坐在妙高峰的草坡上休息。1915年的夏天，他们有一次在学校后面的山上待了一

1915年5月，袁世凯政府表示基本接受日本提出的"二十一条"。消息传出，举国愤慨。一师学生将几篇反对卖国条约的言论编印成册，题名《明耻篇》。毛泽东读罢，在封面上写下四句誓言："五月七日，民国奇耻；何以报仇？在我学子！"

整夜，讨论他们通过创办一个新的社团来改变中国的计划。

袁世凯曾是满清时期的一个将军，现在已成为新共和国的总统，毛和萧这两个青年急切地讨论着北京事变，讨论这些事件将如何改变中国的未来。当他们交谈时，山下学校的号角吹响了熄灯号，只有他们两个还没有睡觉的学生，但当时他们都得意忘形地沉浸在交谈中，全然没有考虑熄灯后仍在校外的后果。

他们都认为需要一种新的力量，萧瑜认为，每个公民都需要进行改造。

"我们两个就能够做任何事情！"毛热烈地坚持道。但萧不同意，认为必须有许多人、许多有同样思想的人。"我们两个可以去组织他们。"①

他们对自己的同学进行考虑，决定一些最有才智、具有崇高理想的人，10个最优秀的人就可以形成一个新社团的核心。新社团的目标是在社团成员中鼓励良好的道德行为，交流知识，建立紧密的友谊——其最终目的是拯救国家。

他们商定，毛泽东写一封致长沙各校学生组织的信，阐述他们的行为，以引起他们的兴趣，署名是"二十八画生启事"——"毛泽东"三个字共有二十八画。在毛起草第一个章程时，萧也草草写了一些有关学会的规章②，然后两人互相交换，并做了一些修改。这时天已黎明，突然他们听见了号角声，这是学生早晨起床的号声。毛泽东和萧瑜为制订他们的计划度过了一个不眠之夜。

对于毛泽东来说，通过在他最喜欢的新闻媒介——报纸上登广告来寻求志同道合者是很自然的事。毛后来回忆说："这时我感到心情舒畅，需要结交一些亲密的同伴。有一天我就在长沙的一家报纸上登了一个广告，要求有志于爱国工

---

① 萧瑜《我和毛泽东行乞记》第86页。

② 疑有误。实际上，毛写那封信是在1915年，而萧瑜草拟新民学会的规章则是在1917年冬至1918年初。——编注

作的青年和我联系。我指明了要结交能刻苦耐劳、意志坚定、随时准备为国捐躯的青年。我从这个广告中一共得到了三个半人的回答。"

最终结果是令人沮丧的，那三个响应的人最后都反对或背叛了共产党，只有那"半个"后来部分实现了毛的理想，还在做共产党的领导时受到了毛泽东的批评。这半个回答来自一个没有明白表示意见的青年，名叫李立三。"李立三听了我说的话之后，没有提出任何具体建议就走了。我们的友谊始终没有发展起来。"①

毛在1915年秋，广为张贴他那著名的"二十八画生启事"，这封公开信和毛登的广告用词差不多，也是邀请人参加的。这封信的最后一行引用了《诗经》中的一句"嘤其鸣矣，求其友声。"

毛自己动手刻字印刷了这封信，又把它寄到长沙的所有重要学校，信封上写着"请张贴在大家看得见的地方"。但不是很多人都理解他的曲高之音，毛只收到五六个人的回音。而湖南省女子师范学校第一次收到毛泽东的信时，非常怀疑作者的动机。

一个在学校广告栏里看到这封信的人给毛写了一封肯定信，并收到了毛的回信。回信说：他的来信恰似"空谷足音，跫然色喜"。②一个星期天他们在定王台图书馆见了面。没有什么客套寒暄，毛直截了当地询问这个青年读过些什么书。事实上这个青年后来与毛非常接近，参加了毛和他的朋友发起的辩论会。后来，这个思想相同的朋友的联系网正式组织为"新民学会"。

1915年毛当选为第一师范"学友会"干事，他引进了日本学校的一些做法，如组织球赛、游泳、远足和其他体育活动。毛还组织了一个"学生自治会"，并成为"船山学社"的

①《西行漫记》第122~123页。

②罗章龙《回忆新民学会——由湖南到北京》，《"一大"前后》（二），人民出版社1980年版第256~257页。

会员（"船山"是17世纪湖南的反清思想家王夫之的晚号）。"船山学社"成立于1915年，是湖南爱国人士不满中国的衰落而创办的一个论坛。毛呼吁他的同学参加这个学社的每周例会。

1915年9月陈独秀在北京开始出版《新青年》杂志，从而揭开了中国新文学复兴的序幕。《新青年》的文章很多是李大钊、鲁迅等撰写的，提倡白话文，强烈呼吁民主和科学。杨昌济教授为他的学生订了几份《新青年》，其中一份给毛泽东。《新青年》发表了李大钊写的许多评论，鼓励青年一代打碎旧中国，创造新中国，号召他们"冲决过去历史之网罗"。①毛被这些文章的语言和内容所打动。

在杨昌济教授的介绍下，毛与全国各地一些进步学者建立了通信联系，讨论国内形势、学习方法、物质文化、哲学和世界形势等问题。他给一个据说准备为野心勃勃的袁世凯效劳的人去信，告诫说："方今恶声日高，正义蒙塞，士人丁此大厄，正当龙潜不见，以待有为，不可急图进取。"②这是1915年11月，几天之内袁世凯采取了自我毁灭的举动，宣布他要称帝坐龙廷，结果引起了强烈的反对，他再也不能恢复元气，于次年夏天死去。

1917年3月毛第一次和一个外国人进行了联系，他和萧三联名给日本著名的民主主义知识分子白浪滔天写了一封信，这时白浪滔天正来中国参加一个朋友③的葬礼。信中写道："久钦高谊，觌面无缘，远道闻风，令人兴起……"

然后，这封信谈到了实质问题："植蕃、泽东，湘之学生，尝读诗书，颇立志气。今者愿一望见风采，聆取宏教。惟先生实赐容接，幸甚，幸甚！"④我们不知道是否真的实现了会面。

毛确实是在锻炼自己的意志。毛解释说："我'身亦不强'。"⑤

复建的船山学社，旧址在湖南长沙中山东路。1921年毛泽东、何叔衡曾在此创办自修大学，现门首"船山学社"是毛泽东亲笔题写。

① 李大钊《青春》，《新青年》二卷一号，1916年9月1日。

② 《毛泽东早期文稿》第30页。

③ 即黄兴。——译注

④ 《毛泽东早期文稿》第63页。

⑤ 同上，第60页。

因而他和他的朋友都成为热心的体育锻炼者。

"在寒假当中，"毛回忆说，"我们徒步穿野越林，爬山绕城，渡江过河。遇到下雨，我们就脱掉衬衣让雨淋，说这是雨浴。烈日当空，我们也脱掉衬衣，说是日光浴。春风吹来的时候，我们高声叫嚷，说这是叫做'风浴'的体育新项目。在已经下霜的日子，我们就露天睡觉，甚至到11月份，我们还在寒冷的河水里游泳。这一切都是在'体格锻炼'的名义下进行的。这对于增强我的体格大概很有帮助，我后来在华南多次往返行军中，从江西到西北的长征中，特别需要这样的体格。"①

青年毛泽东曾经打水擦身的水井。

毛第一篇发表的文章《体育之研究》登在1917年4月的《新青年》杂志上，认为体育与德育、智育同等重要，忽视体育的学生将"偻身俯首，纤纤素手，登山则气迫，涉水则足痉"。

毛当时最喜欢的一种锻炼方式是每天洗冷水澡，他从未间断过，冬天也如此。按照他的官方传记的说法，在一师的最后两年，他组织20多人，每天清晨起来就来到井边，大家脱光衣服，各人从井里提起一桶桶冷水从头浇淋全身。自己淋，也彼此对着淋。②

即使在下雨、下雪和寒风刺骨的秋冬季节，他们还经常赤着上身，在学校的后山跑动，摩挲……有次学校开运动会，忽然大雨倾盆，大家都急着跑回屋内，唯有他毫不在乎，候大家走尽，才回教室，全身都湿透了。

另一项喜爱的运动是游泳。毛常和蔡和森等几个朋友课后到湘江游泳，暑假他们结伴住在岳麓山时，常常在夕阳西下的时候，到湘江中一狭长的沙洲那儿去游泳。游完后，他们"就在沙滩上或坐、或睡、或赛跑，兴之所至，随意漫谈，他们的身体沐

① 《西行漫记》第123~124页。

② 萧三《毛泽东同志的青少年时代和初期革命活动》第46页。

1917年毛泽东在《新青年》上发表《体育之研究》一文，署名"二十八画生"（毛泽东三个字繁体的笔画共二十八画）。

浴在流光晚照之中，他们的心却驰骋在人生的战场上"。①

他完全是在实践孟子的教诲："天将降大任于斯人也，必先苦其心志，劳其筋骨，饿其体肤，空乏其身，行拂乱其所为，所以动心忍性，增益其所不能。"

这时毛的才干开始得到承认。1917年6月第一师范进行复杂的"人物互选"，四百余名学生投票选举各方面杰出的学生。毛在德育和智育方面得票最多，尤其是在敦品、自治、文学、言语、才具、胆识方面得到的评价最高。

就在这年暑假，毛顺便去看他的朋友萧瑜。他已经毕业，并在长沙楚怡学校教书。毛泽东想问问萧瑜打算怎样过暑假。

萧瑜告诉毛泽东说："我有一个新计划。我决定做一段时间的乞丐。"

毛简直不敢相信自己的耳朵。萧瑜详细地向他解释说，他曾经当过两三天乞丐，觉得很放松，很令人振奋。他现在想再试一次，时间长些，去体验乞丐的生活。

"听起来很有趣。"毛叫了起来，"我可以和你一起去吗？"②

实际上，毛以前就读过《民报》上登载的介绍两个中国学生旅行全国直至西藏的文章。"这件事给我很大的鼓舞，"毛后来回忆说，"我想效法他们这些榜样，可是我没有钱，所以我想应当先在湖南旅行一试。"③听起来这个新奇的暑假旅行建议似乎是毛泽东提出来的，而萧瑜则说是他的主意。

最后两人决定一起出去"行乞"。放假后，毛来到萧瑜的学校，他穿着一身旧的裤褂，头剃得像个士兵，带着一把雨伞和一个小布包。包裹里有一套换洗衣服、毛巾、笔记本、毛笔和墨盒。这次旅行他们都是身无分文。

他们离开长沙，萧瑜走在前面，毛泽东走在后面。萧瑜后来据此画了一幅漫画。不久走到了湘江边上，他们都不想弄湿

---

① 李锐《毛泽东的早期革命活动》，湖南人民出版社1980年版，第59页。

② 萧瑜《我和毛泽东的一段曲折经历》第60~65页。

③ 《西行漫记》第122页。

第一部　引弓待发

行装，又没钱雇人摆渡，但又不想去上游乘免费渡船，最后他们上了一条划船。直到船行江中，他们才告诉船夫他们身无分文。他们知道这时船东也不会把船划回去，因为船上还有其他几个乘客。船靠岸后，他们和船夫吵了一架，然后把布鞋脱下换上草鞋，继续上路。

下午，他们饥肠辘辘，于是打听附近是否有读书人家。经人指点，他们找到了一个并不认识的现已告老还家的翰林。为翰林写了一首诗，翰林才接待了他们，并给了他们一点钱，够他们花一两天。

接下来他们又到了以前的老校友何叔衡——何大胡子的家。

"我们在进行一项尝试，"毛对惊讶的何大胡子解释说，"尝试着不带分文地旅游，愈远愈好。我们真像是叫花子一样！"

何震惊了。萧瑜解释说，他们是想看看他们是否也能解决各种困难。

何叹息说："你们真是两个奇怪的家伙。你们做的事真乃怪哉也！"

这两个青年人继续往前走，但他们行乞的下一家不愿给他们饭吃，他们就坐在门口不走。最后，吝啬的主人塞给他们一把花生，要他们走。

那老头毫无办法，最后只好答应他们。①

在游历中，毛泽东和萧瑜谈政治，谈社会。在谈及公元前3世纪的皇帝刘邦时，他们争论起来了。毛认为刘邦是大英雄，因为他是第一个由平民当上皇帝的，萧瑜则认为他是个暴君。

"他并不能算残暴，"毛大声说，"如果你把刘邦放在他那个时代考虑，并把他与其他皇帝相比较的话。"②

还有一次他们讨论起中国的家族制度。

毛说："我以为中国人的家族观念太重，所以人们缺乏民

①萧瑜《我和毛泽东的一段曲折经历》第66~94页。

②同上，第200~203页。

族感情。"

萧也认为，把儿子完全当作家庭的私产，一定要站在父母一边的做法是错误的。——"但也并不完全属于国家。夸大的国家观念和夸大的家庭观念是一样有害的。"

"你对子女的观念，我觉得有些奇怪。"毛认为国家应当高于一切。毛进而说道："在未来理想的国家中，儿童们将由国家来抚养和教育……最重要的一件事是有一个强有力的好政府！"

游历一个月，走了九百多里路，他们回到长沙，然后就分手了。分手前，萧瑜告诉毛泽东，他想回去看看父母，又问毛："你呢？"

毛告诉他："我也要回家，他们给我做了两双鞋子，正等着我呢。"①

① 萧瑜《我和毛泽东的一段曲折经历》第134页。

毛自己总结这次旅行说："我们走遍了这五个县，没有花一个铜板。农民给我们吃的，给我们地方睡觉，所到之处，都受到款待和欢迎。"在他自己的思想中，他是把这次旅行与公元前2世纪的史家司马迁相比的。司马迁差不多在同样的年龄游历了当时的中华帝国，并记载了帝国内的世俗民情。

在第一师范时，有一年毛和他的朋友蔡和森、张昆弟经常住在江那边岳麓山顶上的爱晚亭里。他们不带早饭、晚饭，主要是以新鲜蚕豆为食。每天早上跑到山顶去沉思，再下到江里或池塘里游泳。他们的另一个喜好是"练嗓子"。萧三回忆说："他们又去山中……对着树木大声讲话，朗诵唐诗，在长沙城墙上天心阁一带对着风大声叫喊。"

他们宿在亭里时，三个人每人只有一条毛巾、一把伞和尽可能少的几件换

毛泽东经常和同学们在爱晚亭举行活动、讨论时事。

洗衣服。毛通常穿一身灰色长袍，和其他两人不同。即使回校后，他们三人也常在操场上露宿，直至寒冬降临。

后来其他朋友也参加了这个三人小组，逐渐发展成一种夏令营。这些青年心忧国家、关心未来，他们把苦难当作一种训练，为即将到来的改造国家的社会斗争而"苦其心志，劳其筋骨，饿其体肤"。青年毛泽东最初写的一首很有名的诗句说：

与天奋斗，其乐无穷。
与地奋斗，其乐无穷。
与人奋斗，其乐无穷！

1917年中秋节，他们在一起讨论是政治还是教育才是救国良方，毛坚持必须战斗。

从毛的朋友张昆弟的日记中，可以窥见当时这些身体锻炼和思想辩论的热烈场景。

"1917年9月16日。今日星期，约与蔡和森、毛润之、彭则厚……作一二时之旅行。早饭后……三人遂沿铁道行，天气炎热，幸风大，温稍解。走十余里，休息于铁路旁茶店，饮茶解渴，稍坐又行。过十余里，经大托铺，前行六里息饭店，并在此午饭，饭每大碗五十文，菜每碗二十文，三人共吃饭五大碗，小菜五碗。饭后稍息，拟就该店后大塘浴，以水浅不及股，止。遂至店拿行具前行，未及三里寻一清且深之港坝，三人同浴，余以不善水甚不自由。浴后，行十四里至目的地，时日将西下矣。遂由山之背缘石砌而上，湖水清临其下，高峰秀挹其上，昭山其名也。山上有寺，名昭山寺。寺内有和尚三四人，余辈告以来意，时晚，欲在该寺借宿，和尚初有不肯意，余辈遂有作露宿于丛树中之意，和尚后允借宿，露宿暂止。晚饭后，三人同

湘江中的橘子洲，青年毛泽东经常与同学在此沐浴游玩、指点江山。

① 李锐《毛泽东的早期革命活动》第 61 页；另见《毛泽东早期文稿》第 637~638 页。

由山之正面下，就湘江浴。浴后，盘沙对语，凉风暖解，水波助语，不知乐从何来也。久之，由原路上，时行时语，不见山之倒立矣。和尚待于前门，星光照下，树色苍浓，隐隐生气勃发焉。不久进寺，和尚带余辈至一客房，指旷床为宿处，并借余辈小被一块。房外有小楼一间，余辈至小楼纳凉，南风乱吹，三人语笑称善者久之。谈语颇久，甚相得也。"①

在几周前另外一篇日记中，张昆弟描述了他夜宿蔡和森家的情况，毛也在蔡家度过很多愉快的夜晚。日记中说："床即就长凳两条，门板一块，架走廊边。蔡君云，自移居此地，未曾进房睡宿。"

毛此时雄心勃勃，要改造中国，要在这片古老的土地上创造一个新社会，他的朋友说他"身无半文，心忧天下"。

然而中国的形势，尤其湖南本省的形势正在日益恶化，帝制推翻后，政治力量两极分化，封建军阀在北京建立政府，占据北方，而孙逸仙领导的共和派则以广州为中心，南方为基地，与北洋军阀分庭抗礼。中国的军阀混战"引狼入室"，军阀各自勾结渴望在中国立足的帝国主义国家。长沙的湘江河里，游弋的是列强的战舰，日本的"太阳旗"，美国的"花旗"，英国的"米字旗"随风招展，河岸上则是"日清""太古""怡和"等外国公司的洋房。

战火连年又逢自然灾害，民不聊生。1915 年有四条江河，包括湘江，洪水泛滥，人死无数。土匪趁机烧杀抢掠，强奸妇女，绑票勒索。湖南遭遇了几百年未遇的大劫难，人们看不到一线光明和希望，"中国将亡，中国将亡"的论调随处可以听到。

毛和他的朋友则完全不是这样，他们对中国的前途仍然抱有信心和责任感。他们在1917年下半年受到了托尔斯泰的巨大鼓舞，他的《俄国的伟大精神》一文以及他对世界和平与博爱的向往激励着毛和他的战友们。张昆弟9月23日的日记说："毛君润之云：现在国民思想狭隘，安得国人有大哲学革命家、大伦理革命家，如俄之托尔斯泰其人，以洗涤国民之旧思想，开发新思想。"毛又主张"家族革命、师生革命；革命非兵戎相见之谓，乃除旧布新之谓"。①

毛在读了泡尔生的《伦理学原理》后所写的批评中也阐发过这种思想：

> 吾尝虑吾中国之将亡，今乃知不然。改建政体，变化民质，改良社会……无忧也。惟改变之事如何进行，乃是问题。吾意必须再造之，使其如物质之由毁而成，如孩儿之从母腹胎生也。国家如此，民族亦然，人类亦然。各世纪中，各民族起各种之大革命，时时涤旧，染而新之，皆生死成毁之大变化也。②

1917年8月在写给北京学者的信中，毛阐述了中国哲学之必要，这不是简单的西方来取代的问题，因为西方的资产阶级民主也已表明，它不能解决人类的问题，因而东、西方的思想都应利用。"吾意即西方思想亦未必尽是，几多之部分，亦应与东方思想同时改造也。"③

有一次在第一师范与耶鲁预备学校（由海外华人资助）进行足球比赛时，毛突然从观众中跳起来大喊："揍这帮洋奴！"

1917年，毛在担任第一师范"学友会"干事两年后被选为"学友会"总务兼体育研究部部长，他认为"学友会"应注意学术研究和体格锻炼。为此"学友会"设立了15个部，包

---

① 李锐《毛泽东的早期革命活动》第104页。另见《毛泽东早期文稿》第639页。

② 《毛泽东早期文稿》第200~201页。

③ 同上，第86页。

湖南省立第一师范湘潭学友会合影，二排左三为毛泽东。

括手工、拳术、剑术和竞技等。他甚至还提出设立合作社性质的营业部，但校方不同意。

毛主张各部部长由高年级学生担任，不要像过去那样由教员担任。他认为四五年级的学生就要毕业了，应培养主动和管理的能力，根据毛的建议，"学友会"通过的决议有，发表学生成绩，设立学生成绩展览处，设立图书馆，征集资金等。其目的是要求学生在下课之后或在晚上，参加各种各样的学术或体育活动，以进一步培养他们的品格和技能。这样大的一个学生自治组织在湖南历史上是前所未有的，显然毛泽东功不可没。"学友会"举办公开的辩论会、学术研讨会和演讲会，并组织体育运动会和旅游，为在雨天提供活动场所，毛还在学校设立了乒乓球桌。

"学友会"的会议通常都由毛泽东主持，他的半官方传记作者评论说："在大家争辩激烈时，从不轻易表态，等到大家意见发挥已尽，他才从容作出总结。他的总结总是取长舍短，斟酌尽善；对于一个问题，一种争论，总是分析深入，抓住要害。所以大家都心悦诚服。好些争论即因他精切简当的剖析而得到解决。"①

毛这时与许多城市的学者和学生建立了通信联系。毛后来回忆说："我逐渐认识到有必要建立一个比较严密的组织。1917年，我和其他几位朋友一道，成立新民学会。"当时在中国的一些大城市已建立了一些类似的组织，如周恩来在天津创办的"觉悟社"。所有这些组织都或多或少地受到《新青年》的影响。

①李锐《毛泽东的早期革命活动》第78页。

新民学会是根据 1915 年某天晚上毛泽东和萧瑜在山坡上的灵机妙想创办的。1918 年在蔡和森家举行了一个会议，正式宣布成立新民学会。那天是星期天，出席会议的 13 个人，除了毛和蔡外，还有何叔衡、陈昌、罗学瓒等人。他们都推举毛当总干事，但毛推辞了，最后担任副干事。①一年以后新民学会的成员超过 70 人，大多数是优秀学生和进步教师。

新民学会甚至还有一些女会员，包括蔡畅，即蔡和森的妹妹，这在那个时期相当不寻常。妇女地位是新民学会从一开始就关心的问题。学会每周或每两周开一次会，由毛主持，讨论学术或政治问题。据说，有时候，某个问题的讨论持续一个星期。

毛泽东起草了学会的章程，宣布学会的宗旨是改造中国和世界，同时规定：不狎妓，不赌博，不纳妾，反对其他不良行为。毛在 1918 年吸收进新民学会的数十名会员，后来多半成为中国共产党中毛派集团的核心成员，包括刘少奇、任弼时和王若飞。②

除此以外，毛还负责开办了一所夜校。夜校是 1917 年第一师范的教员开办的，但未能坚持下去，学友会后来接替了这一工作。毛把开办夜校视为扩大学校影响，使其越出校园的重要手段，同时创办夜校可以创造某些一师所缺乏的东西。对一师，毛常感到厌烦。有天早晨他对一个朋友说："昨天晚上我差点退学，我三次走到校长办公室门口，准备提出退学申请。"

夜校面向邻近的产业工

① 据历史资料，毛泽东任干事。萧瑜（子升）赴法国后，新民学会实际上由毛泽东负责。——译注

② 据历史资料，刘少奇、任弼时和王若飞都不是新民学会会员。——译注

1919 年 11 月 26 日，新民学会在长沙合影。后排左起第四人为毛泽东。

人招生。招生广告是用白话文写的，这在当时也是新鲜事物。招生广告通过警察所张贴出去，但仅有九人报名，因而毛组织一批同学带了600份广告，深入到住户区进行张贴宣传，结果三天内就有一百二十多人报名，后来又不断地有人来报名，最后不得不截止报名，毛在《夜学日志》上记载当时工人这种迫切要求学习的情形"如嗷嗷之待哺也"。

招生广告是毛泽东写的：

列位大家来听我说句白话。列位最不便益的是甚么，大家晓得吗？就是俗话说，讲了写不得，写了认不得，有数算不得……所以大家要求点知识，写得几个字，认得几个字，算得几笔数，方才是便益的。虽然如此，列位是做工的人，又要劳动，又无人教授，如何能到这样，真是不易得的事。现今有个最好的法子，就是我们第一师范办了一个夜学。今年上半年学生很多，列位中想有听过来的。这个夜学专为列位工人设的，从礼拜一起至礼拜五止，每夜上课两点钟；教的是写信、算帐，都是列位自己时刻要用的。讲义归我们发给，并不要钱。夜间上课又于列位工作并无妨碍。①

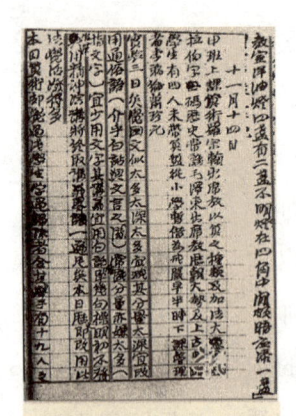

毛泽东填写的夜学日志，日志是1917年冬毛泽东主持湖南一师学友会附设夜学工作时建立的。日志由职员轮流记载，主要记录夜学教学和管理情况。

① 《毛泽东早期文稿》第94页。

在20世纪第一个10年，湖南成为南北各派军阀争夺的地方，几乎每年都有各家军队进入大城市招兵买马，烧杀掠夺。毛在1913年、1917年和1918年目睹了一系列兵祸。来往的军队占学校为军营，因而学校教学常被打断。第一师范有大量的宿舍楼，又紧临铁路，也就成为军队经常驻扎的地方。毛在学校读书的时候，第一师范就被占过三次。

1915年临时军事当局颁发文告，指责学校的政策，教员和学生都非常愤怒。毛以"学友会"的名义，把以前一些重要学者的文章集成小册子，抨击弊政。同学们都这样赞扬他，"我们只知道暗里骂，就没有想到如何更进一步去做。"军方派警察到学校搜查，连学生的书籍、行李都被搜遍了，但因为毛事先做了准备，结果并没有查到什么。

1917年当军队再度逼近长沙时，毛领导全校学生志愿军"分夜逡巡，警卫非常"。他们用的武器是一些上操时用的木枪。军队即将进城时，毛从地方警察局弄到了一些真枪，领人在校后守卫。有一段文字记载说：

"胆小的同学和教职员都伏在后面寝室的地板上，一动不敢动。学校的办事人员这时都听从'学友会'总务毛泽东的指挥。待王部①溃军在暮色中慢慢蠕动，距离伏地不远时，他就命令警察在山头鸣枪，其余持木枪的同学便大放爆竹，齐声呼喊：'傅良佐逃走了，桂军已经进城，缴枪没事！'"②

结果溃军把枪缴了，并由地方商会出钱遣散了。第二年当长沙又被侵入时，毛泽东又领导同学们组织"警备队"，并和其他学校联合，组织学生保安队，巡逻街市，维持秩序，还组织了一个"妇孺救济会"，到街头救济受兵灾的妇女和儿童，毛后来说，这是我第一次搞军事。他感到这不是最后一次。

毛后来回忆说："我在……1918年毕业。"5月底，他把"学友会"的工作移交给了别人。他认为，在第一师范学校的生活是他一生中最重要的时期，"我的政治思想在这个时期开始形成。我也是在这里获得社会行动的经验的。"③

当然，那时他还没有接触到马克思的著作。在1918年他毕业离校时，"我的思想是自由主义、民主改良主义、空想社

①指北洋军阀的第八师王汝贤部。——译注

②李锐《毛泽东的早期革命活动》第71页。

③《西行漫记》第121页。

会主义等思想的大杂烩。我憧憬'19世纪的民主'、乌托邦主义和旧式的自由主义，但是我反对军阀和反对帝国主义是明确无疑的。"①

① 《西行漫记》第125页。

关于在长沙所受的学校教育，毛一直持严厉的否定态度。在将近50年后，他回忆总结在学校的学习情况时说：

> 我就是绿林大学的，在那里学了点东西。我过去读过孔夫子，四书五经，读了六年，背得，可是不懂。那时候很相信孔夫子，还写过文章。后来进资产阶级学校七年。七六十三年。尽学资产阶级那一套自然科学和社会科学。还讲了教育学。五年师范，两年中学，上图书馆也算在内……十三年学的东西，搞革命却用不着，只用得工具——文字。写文章是个工具。②

② 毛泽东《关于哲学问题的讲话》，1964年8月18日。

把国家的、社会的问题同教室、走廊和长沙的山水、田野分离开来还是比较容易的。但是毕业后，毛就立刻面临更困难得多的挑战，这就是寻找实现那牢牢扎根于他头脑中的理想的途径。

4 转变
（1918~1921）

毛泽东传
A BIOGRAPHY OF MAO TSE-TUNG

青年毛泽东、毛泽覃与父亲和叔父在长沙。

毛泽东毕业时24岁，但在自由等待工作的新生活的最初几周内，他过的仍是一种他喜欢的浪漫生活，他和朋友们住在岳麓山"湖南大学筹备处"。他们和过去一样用蚕豆拌米煮饭吃，赤脚上山捡柴，到很远的地方挑水。其余时间则读书讨论他们的未来计划，有时也到爱晚亭上远眺，去岳麓宫、禹王坟凭吊。

1918年夏，毛又徒步游历了湖南。这次是和蔡和森一起。一条毛巾，一把雨伞，一双凉鞋就是他们的全部行装。他们俩用两个月的时间调查各村各乡的风土人情、农民生活、租税情况，了解地主与佃农和无地农民的关系。调查途中，他们常常露宿野外，以山楂野果为食。毛和蔡很快就成为新民学会中亲密的伙伴。

同时，新民学会的会员也开会讨论自己的前途，提出了出国留学的主张。毛在会上说："首先我们必须搞清楚去什么国家，然后是怎么去。我们要把每件事都组织得十分周密。我认为我们分开到各个国家去留学最好。主要是美国、法国、英国和日本。"①

杨昌济教授已在北京大学任教，他给毛写了一封信，告诉他，现在青年人中出现了去法国的新浪潮。毛回忆说："当

① 萧瑜《我和毛泽东的一段曲折经历》第138页。

1920年5月8日，毛泽东在上海半淞园为翌日赴法勤工俭学的新民学会会员送行（左起：萧三、熊光楚、李思安、欧阳玉生、陈绍休、陈纯粹、毛泽东、彭璜、刘望成、魏璧、劳君展、周敦祥）。

时湖南有许多学生打算用'勤工俭学'的办法到法国去留学。法国在世界大战中曾经用这种办法招募中国青年为它工作。这些学生打算出国前先去北京学法文。"①

毛热情支持赴法勤工俭学，实地了解俄国和欧洲的革命真相的主张，因此他和蔡和森开始组织湖南省的进步青年参与这一运动。蔡和森在6月底去北京进一步了解有关情况并与各方面进行联系。蔡到北京后回信敦促毛泽东速去北京，和他一起领导实施赴法勤工俭学的计划，又说杨昌济教授也希望毛到北京，就读北京大学。

9月，毛泽东决定到北京去，和他同去的还有二十多名自愿赴法留学的青年。②那一年黄河涨水，冲断了铁路线，火车在河南郾城附近停运。毛利用候车的时间走访了附近的村庄，考察农民的生活状况。

当毛泽东和同伴们抵达北京时，湖南自愿赴法的青年已有四十多人，比任何省都多。就连毛的老师徐特立虽已年过40岁，也放弃了在湖南的教授职位，志愿赴法。

毛特别注意鼓励女青年参加赴法勤工俭学。在长沙，他组织了一个"女子留法勤工俭学会"。这其中蔡畅是毛最要好的朋友蔡和森的妹妹，后来嫁给中共副总理李富春为妻。值得一提的是，蔡畅自己回忆说，她和她的哥哥和毛一样，在那时都表示反对婚姻，宣布他们决不结婚。

当一群湖南女青年，包括蔡畅以及她哥哥的未婚妻向警予

① 《西行漫记》第126页。

② 1918年8月15日毛泽东同25名准备赴法的学员动身去北京，8月19日抵达北京。参见李锐《毛泽东的早期革命活动》第152页。——编注

即将赴法时，毛认真地对向警予说："希望你能引大批女同志出外，多引一人，即多救一人。"①

在北京时，毛和萧瑜以及其他两个朋友应杨昌济教授的邀请，最初住在豆腐池胡同杨家新宅，但不久就搬到了邻近北大的三眼井胡同。这是一座典型的北京四合院，来自湖南长沙新民学会的八名会员就挤在两间租来的房子里，其中一间作书房，另一间作卧室。

床是北方的炕，用砖垒起，底下烧火取暖。但八个湖南学生生不起火，所以八个人只好挤在一块儿，以保持体温，抵御北京冬天的严寒。毛回忆说："我们大家都睡到炕上的时候，挤得几乎透不过气来。每逢我要翻身，得先同两旁的人打招呼。"②他们自己在一个小炉子上做饭，大家挣钱，大家花。八个人只有一件大衣，所以天气特别冷的时候，他们只好轮流穿着大衣出去。到了年底，他们有了三件大衣，但毛一直没有设法替自己买一件。

然而这个住处地点特佳，对毛和他的朋友工作和学习都很方便，他们可以随便去北京大学听课。罗学瓒在给家里写的信中说，他们"皆敦品力学之人，侄素所钦佩者，朝夕与处，时有受益。"

尽管经常锻炼，毛的身体并不太好。毛在北京的一个朋友说，毛那时还在咯血，可能染上了肺结核，因而坚持要和别人分筷吃饭。他的脚底曾受感染，在医院治了一个月。

尽管条件艰苦，但"故都的美对于我是一种丰富多彩、生动有趣的补偿。"毛后来回忆说，在公园和故宫的庭院里，他看到了北方的早春，"北海上还结着坚冰的时候，我看到了洁白的梅花盛开。我看到杨柳倒垂在北海上，枝头悬挂着晶莹的冰柱，因而想起唐诗人岑参咏北海冬树挂珠的诗句：'千

向警予（1895-1928），我党最早的女党员之一，被誉为"中国妇女运动的先驱"。

① 《毛泽东早期文稿》第549页。
② 《西行漫记》第128页。

树万树梨花开。'北京数不尽的树木激起了我的惊叹和赞美。"

后来毛被邀请赴法,但他选择留在国内。对他来说,这是个很有趣的决定,因为这是他第一次拒绝一个上升发展的机会。他后来解释说:"我并不想去欧洲。我觉得我对自己的国家还了解得不够,我把时间花在中国会更有益处。"①

毛向他的老师徐特立解释他留在国内的原因与此稍有不同。"毛具体研究了辛亥革命的失败,"徐特立后来说,"得出结论认为,失败的原因在于中国知识分子脱离广大人民群众。知识领袖要取得任何革命的胜利,都必须密切联系这个国家的公民。就因为这个原因,在大战结束后,当我邀请他和我同去法国时,他拒绝了。他更愿意增加有关中国的知识,而不是去法国。"②

毛对他的同学、朋友谈了四点他留下来的原因。首先一个原因显然是由于资金问题。他一点钱也没有,尽管路费大大减少了。但200元钱对他来说是一大笔钱,他知道没有人能借给他这么多钱。第二,语言上不能过关。在学校时,他甚至连最简单的英语发音都没有掌握,更不要说学法语了。第三,他觉得留在北京不仅可以继续学习,而且也可以为新民学会招收新会员,并且可以在北京为那些去法国的人充当可靠的联系人。最后,他明白自己是个行动者,自己的未来发展在政治组织上,而不是在学问上,所以他对为学习而出国并不真的感兴趣。学习对毛来说只不过是达到目的的一个手段。

对于那些他不很了解的人,毛首先强调他年龄太大了,那时已25岁了(其他人的平均年龄是19岁),其次说他外语能力很差。但真正的原因,也许从来没有明确地说过,虽然七年以后毛写的一篇《中国社会各阶级的分析》的文章中有所披露。毛指出,出身于小地主家庭又在资本主义化的城市里学习的学生只能扮演"半身土气半身洋气的角色"。毛害怕法国之

毛泽东与老师徐特立。

①《西行漫记》第126页。
②克莱尔和威廉·本德《龙旗,在中国游击队中的两年》第249页。

行会使他在文化上成为一个国际主义者,因而失去了他自己国家普通老百姓对他做领袖的支持。他也感觉到在外国环境下,他就不能在他的同伴中出类拔萃。

其他人也同意毛留下来,萧瑜和蔡和森曾就他如何能在首都生活下去讨论过好几次。他们正在北大吸收新民学会会员,因此毛最好的去处就是进北大。萧瑜后来回忆说:"我们想到教室清洁员的工作,因为教室清洁员做完他的工作后,还可以旁听。北京大学确实需要一个人在课后擦黑板、扫教室。这项工作很轻松,而且还可以经常接触到教授和学生。"但是毛怎样才能得到这样一个工作呢?

他们去找校长,这位校长当时正密切注意赴法勤工俭学运动,他给他们写了一个条子,让他们带着去找北大图书馆馆长李大钊。条子上说:"毛泽东为实行勤工俭学计划想在校内工作,请将他安排在图书馆中……"李大钊恭敬地照办了,给毛安排的工作是打扫图书馆,整理书刊。

北京大学红楼。1918年8月至1919年3月毛泽东在北京期间,曾在这里担任图书馆助理员。

萧瑜回忆说:"这完全是蔡校长帮忙的缘故,因为李大钊身居高位,是不过问用人之类的小事的。"几年后,李在回忆这件小事时还有点发窘。"我收毛泽东做清洁工作,"李大钊告诉萧瑜说,"完全是遵守蔡校长的指示。我并不知道他是你的好朋友,希望你能原谅我。"①

李大钊过去发表在《新青年》上的文章曾给毛以巨大的鼓舞,又是他把马克思主义介绍到中国来,现在毛发现他就在隔壁房间里。毛回忆说,他当时"工资不低,每月有八块钱"。那时一个月五六块钱就够吃饭,但毛仍非常节省,只在晚上吃顿

① 萧瑜《我和毛泽东的一段曲折经历》第145~146页。

饭，而且只吃土豆和花生，从不吃肉，也不吃青菜。对多数人扔掉的北京大白菜帮子，据说他发明了一种新的吃法：加盐煮。

如果毛希望通过他的工作之便结识当时的一些知识界巨人的话，那他就会失望。毛抱怨说："我的职位低微，大家都不理我。我的工作中有一项是登记来图书馆读报的人的姓名，可是对他们大多数人来说，我这个人是不存在的。"在那些来图书馆的人中，毛泽东认出了一些文学和知识界头面人物的名字，毛对他们极有兴趣。"我打算去和他们攀谈政治和文化问题，可是他们都是些大忙人，没有时间听一个图书馆助理员说南方话。"①

当时的中国新文化运动领袖胡适后来回忆说，毛要求去听他的课。胡评论说，在作文方面，他很出色。但另有一个传闻说，有次胡适上完课后，毛想向他提一个问题，胡适拒绝了，因为毛不是他的正式学生。②

文科学长、《新青年》杂志的主编陈独秀和图书馆馆长、政论作家李大钊是北大两位激进领袖，也是无可争辩的最早把马克思主义介绍到中国的人，但他们在毛第一次默默无闻地进北京的时候，都没有注意到他。和过去一样，毛受到了那些表面上是他前辈的人的冷遇。这也正是毛的生活哲学：越是被人视为粗俗的乡巴佬，遭人鄙视，他越是坚定了通过艰苦而激烈的政治斗争，强行对社会提出自己的要求的决心。

他在北京的时间并没有完全荒废，他参加了哲学会和新闻学会，为的是能够在北大旁听。在这些圈子里，他认识了一些人，诸如张国焘，后来成为他争夺共产党领袖地位的对手。

①《西行漫记》第127页。

②胡适的回忆参见伦敦《中国季刊》第163期第10页；后一说参见斯图尔特·施拉姆的《毛泽东》，红旗出版社1987年版第27页。

右起：李大钊，胡适，蔡元培，蒋梦麟。

他在首都最好的朋友都是无政府主义者，其中包括他的三个湖南籍的室友，还有一个学生。但这四个人都没有成为共产党员，尽管他们也都赞成群众运动和革命。他们介绍毛阅读克鲁泡特金、巴枯宁和托尔斯泰的著作。

他在北京的时候正是十月革命的影响在中国逐步深化的时期。30年以后毛宣布："在十月革命以前，中国人不但不知道列宁、斯大林，也不知道马克思、恩格斯。十月革命一声炮响，给我们送来了马克思列宁主义。十月革命帮助了全世界的也帮助了中国的先进分子，用无产阶级的宇宙观作为观察国家命运的工具，重新考虑自己的问题。走俄国人的路——这就是结论。"①

1918年10月毛参加了李大钊的"马克思主义研究会"。还参加了一个类似的但更广泛的组织"少年中国学会"，李大钊也是组织者之一。这时毛自己读的书基本还是传统主义者的著作。他告诉他的朋友，他读了许多史书，特别是司马光的古典著作。

但毛最感兴趣的还是马克思主义。他赞同马克思主义以理性和唯物主义为前提，和马克思主义学说的确定性以及它对人类平等和尊严的肯定，而毛最为赞叹的是马克思主义作为一种革命信条在俄国的成功实践。当时中国毛那一代年轻人都有这种看法。

第二年2月，就在毛离开北京之前，李大钊的文章《青年与农村》发表。其中一些话一定深深地打动了毛，文章特别指出："我们中国是一个农国，大多数的劳工阶级就是那些农民。他们若是不解放，就是我们国民全体不解放。"②

毛自己承认正是在北京，他第一次产生了爱情。他说："也正是在这里，我遇见而且爱上了杨开慧。她是我以前的伦理教员杨昌济的女儿。在我的青年时代杨昌济对我有很深的影响，

①《毛泽东选集》第4卷第1410~1411页。

②《李大钊文集》上，人民出版社1984年版第648~649页。

①《西行漫记》第127页。

②据毛泽东的回忆，他当时向这位同学借了10元钱。参见《西行漫记》第128页。——编注

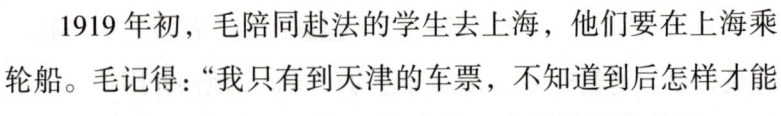

后来在北京成了我的一位知心朋友。"①但他们第二年才结婚。

1919年初，毛陪同赴法的学生去上海，他们要在上海乘轮船。毛记得："我只有到天津的车票，不知道到后怎样才能向前走。"但又是由于运气，他从另一个同学那儿借了20元钱②，使他能够继续去南京。这次华北之行，使毛饱览了祖国的许多名胜古迹。

"我在北海湾的冰上散步。"他骄傲地回忆道，还环行走过保定府、徐州和南京的城墙。"我在曲阜下车，去看了孔子的墓。我看到了孔子的弟子濯足的那条小溪，看到了圣人幼年所住的小镇。"毛看到相传是孔子亲手栽植的那株有名的树，并且看了孟子的出生地，他还登了中国最有名的五岳之一，山东的神岳泰山。

这时大多数中国知识分子都对中国国内的动乱和凡尔赛和会上中国在国际上的命运感到焦虑。日本公开收买中国代表团，以谋求日本在中国的特权的继续存在，其他战胜国更不愿意放弃在中国的"治外法权"，伍德罗·威尔逊所鼓吹的自决难以实行。1919年的五四运动是北京自发产生的抗议内忧外患的学生运动，当时毛正在参观他自己国家的圣地——显然他从中汲取了营养。

1919年，在长沙时的毛泽东。

从南京起，"我……又不名一文了，我也没有车票。"这次没有人借给他钱，他不知道怎样才能继续前进。"可是更糟糕的是，我仅有的一双鞋子被贼偷去了！"好运又一次解救了他，他在火车站外遇见了从湖南来的一个老朋友。这个人借钱给毛买一双鞋，还足够买一张到上海的车票。到了上海，毛了解到朋友们已经募集了大批款项，不仅可以送学生到法国去，而且他还可以回到长沙。③

③《西行漫记》第128~129页。

学生们3月下旬乘一条日本轮船走了，毛送他的朋友上船

后就起程返回长沙。在长沙，他寄宿在这座城市对面的河边，重新开始了一天一顿蚕豆加米饭的斯巴达式的生活。

他回湖南后的一项任务是维持新民学会的联系。许多会员当时正在欧洲各地学习，他建立了一个每月通信制度，印刷、发送在法国的会员们给他寄来的有待进一步研究的信件和他们提出的问题。在毛的编辑下，最后出版了三卷通信集。

然而，这个青年社团的团结不可避免地难以持久。大部分会员和毛一样都很革命，他们不满现状，但也出现了一个改良派，主张从现实出发。还有一个中间派，他们左右摇摆，没有确定的思想。后来，当共产党在湖南正式建立组织时，新民学会发生了分裂，大多数会员——但不是全部——参加了这个新党。

毛开始应用自己学到的知识在修业小学教历史。作为一个单身汉，他住在学校里，仍然只有几件极简单的行李："一顶农家用的老蓝夏布蚊帐，一床席子，几本书作枕头，经常穿的是一件洗得不蓝不白的竹布长衫。"在25岁的时候，毛终于开始挣钱了。

小学的生活几乎谈不上享受，当了几个星期的教师后，毛在一篇长文里给教师的命运画了一幅像：

> 诸君！我们是小学教师。我们整天的教课，忙的真很！整天的吃粉笔屑，没处可以游散舒吐。这么一个大城里的小学教师，总不下几千几百，却没有专为我们而设的娱乐场。我们教课，要随时长进学问，却没有一个为我们而设的研究机关。死板板的上课钟点，那么多，并没有余时，没有余力——精神来不及！——去研究学问。于是乎我们变了留声器，整天演唱的不外昔日先生们教给我们的真传讲义。我们肚

子是饿的。月薪十元八元,还要折扣。有些校长先生,更仿照"刻减军粮"的办法,将政府发下的钱,上到他们的腰包去了。①

接着个人的不幸又接踵而来。毛从上海迅速返回的一个原因是他母亲病了,1919年10月他母亲去世,死于急性扁桃体炎。毛写了一篇《祭母文》:

……
吾母高风,首推博爱。
远近亲疏,一皆覆载。
恺恻慈祥,感动庶汇。
爱力所及,原本真诚。
不作诳言,不存欺心……
头脑精密,劈理分情。
事无遗算,物无遁形……
病时揽手,酸心结肠。
但呼儿辈,各务为良……②

① 《毛泽东早期文稿》第376页。

② 同上,第410页。此文还有其他抄件,个别字有异。

1919年,毛泽东三兄弟与母亲在长沙合影。

毛泽东《祭母文》石碑。

尽管他有教学任务,但毛仍投入湖南的组织工作。在1919年6月和7月的五个星期内,他帮助建立了三个协会,都和改革有关。

但毛对湖南政治舞台做出的独特贡献是通过办报实现的。7月14日出版了学生联合会创办的第1期《湘江评论》,毛是《湘江评论》的主笔。《湘江评论》是一张四开的报纸,第一期很快就卖出去了,第二期印了5000份。在《湘江评论》上,毛对湖南的进步读者介绍了西方工会和工人罢工情况,揭露了西方列强在凡尔赛和会上的分赃行动。他谴责劳合·乔治和伍德罗·威尔逊是"一类的强盗"。①

用毛的中国传记作者的话说,《湘江评论》每期付印之前,"约好的稿件往往不能集齐",于是毛只有自己动手多写一些。在溽暑和蚊虫的侵扰下,他"常常写到半夜之后,早晨一起床,来不及洗脸吃饭,就到教室教课。"《湘江评论》第一期的几乎全部、第二期的三分之二、第三期和第四期的各一半稿件都是由毛泽东执笔的——他不仅要写稿、审稿,而且还要当编辑、看校样。毛甚至有时还上街卖报。②

1919年7月14日,毛泽东在长沙创办《湘江评论》。

《湘江评论》第二期开始连载毛的一篇重要文章,题目是《民众的大联合》。就在这篇文章中,毛最早提出了必须建立人民革命统一战线的战略思想,敦促他的同胞按照马克思的思想,建立农民组织和工人组织。文章说:"国家坏到了极处,人类苦到了极处……"

"天下者我们的天下。国家者我们的国家。社会者我们的社会。我们不说,谁说?我们不干,谁干?……我们中华民族原有伟大的能力!……他日中华民族的改革,将较任何民族为彻底。中华民族的社会,将较任何民族为光明。中华民族的大联合,将较任何地域任何民族而先告成功。""我们总要努力!我们总要拼命的向前!我们的黄金世界,光华灿烂的世界,就在前面!"③

①《毛泽东早期文稿》第318页。

②周世钊《湘江的怒吼》,《光辉的五四》,中国青年出版社1960年版。

③《毛泽东早期文稿》第338、390、393~394页。

《湘江评论》震惊了长沙政府,只出到第五期就被查封了。毛立刻又接手主编另一份报刊《新湖南》,这是一份地方学联的周刊,不久也被当局查禁。

这时湖南督军张敬尧对学生恼羞成怒。9月他召集学生代表训话,指责学生干预政治,特别是扰乱了政府的对日政策。

他威胁说，你们要是不听，我就砍你们的头。面对他的威胁，一个女生吓得哭了起来，就在她身边的毛要她不要理睬张的恫吓，只当狗吠。

毛在文章中就妇女地位问题慷慨陈词，特别对贞节的双重标准——妇女失贞，导致自杀，而男人乱性却无关紧要——进行了猛烈的抨击。他就此问题在《女界钟》刊物上撰文，他的长文《民众的大联合》中也有这一段：

> 诸君！我们是女子……我们都是人，为甚么不许我们参政？我们都是人，为甚么不许我们交际？……无耻的男子，无赖的男子，拿着我们做玩具，教我们对他长期卖淫，破坏恋爱自由的恶魔！破坏恋爱神圣的恶魔！整天的对我们围着。什么"贞操"却限于我们女子！"烈女祠"遍天下，"贞童庙"又在哪里？①

①《毛泽东早期文稿》第375页。

1919年11月14日长沙发生的一件事轰动全省，也使毛泽东大为震惊。一个姓赵的眼镜店老板按照传统的媒人说合，要把自己的女儿嫁给邻近一个富裕的古董商的儿子。这个姓赵的女青年对婚前只见过几面的新郎非常不满意，她要求解除婚姻，但不被理睬。婚礼那一天，不幸的赵小姐被强行推上花轿，送往新郎家。在花轿中，她抽出剃刀割颈自杀。

这一自杀事件轰动一时。一家地方报纸评论说，这个可怜的女青年是封建婚姻制度的牺牲品。两天后毛在《大公报》上发表了他评论这一自杀悲剧的第一篇文章。他在该报共发表了九篇文章，登了两个星期才登完。

毛的文章指花轿为"囚笼槛车"，他进而提出了其他批评，说不仅新郎、新娘的家庭应对赵女士的死负责，罪恶的根源还在社会。他宣称，青年人应该鼓足勇气自己站起来反抗老一代对他们规定的种种框框。毛鼓动说：

> 一个人刚刚掉下母亲的肚子，便说他的婚姻是已经前定了。年纪大一点，自己发生了婚姻的要求，却不敢自己议婚，一听父母、媒妁来处置……这些关于婚姻的迷信应该首先打破，最要紧是"婚姻命定说"的打破。此说一破，父母代办政策便顿失了护符……夫妇一发生了不安，家庭革命军便会如麻而起，而婚姻自由、恋爱自由的大潮，接着便将泛滥于中国大陆。①

毛不赞成赵女士的自杀，"吾人是以求生为目的，即不应反其道而求死……自杀的条件，是社会夺其希望。吾人于此，应主张与社会奋斗，争回所失的希望。奋斗而死……"②

毛在赵女士事件中表现的激情，能否说是他因违背他自己父母为他安排的婚姻而生出的负疚感的一种反应？

驱逐万人痛恨的长沙督军的运动在12月2日达到紧要关头。这一天学联藐视张敬尧的命令，公开举行焚毁日货大会。学生们事先调查了破坏抵制日货的商店，清理出了大批日货布匹，运到中心广场焚毁。但张督军的弟弟带领大批武装军警冲击会场，袭击学生领袖。

当晚毛召集新民学会全体会员和学联领导人开会，他说人民对张敬尧的愤怒已到极点。华中其他军阀也反张，张已成孤家寡人，现在是驱张的好时机。

学生们酝酿二三天内总罢课，并组织驱张代表团，到中国各个中心城市包括北京进行宣传和外交工作。1920年初毛负责领导前往北京的驱张代表团，长沙商会为代表团提供资助。

①《毛泽东早期文稿》第444、447页。

②同上，第432页。

张敬尧，北洋皖系军阀，1918年任湖南督军兼省长，因统治残暴，湖南人民奋起开展驱张运动。1920年被迫退出湖南。

但毛的行动也不完全是政治性的。1月17日，他尊敬的杨昌济教授在北京去世。毛的朋友萧瑜认为，在北京冬季仍坚持冷水浴的斯巴达式的习惯可能导致了杨的死。讣告是由毛和其他杨先生的学生起草的："先生操行纯洁，笃志嗜学……吾国学术不发达，积学之士寥落如晨星。先生固将嗜学终身者，因不假年，生平所志，百未逮一。"①无疑毛要利用这次待在北京的机会帮助料理杨先生的后事，包括杨先生女儿的未来问题，从她那里可以了解更多的情况。

1920年1月18日，毛泽东（左四）在北京同进步团体辅社成员合影。

① 李锐《毛泽东的早期革命活动》第33页。

但是毛没有直接去北京，他和他那个驱张代表团在武汉停了一段时间，并起草了驱张宣言送交当地报纸发表。他还组织了一次宣传活动，在一个公共汽车站拍到了由张敬尧的家人送给张的二十多袋鸦片烟种子的照片。照片见报后，张名声更臭。毛还和湖南学生组织了一次驱张运动群众报告会。

第二次进京时，毛住在北长街99号一座喇嘛庙里。他忙碌地进行反张宣传，参加2月4日的赴总理府请愿，尽管请愿没有结果。毛还领导一个通讯社，宣传不仅要反对张敬尧，还要全面反对军阀统治。他参加了由李大钊等人组织的反对日本帝国主义的爱国组织"少年中国学会"。

毛不断地给他在长沙的同志写信，报告北京的形势，并对他们在湖南的活动提出自己的建议。他建议他们组织"赴俄旅行团"，考察和研究俄国革命的经验。他再三敦促新民学会发展成一个有统一思想的军事组织，认真制订和执行在长沙活动的二至三年计划。

在北京，毛还利用时间大量地读书，特别是刚在北京出版的新翻译的共产主义著作。他后来说:"有三本书特别深地铭刻在我的心中,建立起我对马克思主义的信仰。我一旦接受了马克思主义是对历史的正确解释以后,我对马克思主义的信仰就没有动摇过。这三本书是:《共产党宣言》,陈望道译,这是用中文出版的第一本马克思主义的书;《阶级斗争》,考茨基著;《社会主义史》,柯卡普著。"①

如果说毛到北京来是为了向去世的教授告别的话,他又遭受了对大多数中国人来说很沉重,但对毛来说可能无关重要的打击:3月他的父亲死于伤寒病。40年以后,毛重回故乡时回忆起他的双亲。毛说,如果是现在,他们就不会死了。但即使毛对他父亲的去世毫不在意,他也有责任在家庭失去顶梁柱后对家里其余的人进行尽可能妥善的安排。

毛还谈不上是直接打道回府,而是一路拖延。他先到上海,后到衡阳。他不得不卖掉唯一的冬衣,买了一张去上海的车票。在上海,他靠给人洗衣服谋生。他写信告诉长沙的朋友说,洗衣并不累,但来回得坐公共汽车收衣服、送衣服,挣的许多钱就这样浪费了。

他还穿着洗得发白的蓝长袍到码头为另一拨从黄浦江乘船去欧洲的湖南学生送行。但他在上海有许多事要干,所以轮船刚一开动,他就往回走。

他和《新青年》主编,后来成为共产党第一任领导人的陈独秀讨论他的朋友们提出的改造湖南的计划,也讨论刚刚读过的马克思主义著作。毛评论说:"当时的陈独秀对我的影响也许超过其他任何人。"②然后,毛去了衡阳。在衡阳,他和以前在湖南师范学校的老师易培基有过晤谈,这个人现在成为国民党的重要人物。国民党是孙逸仙领导的中国非马克

1920年8月,陈望道翻译的《共产党宣言》在上海首次出版。

①《西行漫记》第131页。

②参见《毛泽东同志八十五诞辰纪念文选》,人民文学出版社1979年版第265页。

思主义的共和与民族运动的政党。

毛不在湖南时,张督军被其他敌对军阀赶出了长沙。他的被逐使湖南人欢欣鼓舞,人们纷纷议论怎样充分利用这一千载难逢的机会。南北军阀都在等待时机夺取湖南这块地盘,因此当时地方主义思想抬头,想建立湖南自治,湘人治湘。在十月革命的影响下,也有人提出民主口号,要求实现民治。新强人谭督军假装支持这些主张。

毛当时仍在省外,但他密切注意湖南的形势发展,帮助他的同志准备一个评述湖南面临的几条道路的文件,提出废督、裁兵;乡镇自治;银行、工厂民办;建立工会、农会;保障言论、集会自由。①他会见在外地的湖南各阶层人士,就这些主张和他们展开讨论。

在卷入长沙的这些事件之前,毛回到韶山。"在我的老家安静地休养了三个星期。"无疑他和家里人讨论了如何管理农田的事——他现在成了地主!——如何让他弟弟和妹妹上学。毛现在是一家之主,由毛照料的其他三个人后来都跟着他参加了共产主义革命。

当回到长沙时,他自己的知识与文化发展经历了一个重大的转折。他后来回忆说:"到了1920年夏天,在理论上,而且在某种程度的行动上,我已成为一个马克思主义者了,而且从此我也认为自己是一个马克思主义者了。"②

他从北京带回长沙一些共产主义书籍,并在7月他创办的文化书社中散发。杨教授的遗孀在女儿的劝告下,把北京大学发的抚恤费给了毛泽东,资助他创办文化书社。毛在《发起文化书社》中说:"湖南人现在脑子饥荒,实在过于肚子饥荒。"毛帮助筹集资金,从长沙社会各界争取赞助,甚至还说服新督军题写了"文化书社"四个大字。

①《毛泽东早期文稿》第681、684页。

②《西行漫记》第131页。

8月2日在毛任教的小学借了一间房子，举行发起人会议。毛是27个投资者之一，他们一共捐资519元，又是这次会上推举出的三个负责人之一。他任书社的"特别交涉员"，通过建立遍布全省的可靠的进步代表网而保证了书社的初期成功。因为书社是营业性的，可以借钱，所以就保证了毛和他的同志在从事政治活动时随时可以用钱。但毛坚持书社要严格记账，账目清楚。书社在一幢旧湘雅医学校所有的大楼里租了几间房子作社址。

毛泽东所撰《发起文化书社》一文，发表于1920年7月31日长沙《大公报》。

毛在创办文化书社时的亲密合作者是故去的杨昌济教授的最有才华的女弟子陶斯咏女士。毛和陶的朋友萧瑜称陶是一个非常杰出的女子。

尽管毛给湖南带来了马克思主义，但湖南同志的活动安排仍具有非常浓厚的地方性。毛回忆说，新民学会的纲领是"争取湖南'独立'，所谓独立，实际上是指自治。"由于对于北洋军阀政府感到厌恶，同时"认为湖南如果和北京脱离关系，可以更加迅速地现代化，所以主张同北京分离。"毛补充说，"那时候，我是美国门罗主义和门户开放的坚决拥护者。"[1]

毛很快发现自己处于因张督军的压迫而中断了的各种活动的中心。学联重新开始公开活动，新的激进团体也出现了，毛和他的朋友组织了一个"湖南改造促成会"，他们在7月[2]发表宣言，阐述他们的目标：

> 湘事糟透，皆由于人民之多数不能自觉，不能奋起主张，有话不说，有意不伸，南北武人，乃得乘隙陵侮，据湖南为地盘，刮民财归己橐……吾人主张"湘人自决主义"，其意义并非部落主义，又非割据主义，乃以在湖南一块地域之文明，湖南人应自负其创

[1]《西行漫记》第130页。
[2]《湖南改造促成会发起宣言》在6月份发表。此处作者所指的宣言是《湖南改造促成会复曾毅书》，6月间先在上海发表，7月在湖南再次发表。——译注

造之责任，不敢辞亦不能辞……湖南人得从容发展其本性，创造其文明，此吾人所谓湘人自决主义也。①

在此期间，毛泽东得到了提升，从一所小学的一名卑微的低级教员成为另一所学校的主事。这一好运应归于他几周前在衡阳见到的一个过去的老师②，他现已返回长沙，并担任师范学校的校长。他指定毛担任第一师范附属小学的主事。毛第一次当上了校长，第一次领到了很像样的薪水。他在秋天开始任职，既教古文，也管理全校事务。

在写给北京同事的信中，毛强调湖南的自治运动只是暂时权宜之计而不是根本的方略。但如果自治能使改革派改善这一地区环境，那也对将来有好处。③

毛在9月16日④写道："九年假共和大战乱的经验，迫人不得不醒觉……最好办法，是索性不谋总建设，索性分裂，去谋各省的分建设……惟一的法子是湖南人自决自治……在湖南地域建设一个'湖南共和国'。"⑤

第二天毛写了一篇长文，论述湖南在过去几百年各个王朝统治下所受的苦难，指出湖南现在应该"在潇湘片土开辟一个新天地，为二十七个小中国的首倡。"⑥从湘人自决开始，广东人、四川人以及其他地方的中国人也来仿效，实现自决。

10月，将近一万人冒雨游行，要求建立民主政府，毛泽东就在游行队伍的前头。这次大规模的游行示威使湖南改革派与反对改革的长沙督军之间的斗争发展到严重关头。谭督军假意接见了游行领导人，表示接受他们的意见。但声名狼藉的旧省议会的旗帜仍在招展，于是有人爬上去把它扯下去（谣传说是毛干的）。这给新督军以镇压的口实。

"从此以后，"毛回忆说，"我越来越相信，只有经过群众行

①《毛泽东早期文稿》第488、489页。

②即易培基。——译注

③《毛泽东早期文稿》第553~554页。

④毛的这篇文章刊登在1920年9月3日湖南《大公报》。——译注

⑤《毛泽东早期文稿》第504~505页。

⑥同上，第515页。

湖南督军谭延闿。1920年7月，谭延闿发表通电，表示要"湘人自治""还政于民"，联省自治，激发了普通知青的参与热情。虽最终失败，但促进了民治意识的日益崛起。

动取得群众政治权力，才能保证有力的改革的实现。"几周后"我第一次在政治上把工人们组织起来了，在这项工作中我开始受到马克思主义理论和俄国革命历史的影响的指引。"①正是在组织工人的活动中，毛实现了另一个更大转变，即克服了过去蔑视劳动的思想。1942年他在一篇重要讲话中论述了这一转变：

①《西行漫记》第131页。

> 我是个学生出身的人，在学校养成了一种学生习惯，在一大群肩不能挑手不能提的学生面前做一点劳动的事，比如自己挑行李吧，也觉得不像样子。那时，我觉得世界上干净的人只有知识分子，工人农民总是比较脏的。知识分子的衣服，别人的我可以穿，以为是干净的；工人农民的衣服，我就不愿意穿，以为是脏的。革命了，同工人农民和革命军的战士在一起了，我逐渐熟悉他们，他们也逐渐熟悉了我。这时，只是在这时，我才根本地改变了资产阶级学校所教给我的那种资产阶级的和小资产阶级的感情。这时，拿未曾改造的知识分子同工人农民比较，就觉得知识分子不干净了，最干净的还是工人农民，尽管他们手是黑的，脚上有牛屎，还是比资产阶级和小资产阶级知识分子都干净。这就叫做感情起了变化，由一个阶级变到另一个阶级。②

②《毛泽东选集》第3卷第851页。

毛对马克思主义的初步认识在实际的组织活动中逐渐形成。1920年夏天，毛收到了他的老朋友蔡和森接连寄来的信。蔡当时在巴黎附近的蒙达尼学院读书。8月，他写信给毛，敦促毛在中国组织一个共产党。在法国的14位中国同志已经举行了5天的会议，分裂成两派，一派是以蔡和森为首的革命派，另一派是改良派或称渐进派。两派都给毛写来长信，争取毛的支持。

很容易猜测毛会支持谁。

毛已经在长沙发起成立了一个俄罗斯研究会，还制订了一个赴苏俄勤工俭学计划。毛在收到北京和上海的马克思主义同志寄来的会章后，于九、十月间在长沙建立了第一个马克思主义小组。几个星期之后，他又在湖南建立了社会主义青年团，这是共产党的先驱。

湖南改良派的困境通过一个最不可能的形式而达到顶点，这就是年轻的英国贵族贝特兰·罗素访问长沙，这个英国哲学家在中国讲学一年。作为他在省城游历的一部分，罗素于10月间来到长沙，他在毛反对的督军举行的宴会上第一次见到了美国教育学家约翰·杜威（杜威来长沙演讲联邦主义）。

毛听了罗素的演讲，后来告诉他在巴黎的朋友说，罗素"主张共产主义，但反对劳农专政，谓宜用教育的方法使有产阶级觉悟，可不至要妨碍自由，兴起战争，革命流血。"

毛严厉指出，这在理论上说得通，事实上做不到。因"教育一要有钱，二要有人，三要有机关……现在世界的学校及报馆两种最重要的教育机关，又尽在资本家的掌握中。总言之，现在世界的教育，是一种资本主义的教育。"①

在这种思想上的大变动中，毛和去世的杨教授的女儿杨开慧结婚了。确切的日期不清楚，可能只是被当作自主革命者之间的一种个人协议。在当时湖南激进的青年中被誉为"理想的爱情"。杨女士当然是一个很出色的女子，一个好学生。

杨身材小巧玲珑，有张圆润的脸庞，眼睛不太大，眼眶深陷。皮肤很白皙，全没有继承她父亲那样的黧黑。据说她的容貌像毛的母亲。在1919年和1920年她已经在为湖南学生联合会工作。在她自己的学校福湘女子中学，杨开慧是女才子。尽管那一头短发增添了她的吸引力，但守旧的人仍然很看不惯。

① 《新民学会资料》，人民出版社1980年版，第147~148页。

毛泽东的夫人杨开慧。

由于她的激进名声在外，许多学校不愿要她，最后她只得进了一所基督教会学校。

毛第一次结识杨女士可能是在他到长沙杨父的寓所拜访的时候，但这并没有完全得到他们两人的朋友萧瑜对这些拜访记载的证实。看望杨昌济教授一般是在星期天，多半是为了和他讨论什么问题。在饭桌上，杨的夫人和女儿与他们同桌吃饭。

"她们进来时，"萧瑜后来回忆说，"我们仅仅礼节性地点头示意。谁也不说话，整整两年，每个星期我们都是飞快地、一声不响地埋头吃饭。我们一句话也不说——有时候我们的目光也会碰在一起，特别是当我们俩同时从一个碗里夹菜时。我们只是眉目传神，笑都不笑一下……杨先生吃饭时一言不发，我们都尊重他的静默……那种气氛使人联想起教堂里的默祷。杨先生十分讲究卫生健康，但显然没有意识到边吃边正常谈笑有益于健康，没意识到欢快的气氛有助于消化。"①

后来杨教授让他的女儿也参与讨论。

这时毛的忙碌的生活历程第一次出现了一段空白。整个1921年上半年毛自己记录的具体活动很少，可以假定毛是避居了一段时间，和他的新婚妻子（可能还有他的第一个儿子）待在一起，后来才重新开始政治生活。

3月，萧瑜从巴黎和北京返回长沙。这年春天毛和他的这位老朋友谈过很多次，他们显然已经出现了思想上的分野。毛的兴趣已经从新民学会转到了共产主义。他对萧瑜说："如果我们要进行改造，就必须来场革命！如果我们革命成功，上策便是学习俄国！列宁的共产主义是最适合的制度，而且是最容易学习的。我们面前只有一条路，我真诚地希望你能同我们一起踏上这条路。"②

但萧瑜反复讲自由的必要，说不能盲目地模仿苏俄革命。他们常常彻夜长谈，有时因不能取得一致而相对流泪。

①萧瑜《我和毛泽东的一段曲折经历》第26页。

②同上，第162页。

萧瑜认为人就像一辆黄包车一样，跑动起车靠两个车轮——自由和共产主义。他反对资本主义，拥护社会主义，但没有自由的车轮，这辆车就需要借压迫人类来维持平衡。

毛说："是的，压迫是政治的精髓。如果你压迫得法，说明你的政治是成功的。归根结底，政治的影响力十分简单，不过是经常保持压迫罢了。"

萧利用经典的自由无政府主义来反对善意的命令主义。毛反驳说："如果领袖没有权力，就不可能执行计划，就不能得心应手。领袖拥有的权力多，事情就比较容易办。为了改造一个国家，国民必须刻苦自励，并且需要作出牺牲。"

萧则宁愿没有牺牲来获得后代的幸福，但毛回答说如果人们计较这类事情，那么社会革命的理想1000年也实现不了。萧说他能等那么久。

毛说："对于你愿意等100年或1000年，我非常欣赏。我却不能等，我希望更早一些实现我们的目标。"①

争论继续不断，谁都不愿让步，直到1921年7月上海会议前夕两人还在争论。这次会议创立了中国共产党，毛泽东是出席这次会议的一个代表。

萧瑜回忆说："最后一个夜晚，我们同床而睡，谈到黎明，毛泽东仍在说服我参加那个决定历史命运的会议。"②

毛说："如果我们全力以赴，共产党在30年至40年的时间里，就能统治中国。"③这个预言相当精确。

那一天乌云密布，山雨欲来，这两个朋友和另一个共产党会议代表何叔衡从西门乘船离开长沙。木船通过中国中部的湖泊到达武汉，最后到达上海，这两个共产党人没有让他们的朋友送行。毛和萧共处一个舱室，毛睡下铺。第二天早晨当萧瑜走上舱面时，发现毛拿着一本书——《资本主义制度大纲》。

何叔衡，无产阶级革命家。湖南省立第一师范毕业，新民学会骨干会员，长沙共产主义小组成员。

①萧瑜《我和毛泽东行乞记》第291~292页。

②萧瑜《我和毛泽东的一段曲折经历》第164~165页。

③萧瑜《我和毛泽东行乞记》第299页。此处记是30年至50年。

5 未来的缔造者
（1921~1924）

毛 泽 东 传
A BIOGRAPHY OF MAO TSE-TUNG

中国共产党第一次全国代表大会会址。

萧瑜在武汉留下——他在武汉有些事要办，毛前往上海法租界的一个秘密地点去开会。中国的激进分子试图建立政治组织的企图一般都受到地方政府或军阀警察的追捕。而上海比其他城市安全，因为它由西方列强统治，中国的拘捕令在这里行不通，但即便如此也要避免被外国巡捕发现。中国共产党第一次代表大会是在上海一个马克思主义先驱家的卧室里举行的，这间房子只够坐参加会议的15个人。大部分代表都住在附近的女校里。女校当时是空的，只有一个厨师每天为他们做饭，兼放哨。他们在晚上8点钟开始开会。

他们连续花了3个晚上讨论新创建的党的基础和党章。但第4天晚饭后，当他们准备照常开会时，突然进来一个穿长衫的人，假装说是找错了门。共产国际代表马林警惕地说，这一定是密探，我们必须马上转移，换个地方开会。于是，他们都分散走了。他们刚走，一队15名法国巡捕和武装警察就来搜查房子，但扑了个空。

毛回到住处，发现他的朋友萧瑜已办完武汉的事，到上海来了。毛告诉萧，他们决定在上海外边的旅游地南湖的一艘船上继续开会，以摆脱警察的追踪。萧同意单独活动。毛已被指定为大会起草报告两个人中间的一个,但这并不是很重要的差使,毛对决定这次大会的主题并没有起多大作用。毛在这时几乎还没有读过列宁的任何重要著作,新党的领袖陈独秀可能把他看作是代表湖南省的一个地方民族主义者。他在长沙为共产党和青年团吸收的成员几乎都是他的同学、学生、前任老师、密友以及他的家人。他和湖南的无产阶级或农民还没有建立起任何真正的联系。但他的派系的核心成员都来自这些私人关系,也正是他们最后统治了整个中国。

出席这次成立大会的其他一些代表记下了他们对毛的印象。张国焘,后来成为毛的政治对手,把毛描绘为"一位较活跃的白面书生,穿着一件布长衫","也脱不了湖南的土气","他的常识相当丰富,但对于马克思主义的了解很少。他健谈好辩,在与人闲谈的时候常爱设计陷阱,如果对方不留神而堕入其中,发生了自我矛盾的窘迫,他便得意地笑了起来。"①

另一个早期共产党同志写道:"他给了我一个奇异的印象。我从他身上发现了乡村青年的质朴——他穿着一双破的布鞋子,一件粗布的大褂,在上海滩上,这样的人是很难发现的。但我也在他身上发现了名士派的气味。"②

这些代表在湖上租了一条大船,买了食物和酒,在集体游湖的名义下躲开了警察的注意,因而完成了建党大会的工作。借着傍晚度假人多、后来又下雨的掩护,他们的会议一直持续到晚上11点。会后毛回到他的湖边住所,发现萧瑜已在蚊帐里睡着了。

毛摇醒他的朋友,急切地告诉他:"我们在船上谈得无拘无束,你没

① 张国焘《我的回忆》第1册第135~136页。

② 李昂《红色舞台》第98~99页,胜利出版社1946年5月北平版。李昂自称他参加了中共"一大",以后也参加了一系列中共的重大决策过程,但"一大"代表和中共早期重要领导人中没有"李昂"这个名字。《红色舞台》中充满了对中共领袖的恶毒人身攻击,史实多不可信。

中共一大会议后期,由上海转移到浙江省嘉兴南湖的一艘游船上举行。这是复制的纪念船。

去，真可惜。"

他们一直谈到天快亮。①他们后来再也没有见过面。此后毛和萧不得不通过书信保持他们的友谊，但他们的政治观点仍有分歧。

后来，萧就他在1921年所了解的毛的能力作了如下概括："首先，我心底认为毛是这样一个人：他费心尽力非常仔细地计划他所要干的一切事情，他是一个伟大的阴谋家，一个伟大的组织家。第二，他能够非常精确地估计他的对手的力量。第三，他能征服他的听众，使他们着迷。他具有一种说服别人的可怕的力量，很少有人能不被他的话语所打动。你要是同意他的话，你就是他的朋友，否则，你就是他的敌人。"

之后两年，毛和妻子、儿子住在长沙，专门组织产业工会，组织罢工。他还让他的两个弟弟和他在一起，最小的弟弟泽覃还在继续上学。毛后来很歉疚："我年轻时，对毛泽覃脾气很坏，有一次还操起一根棍子要揍他，只因为他说共产党不是毛家的祖宗堂。"

1921年9月毛和两个无政府主义工人领袖②走访了长沙以东100英里的安源煤矿。他们三人自称是"参观"，下到矿井，观看了铁路机厂和其他工厂，这些工厂，既是中资的，又是外资的。矿山通过自己的铁路为邻近的一个铁矿和铁制品提供燃料，前不久整个企业被日本股东夺取。

工厂管理部门有不少外国人，其中包括德国人，他们手持硬木棍专打工人。1.2万名工人怨声载道：受工头敲诈，每天要做工12至15小时，工资很低，且经常拖欠，而食宿、服装、安全设备以及医疗设施都很差。

毛的第一个反应是为工人子弟开办学校，后来又为工人开办夜校，这都由李立三负责，李就是那个对毛当学生时贴出的

①萧瑜《我和毛泽东行乞记》第303~305页。

②指黄爱、庞人铨，均为中国社会主义青年团团员。——译注

寻友广告半心半意的青年。①他刚从法国回来，命定成为与毛争夺共产党领导权的一个对手。

毛1921年搬了家，从船山学社搬到小吴门外清水塘。这是一幢很雅致的房子，原是一个当铺老板修建的。这所房子也作为湖南省委的机关，毛在10月10日的成立大会上担任了湖南省委的第一书记。②

湖南的共产党支部成立后，就使用了文化书社的经费。毛发行股票，建立了棉织厂，以便为党提供一部分资金，但由于棉织厂难以同外国厂家竞争，一年后不得不卖了。毛的岳母也给党提供捐助。

在新的一年里，毛发动了一场长期的反对长沙暴君赵督军③的运动。赵督军在雪天将两个无政府主义领袖（即黄爱、庞人铨）杀害了，毛组织了一个抗议罢工。是年夏天，毛前往上海，争取对反赵斗争的更大支持，同时准备参加在杭州举行的共产党第二次代表大会。

"我本想参加，"毛后来说，"可是忘记了开会的地点，又找不到任何同志，结果没能出席。"④即使说共产党的活动必须保持高度的秘密性，但这件事也是一个很奇怪的插曲。有报告说毛确实见到了共产国际代表马林，所以很难想象毛不会从他那里了解到"二大"开会的地点。可以推测说，毛在党内的同志正被其他方面的问题弄得焦头烂额，因而决定不事先全力支持湖南的倒赵运动。也许是他们不让他出席"二大"，也可能是毛出于气愤抵制了这次大会。

然而，毛确实遵循共产党1922年下半年制定的与国民党

1921年冬至1923年4月，毛泽东和杨开慧曾居住于清水塘。

毛泽东与杨开慧的卧室。

① 参见少奇、少连《安源路矿工人俱乐部略史》，《安源路矿工人俱乐部周年纪念》1923年9月版第3页。

② 应该称为中共湘区工作委员会。湘区工委正式建立的时间是1922年5月1日前后。——译注

③ 指军阀赵恒惕。

④《西行漫记》第134页。——译注

搞统一战线的政策。国民党因为俄国人宣布放弃在中国的治外法权（不同于西方列强）而对苏俄有好感，孙逸仙对盎格鲁—撒克逊人的幻想破灭了。毛参加了国民党，并开始在湖南对它进行改组，要把它改造为一个有严格纪律的地下党。国民党具有发展为激进政党的潜力，它的党员人数也比共产党多得多。

在9月初，毛又一次来到安源煤矿。按照他的共产党传记作者的话说，他认为罢工的时机已经成熟。刘少奇被任命为罢工的领导人。刘少奇是毛的湖南同乡，刚刚从俄国受训回来，将成为毛的党内同事，后又成为对手。毛一定是从刘那里获得了对苏联的最初的具体了解。他们在毛的清水塘家里举行过多次会议。

1968年第9期《人民画报》中文版封面刊发刘春华创作的油画《毛主席去安源》。

经过一些动摇和犹豫后，安源煤矿工人在9月中旬终于举行了大罢工。毛为他们写了罢工口号："从前是牛马，现在要做人！……"罢工第15天，厂方屈服，答应了他们的一切要求。罢工胜利后，工人正式成立了工人俱乐部。工人俱乐部转过来又组织了一个合作社，由毛管理。几年以后，当毛离开中心城市去农村打游击时，安源煤矿工人为他提供了许多战士，煤矿的组织帮助他传递文件，使他和中共湖南省委员会和全国委员会保持联系。

两个工人后来回忆起毛在这次罢工时的情形说，毛穿一双草鞋，裤子挽到膝盖上面，就像刚刚放工回来。他们经常看见毛穿一件破烂的工作服，背上有一大块T形补丁。和工人一样蹲着吃饭，菜碗放在地上，筷子伸下去就夹菜，毫不在乎。另一个矿工评论说，尽管当时工人运动处于低潮，毛任凭风浪起，稳坐钓鱼船。他完全从容自若,似乎一切都在安排之中——许多人都这样评价毛在危机时的态度。①

①《红旗飘飘》第148~156页,中国青年出版社1959年5月版。

毛帮助取得的另一个工人运动胜利是9月的粤汉铁路工人大罢工。原因是一样的:工资低,又常常拖欠,监工打骂处罚工人,这使矛盾更加激化。由于准备充分,罢工得到了全力支持,"一列列火车像死蛇一样,躺在轨道上一动不动。"

不久政府调军队和工贼镇压罢工,工人们和他们的家属在军队的刺刀下躺在铁道边上不让货车通过。在这次事件中,有七十多人受伤,后有六人重伤致死,"有的人头被劈开,有的人手足被砍断,有的人四指被砍去。"大屠杀更坚强了其他地段铁路工人大罢工的决心,毛通电全国说:"虽日之于韩,英之于印,亦不过如是残酷……"最后政府不得不让步。

同时毛在长沙亲自领导了4000名泥瓦工与木工进行罢工,要求增加工资,营业自由。罢工坚持了近三个礼拜,成为长沙城第一次取得胜利的罢工。毛帮助这些没有组织的个人手艺人组织工会,并通过报纸反映他们的状况,后来在泥瓦工冒雨前往市政府请愿时,毛又走到他们中间。

毛从人丛中跳到市政厅外的大圆花坛上,向工人说道:"我们泥木工人为了工钱少了不能过日子,才请求政府增加点工资……"他时不时吹起哨子,指挥工人喊口号。当官的发现他是领头的,便来捉他,他从几棵树间穿过去,跑到工人队伍中间去了。

市政府当局同意开会讨论工人的要求,毛反映了泥木工人的状况。

"先生贵姓?是不是工人?"一个当官的对他头头是道的讲话感到惊讶。

毛回答道:"先生要问我的资格,我就是工人代表。如果要审查履历，最好改日再谈。今天我以泥木工人代表的资格，要求政府解决工资问题。"①政府又一次作出了让步。

在此事后毛又帮助铅印工和人力车夫进行罢工。毛还兼任过铅印机师和铅印工人工会联合会的秘书，同时还在人力车夫夜校教课。与此同时，毛失去了长沙第一师范附小校长的职位，表面看来是因为他组织工人运动而无法把很多时间用在学校管理上，但也还有政治原因。这时反共活动正在进行，新任督军比他的前任更不宽容。但毛不想失去对教育的兴趣，他已在去年帮助成立了长沙自修大学（他让弟弟在这个学校学习）。1922年底他又协助兴办美国支持的群众教育运动。毛没有薪水后，他的岳母就在经济上支持他。

1922年11月，许多工会组织在湖南开会，成立全省工团联合会，毛被选为总干事。担任这一职务后，毛就同众人痛恨的赵督军进行了面对面的斗争。长沙罢工浪潮之后，赵督军散布说罢工只是湖南以外的人雇用的过激分子的滋事骚扰，扬言今后要采取强硬措施镇压工人。

赵的威胁使得一部分工人和他们的代表发生了动摇，毛决定与督军正面交锋。在讨论人们的集会权时，毛引用英国和法国的法律条文来论证自己的观点，人民"如无直接违犯法律之行为，实不应干涉。"

后来有人问赵督军，当时毛处于他的控制之下，为何不加以杀害？赵回答说："我没有想到他会变得如此可怕。"

但赵督军并没有忘记毛，1923年4月他发布通缉令，逮捕毛。毛暗中对各个组织的接任者交代了有关工作，了结了在城里的事务后才离开长沙去上海，在上海他开始在共产党中央工作。毛的妻子陪着他过这种流浪生活，大约在同时，他的第二个儿子岸青出世了。

①袁福清《毛泽东同志和我们在一起——回忆长沙泥木工人最初的斗争》，见《湖南工运史料选编》。

毛泽东岳母向振熙老人，曾帮助照看岸英兄弟。

位于广州恤孤院路的中共"三大"会址。

毛和他的妻子立刻又南下广州参加1923年6月底召开的共产党第三次代表大会,同志们都对年初北方和中部军阀屠杀罢工工人感到沮丧。党的领袖陈独秀在共产国际的压力下作出结论,认为共产党依靠幼弱的无产阶级不能取得胜利,需要有强大的同盟者——孙逸仙的国民党就是显而易见的同盟者。

陈提出,共产党员参加国民党,以国民党的身份领导工农,以发展成为国民党中强大的左翼力量。毛反对这一主张,指出就湖南而言,产业工人的数量非常少,而国民党或共产党的数量就更少,遍布山野河谷的是农民。如果农民能像湖南的煤矿工人一样组织起来,如果共产党能像国民党那样花大力气做农民的工作,他们就有成功的希望。但马林和陈不赞同毛对农民所抱的热情,而毛可能觉得国民党对农民问题的理解比他的共产党同伴更深。

陈的加入国民党的主张也遭到了张国焘的反对,他一直在组织党的工会工作。他提出了一个修正案,宣布在与国民党合作问题上工人运动和工会应独立地作出自己的决定。

就张的修正方案进行了表决,八票赞成八票反对,陈作为主席否决了这一方案。那些反对的人现在都被邀请表明他们的立场。张国焘回忆说:"毛泽东以轻松的语调表示接受大会多数的决定。"①即是说毛拆了张的台。实际上看起来毛只是服从委员会的一般规定。当时毛被选入中央委员会,中央委员会在党的两次代表大会之间处理党的事务并对党的各个下级委员会下达指示。这年下半年毛代替张成为组织部部长,可能就是从这时起就开始了毛与张的个人斗争。不论有关毛在"三大"

① 张国焘《我的回忆》第1册第296页。

上投票表决的记录如何错综复杂，但有一点没有疑问，即毛对贯彻实施他所说的"具有历史意义的决定"持积极态度。这一"具有历史意义的决定"就是"参加国民党，和它合作，建立反对北洋军阀的统一战线。"①这是毛的话。

毛在7月和8月再一次来到上海，发表了一系列文章，猛烈抨击北洋军阀——他们当时控制了北京的中央政府——可耻地屈从西方和日本的经济要求。他在一篇文章中写道："美国是最凶恶的刽子手。"在谈到烟税问题时，毛评论说："中国政府的'阁议'，真是又敏捷又爽快，洋大人打一个屁都是好的'香气'，洋大人要拿棉花去，阁议就把禁棉出口令取消；洋大人要送纸烟来，阁议就'电令各该省停止征收纸烟税'。再请四万万同胞想一想，中国政府是洋大人的账房这句话到底对不对？"②

毛特别把愤怒发泄到英国头上，"难道国民忙于收还旅大运动就忘了收还威海卫运动？还是国民只知恨日本不知恨英国；只知日本帝国主义是侵略中国的，不知英国帝国主义之侵略中国是比日本帝国主义更要厉害的？"③

但这年年底，他又一次乘船到广州，这次是出席1924年1月的国民党第一次代表大会。毛和李立三是出席大会的两个地位很高的共产党员。张国焘后来说，李在发言中批评了国民党，而毛"并不与他采同一的立场，常依据孙先生的说法来发挥他自己的意见。"④

毛清楚地记得在广州听孙讲话以及与他交谈的情景。毛说："他是个讲演家，煽动家，讲得慷慨激昂，博得给他鼓掌。我听过他的讲演，也跟他谈过话。他是不准人驳的，提不得意见的。实际上他的话水很多，油很少，很不民主。"在40年后的同一次谈话中，毛还谈起了他的湖南同乡给这个广州籍领导人取绰号的趣事，称孙逸仙为"孙大炮"。⑤

①《西行漫记》第134页。——译注

②毛泽东《纸烟税》，载于《向导》第38期，1923年8月29日。

③毛泽东《英国人与梁如浩》，载于《向导》第38期，1923年8月29日。

④张国焘《我的回忆》第1册第319页。

⑤《毛泽东思想万岁（1961~1968）》第189页。

1924年5月，国民党上海执行部成员合影，后排左二为毛泽东。

一个国民党代表还记得一个操湖南口音的人在背后喊叫着要主持人让他发言，说："本席主张本案停止讨论，即刻会表决！""他穿一件棉袍，身材中等，面皮发青，态度倔强，一股蛮劲，像一个才到城里的乡下人，一点没有君子风度，不像是个能登大雅之堂的人。我后来查知姓名，才知道他叫毛泽东。"①

在广州，毛当选国民党的高级职务，所以后来他回到上海后，用他自己的话说就是"在共产党执行局工作的同时，兼任国民党上海执行部的委员。"②在后者的工作中，他的合作者是汪精卫（汪后来成为总理）和胡汉民，这两个人是国民党的左翼领导人。李立三嘲笑毛是胡的"秘书"。他的大多数同事也认为毛同国民党合作热情太高。

在毛正开展与国民党的联系时，共产党于1924年5月在上海召开了一次重要的党中央会议。在毛和李立三缺席的情况下，会议重申要坚持共产党在工人运动中的独立作用，要放松与国民党的联系。但毛仍坚持认为统一战线是共产党的最佳的可行政策。他回忆说："那年夏天，黄埔军官学校成立了。加伦担任该校顾问，其他苏联顾问也从俄国来到。国共合作开始具有全国革命运动的规模。"这是夸大的说法。

为两个主人服务实在是太紧张了。1924年的剩余时间，毛又一次没有活动，他说"我在上海生了病"，因而"回到湖

---

① 黄季陆《谈当年容共一幕》，载于台北《联合报》，1957年6月29日。

② 《西行漫记》第134页。

南休养"。无疑，他对国民党领导人对他的指责可以不在乎，但要忍受他的共产党同事的污辱那就困难得多，特别是这时他失去了他们当中同情他的李大钊的支持，因为李当时受共产国际的指示去了莫斯科。10月以后这种压力变得难以承受，特别是共产党中央委员会中最蔑视他的批评者张国焘被释放，重新进入政治争吵。毛在这段时期继续强调团结农民的重要性，他可能在回家之前就此问题和鲍罗廷商量过。鲍罗廷是最近到上海的俄国"专家"之一。

他的不得志或生病使他回到童年时的村子韶山。在家里他过了31岁生日，他的弟弟、妹妹和两个儿子簇拥着一家之主的毛，他沉思着似乎已走到尽头的政治死胡同。

中国国民党第一次全国代表大会会址。

6 三薯饭
（1925~1927）

毛 泽 东 传
A BIOGRAPHY OF MAO TSE-TUNG

1927年国民党第二届中央执行委员第三次全体会议开幕合影，二排右三为毛泽东。

没有理由怀疑毛是因生病才回到他出生的村子，但他回家除了单纯的休养外，还有更多的含义。整个1924年冬天至1925年春天的大部分时间，毛远离火热的政治生活，一定与他因未能进入共产党和国民党的魔幻般的内部领导层而产生的失望情绪有关。尽管他在31岁的时候进入了两党的中央委员会，但他并没有被完全接纳，他没能使任何全国性的领袖相信农民这个因素在中国革命方程式中的意义。

毛没有大学学位，没有写过书，没有学术成就，也没有社会地位。他在公认的领导人中的地位下降到底层，他在能量、想象力和人格方面足以弥补上述一切缺陷的优势还没有产生任何真正的效果。尽管有时他在新闻界也取得某些成功，但政治刊物主要是被已经成名的作者和具有外国文凭的归国留学生们所把持的。除了这些人的作品外，毛的文章也显得眼界狭隘，地域色彩太浓。

他从来没有在大工业城市生活或工作过，因而无法与他的同事如李立三、张国焘或刘少奇等人的经验相匹敌。例如，1925年初，当他住在湖南乡下时，在中国的城市爆发了全国范围的反对外国帝国主义的运动，而这一切并没有触及毛，因而他也没有发挥什么作用。他所做的只是证明农民这个武器在中国革命中的作用,再没有比韶山更合适的地方来思考这样一种挑战。

由于退隐到韶山,毛错过了一系列重大事件。包括1月份在上海召开的中国共产党第四次代表大会以及3月份孙逸仙的去世,孙的去世使国共合作的前景发生危险。与此同时,湖南的农民组织也受到5月30日英国警察在上海杀害工人的影响。

毛解释说:"以前我没有充分认识到农民中间的阶级斗争的程度,但是在'五卅'惨案以后,以及在继之而起的政治活动的巨浪中,湖南农民变得非常富有战斗性。我离开了我在休养的家,发动了一个把农村组织起来的运动。在几个月之内,我们就组织了二十多个农会,这引起了地方的仇恨,他们要求把我抓起来。"① 蔡和森②从法国回国帮助毛应付这场危机,而毛的妻子则在韶山帮助建立共产党支部。

若干年后毛回想起那些日子他进行农村调查的经历。他说,你不能仅下到村里去就希望能了解他们的结构和社会状况。

事发当时反映"五卅惨案"的漫画。

①《西行漫记》第135页。

② 蔡和森早于1921年底从法国回到中国。——译注

③ 毛泽东《关于哲学问题的讲话》,1964年8月18日。

我花了十几年功夫,才搞清楚。茶馆、赌场,什么人都接近、调查……我在家乡找贫苦农民调查,他们生活可惨,没有饭吃。有个农民,我找他打骨牌,然后请他吃一顿饭。事先事后,吃饭中间,同他谈话,了解到农村阶级斗争那么激烈。他愿意同我谈,是因为,一把他当人看,二请他吃顿饭,三可以赢几个钱。我是老输,输一二块现洋,他就很满足了……有一回,他实在不行了,来找我借一块钱。我给了他三块,无偿援助。那时候这种无偿援助是难得有的。③

这场运动的口号是"打倒军阀！""打倒外国阔佬！"这一切并不使赵督军感到意外。在地主的坚持下，他最终发布了对毛的缉捕令，在 10 月派军队抓他，毛逃到广州。在去广州前，毛以怀旧的情绪作了一首第一次发表的古体诗，咏怀他所热爱的长沙城：

独立寒秋，
湘江北去，
橘子洲头。
看万山红遍，
层林尽染；
漫江碧透，
百舸争流。
鹰击长空，
鱼翔浅底，
万类霜天竞自由。
怅寥廓，
问苍茫大地
谁主沉浮？

携来百侣曾游。
忆往昔峥嵘岁月稠。
恰同学少年，
风华正茂；
书生意气，
挥斥方遒。
指点江山，

激扬文字,
粪土当年万户侯。
曾记否,
到中流击水,
浪遏飞舟?

毛泽东手书《沁园春·长沙》。

1925年秋毛到达国民党的首都亚热带的广州，感到一种乐观的气氛。他的前上司汪精卫在孙去世后成为国民党政府的新主席，立场仍不明确的蒋介石担任第一军总司令。第五期农民运动讲习所刚刚开学，100多位学员参加了这期讲习所，其中五分之二的学员来自湖南，包括毛的弟弟毛泽民。毛在汪精卫为首的国民党中担任宣传部长，同时被指定为国民党刊物《政治周报》的编辑。以这种身份，他结识了国民党左翼学者诗人柳亚子，后来与他保持了著名的文学友谊。他回到国民党营垒似乎很快就受到了欢迎。接着，国民党自身发生分裂，分成反对国共合作的右派（最后以蒋介石为首）和左派（以汪精卫为首），毛继续支持左派。

12月毛在《政治周报》上发表了一系列文章，谴责国民党右派。其中一篇第一次提到了香港，他自己从未见过香港，但文章称香港为一座"荒岛"。就是在这一系列文章中，他第一次使用市井语言称呼外国人。他问，如果上海工人监禁所有"红头阿三"，又有什么要紧。①

①《政治周报》第1期，1925年12月5日，第2期，1925年12月13日，"反攻"栏中的短文。

1925年的圣诞节，毛从逃出湖南的工人运动组织者那儿了解到，赵督军派出全副武装的一团军队野蛮镇压了安源的一次矿工罢工，工会的领袖是个共产党，被杀害了，几个工人也被打死了，工会被摧毁。毛大怒，他到上海是想由共产党组织一次反对赵督军的行动，但陈独秀拒不支持，使毛的计划完全落空，毛感到非常失望。按照共产国际的路线，中央委员会刚刚投票决定把国民党约束在广东省。毛没想到在湖南发动的那场运动被看成是公开支持蒋介石的北伐计划。毛为他的朋友报仇的愿望不得不屈从于斯大林在莫斯科的奇思怪想。

对自己的政治主张在上海遭到拒绝，毛感到很懊恼，他发表

1925年，在广州时的毛泽东。

了一篇分析中国阶级关系的论文，这篇论文后来成为50年代出版的他的标准"选集"中的第一篇，题目叫《中国社会各阶级的分析》，对这篇文章存在着很大的争议。

毛在这篇文章中估计，在当时中国的四万万人口中，"大"资产阶级约有一百万人，中产阶级约有四百万人，只有这两个集团可以说是反革命的，中产阶级的左翼也能参加革命——但它会和敌人妥协，因而是不能信赖的。

中国人口的其他部分都会支持革命。在一万万五千万小资产阶级之中，有一千五百万是富裕的，他们一般接近于半反革命，想成为中产阶级，但在战时，他们也可能参加革命。七千五百万在经济上可以自立的这一部分人在平时采取中立的态度，但在战时也会支持革命。而六千万始终不能自足的人则欢迎革命。

二万万半无产阶级都会不同程度地积极参加革命，包括五千万半自耕农，六千万半富农，六千万贫农（他们会"勇敢奋斗"），两千四百万手工业者，五百万店员和一百万小商小贩。

至于四千五百万无产阶级，两百万产业无产阶级，他们当然是革命的"主力军"，三百万都市苦力是一支仅次于产业工人的主力军。和贫农一样，两千万农业无产阶级也能"勇敢奋斗"，同样，两千万游民无产阶级也可以引导成为一种革命力量。毛从这种算术中得出来的结论显然是为了鼓舞士气。

我们真正的朋友有多少？有三万万九千五百万。我们的敌人有多少？有四百万。让这四百万算作敌人，也不枉他们有一个五百万人的团体，依然抵不住三万万九千五百万人的一铺唾沫。①

在毛的亚分类表上，游民无产阶级或流氓无产阶级是马克思主义分析中的一种新发明，他们将成为毛的老话题。下面是

① 此段引述之数字出自《毛泽东思想万岁（1913～1943）》第92-95页《中国社会各阶级的分析》，《毛泽东选集》收入的《中国社会各阶级的分析》一文中无此内容。——译注

毛对他们的描述：

> 游民无产阶级为帝国主义军阀地主之剥削压迫及水旱天灾因而失了土地的农人与失了工作机会的手工业工人。分为兵、匪、盗、丐、娼妓。这五种人名目不同，社会看待他们贵贱各别。然他们之为一个"人"，他们之有五官四肢则一。他们谋生的方法，兵为"打"，匪为"劫"，盗为"偷"，丐为"讨"，娼妓为"媚"，名不相同，然谋生弄饭吃则一。他们乃人类中生活最不安定者。他们在各地都有秘密组织……做了他们政治和经济斗争的互助机关。处置这一批人乃中国最大最难的问题……中国游民无产阶级人数说来吓人，大概在二千万以上。这一批人，很能勇敢奋斗，引导得法，可以变为一种革命力量。①

这是毛新式文章中的第一篇，写于1926年1月，初稿曾送给共产党领导人审看。毛后来说："陈独秀反对……小册子里表示的意见，这本小册子主张在共产党领导下实行激进的土地政策和大力组织农民。陈独秀拒绝在党中央机关报刊上发表它。"②这篇文章可能是两头都挨不上。因为根据前三四年由中国的马克思主义者发表的东西来看，这篇文章（甚至）基本上没有什么真正的创见；有创见的地方，按马克思主义的标准来衡量又不太正统。

毛在2月份修改了这篇文章，但陈仍不予发表，因而毛只好在广州的《中国农民》上发表。这个小插曲之后，毛开始对陈不抱幻想："大致在这个时候，我开始不同意陈独秀的右倾机会主义政策。我们逐渐地分道扬镳了……"毛对自己文章中

①此段文字出自《毛泽东思想万岁（1913~1943）》第89–91页《中国农民中各阶级的分析及其对于革命的态度》，与前引《毛泽东思想万岁》所收录的《中国社会各阶级的分析》有别，与《毛泽东选集》收入的文字有出入。——译注

②《西行漫记》第135页。

的许多说法不满意也是显而易见的,因为在50年代把这篇文章收进"选集"时,做了大量的修改。

有一段很有代表性的话被划掉了:"中国各阶级对于民族革命的态度,与西洋资本主义国家各阶级对于社会革命的态度几乎完全一样。"总起来看,这段话很像是仿效托洛茨基而不是斯大林。在50年代,组成游民无产阶级的不切实际的五种成分——士兵、土匪、强盗、乞丐和娼妓被删去了。

这篇文章的要点是依据财产把中国社会分成各种阶级,把大地主与城市资产阶级划作其他人要反对的对象,这就混淆了历史发展的封建主义阶级和资本主义阶级,而按马克思主义的观点来说,这两个阶级是完全不同的。农民成为"半无产阶级的"主要的革命力量。

尽管他向共产党呼吁了,但在后来的几个月里,毛是和国民党一道奋力前进的。1926年1月,国民党第二次代表大会在广州召开。它对共产党政策保持不变,毛再次当选为中央执行委员会的候补委员。这是他与蒋介石竞争的少数几个时机之一,蒋和其他几个国民党高层领导人一起,得票最多,获得了248票,毛也不错,获得了173票。

毛在大会上讲话,拥护坚持和扩大民族解放统一战线,甚至为了这个目的,他还支持国民党右派重新统一。1月8日,他发表了一个《宣传报告》——非常自豪地宣布:"两年来反基督教的组织和宣传,遍于全国各地,使民众认识了帝国主义之宗教的侵略。"[1]

3月,毛被国民党任命为农民运动讲习所的负责人。他在广州主持了5月至10月的第六期讲习所,他自己就中国农民问题演讲了33个小时,此外还讲了九个小时的农村教育方法问题。

[1]《政治周报》第6、7期合刊,1926年4月10日。

第一部　引弓待发

在这些演讲中,他就像面对小学生一样,介绍和说明自己的想法。他谈到了牛王庙和三薯饭——分别指地主法庭和广州附近东江农民吃的甘薯、白薯、山芋加带壳大米的饭食。但毛也想从他们那儿了解情况,了解"农村的状况,农民状况和土地状况,生活方式和人的经历。他们如何发家,如何变穷,村里官地或公地有多少,谁管理谁经营,租金情况……"毛喜欢用这些资料在课堂上和他的学生们讨论,也利用这些情况作出自己的分析。

广州农民运动讲习所课堂。

毛甚至还教了点地理。9月他带领所有学生组织了一次海丰两周游。著名共产党领导人彭湃阐述了农民政府制度。讲课在一所孔庙里进行,有一次当毛看见一个学生戏弄孔子的牌位时,毛停了他好几天的课,毛不想支持这种无礼的嘲弄。①

①李昂《红色舞台》第104页。

有些共产党人相信毛为国民党干得太多了,但他告诉他的密友说,准备用他的讲习所为即将到来的游击战争培训忠于共产主义的干部,共产党这时在国民党组织上层很有影响。但他们企图靠沾国民党的光获得权力的梦想在1926年3月20日破灭了。这一天蒋介石大肆宣扬要驱逐在国民党中任职的共产党员,要逮捕许多重要的俄国顾问和中国共产党领导人。毛虽然失去了国民党中央执委会宣传部长的职务,但继续领导农民运动讲习所。

这可能是因为蒋不想触怒亲共的左派国民党湖南省党部的缘故,蒋在即将开始的北伐战争中需要他们的支持。毛的对手张国焘后来指责毛拒不出席讨论如何对蒋的政变进行反应的共产党会议，而是采取不卷入漩涡的态度，"袖手旁观"。①实际上，当时共产党很难采取什么行动，尽管有一份俄国人的报告说毛敦促苏联迅速采取反蒋行动。

在国共两党突然分裂的日子里，毛在国民党农民运动委员会上提出一项决议，要求在北伐将经过的省份开展农民运动。他把农民运动和蒋的军事计划联系在一起，以从国民党那获得对农民工作的最大支持，农村工作最终使共产党获得了基层群众的支持。毛这是与斯大林唱反调，因为斯大林反对北伐。

共产党的"桂冠诗人"郭沫若在这一时期曾见过毛，留下了一段对毛的肖像描写："毛泽东留一头短发，中分，倒向两边，一瞥之下给人一种谦恭有节而又深奥莫测的印象。皮肤白皙，说话时声音低沉柔和，富有感染力。但那时候我还没有发现他体态不俗，有帝王之相。在中国人中，特别在革命党党员中，说话声音这么柔和的人还真是少见。毛讲话时声音确实很低柔，再加上我一直听力不太好，所以他的话听懂的还不到三分之一。"②

毛目标很单一，就是在他的共产党同事不能提供任何更好的帮助的情况下，利用国民党的便利条件，组织农民运动。这年夏天，他当选为新成立的共产党农民部部长③，并前往上海讨论农民部的政策。但他发现在上海没有农民，而且也许是难以与陈独秀共事，因而毛返回广州的农民讲习所。9月，他为国民党出版的一套关于农民运动的丛刊写了篇序言，明确地阐述了他的立场："农民问题乃国民革命的中心问题；农民不起来参加并拥护国民革命，国民革命不会成功。"他在文章中进一步阐述了为什么农村革命不同于城市革命：

"都市工人阶级目前所争政治上只求得集会结社之完

---

① 张国焘《我的回忆》第2册第117页。

② 参见亨利·戴《毛泽东1917~1927年资料》第56页，此段文字未查到中文记录。

③ 应为中央农民运动委员会书记。——译注

《湖南农民运动考察报告》最初发表在1927年3月的中共湖南区委机关刊物《战士》周刊和中共中央机关刊物《向导》周报上。这是1927年4月汉口长江书店出版的《湖南农民革命（一）》，是《湖南农民运动考察报告》最早的单行本，书前有瞿秋白写的序。

全自由，当不及时破坏资产阶级之政治地位。乡村的农民，则一起来便碰着那土豪劣绅大地主几千年持以压榨农民的政权，非推翻这个压榨的政权，便不能有农民的地位。这是现时中国农民运动的一个最大的特色。"①

① 毛泽东《国民革命与农民运动》，1926年9月1日。

共产党领导人陈独秀根据斯大林的一封电报，决定不顾蒋的逮捕，继续坚持统一战线工作，反对北方军阀。同时为了统一战线的团结，停止讨论土地问题和武装农会的问题。毛现在又回到了长沙的根据地。这时，毛的一个助手在毛的家里工作，与毛和他的妻子在一起过了四年。他回忆说，毛总是出去活动，有时几天都不回家。陈指派毛视察湖南农民运动，可能是希望在北伐经过湖南时能阻止农民惹是生非。

但毛并不想抑制湖南农民的热情。12月在长沙农民和工人代表会议上，毛发表了一篇闭幕讲话，号召发动打倒地主的斗争。在他的指导下，农民协会立刻开始没收和分配地主土地，并接管传教点作他们的办公处。

湖南省农民协会接管了长沙原属于神学院的五所房子。毛的母亲和他的老朋友蔡和森的家乡湘乡县是全省最激进的一个县，传教士被强令离开家里，20多人被农民协会在"人民权力"的名义下枪毙了。农民协会还在秋收前强征埋藏起来的稻米，作"人民的粮食"低价卖给贫困农民。

所有这一切本来都可以说是令人钦佩的行动，但陈独秀为首的共产党领导人害怕农民进一步如此猛烈地实施他们的要求，那么各阶级的反帝阵线将会瓦解，国民党军队中的保守派掉过枪口来对付工农。这种担心证明是有道理的。

毛对这些相互矛盾的压力的反应是：和往常一样，到基层群众中去。但这次是为了进行细致的调查，这种调查最终使毛出了名，调查导致他撰写了《湖南农民运动考察报告》。在这篇文章中，他最激烈也最熟练地阐述了非无产阶级革命的思想，这思想使欧洲也使中国的马克思主义者感到惊愕。这篇文章1927年3月发表在《向导》周报上，并很快就译成了俄文和英文。共产国际的译文称之为"在已发表的英文报告中，对中国农村的状况揭示最深刻的一篇"[①]，共产国际领导人布哈林称它是"一篇出色有趣的报告"。

在1月份进行的考察包括五个县，其中有毛出生的家乡县，还有一个是他母亲出生的县，他在那个县走访了小学堂。在考察过程中，他顺访他的岳父，已故的杨教授在板仓的家，他的堂哥还记得他与三个贫农，一个手工艺人，一个店伙和几个小学教师晚饭后交谈至深夜的情景。他的妻子杨开慧帮助准备材料，抄写文件。报告最清楚地揭示了他的家乡农民在进行革命活动中所展现的能量，这既使他惊讶又使他受到鼓舞。

"很短的时间内，将有几万万农民从中国中部、南部和北部各省起来，其势如暴风骤雨，迅猛异常，无论什么大的力量都将压抑不住。他们将冲决一切束缚他们的罗网，朝着解放的路上迅跑。一切帝国主义、军阀、贪官污吏、土豪劣绅，都将被他们葬入坟墓。

"一切革命的党派、革命的同志，都将在他们面前受他们的检验而决定弃取。站在他们的前头领导他们呢，还是站在他们的后头指手画脚地批评他们呢，还是站在他们的对面反对他们呢？每个中国人对于这三项都有选择的自由，不过时局将强迫你迅速地选择罢了。"[②]

毛作结论说："在湖南农民全数中，差不多组织了一半。"在许多地方，农民协会自己成为"惟一的权力机关"，既解决经济纠纷，也处理夫妻吵架的小事，以至于"一切事情，农会的人不到场，便不能解决：'农会的人放个屁也有分量。'"

[①]《毛泽东选集》第1卷第13页。
[②] 同上，第21页。

"如果计分合适的话，完成国民革命共以十分计，那么城市居民和军队只能占三分，农村农民在革命中要占七分，无数万成群的奴隶——农民，在那里打翻他们的吃人的仇敌，农民的举动，完全是对的，他们的举动好得很。"[①]

认为农民的举动"太过分"的议论是错的，农民只是对千百年来土豪劣绅暴行的反抗。"农民的眼睛，全然没有错的。谁个劣，谁个不劣，谁个最甚，谁个稍次，谁个惩办要严，谁个处罚从轻，农民都有极明白的计算，罚不当罪的极少。"

接着，毛驳斥了国民党认为农民造反应该服从于统一战线的全国目标的论调，指出"革命不是请客吃饭，不是做文章，不是绘画绣花，不能那样雅致，那样从容不迫，文质彬彬，那样温良恭俭让。革命是暴动，是一个阶级推翻另一个阶级的暴烈的行动。"

在革命高涨时期，必须建立"农民的绝对权力"地位，"把一切绅权都打倒……质言之，每个农村都必须造成一个短时期的恐怖现象，非如此决不能镇压农村反革命派的活动，决不能打倒绅权。矫枉必须过正，不过正不能矫枉。"

毛在他的"报告"中还指出："农民中有富农、中农、贫农三种。三种状况不同，对于革命的观感也各别。"富农在革命高潮时期很沉闷，中农的态度是游移的。

"他们想到革命对他们没有什么大的好处。他们锅里有米煮，没有人半夜里敲门来讨账。

"乡村中一向苦战奋斗的主要力量是贫民。从秘密时期起，到公开时期，他们都在那里积极奋斗，组织也是他们在那里组织得特别积极，革命也是他们在那里革命得特别积极……他们是土豪劣绅的死对头，他们毫不迟疑地向土豪劣绅营垒进攻……"[②]

这些农民被富农讥笑为"上无片瓦，下无插针之地"，但他

[①]此处文字与《毛泽东选集》收入的《湖南农民运动考察报告》有出入。——译注

[②]此处文字与《毛泽东选集》中《湖南农民运动考察报告》有出入。——译注

们是农民中的大多数。据长沙县的调查，贫农占百分之七十，中农占百分之二十，地主和富农占百分之十，几乎所有最基层农民协会的主席和委员都是贫农，毛不允许他们因此受到指责："没有贫农，便没有革命，若否认他们，便是否认革命，若打击他们，便是打击革命。他们的革命大方向始终没有错。"

毛还描述了农民对地主采取的某些行动："这种事各地做得很多。把土豪劣绅戴上一顶纸扎的高帽子，在那帽子上面写上土豪某某或劣绅某某字样。用绳子牵着，前后簇拥着一大群人。也有敲打铜锣，高举旗帜，引人注目的。这种处罚，最使土豪劣绅颤栗。戴过一次高帽子的，从此颜面扫地，做不起人。"①

至于枪毙，毛报告说，只限于最坏的土豪劣绅，他举了几个例子："土豪劣绅势盛时，杀农民真是杀人不眨眼。长沙新康镇团防局长何迈泉，办团十年，在他手里杀死的贫苦农民将近一千人，美其名曰'杀匪'。我的家乡湘潭县银田镇团防局长汤峻岩、罗叔林二人，民国二年以来十四年间，杀人五十多，活埋四人。被杀的五十多人中，最先被杀的两人是完全无罪的乞丐。汤峻岩说：'杀两个叫花子开张！'这两个叫花子就是这样一命呜呼了。以前土豪劣绅的残忍，土豪劣绅造成的农村白色恐怖是这样，现在农民起来枪毙几个土豪劣绅，造成一点小小的镇压反革命派的恐怖现象，有什么理由说不应该？"②

接着毛又论述了他的祖国传统的社会状况，指出"中国的男子，普遍要受三种系统的权力的支配"，即国家的政权、家族的社会权和鬼神系统的神权。

妇女们除了上述三种权力外，还要受男子的支配（夫权），这是"束缚中国人民特别是农民的四条极大绳索"（然而农村妇女也享有相当的性自由，三角关系和多角关系几乎普遍存

① 《毛泽东选集》第1卷第25页。
② 同上，第26页。

在。威尔逊注)。但现在在湖南的农民革命中,这些权力都在被打倒。旧的规矩,如妇女和穷人不能进祠堂吃酒的老例就被打破了。"衡山白果地方的女子们,结队拥入祠堂,一屁股坐下便吃酒,族尊老爷们只好听她们的便。"①

但毛也警告他的读者,不要人为地加速造反的行动。"菩萨是农民立起来的,到了一定时期农民会用他们的双手丢开这些菩萨,无须旁人过早地代庖丢菩萨。"毛在"报告"中还引用了他对一些乡农进行宣传时所讲的话,这些话使他们都"笑起来":

"信八字望走好运,信风水望坟山贯气。今年几个月光景,土豪劣绅贪官污吏一齐倒台了。难道这几个月以前土豪劣绅贪官污吏还大家走好运,大家坟山都贯气,这几个月忽然大家走坏运,坟山也一齐不贯气了吗?……神明吗?那是很可敬的。但是不要农民会,只要关圣帝君、观音大士,能够打倒土豪劣绅吗?那些帝君、大士们也可怜,敬了几百年,一个土豪劣绅不曾替你们打倒!现在你们想减租,我请问你们有什么法子,信神呀,还是信农民会?"②

农民新的造反造成新的禁绝。麻将、骨牌、纸牌在农会势盛的地方一概禁绝了,一个地方的农会烧了一担麻将牌。鸦片烟枪都得上缴,花鼓戏在许多地方也都禁止演唱,有些县把轿子砸了,或者农民大涨抬轿价,以惩罚富人。铺张酒宴受到禁止,在毛的家乡韶山,"议决客来吃三牲,即只吃鸡鱼猪。笋子、海带、南粉都禁止吃"。

农民按照自己的想法,开始兴办夜校,而且是根据"洋学堂"的样子来办,而这种"洋学堂"过去被视为是最新式的。毛承认自己对学校曾经有过错误看法。

"我从前做学生时,回乡看见农民反对'洋学堂',也和一般'洋学生'、'洋教习'一鼻孔出气,站在洋学堂的利益上

① 《毛泽东选集》第1卷第31页。

② 同上,第33~34页。

面,总觉得农民未免有些不对。民国十四年在乡下住了半年,这时我是一个共产党员,有了马克思主义的观点,方才明白我是错了,农民的道理是对的。"①

最后,毛用了一个词来形容对农民的创举感到不满和惊愕的蒋介石和其他"诸公",说他们是"叶公好龙"。叶公是中国远古时期的人物,他喜欢龙,因而在屋里屋外到处画着龙,刻着龙。但当真龙听说他好龙而下来察看的时候,他又吓得丧魂落魄。"嘴里天天说'唤起民众',民众起来了又害怕得要死,这和叶公好龙有什么两样!"②

这碰巧是毛第一次公开谴责蒋介石,后来他与蒋为争夺中国的领导权斗争了20年。而毛写完这篇报告后的第一个行动是去武汉参加国民党左派的一个会议。在会上毛为农民反对地主的剧烈行动辩护,要求实行比共产国际更激进的土地改革政策。他在武汉写了一首短诗,名叫《黄鹤楼》:

① 《毛泽东选集》第1卷第39~40页。

② 同上,第42页。

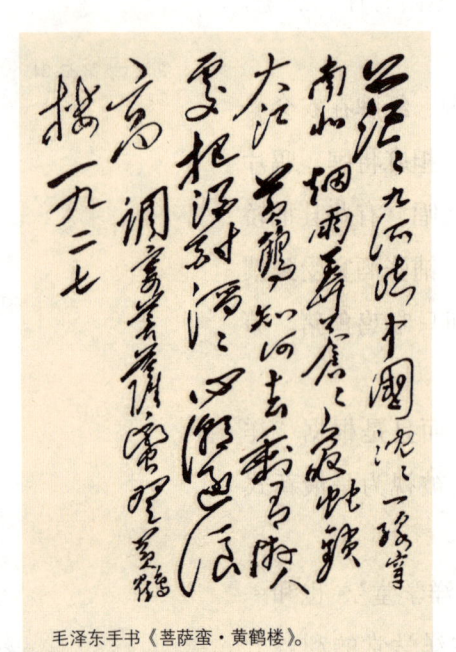

茫茫九派流中国,
沉沉一线穿南北。
烟雨莽苍苍,
龟蛇锁大江。

黄鹤知何去?
剩有游人处。
把酒酹滔滔,
心潮逐浪高!

毛泽东手书《菩萨蛮·黄鹤楼》。

4月,国民党成立了一个专门的委员会来处理土地政策问题,毛在委员会中继续有力地论证不仅要没收地主的土地，还要没收富农——斯大林厌恶富农——的土地，要承认他们的行动是合法的。在最后一次会议上，毛提出了一个决议案，试图包容各种相矛盾的观点，但遭到了左派和右派两面的指责，左派说这个决议还不够，右派则说它走得太远了。就在讨论进行当中，传来了蒋介石在上海利用自己的盟友、流氓组织、秘密会社青洪帮血腥屠杀工人和共产党领导人的消息。蒋的军队在秘密会社的帮助下，把上海置于国民党的控制下。国民党的右派在公开活动并占据了支配地位，奉蒋为超凡神授的领袖。

毛把他那激进的土地问题决议提交给4月1日举行的中国农民协会成立大会，并得到了真正具有地方组织经验的农民领袖和两名俄国共产国际顾问的支持。这次会议支持毛，选他为新的农民协会的主席。

但几天后当共产党在武汉举行党的第五次全国代表大会时，他们不愿听这些主张。毛10年后回忆说：

> 我今天认为，如果当时比较彻底地把农民运动组织起来，把农民武装起来，开展反对地主的阶级斗争，那么，苏维埃就会在全国范围早一些并且有力得多地发展起来。但是，陈独秀强烈反对。他不懂得农民在革命中的地位，大大低估了当时农民可能发挥的作用。结果，在大革命危机前夜举行的第五次代表大会，没有能通过一个适当的土地政纲。我要求迅速加强农民斗争的主张，甚至没有加以讨论。因为中央委员会也在陈独秀支配之下，拒绝把我的意见提交大会考虑。①

① 《西行漫记》第136~137页。

大会第二天，介绍毛了解马克思主义的李大钊在北京的苏联大使馆被袭击事件中被捕,并被北洋军阀处以绞刑。在武汉参加会议的同志深感震惊,也许在决议中加强了要与国民党结盟的思想,尽管有上海的大屠杀,尽管他们中的大部分人对蒋介石本人很担忧。毛的土地纲领不适合他们的观点,他的激进的论调被拒绝,毛被免去了农民部长的职务,只当选为中央委员会的候补委员而不是正式委员,这使毛很没面子。

几天后,毛托病不参加会议。他回到长沙,进行了第一次但不很辉煌的领导农民起义反抗地主及武装力量的斗争。地主们劝说湖南新军阀唐督军[1]发布了逮捕毛的秘密通缉令。

但毛的运气救了他。他的同事向他透露了通缉令,于是毛在5月和几个朋友逃到靠近江西的浏阳。农民在长沙附近继续没收地主土地,长沙的卫戍部队进行报复,捣毁了农会和文化书社的办事处,宣布忠于蒋介石。毛的一个密友在长沙的这次"马日事变"中被杀。结果,共产党湖南省委的大部分领导人都和毛一样逃到了浏阳,以便组织一次新的起义。

有一个报道说他们动员了30万农民准备在5月30日进攻省城,但武汉派来的一位共产党高级官员在最后关头让他们取消了这一计划。他说,进攻胜利的唯一结果是激怒唐督军,促使他向武汉推进,推翻共产党支持的武汉政府。而唐督军本来对共产党并无恶意。省委会很不情愿地同意了这个"可耻的"决定,这是毛及其支持者的看法——但这个决定太晚了,未能使几千农民免遭被长沙军队枪杀的命运。毛应陈和党的领导人的要求回武汉,这时他在中央委员会和共产国际中公开采取极"左"的政策路线。

左派国民党政府和共产党领导人事后都进行了调查,他们感到极度的痛苦。国民党的报告说,长沙的"马日事变"是由于农民运动的过激行为造成的,对此,毛应受到谴责。报告指

[1] 指唐生智。——译注

出，农民协会受无视国民党和共产党的地方帮派的控制，他们只知道杀人放火。①

6月13日毛写了"全国农协会临字第四号训令"，伤心地承认失败。农民运动发展很快，但"土豪劣绅猛力反攻"比预期的更激烈，"而上级机关之指导偶有不周"（对共产党和左派国民党领导人一种隐蔽的批评）。在记载了数以千计的共产党和农民在过去几个月被杀害的事实之后，毛不切实际地要农民协会"请求"国民政府保护他们，保障他们进行革命和发动一场"讨伐蒋介石"的运动的自由。

"因为土豪劣绅之气焰不灭，则创设乡村自治建立民主政权终属不可能之事，经济上之建设，更无从可以实现，而国民政府之基础亦未由巩固也。"这是一个沉痛的教训，还需要进行更彻底的革命。

在这种情况下，毛和他的妻子、孩子分开了，因为在这种政治形势下，他们住在一起太危险了。此后，他再也没有见到他的妻子，17年以后他才见到他的两个孩子。现在又有了一个孩子，这第三个男孩叫毛岸龙，但在随后的动乱岁月里失踪了。他们四个人现在都被送到毛在长沙的堂哥家里躲避。

7月，共产党最后与国民党左派决裂。共产党不再与不合适的盟友合作，他们决定在秋收后发动一系列起义，7月份召开了许多会议准备起义。在共产党为夺取权力而斗争的新阶段，毛将发挥巨大作用。

① 参见《武汉中央政治委员会第28次会议速记录》，汪精卫发言。

1924年，杨开慧同幼年毛岸英、毛岸青在上海留影。

第二部

奋斗

菩萨蛮 黄鹤楼

茫茫九派流中国,沉沉一线穿南北。烟雨莽苍苍,龟蛇锁大江。

黄鹤知何去?剩有游人处。把酒酹滔滔,心潮逐浪高!

一九二七

7 "山大王"
（1927~1928）

"八七会议"（1927年8月7日）会址。

在突遭国民党左派的排挤之后，1927年8月初，毛和他的共产党同伴在九江①举行紧急会议，商讨他们的前途。由于使用了巧妙的手腕，陈独秀未能出席会议，他被从中央领导中驱除出去，当了党和俄国顾问们（或按一些说法是俄国主子们）失败的替罪羊。瞿秋白接任党的总书记，他是个受过俄国训练的新闻记者。毛再度进入中央委员会。在会上，他向他的同志们指出了武装斗争的必要性，会议接受了他的意见。在此之前，周恩来、贺龙和朱德已在南昌发动了秋季暴动，后来，暴动的这一天被作为红军的正式建军日来庆祝。

①应该是汉口。
——译注

会后，毛立即秘密地乘坐一列货车前往长沙，受命去组织湖南省的秋收暴动。他必须使湖南省的共产党组织从国民党中脱离出来，在那里创建一支工农革命军。在重组的共产党湖南省委第一次会议上，自信的毛提出了他激进的暴动计划，这个计划比中央委员会所指示的建立农村根据地和没收地主财产走得更远。

毛在写给中央委员会的信中主张，应高高地打出共产党的旗子，建立工农根据地。他写道："我在调查中知道湖南的农民对于土地问题一定要全盘解决。"他建议没收一切土地，"包括小地主自耕农在内"，按共同的标准，公平分配给愿意得到土地的一切乡村人民。①中央委员会警告毛这些是不对的，但毛拒绝服从党的政治决议案，在秋收暴动中掺入了自己的主张。

9月9日起义爆发，毛将参加暴动的安源煤矿工人、地方农民自卫军，以及脱离了国民党的持不同政见的军队编成四个"团"。可是，毛本人却不能对这支部队行使有效指挥。当他在整顿这四个团时，被国民党民团抓到并解往民团总部，准备与其他共产党嫌疑分子一起处决。他后来回忆道："我从一个同志那里借了几十块钱，打算贿赂押送的人释放我。普通的士兵都是雇佣兵，我遭到枪决，于他们并没有特别的好处，他们同意释放我，可是负责的队长不允许。于是我决定逃跑。但是直到离民团总部大约二百码的地方，我才得到了机会。我在那地方挣脱出来，跑到田野里去。"②

毛跑到一个高地，下面是一个水塘，周围长了很高的草，他在那里躲到太阳落山。士兵们追捕他，还强迫一些农民帮助他们搜寻。"有好多次他们走得很近，有一两次我几乎可以碰到他们。虽然有五六次我已经放弃希望，觉得我一定会再被抓到，可是我还是没有被发现。最后，天黑了，他们放弃了搜寻。我马上翻山越岭，连夜赶路。我没有鞋，我的脚损伤得很厉害。路上我遇到一个农民，他同我交了朋友，给我地方住，又领我到了下一乡。我身边有七块钱，买了一双鞋、一把伞和一些吃的。当我最后安全地走到农民赤卫队那里的时候，我的口袋里只剩下两个铜板了。"③

国民党方面对此事的说法是毛的贿赂起了作用。

最初几天起义进行得很顺利，许多重要城镇落到了起义军手里。然而，长沙的工人并没有像毛所期望的那样，起来支持农民。当两支已脱离国民党的部队决定在他们之间开战后，力

---

① 《中共湖南省委给中共中央的信》，1927年8月20日。

② 《西行漫记》第141页。

③ 同上，第141页。

第 二 部 奋斗

量单薄的起义军就面临内部火并的危险,于是,安源矿工差不多都被消灭了,毛的农军也中了埋伏。

在起义爆发后的一个星期内,毛不得不放弃毫无希望的整个行动。正如他所承认的,"部队的纪律差,政治训练水平低,指战员中有许多动摇分子。开小差的很多。"① 在起义中,共产党杀掉了许多国民党人,并烧了他们的房屋,而这些人在统一战线时期被称为同志,所以,湖南当时流行着这样一支讽刺歌:

"砍,砍,砍!同志砍下同志的头!

烧,烧,烧!同志烧掉同志的屋!"

在浏阳县的文家市,毛集合了起义军的残部,前敌委员会举行了一次会议,9 月 20 日毛率领他们向井冈山进军——沿途趁势释放了被监禁的共产党人,并打开公仓,把粮食分配给农民。

尽管他的部队在芦溪突遭袭击,但毛在 9 月底还是把他们重新集合起来,并在永新县三湾村重整旗鼓。那天晚上,毛将残存的四百余人整编成一个团,在部队中实行民主,由党掌握军队,废止打骂,士兵有开会说话的自由,在另一种意义上说,这才是红军的开端。

从文家市经三百多英里的行军,10 月,毛和他最得力的团到达了湘赣边界上的井冈山。这个地方对于他来说,不仅仅是以后几年中时断时续的一个山区根据地,而且也是他此后全部事业灵感的源泉。

后来,毛断然把 1927 年的悲剧归罪于陈独秀和两个共产国际顾问罗易(印度人)和鲍罗廷(俄国人)。陈独秀的"动摇的机会主义"应负最大的责任,而鲍罗廷"随时准备尽力去讨好资产阶级,甚至于准备解除工人的武装,最后他也下令这样做了",共产

① 《西行漫记》第 142 页。

井冈山茅坪八角楼毛泽东旧居。

国际的印度代表罗易"站在陈独秀和鲍罗廷两人左边一点点,可是他只是站着而已。"罗易是个蠢货,鲍罗廷是个冒失鬼,陈独秀是个不自觉的叛徒。①而罗易则指责毛是一个顽固和有意阻碍我们的革命计划的、完完全全的动摇分子,因此将他免职。

给毛的评语之所以下得这样刻薄,是由于毛本人在8月下旬至9月上旬的四个星期内,对革命局势的认识发生了激变。8月间,毛曾断言中国将会发生自己的十月革命,可在武装进攻长沙失败后,他转而相信,"从城市观点来看,这个运动好像是注定要失败的。"②他看错了时机。

毫无疑问,毛以前过分夸大了农民起义的真实潜力。一个当时曾参与起义的同志后来说:"毛向瞿秋白保证湖南至少可以发动十万的武装农民参加暴动,而瞿电告莫斯科的数字增到二十万,结果最后仅有五千人。"③

在11月14日共产党政治局会议上,把长沙失败的不幸归之于毛:"湖南省委所作的错误,毛同志应负严重的责任,应予开除中央临时政治局候补委员……"④他被指控为军事投机,不充分发动农民,收编土匪和公然违背中央委员会的指示。

毛使用多少有些讥讽的口吻为他的失宠辩解:瞿秋白的人偶尔发现了我在湖南的一本小册子,其中包含我的"枪杆子里面出政权"的论点。这激怒了他们。枪杆子里面怎么可能出政权呢?因此,他们撤了我的职……毛毫不后悔地说:"尽管这样,我们仍然在井冈山把军队团结起来了,深信我们执行的是正确的路线……"⑤

其实,毛和中央委员会并没有实质上的分歧。双方都赞同这样的目标:即通过组织农民的革命力量(革命的主要力量),从农村包围城市,配合军队和城市的暴动(革命的辅助力量)。

但是,与中央委员会不同的是,毛不相信分散的暴动会扩

---

① 《西行漫记》第138~139页。

② 同上,第142页。

③ 李昂《红色舞台》第30页。李昂自称瞿秋白发给莫斯科的电报是经过他的手发出的。1946年5月北平版改为"瞿秋白又夸大为百万之多",较1941年11月重庆版有变化。

④ 《政治纪律决议案》,1927年11月14日。

⑤ 《西行漫记》第142页。

第二部 | 奋斗

散到广大的地区。并且，他把从湖南带出来的队伍整编成为正规军，这样，他们被作为"客军过境"来对待，也就毫不奇怪了。中央委员会批评毛"只与土匪和杂色军队接头，不引起极大农民群众起来暴动"①，有些地方是符合事实真相的。

井冈山大仓，毛泽东与袁文才会见旧址。

毛所发现的得以躲避国民党和军阀追击的圣地，纵深30英里，方圆180英里，满目荒芜，人烟稀少。只有六七条狭窄的山间小路，穿过茂密的松杉树林和枝繁藤绕的竹林，通向井冈山的心脏，它的直插云霄的峰顶，终年云雾缭绕。毛在给共产党领导的第一份报告中，这样描述井冈山：山上大井、小井、上井、中井、下井、茨坪、下庄、行州、草坪、白泥湖、罗浮各地，均有水田和村庄，为自来土匪、散军窟宅之所，现在做了我们的根据地。但人口不满两千，产谷不满万担，军粮全靠宁冈、永新、遂川三县输送。山上要隘，都筑了工事。医院、被服厂、军械处、各团留守处，均在这里。现在正从宁冈搬运粮食上山。若有充足的给养，敌人是打不进来的。②但对毛的"团"来说，井冈山并不是一个休养所。许多战士只穿着薄棉衣，来抵御冬天的霜雪，南瓜是他们的日常主食。

他们一到井冈山，便与两个秘密会社的土匪首领发生了冲突，后者属哥老会，有六百余人，一百二十余条步枪。显然，毛的小部队是没有希望消灭他们的，于是毛采用了结交联合的策略，以为在共产党的领导下，他们是能够在相处中得到改造的。

"我在井冈山期间，"毛后来说，"他们是忠实的共产党人，是执行党的命令的。"③后来，在他们独自留守井冈山时，又恢复了土匪的习气，终为农民杀死，当时农民已经组织起来，建立了苏维埃，有能力抵抗他们。④

①《政治纪律决议案》。

②《毛泽东选集》第1卷第68页。

③《西行漫记》第142页。

④此说有误，所谓"两个秘密会社的土匪首领"指地方武装首领袁文才、王佐。袁、王二人实为红军误杀。——译注

毛泽东的第二任妻子贺子珍。

① 王明《中共五十年》，现代史料编刊社1981年版，第221页。

② 史沫特莱《伟大的道路》，三联书店1979年版，第257页。

毛泽东同贺子珍在陕北。

结果，党内毛的批评者们斥责他，竟联合这样明显的落后分子。但是，毛已经清楚地表明了自己的观点，所谓游民问题绝不仅是在井冈山求生存的问题。

毛的批评者之一王明声称，毛在30年代末曾告诉他，在进入井冈山一年后，使用"鸿门宴"的手法，处决了两个土匪首领，由于当时已有几支共产党军队与他会合，安全有了保证。① 随后，他解除了土匪部队的武装。

1928年间，毛开始和贺子珍一起生活，贺是一个漂亮的、举止羞涩温柔的娇小妇女，18岁，只有毛35岁的一半多。她是一个地主的女儿，曾在湖南师范学校读书，后当了教员，1927年加入共产党。南昌起义时，她曾领导一支妇女队伍，对于流亡中的毛来说，她是一个十分般配的佳偶。

她的唯一不足是，由于出身富裕家庭，从未做过体力劳动，因而不愿负担日常的家务琐事。可另一方面，她又被其他女共产党人当作热心家务的模范，因为在选择自己的工作时，她情愿去照顾毛个人。

类似情形也发生在后来的井冈山上的战友朱德将军身上，他是这样解释当时自己的婚姻的："这不是常规的婚姻。我在四川有妻子，自从1922年以来没有见过面。我们有时通信，她早就明白我的生命是属于革命的，我不可能再回到家里去了。伍若兰和她的家庭对此是全部知道的，但他们并不受传统礼教的束缚。当然，像其他妇女一样，她还保持自己的姓名，在政治部做自己的工作，她大部分时间是在村子里。"②

毛以井冈山为中心谋求扩大他的影响，并逐步壮大他的400人的部队，以控制更多的地区，这表明他是一个中国式的罗宾汉。为了得到粮食和其他补给，他不得不征服四周的农庄。但是，为纠正单一的流寇式游击，他建立了他的第一个独立政权，中心设在茶陵，中国共产党称这样的政权为苏维埃。人民委员会是执行机关，而由工人、农民和士兵代表组成立法机关。毛从他前一时期的狂热后果中吸取了教训，因而茶陵的土

位于罗霄山脉中段的井冈山。

地政策是温和的，既不是没收也不是重新分配土地。他领导的针对这一地区地主豪绅的游击暴动，旨在得到粮食和武器。因此，他并未取得当地农民的合作，他们对待他就像对待其他"客军"一样，是冷淡的。

不久，正式代表政治局的湖南省委和著名的湖南特委，派遣了另一位共产党官员，侵入毛的领地，把他们的权力扩大到这个偏远的边界地区。毛到达井冈山5个月后，湖南特委代表到达井冈山，取消了毛前委书记的职务，改组了他的地方政府，毛仅成了一名部队的指挥员。当时，毛被指责为对地主过于温和，而在一两年前，同样是毛却被看成是一个极端主义者，可是此时，他已经学会了在农民之中促使社会转变的更合适的方式。

领导变更的结果是暂时丢掉了井冈山根据地，可毛却在湘南与伟大的南昌起义英雄朱德会师了。朱德率领一支暴动残存的杂色部队，已经到了湘南的桂东，队伍中有在前一年秋天被击溃的大量军队和农军。朱德已按自己的计划举行了湘南暴动，毛派他的弟弟毛泽覃与他联络。然而，朱没有成功，被迫再次由湘南城镇往东向井冈山退却。5月，两人在鄜县会面。

朱德的传记中写道：他"曾经见过毛泽东一次，不过是在秘密会议的昏暗大厅中远远相对而坐，没有真正见过

面。"① 这是毛一生中最有意义的一次会面，从此，他就和这个率直刚毅的战士结成了亲密的关系，这种关系确保了中国共产党队伍中最强有力的团结。一个共产党历史学家略有些夸张地说，假若没有朱德，毛在以后的生涯中有可能变成一个土匪……然而，更为确切的假设应是，如果没有这种团结，毛的最好结局是当一个不受信任的省级领导人。

朱的传奇甚至比毛更富有色彩。他比毛大七岁，出生在四川的一个农民家庭，不仅参加过国民党的前身组织同盟会，而且入过秘密会社哥老会（要举行一种歃血为盟的仪式）。在活动中，他失去了两个兄弟，妻子和儿子也被军阀杀害了。在20年代初，他染上了鸦片瘾，但是又戒除了，后来赴欧洲在哥廷根学习。他是一个坦率耿直、极富有智谋的憨厚的人：一次他被抓获，在要被枪毙时，他的憨厚救了自己的性命，他说："不要枪毙我，我只是一个伙夫。"

两个领导人率队退至井冈山脚下的江西茅坪，其中毛在湘南之征中招募的农军达八千余人。不久，林彪也来会合，当时他只有19岁，可是到70年代却成了毛晚年最大的权力竞争者。林是一个湖北农民的儿子，跟随他的哥哥和表兄投身革命活动，在任蒋介石的北伐军排长之前，曾在黄埔军校受训。南昌起义时他先任连长，后任营长。在井冈山，他的队伍并入红四军，最初任营长，协助抵抗国民党军队对根据地的进攻。毛对他的评价是："林彪不仅有能力，而且是一代天才。像他这样的人，能把整个局势都装在脑子里，将来我们的军队就需要这样的人来指挥。"②

一个当时访问过毛的根据地的同志，记下了他在晚饭间的谈话：晚饭中间，毛经常微笑。当他谈到繁荣美好的未来时，他由衷地大笑。可是，当他谈到目前经济和粮食问题时，他的

① 史沫特莱《伟大的道路》第261页。

② 这段话转引自米歇尔·Y.M.高《林彪事件：权力政治和军事政变》第21页。未查到中文资料出处。

第二部 | 奋斗

表情显得忧虑悲哀。他提到当他退到井冈山时，如何被称为是"抛弃群众的逃跑"，如何受到党中央几次警告，他变得极为愤怒。毛紧握着他的拳头，奚落负责的中央领导人只知道空洞的口号，而不注意实际情况。他的姿势表明，除非进行报复，否则是不会满足的。我感到毛是一个天才，在短时间内，他表现出高兴、愤怒、悲哀和喜悦的全部情感。①

1928年5月20日，井冈山的共产党领导人在茅坪召开会议，作出了含有下一年毛主义政策路线的所有本质特征的政治问题、政治纪律、暴动口号、政纲等决议。在军事策略上，其中就包括了著名的十六字诀：

敌进我退，敌驻我扰，敌疲我打，敌退我追。

还包括著名的"三大纪律"和"八项注意"，以加强共产党军队的管理，争取人民的信任和支持。三大纪律是：（1）行动听指挥；（2）不拿工人农民一点东西；（3）打土豪要归公。几个月后制定了前六项注意：（1）上门板；（2）捆铺草；（3）说话和气；（4）买卖公平；（5）借东西要还；（6）损坏东西要赔。一年左右又增加了后两项：（7）洗澡避女人；（8）不搜俘虏腰包。

红军在井冈山建立了士兵苏维埃，这较以前通过政治委员进行工作，更具有民主性和教育性。"政治部存在时，"毛评论道，"战士们都以为政治工作仅仅是政治部中少数几个人的事。其他人的任务只是打仗。政治部取消后，战斗员和政工人员一起做政治工作，这样就打破了先前的单纯军事观点。"

茅坪会议决定，井冈山地区应作为巩固的革命根据地，渐次向周围地区推广扩大。

①龚楚《我与红军》，香港1953年版第126~127页。此处与龚楚原文所记出入较大。

从1927年10月至1929年1月，毛泽东曾在井冈山茨坪这所房屋的右后间居住和工作。在这里，他代表井冈山前委起草了《井冈山前委对中央的报告》即《井冈山的斗争》一文。

毛泽东与创建井冈山革命根据地的部分干部在延安合影。前排左起：罗荣桓、张文彬、陈光、杨立三、陈士榘、宋裕和、林彪，后排左一赵尔陆、左六毛泽东、左八谢今古。

无偿地没收土地分配给农民，并武装和组织农民起来保卫分得的土地。但是，对小地主和富农采取了较为温和的政策。这些决议的制定，是基于毛在茅坪对他的同伴们所讲述的五个因素。首先，他告诉他们，中国是一个半殖民地国家，政治发展不平衡，产业工人很少，而农民很多。第二，对于革命来说，中国是一个有丰富人力资源的大国。第三，然而反革命力量还很强大，国民党政府通过与帝国主义势力相勾结控制着中国。第四，革命力量还很弱小，红军仅控制少数贫穷落后地区。第五，农民只要有机会，就会随时参加革命，重新分配土地。

所有这些主张都为朱德和其他人所通过，尽管他们很清楚，毛在党的正式领导层中的地位并不稳固。

可是，当夏天毛的上级共产党领导设法将毛调离井冈山时，这些惬意的计划就被推翻了。他们先是命令他率大部分部队去湘南，仅留一支小部队守卫井冈山根据地。毛的同志们决定拒不服从这个脱离实际的命令，可有一个团在与党的特派员之一直接谈话后，确信了有这样的命令。前往湘南，朱将军决定最好还是多派些部队去增援。党的特派员持有在毛的区域内按他的意见行事的文件，因而，差不多整个夏天，毛被迫靠边站了，在此期间，他的军队在错误策略的指挥下，损失了一半。

据共产国际的德国顾问奥托·布劳恩讲，毛对他的新伙伴朱德将军消极地接受那招致军事大失败的极端命令，感到很恼

第二部 奋斗

火，责怪他"理论上无知"和"机会主义倾向"，而朱将军则转而批评毛当时深居井冈山，以井冈山为轴心"陀螺似的向外扩展"的军事策略。①

据布劳恩讲，1929年两人再次会合以后，毛一步一步地削弱朱作为军队领导人的威信，并争取一些朱的高级僚属站到他这一边，其中包括朱的政治委员陈毅，以及当时还只是营长的林彪。朱在表面上听任了这种权威的丧失，形式上他还是总司令。布劳恩所讲的这些，其必然结果就是把军队置于政治控制之下，而这个原则是毛、朱都赞同的。可是，后来林彪却声称朱将军对这一思想的支持，并不像一些描写中所讲的那样是一个坚实的栋梁。他有突出的军事素质，但缺乏政治判断力，当冲突的命令来自不同的政治司令部时，往往发生动摇。他的忠诚主要是依靠有毛和他在一起。

在领导空缺期间，出现了一个意想不到的结果。许多在井冈山最近吸收的共产党员成了叛徒，当败退的红军返回以后，9月毛再次接任，并开始在地方党组织中进行大清洗，重新登记党员。为此目的，他还创建了新的保卫机构，使毛能够统辖较以前更忠诚、更守纪律的组织。

在几个星期内，毛和朱就恢复了年内丧失的大部分区域，他们的根据地也再次能够生存下去了。为此，毛作了一首题为《井冈山》的诗，以志庆幸：

　　山下旌旗在望，
　　山头鼓角相闻。
　　敌军围困万千重，
　　我自岿然不动。

①奥托·布劳恩《中国纪事》，现代史料编刊社1980年版，第80页。

毛泽东手书《西江月·井冈山》。

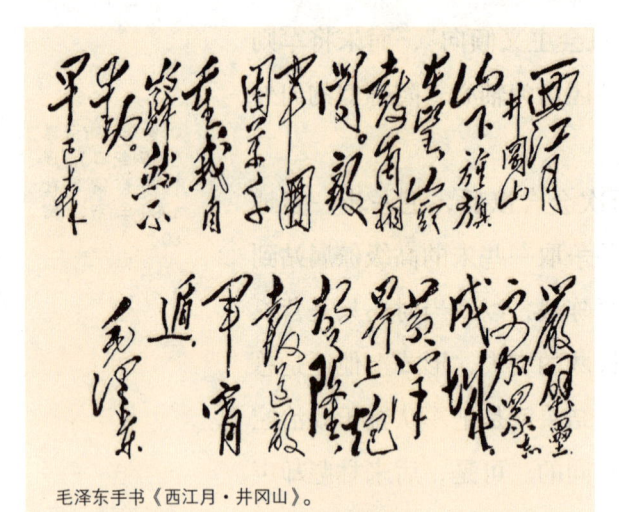

早已森严壁垒，
更加众志成城。
黄洋界上炮声隆，
报道敌军宵遁。

10月，毛在一篇题为《中国的红色政权为什么能够存在？》的文章中，分析了井冈山根据地的特点，他夸耀地说："一国之内，在四围白色政权的包围中，有一小块或若干小块红色政权的区域长期地存在，这是世界各国从来没有的事。"

可是，敌人制造的经济压力，却使他们感到窒息。"因为敌人的严密封锁，食盐、布匹、药材等日用必需品，无时不在十分缺乏和十分昂贵之中……"红军"每天除粮食外的五分钱伙食费都感到缺乏，营养不足，病的甚多，医院伤兵，其苦更甚。"[1]

1928年底，毛得到了一件令他极为满意的财产。红军在长汀从一个正坐在滑竿上指挥部队的国民党将军手里，缴获了一匹暗褐色的战马。这匹马被分派给毛，成了以后几年里他最喜欢的坐骑。

[1]《毛泽东选集》第1卷第48、53页。

8 抗争
（1928~1930）

毛泽东传
A BIOGRAPHY OF MAO TSE-TUNG

1927年9月，毛泽东在湘赣边界领导发起秋收起义，10月率部来到井冈山，创建了第一个农村革命根据地，1928年4月下旬，朱毛两军会师，合编为工农革命军第四军。图为1931年毛泽东和警卫战士合影。

1928年11月，毛给中央委员会打了一个很长的、苦苦恳求的报告，题为《井冈山的斗争》。报告提到士兵和党的干部中，伤亡人数都在增加。毛特别抓住这一点，为他使用土匪新兵辩解。"游民成分太多，当然不好。"毛承认道，"但因天天在战斗，伤亡又大，游民分子却有战斗力，能找到游民补充已属不易。在此种情形下，只有加紧政治训练的一法。"

但是，根据地最需要的是更多的共产党员，毛希望从外界"派可充党代表的同志至少三十人来。""由于营养不足、受冻和其他原因，官兵病的很多。""现在医院中共有八百多人"需要治疗，但没有足够的医生或药品。毛恳求中央委员会"送几个西医和一些碘片来。"

他解释道："红军的物质生活如此菲薄，战斗如此频繁，仍能维持不敝，除党的作用外，就是靠实行军队内的民主主义。官长不打士兵，官兵待遇平等，士兵有开会说话的自由，废除烦琐的礼节，经济公开。士兵管理伙食，仍能从每日五分的油盐柴菜钱中节余一点作零用，名曰'伙食尾子'，每人每日约得六七十文。这些办法，士兵很满意。尤其是新来的俘虏兵，他们感觉国民党军队和我们军队是两个世界。他们虽然感觉红军的物质生活不如白军，但是精神得到了解放。"

可是，要把革命向根据地外扩展，却是困难重重的。"无论哪一县，封建的家族组织十分普遍，多是一姓一个村子，或一姓几个村子，非有一个比较长的时间，村子内阶级分化不能完成，家族主义不能战胜。"

在赞美军队中普遍实行民主制的同时，毛承认大部分人的民主意识还是很薄弱的。"封建时代独裁专断的恶习惯深埋于群众乃至一般党员的头脑中，一时扫除不净，遇事贪图便利，不喜欢麻烦的民主制度。"

由于这样一些原因，革命的进程是缓慢的。"红军每到一地，群众冷冷清清，经过宣传之后，才慢慢地起来。"接下去从毛的笔下流露出的便是他一生中最具动摇和痛苦情绪的句子："我们深深感觉寂寞，我们时刻盼望这种寂寞生活的终了。"①

实际上，在写这份报告的几天之后，援军就到了，但并不是中央委员会派来的，而是由前国民党湘军军官彭德怀将军率领的另一支军队到井冈山与毛会师，他的部队包括1928年夏的兵变部队和一些秋收暴动失败后的残部。加上毛朱的部队，井冈山部队的人数差不多达4000人，是毛最初力量的10倍。

彭是一个有鲜明个性的人，被描绘成"开门见山、直截了当、不转弯抹角"，以及"是一个动作和说话都很敏捷"的人。②当他还是个孩子时，仅仅是因为发脾气，就踢翻了他祖母的鸦片炉，以反抗祖母，实际上当时他已被父母判处溺死。只是由于他勇敢的舅舅站出来调解，才救了他的性命。此刻，他与朱德、林彪一起，成为忠于毛的红军将领中的栋梁之一。

1929年初，毛、朱从井冈山大举出动，当时他们的根据地受到国民党部队的围困，粮食短缺。他们向赣南闽西的粮食

① 《毛泽东选集》第1卷 第63、64、65、69、72、78页。

② 《西行漫记》第238页。

青年彭德怀。

第 二 部 | 奋斗

产地行进，相继占领了瑞金和汀州，寻找更适合养活他们军队的地方，扩大他们的根据地。

在那里，毛接到了中央委员会的一封信，此时，李立三成了中央的新的领导人，李曾在长沙响应过毛的求友广告，并协助过毛组织安源的煤矿工人。然而，此时李不是要求提供帮助，而是命令毛解散红军，到上海去，协助领导他所断言的即将爆发的无产阶级革命，他认为农村的革命高潮，有待于城市共产党力量重建以后才能到来。①

毛拒绝服从命令，并在回信中斥责了他。"畏惧农民势力发展，以为将超过工人的领导而不利于革命，如果党员中有这种意见，我们以为也是错误的。"② 所以，毛仍留在江西，巩固新开辟的以瑞金为中心的根据地，并进行温和的土地改革，只没收地主的土地，不动富农和中农。毛想要保护商人的利益，而不是把他们从中立推到另一边。

毛对党的权威进行了全面的抗争，他否定了李立三命令的三个内容——延缓土地改革，红军分散成小股独立的游击队，以及取消农村根据地——并与他对农村革命形势估计的意见相左。毛明确表示他是正确的，而许多脱离实际的领导者是错误的，并且相信大部分有亲身实践经验的人是赞同他的。

在以后的两年期间，为了巩固他的权力地位，毛重新整顿了红军。这时，包括招募的新兵和地方赤卫队，在他的麾下已有一万人左右。

1929年9月，毛患疟疾病倒了，在福建山区的小镇古田渐渐痊愈。在那里他写了一首评论蒋桂战争的词：

风云突变，
军阀重开战。

① 《中央给润之、玉阶两同志并转湘赣边特委信》，1929年2月7日。

② 《前委来信》，1929年4月5日于瑞金。

洒向人间都是怨,
一枕黄粱再现。

红旗跃过汀江,
直下龙岩上杭。
收拾金瓯一片,
分田分地真忙。

他还作了一首有关当地重阳节的词:

人生易老天难老,
岁岁重阳。
今又重阳,
战地黄花分外香。

一年一度秋风劲,
不似春光。
胜似春光,
寥廓江天万里霜。

毛利用因病被迫躺倒的空闲,写了一本小册子,对同伴中的各种错误思想,进行了猛烈的抨击。有些错误思想很明显,例如个人主义,或单纯军事观点。有些则比较复杂,像极端民

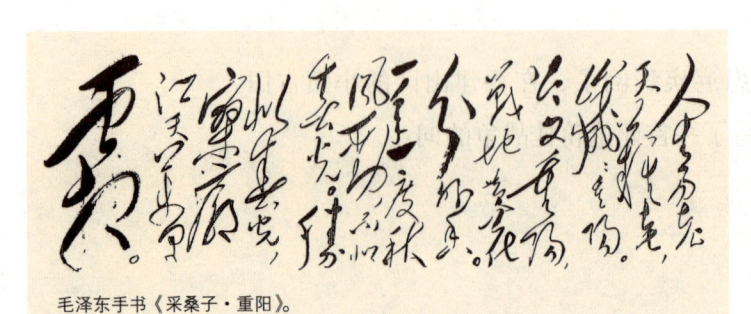

毛泽东手书《采桑子·重阳》。

主化,毛指出其根源是"小资产阶级的自由散漫性"。

他告诫说,民主应是集中指导下的民主。党的领导机关要有正确的指导路线,就必须"明了下级机关的情况和群众生活的情况,成为正确指导的客观基础。"决议不要太随便,一经形成,就必须坚决执行。"少数服从多数",但是党内批评应该加强,必须认识到"党内批评是坚强党的组织、增加党的战斗力的武器……不应当利用批评去做攻击个人的工具。"

另一个需要纠正的极端是绝对平均主义。"官长骑马,不认为是工作需要,而认为是不平等制度。"有些人要求分物品和背米一律平等,"司令部住了一间大点的房子也要骂起来。"绝对平均主义"和政治上的极端民主化一样,是手工业和小农经济的产物。"毛解释说,"就是在社会主义时期",也"决无所谓绝对的平均。"①

① 《毛泽东选集》第 1 卷 第 88、89、90、91 页。

1930 年元旦,红四军领导在古田举行会议,毛同意重新恢复政治部,牺牲了士兵苏维埃的权力。毛按会议精神对部队官兵进行了整顿,巩固了他的领导,因为类似苏维埃式的民主制度有可能给他的对手钻空子的机会。

他还建议加强党在军队中的作用,党支部由官兵混合组成。那些有"错误的政治倾向"的党员,那些只想"大吃大喝"、抽鸦片、赌博,或不惜犯罪去获取外币黄金发财又不思悔改的党员,应被从党内清除出去。

至于军队本身,毛建议军事指挥员和政治委员应该"共同的平等的"参与决策。他制定了详细的、新的、严格的纪律条例,要求官兵在党的政治口号下进行工作。

古田会议旧址。

总之,他这样对待他的同志是有点

过分的。林彪支持他,但彭德怀有意见。在井冈山周围游击了两年之后,毛的战地指挥员们对以江西的贫瘠农村为支撑红军的根据地,已有了显而易见的不满。从而更倾向于李立三路线,在城市地区振兴革命,现在听来就要比毛的路线更具有吸引力。指挥员们试图立即就移驻到城市去。毛使用整编打乱指挥的方式,才调换了许多高级指挥员。

为庆贺新年,毛写了一首短词,呼吁在农村建立新的根据地:

宁化、清流、归化,
路隘林深苔滑。
今日向何方,
直指武夷山下。
山下山下,
风展红旗如画。

林彪在古田支持了毛,但也许为进一步坚定他的信心,因而毛于1月5日给他写了一封信,题为《星星之火,可以燎原》。在信中,毛谈了他的乐观主义的理由。"中国,"他写道,"是全国都布满了干柴,很快就会燃成烈火。"在一年内,江西、闽西、浙西创建独立政权的目的都达到了。只是规定一年为期,不免伴上一些"急躁性",但是,毛的结论是"革命高潮快要到来"。"快要"一词应如何解释呢?毛对他自己提出的这个问题的回答,听起来像是饶舌的议论:

马克思主义者不是算命先生,未来的发展和变化,只应该也只能说出个大的方向,不应该也不可能机械地规定时日。但我所说的中国革命高潮快要到来,决不是

毛泽东题词。

| 第 二 部 | 奋 斗

如有些人所谓"有到来之可能"那样完全没有行动意义的、可望而不可即的一种空的东西。它是站在海岸遥望海中已经看得见桅杆尖头了的一只航船，它是立于高山之巅远看东方已见光芒四射喷薄欲出的一轮朝日，它是躁动于母腹中的快要成熟了的一个婴儿。①

尽管李立三嘲笑毛是"旧式的流寇思想"，但此时，红军毕竟是更加强大了。毛在他的部队首次占领江西吉安县城的前夜，写了一首词，赞美部队旺盛的士气，那年，他们占领吉安不下于9次。

漫天皆白，
雪里行军情更迫。
头上高山，
风卷红旗过大关。

此行何去？
赣江风雪迷漫处。
命令昨颁，
十万工农下吉安。

3月底，给毛派来了一个新勤务员。小伙子十分清晰地记得第一次与毛会面的情形，当时他称他为"毛委员"。

"我……好奇地望着他，"年轻人后来回忆道，"他穿一身和我们一样的灰色军装，所不同的只是他的上衣口袋显得特别大。他的黑头发和苍白的面色形成鲜明对比。此外，他显得有些太瘦。"②

①《毛泽东选集》第1卷第106页。

②这段话与陈昌奉《跟随毛主席长征》一书中的文字有出入。——译注

毛转过身来欢迎他的新助手，而他直到早晨时，还是红四军司令部的一名号兵。

"你姓什么？"他问。

"姓陈。"这位战士回答说。

"叫什么名字？"

"陈昌奉。"

"十几啦？"

"十六岁。"

"为什么当红军呀？"

"红军好，打土豪！"

这时毛指着一把椅子，示意年轻人坐下，很有兴趣地问他："你们家乡有土豪吗？"

"有！我就是被土豪逼出来的。"

陈详细地叙述了他的身世。

"很好！"毛说，"以后在这里要好好地工作和学习。你能写自己的名字吗？"

陈站起来，难为情地捻着衣角小声地说：

"我没念过书，不会写字。"

"以后要学会写……"

后来，毛替他的勤务员写过一封家信，经邮局寄给他的父亲。

当时毛的全部行装有两床毯子，一条布被单，两套普通的灰军服，一件银灰色的毛衣，一件旧大衣，一把破雨伞，一个吃饭用的缸子和一个九层的灰色挂包，他用的地图、文件、书籍——其中有一部他少年就喜爱的《水浒传》，都装在这个挂包里。

每当行军作战，他背着挂包拿着雨伞，他的勤务员背其余的东西。到了宿营地，勤务员找两块木板对起来，铺上那仅有

第二部 奋斗

的两床毯子和小被单,用衣服打成枕头。这就是毛的床。

毛晚上睡觉很少,吃过晚饭便点上小马灯,打开挂包,拿出文件、地图、书籍和纸笔就开始工作,有时一直到天亮。

陈回忆道:"我那时年龄小,不能熬夜……在旁边坐着,不一会儿就睡着了,有时竟伏在主席的办公桌上打起鼾来……常常在半夜时分,主席轻轻地把我叫醒,说:'搞点水来吧!'我这才醒来,提着江西那种小木桶去打一桶凉水来。因为没有脸盆,他便用毛巾在桶里蘸着擦擦脸,有时擦擦澡,提提精神。往往擦过了脸他就饿了,我便把下午留下来的一缸子'三层饭'——最底下一层是米饭,中间是一点菜,顶上面一层又是米饭——去热一热给他吃。有时这一缸子饭吃不了,他就叫我用纸盖起来,留着下顿再吃。"

一次,陈把毛剩下的一点饭倒掉了,第二天毛便问:

"陈昌奉,昨天剩下来的饭呢?"

陈告诉他已经倒掉了,毛批评他说:

"群众的每一粒米来得都不容易,一次剩的不准倒掉,留着下一顿再吃。"[①]

4月间,李立三发起了一次攻势,导致了共产党严重的失败。李批评毛的保守主义,命令他去上海出席苏维埃区域代表大会,并命令红军展开猛烈的进攻,以赤化整个华中。毛后来称:"李立三既过高估计了那时候红军的军事力量,也过高估计了全国政局的革命因素。他认为革命已经接近胜利,很快就要在全国掌握政权。"[②]李认为蒋介石和军阀之间旷日持久、消耗实力的内战,造成中国政治局势的混乱,从而给共产党打开了夺取国家政权的大门,反过来,毛却不这样乐观,认为这两个敌人可能联合大举进攻苏区。

毛未理会让他去上海的命令。与此同时,在欧洲出版

①陈昌奉《跟随毛主席长征》第4~8页。

②《西行漫记》第152页。

革命家李立三。

的共产国际杂志《国际新闻通讯》(《Lnprecor》1930.3.20，10：14)上，登载了毛的讣闻。以后又出现过几次这样类似的过早通告。

1930年5月，毛在百忙中写了一本教育性的小册子，题为《反对本本主义》，文章开篇道：

你对于某个问题没有调查，就停止你对于某个问题的发言权。这不太野蛮了吗？一点也不野蛮。你对那个问题的现实情况和历史情况既然没有调查，不知底里，对于那个问题的发言便一定是瞎说一顿……许多巡视员，许多游击队的领导者，许多新接任的工作干部，喜欢一到就宣布政见，看到一点表面，一个枝节，就指手画脚地说这也不对，那也错误。这种纯主观地"瞎说一顿"，实在是最可恶没有的。他一定要弄坏事情，一定要失掉群众，一定不能解决问题。

毛忠告做领导工作的人，"迈开你的双脚，到你的工作范围的各部分各地方去走走，学个孔夫子的'每事问'。""调查就像'十月怀胎'，解决问题就像'一朝分娩'。"①

李立三的攻势很快就消失了。彭德怀将军曾一度占领长沙，但立足未稳就被迫再次撤出——这导致了毛的家庭惨遭不幸。毛在这些事件中所付出的代价是无法想象的，而此时他却以喜悦的情绪为这些事件进行欢呼：

六月天兵征腐恶，
万丈长缨要把鲲鹏缚。
赣水那边红一角，

《反对本本主义》是在1930年5月写作的《调查工作》的基础上修改的。这是1930年石印本《调查工作》的封面。此书现藏中国国家博物馆。

① 《毛泽东选集》第1卷 第109、110页。

偏师借重黄公略。

百万工农齐踊跃，
席卷江西直捣湘和鄂。
国际悲歌歌一曲，
狂飙为我从天落。

不久，毛、朱进攻南昌，但未能打破敌人防御。他们不得不转回向长沙，与彭的部队会合，以执行李的最后指令，试图再次占领这座省城。

9月上半月，经过持续多天残酷的激战，红军遭受严重损失。最后，毛为这些惨败所震动，从而不顾中央委员会在当天的号召，劝说他的同志向赣南撤退，以便挽救他们的军队。在平江整顿后，10月，这支合编的部队攻占吉安。

但在此期间，杨开慧和她的儿子毛岸英，毛的妹妹，以及其他亲属，在长沙被捕，据一种解释的说法，"由于叛徒告密，有六十余个国民党反动集团的匪徒"前去搜捕。几天后，10月24日，毛的妻子在长沙浏阳门外被公开处决。据说，警方提出她只要公开与丈夫和党断绝关系，并且提供长沙共产党全体成员的名单，就可不杀她。杨拒绝了，遭受了严刑拷打，但即使如此，至死她也未泄露任何秘密。

至少在公开场合，毛不允许自己因悲伤而落泪。五年以后，当他叙述这件事时，只是简单地陈述了事实，还同等地提到，在他的家庭遭残杀前财产的损失：

我在湘潭的地被国民党没收了。我的妻子和我的妹妹，还有我的兄弟毛泽民、毛泽覃两个人的妻子和我自己的儿子,都被何键逮捕。我的妻子和妹妹被杀害了。其余的后来得到释放。红军的威名甚至于扩展到湘潭我自己的村里,因为我听到一个故事,说当地的农民相信我不久就会回到家乡去。有一天,一架飞机从上空飞过,他们就断定飞机上坐的是我。他们警告那时种我的地的人,说我回来看我的地了,看看地里有没有树木被砍掉。他们说,如果有砍掉的,我一定会向蒋介石要求赔偿。①

① 《西行漫记》第150~151页。

② 指烈士柳直荀的夫人李淑一。——译注

很多年以后,毛为一位曾投身于30年代红军运动的同志遗孀②写了一首词,在词中,他赋予他的妻子杨开慧和他的已故同志柳直荀两人的姓以特殊的意义:

> 我失骄杨君失柳,
> 杨柳轻飏直上重霄九。
> 问讯吴刚何所有,
> 吴刚捧出桂花酒。
>
> 寂寞嫦娥舒广袖,
> 万里长空且为忠魂舞。
> 忽报人间曾伏虎,
> 泪飞顿作倾盆雨。

毛泽东与李淑一。

一位老朋友后来问毛,他使用"骄"这个形容词描写妻子,用意是什么。

毛解释说:"女子革命而丧其头,焉得不骄!"

杨被杀害一段时间后,毛与贺子珍结婚,他们的结合合法

第二部 | 奋斗

化了。毛还给长沙杨的家庭送信，让他们把他的三个儿子（最大的一个已从监狱放回）送到上海，由那里的地下党组织安排入大同幼稚园。各种说法都提到他们在上海的几年，处境十分凄惨，使用假名来掩护，靠在街头捡垃圾为生。

10月初，红军再次占领吉安。毛的勤务员在"一家逃跑的土豪家里得到一个搪瓷暖水瓶"，他很高兴，有了这个暖水瓶，给毛委员准备热水就不成问题了。但他也清楚，如果毛发现了，就会让他送回去或照价付款，因此，在行军中，他让其他人带着它，所以毛没有察觉。①

更重要的是，朱将军在城里国民党军司令部文件中，发现了声名狼藉的国民党ＡＢ团（反布尔什维克）地方成员的材料，根据一张由当地地主签名的得款收条判断，有些ＡＢ团分子已经渗入共产党内，这个地主的儿子就是共产党内毛的批评者之一。②

毛对此事的反应是，派他的肃反委员会的人打入ＡＢ团内部，最终他就可以说，他的反对派中的一些人，实际上是国民党密探。可是，他和他在江西党内的批评者之间，也还存在着政策上的不一致，在11月中吉安的一次会议上，他们就土地改革政策展开了争论，当时，他们必须赶紧分散开来，因为国民党军队已经迫近了。

吉安的占领、放弃又再度占领的多次反复，在共产党内引起了轩然大波。周恩来在11月对政治局说，毛完全忽视了共产国际有关"在进一步展开进攻之前必须进行巩固的阵地防御"的指示，而党的总书记则斥责毛在吉安得而即失的行为，是对"局势的绝望"。

11月底，毛起来镇压涉嫌的国民党密探，逮捕了四千多红军官兵。一些人遭逮捕后，所提供的口供，又牵连了某些反毛的共产党高级人士。

①陈昌奉《跟随毛主席长征》第8页。

②史沫特莱《伟大的道路》第322页。

12月初，红军一支部队的指挥员也率领部下的400人举行了兵变。他们逮捕了部队指挥员，把队伍拉到富田，攻占了监狱，释放了一些监禁在那里的毛的囚徒，捣毁了地方赤色政府，并逮捕了其中的一些人。在富田，大约有100名毛的支持者被杀害，他们的亲属中有许多人被扣留。其中就有朱德将军的妻子。

毛的批评者的首领从富田的监狱中逃脱出来后，即号召推翻毛，攻击他是"党皇帝"，拒不服从中央委员会的指示。他在邻近的乡镇成立了一个敌对的赤色政府。迟至12月，毛在党内的敌人才送信给朱、彭二将军，罗列了"叛徒毛泽东"的罪行，还附上了一封可疑的、被看成是毛给他的一个密探的信。这封信命令攻击各部队，因为这些部队领导人在事变时期供认，朱、彭是国民党的"最高"代理人——"这些口供有利于我们"……以便早日捕杀……①毛的反对者提出的口号是，"打倒毛泽东，拥护朱、彭、黄"②。

这次使用暴力镇压的、最为严重的派别斗争事件的起因，是由于一位罗同志的"暴露"，毛的反对者起初是以国民党奸细调查他的，但他们发现他实际上是毛安置的秘密反间谍人员。换句话说，毛和他的党内对手双方都派人打入了ＡＢ团，但都没有通告对方。起初他们揭露对方的秘密网时，还相信他们正在挖出真正的国民党奸细。

1931年初，毛和他的支持者已能掌握新的苏区中央局。新中央局的首批决定之一，就是把在江西向毛挑战的那些人开除出党，并使他的解释合法化，"富田事变在事实上是毫无疑义的一种反党反革命的行动，即使在组织还没有证明他们全部是ＡＢ团取消派，但是他们反党破坏革命的行动，在客观上是与ＡＢ团取消派等的联合一致的反动行为。"③

①此处引文与伪造信原件的文字有出入。——译注

②黄指黄公略。——译注

③《中央局通告（第二号）——关于富田事变》，1931年1月。

然而不久，毛的根基就被抽去了。就在他巩固在红色根据地的地位时，中央委员会内部发生了重大变动。1930年，一批20年代在莫斯科留学的中国共产党员返回中国。他们的特点是，在俄国时就站在斯大林一边，反对托洛茨基，因此，取得了斯大林的信任。起初他们被称为"归国留苏学生"，当他们的主要领袖王明写了一本题为《为中共更加布尔什维克化而斗争》的小册子后，他们就得到了又一个绰号，即"二十八个布尔什维克"，其成员包括博古和洛甫。

1931年初，这些人把持了中国共产党的大权，在以后的三四年间，在毛的"实力派"和以王明为首的"二十八个布尔什维克"的国际派之间，展开了激烈的争斗。

9 遭 贬
（1931~1934）

毛泽东传
A BIOGRAPHY OF MAO TSE-TUNG

1931年11月,在瑞金中共苏区第一次代表大会上,站立者为毛泽东。

此刻，蒋介石才完全醒悟到江西共产党根据地的革命潜力。1930年底，他发动了所谓五次"围剿"中的第一次"围剿"。他派遣10万军队去围攻苏区，但善于运用运动战术的毛和朱将军，是能够将他们击溃的。后来毛解释说：

> 我们贯彻执行了迅速集中和迅速分散的战术，以我主力各个击破敌军。我们诱敌深入苏区，集中优势兵力突然进攻孤立的国民党部队，取得主动地位，能够暂时包围他们，这样就把数量上占巨大优势的敌人所享有的总的战略优势扭转过来。①

但是，毛后来也抱怨，由于共产党内部不和，致使在反攻中遭受了挫折。

毛为庆祝粉碎第一次"围剿"，活捉敌前线指挥官②，写了一首词：

> 万木霜天红烂漫，
> 天兵怒气冲霄汉。
> 雾满龙冈千嶂暗，

① 《西行漫记》第153页。

② 指国民党第九路军第十八师师长张辉瓒。——译注

齐声唤,
前头捉了张辉瓒。

二十万军重入赣,
风烟滚滚来天半。
唤起工农千百万,
同心干,
不周山下红旗乱。

1931年1月,"二十八个布尔什维克"取得了党的领导权,随后苏区也建立了以项英为首的新的中央局。毛是中央局成员之一,但不能指挥它,他在江西的影响开始减弱。后来他叹惜道,1931年到1934年期间,他在中央没有一点声音。他的作用更多地局限在起草新婚姻法之类的民政事务上,1931年1月28日①公布了由毛签署的新婚姻条例的决议:

"应确定婚姻以自由为原则,而废除一切封建的包办、强迫与买卖的婚姻制度。

"但是女子刚从封建压迫之下解放出来,她们的身体许多受了很大的损害(如缠足)尚未恢复,她们的经济尚未能完全独立,所以关于离婚问题,应偏于保护女子,而把因离婚而起的义务和责任,多交给男子担负。

"小孩是新社会的主人,尤其在过去社会习惯上,不注意看护小孩,因此关于小孩的看护有特别的规定。"②

第一次"围剿"之后,仅用了四个月的喘息时间,蒋便在春天发动了他的第二次"围剿",被派去捣毁苏区的军队翻了一番。但共产党仍然成功地运用了他们的老战术,毛写了另一首词,来纪念粉碎第二次"围剿":

---

① 应该是11月28日。——译注。

② 《中华苏维埃共和国中央执行委员会第一次会议关于暂行婚姻条例的决议》,1931年11月28日。

| 第 二 部 | 奋 斗

白云山头云欲立，
白云山下呼声急，
枯木朽株齐努力。
枪林逼，
飞将军自重霄入。

七百里驱十五日，
赣水苍茫闽山碧，
横扫千军如卷席。
有人泣，
为营步步嗟何及！

    这次只用了一个月喘息时间，蒋就亲自率领 30 万大军——差不多是毛的军队的 10 倍，发起了第三次"围剿"。可是，蒋的"长驱直入"，快速占领苏区心脏的战术，却给共产党提供了充分发挥游击战术的条件。到 10 月份，蒋不得不撤退，后来毛引用一个敌军将领的评论，是"肥的拖瘦，瘦的拖死"。

    在夏季的战斗期间，留驻上海的共产党中央委员会，由于蒋的破坏，已不再是安全的了，因而纷纷前往内地各地区。周恩来假扮一个留胡子的天主教神甫，首先到达了江西根据地的首都瑞金。他一旦到此，毛作为党的下级，就不可避免地变成一个只是在江西的赤色共和国的名义上的主席。

    周是一个与毛有着完全不同特征的人。他比毛小五岁，出身于一个满清官吏家庭，他的优雅气度使得他在共产党同伴中显得十分突出，而且他也许还把他的谦谦

1931 年 12 月，抵达中央革命根据地的周恩来。

君子意识传染给了他们。1920年至1921年间,他在法国组织了中国共产党小组,从那时起,他在外交和协调政治方面表现了卓越的才华。

此间对毛的行为和政策的批评越来越频繁。1931年9月1日,周在一份给根据地政府的训令中,反对毛有关战略、军队管理和土地改革的观点,毛被迫签署了一项土地法,而他本人关于对待富农的思想遭到驳斥。他曾经主张过的关于没收土地的激进理论,现在,由党的新领导推广到各地。

在自身的沉浮之中,毛还必须以铁石心肠去面对他的朋友和妻子所遭受的令人毛骨悚然的命运。除了早些时候他的妻子和妹妹被杀害,1931年的此刻,他又得知了蔡和森在香港被捕遇害的消息。蔡是他的同窗好友,党内最亲密的朋友,他曾多次住在蔡的家中,蔡被捕后,被港英当局引渡到广州,据传,在广州,反革命刽子手扯开他的四肢,把他钉在墙上,惨无人道地毒打致死,并剖开他的胸膛,把脏腑剁成碎片。

9月间,日本人展示了他们预谋征服中国的野心,用武力侵占了满洲,并强化了在华北已取得的各项特权。显然,只有进行全面抵抗,否则日本帝国主义的侵略,很快就会扩展到整个中国。

毛起草并签署了一封红军致国民党军的公开信,号召他们起义:"士兵弟兄们!你们必须另想出路呵!你们的出路是有的——这出路就是革命!你们手里现在有的是枪炮,你们首先把你们的反动长官杀掉,然后你们同当地的工人农民与一切劳苦群众联合起来,把国民党的鸟政府打倒。"①

毛强烈要求新的政治局讨论这些重大的民族政治问题。例如,1932年1月,日寇进攻上海之后,他主张建立联合政府,将所有愿意抗日的军队整编为一支统一的军队——这是一个受

① 《中国工农红军为日本帝国主义强占满洲告白军士兵兄弟书》,1931年9月25日。

第二部 | 奋斗

莫斯科影响的中国的政治局根本不能接受的政策。1932年4月，在毛的首倡下，江西政府对日宣战，但政治局再次未给予支持。

1931年11月初，为制定新的政治局路线，由"二十八个布尔什维克"主持，在瑞金召开了苏区党第一次代表大会，以迎接不久即将召开的中华苏维埃第一次全国代表大会。

1931年11月，中国共产党苏区第一次代表大会（即赣南会议）在瑞金召开。主席台右四为毛泽东。

会议通过的决议激烈地攻击毛的政策，谴责江西根据地的共产党领导"缺乏明确的阶级路线和充分的群众工作"，非难他们未和其他根据地联合行动，并攻击毛的红四军的游击战术，还宣布他主持制定的1930年2月7日《赣西南苏维埃土地法》中规定平均分配土地是向富农投降。毛个人的错误是犯有狭隘的经验主义，独裁专断的机会主义，以及思想意识极为空虚。新的党的全国领导重申土地革命应由无产阶级领导。红军应占领城市，使用正规战，抛弃旧式的游击思想。

在几天后召开的中华苏维埃第一次全国代表大会上，除了新来的"二十八个布尔什维克"成员外，在根据地，莫斯科路线并未得到有力的支持。毛当选为中华苏维埃共和国临时中央政府中央执行委员会主席，并保住了红一方面军总政治委员的职位。因此，毛的许多支持者，像朱德、邓子恢、何叔衡等，也都当选了中央政府执行委员，主持政府和军队的各个部门，然而他的新对手却控制了党。

而且，据说是由于共产国际的支持，政治局施加了强大的压力，出席大会的代表们接受了"二十八个布尔什维克"提出的实质性建议中的绝大部分，其中包括根据地建设、土地法和红军的指挥,只有少数修改是适中地采纳了毛的观点。

1932年至1933年间的冬季,"二十八个布尔什维克"中的高级领袖博古和洛甫,从上海到达瑞金,一道来的还有共产国际的德国顾问奥托·布劳恩,他的中国名字叫李德。从此,毛在数量上也不占优势了。

第四次"围剿"之前,1932年至1933年间的冬季,红军抢先发起进攻。

5月,①周取代毛任第一方面军总政委,②成为红军中的高级权威。同时,周的支持者在根据地政府内,也攻击毛的土地政策是"右"倾。

尽管有这样的窘迫困扰,但毛仍专心致力于经济和社会问题的立法工作,并提出了很好的、细致的设想。8月,在一次经济建设工作会议上,他作了题为《必须注意经济工作》的演讲,强调共产党治理区域内的300万群众,必须自力更生。他责备那些以为在革命战争时期,不可能从事经济建设,经济建设要等到最终胜利后的和平条件下才能进行的意见是不对的。他特别强调必须做好土特产品的生产。我们必须"恢复钨砂、樟脑、纸张、烟叶、夏布、香菇、薄荷油等特产过去的产量,并把它们大批地输出到白区去。"③

他还继续关注国际事务,在反对国联调查团报告书的通电中,表达了他对李顿报告书在中日问题上的虚伪态度的蔑视:"国际联盟是各帝国主义瓜分中国的强盗联盟。"④

① 应为10月下旬。——编注

② 1932年7月,周恩来以中央苏区中央局代表身份赴前线,随即以前方最高军事会议主席身份随军行动,同毛泽东一起指挥红军作战。他们在红军作战行动方针上与后方中央局发生分歧,为此,毛泽东在这年10月于宁都召开的中共苏区中央局会议上受到主要攻击,并被迫称病离开前方。不久,中共临时中央局决定由周恩来兼任红一方面军总政委。——编注

③《毛泽东选集》第1卷第121页。

④《中华苏维埃共和国临时中央政府反对国联调查团报告书通电》,1932年10月6日。

1931年11月,中共苏区中央局成员合影。左起:顾作霖、任弼时、朱德、邓发、项英、毛泽东、王稼祥。

| 第 二 部 | 奋 斗

第四次"围剿"在僵持中结束,毛作了一首词,谈论它的结局:

赤橙黄绿青蓝紫,
谁持彩练当空舞?
雨后复斜阳,
关山阵阵苍。

当年鏖战急,
弹洞前村壁。
装点此关山,
今朝更好看。

11月,共产党取得了一次侥幸的胜利。国民党十九路军在福建举行兵变,试图建立一个与蒋介石对立的民治政府。起义之前,十九路军的领导人在上海与共产党有所接触,可是,过于谨慎的共产党人未作出明确反应。红军和根据地政府——即毛和朱——签署了一件与这个非共产党起义者联合的文件。但是,政治局却认为福建的起义者主张的是虚伪的民主,不值得支持。毛和朱则希望福建事变的发动者能真正给予该省人民以自由权利,并与共产党结成真诚的联盟。

正当毛争取实现联合时,兵变已被忠于国民党的军队镇压了。在结成有成效的联盟机会丧失后,毛也加入了对政治局的公开抨击。假如更为迅速地采取行动,福建的兵变军队就可以得到红军的支援,这样兵变就有可能成功,就可能控制相当大的领土和资源——尽管瑞金的军事战略家必须掂酌,从苏区派出援军,会不会危及自身的安全。后来毛抱怨他的党内对手,错误地处理了福建事变。

毛40岁生日后不久，1月，中央委员会召开中央全会，毛的所有政策都被攻击为右倾路线。毛已预料到会上将发生些什么，所以就通知一个同伴，以健康原因，未参加会议。可是，德国顾问奥托·布劳恩的回忆却说："博古讽刺地说，毛又犯了'外交病'。使毛感到愤愤不平的原因是《中国苏维埃运动与它的任务》的报告，将不是由他而是由洛甫来作；另外，他希望进入政治局常委会的要求，没有被批准。"①

在中国革命处于紧要关头之时，在瑞金所有的主要中国领导同志中，奥托·布劳恩发现："给我印象最深的当然是毛泽东。他是一个身材修长的，几乎可以说是很瘦削的四十来岁的中年人。他给我的最初印象，与其说是一个政治家和军人，不如说是一个思想家和诗人。在很少的几个庆祝会上，我们见面时很随便。在这种场合，他总是保持一种威严而又谨慎的态度，总是鼓励别人喝酒、说话和唱歌，他自己则在谈话中插进一些格言，这些格言听起来好像是无关紧要的，但总有一定的含义，有时还含有一种揶揄的暗示……当有人第一次提出，我们的主力是否应当突破敌人对中央苏区的封锁这个问题时，他用一句毫不相干的话（我想可能是老子的话）回答说：'良庖岁更刀，割也；族庖月更刀，折也。今臣之刀十九年矣，所解数千牛矣，而刀刃若新发于硎……'类似这样的格言和比喻，我们还可以随意举出一些例子，这暴露了他的功利主义和实用主义的思维方法，但其效果还是明显的，因为它们

① 奥托·布劳恩《中国纪事》，现代史料编刊社1980年版，第65页。

1933年6月26日，毛泽东在中央苏区八县贫农团代表大会主席台上。

| 第 二 部 | 奋斗

毕竟适合了一定的具体情况。毛不仅在私人谈话中或小范围里运用这些格言和比喻，而且还把它们引用到他的讲话中，并以革命的激情从中引出令人铭记的口号。我自己就经常亲眼看到，他是怎样用这种办法深深地影响听他讲话的农民和士兵。

"……他的马克思主义的知识是很肤浅的……毛从来没有在国外生活过，不懂外语；中国又非常缺少马克思主义著作，有限的几本至多也是第二手的，原著更是屈指可数。[1]糟糕的是，毛用折中主义的方法，曲解马克思主义的概念，并加进其他的内容。例如他常常讲无产阶级，但是他所理解的无产阶级不仅仅是产业工人，而且包括所有最贫穷的阶层——雇农、半佃户、手工业者、小商贩、苦力，甚至乞丐……"[2]

但是，博古和他的朋友，以及共产国际都不想抛弃毛，他们意识到他在根据地已建立了广泛的群众基础。

1934年1月，中华苏维埃共和国第二次全国代表大会在瑞金召开。尽管三年以来毛派不断遭到斥责和排挤，毛还是再次当选为中华苏维埃共和国中央政府主席。

但是，这一次他只是一个傀儡。"二十八个布尔什维克"在中央执行委员会的主席团中超过半数，并选举了自己团体的人担任主席。这样，他们就敢于选举毛，如果他不与他们合作，就可以随时撤换他。毛的职务是名誉性的，没有实权，而洛甫实际上差不多成了一个拥有无限权力的政府首脑。

毛在大会上所作的结论中的两段话，表明了他仍代表着的力量：

> 我郑重地向大会提出，我们应该深刻地注意群众生活的问题，从土地、劳动问题，到柴米油盐问题。妇女群众要学习犁耙，找什么人去教她们呢？小孩子

[1] 然而，布劳恩自己就不懂中文，充其量仅认识不多的几个字。——作者注

[2] 奥托·布劳恩《中国纪事》第73~75页。

要求读书,小学办起了没有呢?对面的木桥太小会跌倒行人,要不要修理一下呢?许多人生疮害病,想个什么办法呢?一切这些群众生活上的问题,都应该把它提到自己的议事日程上。应该讨论,应该决定,应该实行,应该检查。要使广大群众认识我们是代表他们的利益的,是和他们呼吸相通的。要使他们从这些事情出发,了解我们提出来的最高的任务,革命战争的任务,拥护革命,把革命推到全国去,接受我们的政治号召,为革命的胜利斗争到底……

国民党现在实行他们的堡垒政策,大筑其乌龟壳,以为这是他们的铜墙铁壁。同志们,这果然是铜墙铁壁吗?一点也不是!你们看,几千年来,那些封建皇帝的城池宫殿还不坚固吗?群众一起来,一个个都倒了。俄国皇帝是世界上最凶恶的一个统治者;当无产阶级和农民的革命起来的时候,那个皇帝还有没有呢?没有了。铜墙铁壁呢?倒掉了。同志们,真正的铜墙铁壁是什么?是群众,是千百万真心实意地拥护革命的群众。这是真正的铜墙铁壁,什么力量也打不破的,完全打不破的……[1]

① 《毛泽东选集》第 1 卷 第 138、139 页。

可是,毛在政治上所受的屈辱仍然存在。2月间,他被免去人民委员会主席的职务,这样,又失掉了一个更有实权的职位(同一个月,他的勤务员找到了一个搪瓷饭盒,因此,他不再使用他的喝水缸子吃"三层饭"了)。3月,洛甫以同一个委员会的名义发布训令,批评了由毛主持的查田运动。

与此同时,蒋介石发动了他的第五次,也是最后一次"围剿",用毛自己的话来说,敌人动员了近百万军队,采用了新的战略战术。第四次"围剿"时，蒋已经开始使用他的德国顾问推荐的堡垒体系。在第五次"围剿"中，他把希望都寄托在堡垒政策上了。

共产党试图以阵地战来抵抗强大的敌人，这显然是灾难性的。1934年4月，广昌战役失败后，共产党内对于军事战略的主张出现了分歧。毛称广昌战役是一次"大灾难"。

他指责采取分散兵力的堡垒战术是消极防御，并在没有胜利把握的情况下，就轻率发动进攻。布劳恩回忆说："他利用一切机会，不断重复数落着这些罪名，甚至不惜进行人身攻击。他在公开会议上很少这样说，但在背后同他的亲信交谈时，就竭尽诽谤之能事。"

毛之所以选择布劳恩作为他的主要攻击对象是可以理解的，布劳恩对此解释说，他毫不含糊地在他的同胞中煽动民族自尊心和仇外情绪，进而推论没有一个外国人能够理解中国革命的特殊情况。①

① 奥托·布劳恩《中国纪事》第95页。

广昌失败后，5月初中央委员会召开了一次紧急会议。会议由博古主持，提出了一个张皇失措中拼凑的计划。毛建议进行四面反攻，虽然这会把红军分成四部分，但每一支在不同方面的进攻都可以吸引国民党军队，从而创造打破"围剿"的机会。他的建议也未得到支持。最后，会议接受了周恩来的折中方案，在石城以北建立强大的防线，并派遣一支红军先遣队越过敌人防线袭扰闽浙，以及秘密组织从中央苏区撤退。

如果说毛在军事政策的纷争中，对未来有所预示的话，那么他于1934年夏所写的一首词却并未表现出他对未来的这种预见性：

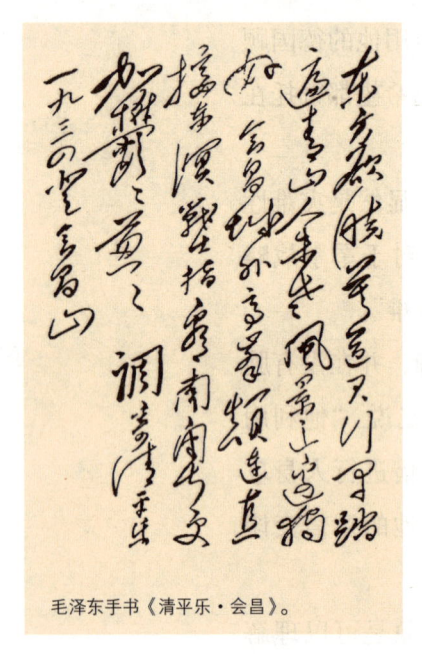

东方欲晓,
莫道君行早。
踏遍青山人未老,
风景这边独好。

会昌城外高峰,
颠连直接东溟。
战士指看南粤,
更加郁郁葱葱。

毛泽东手书《清平乐·会昌》。

因此他仍坚持自己的立场,以北上抗日来为撤出江西根据地辩解,因为日本在华北的扩张正在加剧。当时,日本人已经越过了长城,击败了在长城抗战的中国军队,并扶植从前的小皇帝溥仪为新的"满洲国"的傀儡统治者。

然而,当第五次"围剿"残酷地推进到苏区时,毛突然再度屈辱地遭到中央委员会的斥责,说他在土地问题和军事问题上犯有严重错误,被排挤出所有党的会议。他可能是和他的湖南同乡刘少奇一起,隐居在瑞金城外几英里远的名叫沙洲坝的村子里,刘也是被"二十八个布尔什维克"排挤的。

8月,毛在距瑞金以西60英里的县城于都的住所中遭到监禁,第三次被从中央委员会中清除出去。由于在莫斯科的王明和在瑞金的博古的共同努力,此时,毛面临被永久排除出中国共产党高级领导层的前景。由于身患疟疾,发着高烧,只得请一个名叫傅连暲的教会医生治疗,所以毛没有作出反应。

当听到他被监禁的消息后,一个后来脱党的老伙伴龚楚,带了一些酒和鸡看他,他们一边吃一边回忆上井冈山之前第一次会面的情形。日落后，他们又喝了很长时间，当他的朋友要回去时，毛打着手势说："唉，井冈山同志的天下一去不复返了。"①

但是，城镇乡村仍然不断落入敌人手中，10月初，毛由于他的谨慎和作为红一方面军政治委员的有限职权，参加了有周恩来、博古、布劳恩以及其他领导人的高级负责会议，决定撤出江西根据地。两个星期后，长征就开始了。

①约翰·E.鲁易《作为反对派的毛泽东(1927~1935年)》，斯坦福1966年版扉页。

10 长征
（1934~1935）

毛泽东传
A BIOGRAPHY OF MAO TSE-TUNG

1935年12月27日，毛泽东在陕北瓦窑堡作《论反对日本帝国主义的策略》的报告。

毛的勤务员回忆道,毛和二十几个人走出于都北门往西一拐,"一条宽大的河流出现在我们面前。我们顺着河水往上走去。滚滚的河水带着黄色的泡沫翻腾着,大声地发出呼啸,像吹起了进军的号角。太阳落了,冷风一阵一阵地扑来,寒意很浓。主席没有穿大衣,只穿了一身灰布军装,戴一顶八角红军帽。他迈着大步,带领我们前进。"[①]10月的一天下午5点钟,举世闻名的二万五千里长征开始了。

①陈昌奉《跟随毛主席长征》第20页。

疟疾高烧之后的毛,被描述得瘦弱而憔悴,他的勤务员解释说:"由于他患病",大部分时间"不得不骑马",所骑的还是六年前缴获的那匹毛喜爱的暗褐色战马。陈勤务员补充说,毛的队列中包括他的第二个妻子贺子珍,虽然她已有几个月的身孕了;一个男卫生员钟福昌,是在毛患疟疾时派给他的;还有秘书黄有风。

但是,贺子珍所生的两个孩子太小,不能随队行军,只好寄养在江西农民的家里。15年后,人民解放军又回到这一地区,尽管毛派部队四处寻找,但未能得到他们的消息。他的小弟弟毛泽覃和其新婚妻子(贺子珍的妹妹)留下掩护。他的大弟弟毛泽民作为银行行长,随队长征,负责根据地政府的货

中华苏维埃共和国国家银行发行的壹圆纸币。

毛泽东的大弟毛泽民，是中华苏维埃共和国国家银行第一任行长，国民经济部部长。1921年，在毛泽东的影响下，他成为一名革命家，抗日战争爆发后，受党中央派遣，先后出任新疆省财政厅、民政厅厅长等职。

① 罗伯特·佩恩《毛泽东》，纽约1950年版，第148页。此段话未查到中文资料。

② 萧华没有留在江西。——译注

币、金银和印钞机器。

后来毛泽东声称，长征是在我们犯错误的时期进行的，前有堵截后有追兵。他拿丧失江西根据地与失败的俄国1905年革命相比较。还有一次他断言长征是完全不必要的，假若有更高明的指挥才干，是可以击破第五次"围剿"的。

长征开始时，红军并不真正清楚他们的目的地在哪里。后来毛被问到这个问题时，他回答说："假如你以为我们有过确定的计划的话，答案是我们不曾有过这类的计划。我们只是打算突围，与其他根据地会合。此外，惟一有意识的打算就是转移我们的阵地，以便可以与日本人作战。"①

毛能否参加长征也是有争议的。假如他的疟疾没有痊愈，就有可能和其他生病的领导人，例如像瞿秋白一样留下来作掩护（也可能像他们一样被国民党抓获）。即使他康复了，考虑到领导层中有强大的反对毛及其派别的力量，决计把他留在江西也不是不可能的。如同他的许多亲密同志和支持者，其中包括陈毅、谭震林、萧华②和邓子恢等被留下来一样。显然，控制党的那些人这样做是希望避免路途中的各种争吵，因为在突围之前，他们的士气已经大大低落了。但毛曾任第四军政委的这一资历，又使他不得不去。据一种解释说，"二十八个布尔什维克"中的一些人曾想把毛留下，但林彪和其他将领却坚持他应该随从。

红军损失了大部分力量，才冲破了国民党的包围圈，而唯一通向最近的贺龙的共产党根据地的道路，也被蒋介石堵住了。贺龙的根据地位于北部250英里的地方。这时，毛的运气发生了首次改变。毛建议放弃与贺龙会师的计划，改向敌人薄弱的贵州方向前进，沿一条很长的弧形路线穿过贵州，渡过长江，红军就可以摆脱国民党军队的围追堵截，到达张国焘的四川根据地。张曾是毛的老对手，后来也一直是他的对手。当时军事指挥员们已开始怀疑布劳恩的指挥才干，毛的意见被采纳了。

红军在艰难地穿越贵州期间，受到贵州军阀的堵截，到黎平暂驻休整，并在那里召开了政治局会议，会上，军事指挥上的不同意见公开化了。毛在这次会议上重返中央委员会。会议决定继续向遵义前进。在这段长征路上，毛的妻子贺子珍在低空轰炸机的轰炸扫射中负伤。据说有20块开花弹片留在她身上，但她还是活了下来，并产下一个婴儿，走完了长征的全程。在长征路途的前半部分中，毛写了三首十六字令，盛赞大自然的伟力：

山，
快马加鞭未下鞍。
惊回首，
离天三尺三。

山，
倒海翻江卷巨澜。
奔腾急，
万马战犹酣。

山，
刺破青天锷未残。
天欲堕，
赖以拄其间。

在遵义，他们暂时摆脱了敌人的进攻，得以休整12天，

遵义会议会址。

招募新兵,并继续讨论他们之间的不同意见。他们在此召开了政治局扩大会议,除政治局成员外,部分中央委员会成员,以及红军的指挥员或政治委员也参加了这次会议。

会议一开始,毛就展开了攻势,提出以博古为首的政治局和军事委员会在第五次反"围剿"中的策略是错误的。最终,会议采纳了毛的意见,并把它写入了会议决议:

在目前中国国内战争的阶段上,在我们还没有大的城市工人的暴动,白军士兵的哗变的配合,在我们红军数量上还是非常不够,在我们苏区还只是中国的一小部分,在我们还没有飞机大炮等特种兵器,在我们还处于内线作战的环境,当着敌人向我们进攻与举行"围剿"时,我们的战略路线当然是决战防御……

我们对于进攻的敌人不应该即刻与之进行无胜利把握的决战,我们应该以……主力退至适当距离,或转移到敌人侧翼后方隐蔽集结,以寻求有利时机突击敌人。在内线作战下,当敌人以绝对优势兵力向我们前进时,红军的退却与隐蔽,足以疲劳敌人……应该待它进至适当距离,然后包围消灭之(即诱敌深入)。为了求得胜利,就是暂时放弃一部分苏区的土地,甚至主力暂时离开苏区根据地,都是在所不辞的……[1]

[1]《中共中央关于反对敌人五次"围剿"的总结决议》,1935年1月。

博古因没有纠正"在作战指挥上所犯的路线上的错误"和拒不接受批评而受到了毛的指责。毛在遵义告诉他的同志们,现在要做的是彻底纠正这些错误，继而"在云贵川三省广大地区中创造出新的苏区根据地，将使我们恢复老苏区"，最后夺取全国胜利。此时周恩来则意识到，事态正朝着预料的方向发展，他承认了人们指责他的那些错误，并建议由毛接替他任革命军事委员会主席。这是一种有效的先发制人的做法，致使博古和其他"二十八个布尔什维克"除了接受周的建议外别无其他选择。这意味着毛现在成了政治局常务委员会的成员。因为考虑到武装斗争的重要性，革命军事委员会主席通常就是政治局常务委员会成员，这在过去的几年里已成为党的惯例。在被排挤出党的高级领导层两年之后，毛又进入了党的领导核心。从此他再也没有被罢免。这使他在后来的10年中扶摇直上。现在他成了党的五或六人最高领导中无可争辩的一员。

一般认为，在大约20名遵义会议的参加者中，也许仅有两人是毛的支持者，即林彪和聂荣臻。但是毛还可以利用正在增长的对"二十八个布尔什维克"的不满。政治保卫局局长邓发可能已经失去了生杀大权，因为领导上谴责他采用残酷屠杀的方式镇压反革命。彭德怀将军和刘伯承将军对于过去制定出的军事决策十分恼火。再者，由于要扔掉从江西带出来的、不利于军事行动的过于笨重的民用设备，张皇失措地撤离根据地，同时又不知道要去的目的地，致使干部们士气沮丧。

毛之所以能够利用这些失望情绪，一方面由于他特有的朴实的军事策略，另一方面也由于他像丘吉尔一样，能提出近乎冒险的，但同时又是明确的爱国主义的呼声。像丘吉尔一样，他知道如何把握国民的最深层的本性，激励他们去战斗、去忍耐、去持久地反对一切不平等。

但是，也许功劳必须归之于洛甫，在遵义会议上，正是洛甫对达成妥协发挥了决定性的作用。在决议中，确认了旧领导的"正确的政治路线",以抚慰"二十八个布尔什维克",但同时也抛弃了旧领导的"错误的军事路线",以得到不满的将领们的谅解。毛后来评价洛甫时说:"遵义会议他起了好作用,那个时候没有他们不行。"[1]

这样,当毛从非正式渠道进入政治局时,或者说,作为他成为新的军事委员会主席的结果,就是洛甫取代了博古任总书记,成了党的最高领导人。从这一天起,毛得到了一个永久性的称呼——毛主席[2]。洛甫走上了当时党内最高的职位,毛也登上了通往权力顶峰之梯的第一步。

很可能在1935年1月8日政治局决议之前,毛和周就曾有过某些谅解,因为从那时起,周再也没有试图制定有关军事或意识形态方面的决策,并在以后的40年间一直是毛忠实的副手,从未对他的最高权威提出过挑战。

诚然,遵义会议的一些与会者之所以会考虑在非常时期转向毛,希望毛出来领导,是有实际原因的。此时他们已深入中国内地,在那里,以前那些受外国训练和只有城市经验的领导人是不适应的。他们需要一个来自人民之中的人,一个天才的农民领袖来领导,这位领袖至少应领导他们到能够再次起来占领城市之时。

此刻,毛主要关心的是前进途中将会遇到的军事挑战,这就必定要依靠周在组织上的支持和刘伯承的军事谋略。到遵义时他的部队仅存三万人,招募了二万新兵后,红军人数上升到五万人左右。下一个问题是如何渡过防守严密的长江,到达张国焘的川北根据地。第一次尝试过长江用了五个星期,但没有成功。2月底,毛的部队再次占领遵义。而且,他们至少在这里取得了一次重大胜利,毛为庆祝重占娄山关,写了一首词:

---

[1] 斯图尔特·施拉姆《毛泽东的创举》,伦敦1974年版第268页。毛泽东《在中央工作会议汇报会上的讲话》,1966年10月24日。

[2] "毛主席"这个称呼,最早出现在瑞金,毛任"中华苏维埃主席"时。——编注

第二部 奋斗

西风烈,
长空雁叫霜晨月。
霜晨月,
马蹄声碎,
喇叭声咽。

雄关漫道真如铁,
而今迈步从头越。
从头越,
苍山如海,
残阳如血。

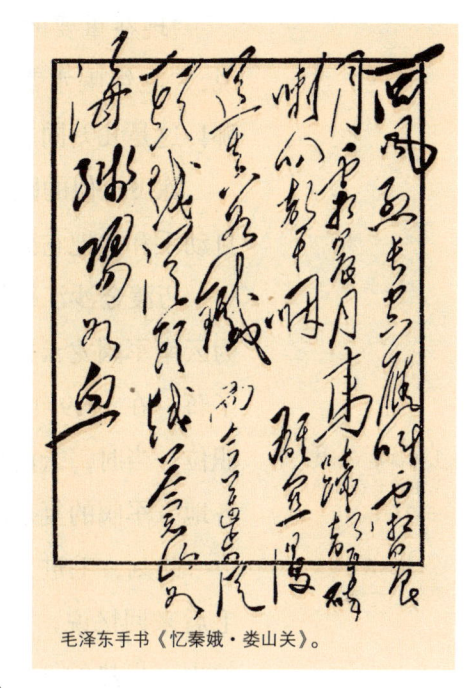

毛泽东手书《忆秦娥·娄山关》。

然而,毛从红军的老式收音机里得知,在敌人的压迫下,张国焘不得不放弃他的四川根据地,向西撤退,这样,渡过长江已无助于毛的计划了。3月,毛率领部队进行了一系列复杂的穿梭运动。毛指挥部队三渡赤水,迷惑国民党把军队集结在长江北岸。但共产党却很快掉头,再渡赤水,挥师向南佯攻贵州首府贵阳。

经过这些错综复杂的佯攻、强行军和运用计谋,红军终于在皎平渡渡过长江,这段长江当地又称金沙江。江中流急滩险,难以航行。共产党成功地从江对岸缴获了六只小船,部队一批批摆渡过长江,用了九天九夜,胜利地闯过了天险。

毛的勤务员描写金沙江,"水急浪大,凶龙般地翻腾着"。天快拂晓,他和毛一道过江。此后,在安排毛能办公前,他去安顿临时的床铺和烧开水,毛对他发了脾气。

"这里连张小桌子也找不到。"陈随口答道,"您、您先喝口水吧!"

"现在重要的是工作，"毛用他那严肃的但又温和的语调说，"吃饭喝水都是小事，江那边有我们两三万同志在等着哪！这是几万同志的性命呀！先去找块木板架起来也行！"

陈飞也似的跑着四处搜寻，好容易找到一块小木板。毛亲自动手和他把它架了起来，摆上了办公用具。①

巧渡金沙江靠的是胆子大和运气好。除此之外，似乎还因为云南军阀龙云并不是一个国民党的真心支持者，他最后反叛了蒋，在1949年建立的中华人民共和国中，得到了一个荣誉职位。当时，云南是国民党军队还未进入的省区之一，仍处在各地方军阀的复杂的政治统治之下。

此刻，毛进入了对大部分中国人来说是完全生疏的区域。毛后来回忆说，他们回师南向，渡过金沙江后，就陷入毒蛇、蚊虫、炎热的气候和食品短缺之中。②但他至此，对于他的成功仍然是洋洋自得的，在会理，举行了政治局会议，洛甫给予军事指挥以明确的支持。

可是毛却严厉地批评林彪，在执行命令时表现得不够坚决。林在给彭德怀将军的电话中曾这样讲："现在的领导不成了，你应当出来指挥。"林也写信给毛解释，他认为所有这些迂回转向，是毫无必要地削弱了部队。

毛回答他：你是个娃娃，你懂得什么！在这个时候直接跟敌人硬顶不行，绕点圈子多走点路，这是必要的。

下一个冒险行动是抢渡大渡河，这是一道在山间奔腾的急流，是整个长征途中最为困难的障碍。红军打算在安顺场渡河，19世纪的太平天国起义军就是在那儿被消灭的，《三国演义》中描写的许多英雄也是在那儿被打败的。

这时出现了一个难以置信的机会，一个敌军指挥官以为共产党还要过好几天才能从他们预计的位置到达这里，所以他仍

---

① 陈昌奉《跟随毛主席长征》第36~37页。

② 此话未查到中文原文。——编注

第二部 | 奋斗

去南岸他妻子的亲戚家赴宴。一支红军先头部队活捉了他，缴获了他乘坐的一条小船，然后过河又夺取了另两条船。红军就使用这三条小船渡河，用了三天三夜。但是，春水开始上涨（已时至5月底），增大了渡河的困难。每渡一次，就要费越来越多的时间，同时，天上蒋的轰炸机不断袭击，地上敌军正从至少两个方面赶来。红军决定夺取更靠北一些的泸定桥，这也许是他们渡河到中国北部的最后机会。在那些绝望的日子里，毛甚至与布劳恩讨论穿越西康和青海，到新疆靠拢俄国人的可能性，这个德国人劝阻了他。

夺取泸定桥是又一次英雄主义的壮举。这座桥由13根铁索组成，底下九根上铺桥板，作桥面以供行走，另外四根分列两边为护栏。当共产党到达时，敌人已拆除了大部分桥板，以为没有人会愚蠢到试图从光铁索上过河。

在他们缴获的敌人的一道命令上声称，朱德和毛泽东"已面临石达开（太平天国领袖）第二的危境"，"前有大渡河，后有金沙江，消灭共军，在此一举。"[1]

可是，毛的战士的所作所为是他们想象不到的。他们手把着铁索，身体悬吊在空中，一把一把地过河，尽管前面有敌人猛烈的射击，下面是奔腾的急流，但是他们仍然冲了过去，占领了北岸桥头。敌人点燃了留在他们一侧的桥板，即使如此，也未能阻止共产党。紧随在后的红军士兵们，在铁索上由南向北铺上木板、树棍，作为新的桥板。

毛全神贯注地观察着渡河。假如此刻在桥头系上一磅炸药，就有可能结束他的事业和运动。

[1] 杨成武《飞夺泸定桥》，《星火燎原选编之三》，战士出版社1980年版，第143~144页。

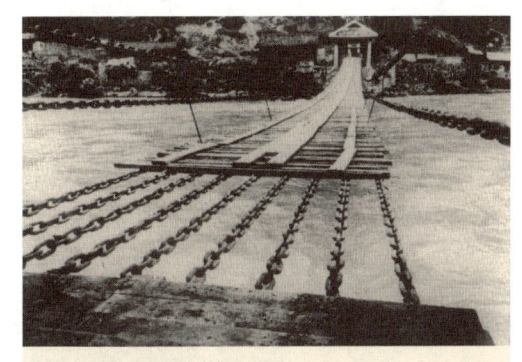

红军长征时经过的泸定桥。

毛后来回忆说:"过了大渡河,我们应该向何处前进呢?我们拍着头思索。"①事实上,已经无法选择了,他们只能继续向北,经过已经开化了的西部山区,到达陕西苏区。但是,自然界的困难是极其巨大的。首先遇到的就是大雪山。

途中,穿过一片开阔谷地时,他们突遭三架敌机的俯冲扫射。站在毛身边的警卫班班长被击中,无声地倒下,当毛蹲下看他时,他正用手捂着自己的腹部。

"没关系,你会好的!胡长保同志,"毛说,"你不要紧,坚持一下,我们把你抬到水子地,找医生治疗一下就会好的。"

可是,他的头垂了下去,他的眼睛闭上了。毛慢慢地从他的脖子底下抽出手来,然后站起来,拿出一条夹被,小心翼翼地盖在胡长保同志的身体上,低头肃立默哀,然后掩埋了他的尸首。②毛距离死亡仅仅只有几英寸之远。

翻越大雪山,红军必须爬上一万六千英尺的高度。许多人在山上长眠不醒。毛的疟疾又发作了,部分路途不得不躺在担架上。他写了一首词,以磅礴的气势将当时环境和政治地理融汇在一起:

> 横空出世,
> 莽昆仑,
> 阅尽人间春色。
> 飞起玉龙三百万,
> 搅得周天寒彻。
> 夏日消溶,
> 江河横溢,
> 人或为鱼鳖。
> 千秋功罪,

① 《毛泽东思想万岁(1949~1968)》第1卷,华盛顿联合出版研究社,共产主义中国译文,第58页。此话未查到中文原文。

② 陈昌奉《跟随毛主席长征》第49~51页。

| 第 二 部 | 奋斗

谁人曾与评说？

而今我谓昆仑：
不要这高，
不要这多雪。
安得倚天抽宝剑，
把汝裁为三截？
一截遗欧，
一截赠美，
一截还东国。
太平世界，
环球同此凉热。

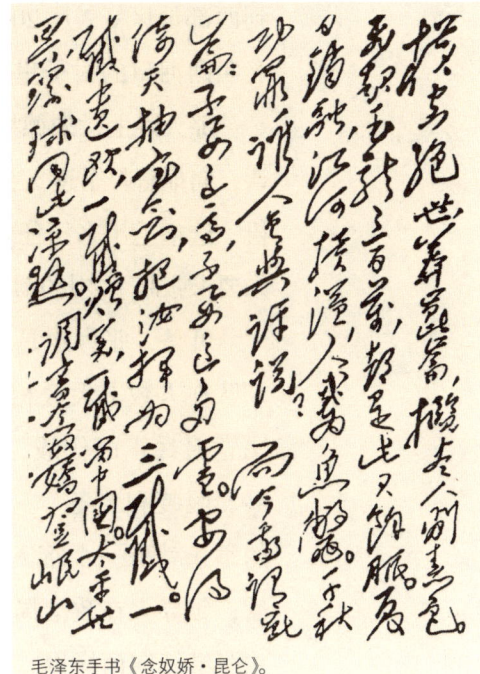

毛泽东手书《念奴娇·昆仑》。

关于炮铜岗①，毛回忆道："在这个山峰上，有一个军团死掉了三分之二的驮畜。成百上千的战士倒下去就没有再起来。"②在下一段长征路途上，毛感到是进入了神秘的奇境。

"在西康边界附近，"毛回忆道，"没有渔民，所以鱼儿不怕人……我们杀我们的牦牛、马匹吃，把肉驮在仅存不多的驮畜背上，最后我们就吃驮畜，而自己背肉。"

"尽管条件极为艰苦，但与我们交战的最好对手只是当地土著部落——有苗、番、彝，也有汉。我们从他们那里学到的东西，要比在其他地方学到的更多……我们必须感谢（蒋）总司令，把我们赶到这样神奇的地方——如果不是总司令，我们根本就不可能见到这些。"③

在危险神奇的川西北藏区的山麓小丘的另一面，毛和他的对手张国焘相遇了，张是另一块共产党根据地的领导人，在党内与毛的地位相等，并指挥着红四方面军。两年前，他们撤退

①《西行漫记》中文版译作"炮铜岗"，但在其他记载中都作"抱桐岗"。——译注

②《西行漫记》第175页。

③罗伯特·佩恩《毛泽东》第86页。此段话未查到相关的中文资料。

到西部地区。7月20日①，在倾盆大雨之中，两支部队在一个名叫两河口的村子里会师。

那天晚上，朱德将军步行和张一起去张的住所，与他彻夜长谈，向他解释了遵义会议时面临的紧迫困难，当时为解决眼前危机，选举毛出来担任党的领导工作，以缓和党内领导层的争论。朱要求张眼下支持只讨论军事的议程，不再重提政治问题。

可是，张肯定是从双方军队的比较中，增加了勇气。双方军队在人数上大致相等，各约4.5万人，但四方面军没有同国民党追兵正面作战，得到了良好的休整，有更好的士气、食品、服装和装备。一位长征亲历者这样评论张的部队："他们的举止就像一个富人对待一个穷亲戚。"在宴请和大会演讲之后，领导人在政治局会议上就展开了暴风雨般的个人辩论。张主张继续向西撤退，到新疆就有可能得到俄国的支持，结果遭到否决。加之他过于迫切地要求由他出任党的总书记，更是犯了一个致命的错误，这激起了"二十八个布尔什维克"和毛派的一致反对。

毛十分清楚，林彪和其他将领对他的指挥才干并不完全满意，后来毛承认，同张国焘的这场斗争，是一生中最黑暗的时刻，党有可能分裂，甚至在意见分歧的党的领导人中间会进行内战。然而，他自己的一方面军的大多数同伴和大部分政治局成员还是接受了他的计划，由西康向北，朝着蒙古继续长征。

两支部队会师不久，又再次分成两支混编的部队，一支由毛率领，一支由张率领。这也许是朱德将军的一个妥协建议的结果，朱还建议任命张为合编部队的总政治委员，

① 应为6月20日。——译注

毛泽东与张国焘。

第二部 | 奋斗

与他相并列，朱自任总司令。张后来声称他接受了这个职务，但毛继续加以干涉，以军事委员会主席的名义，核阅所有文件，径行批准决定，交总司令部执行，而不是在军事委员会和总司令部之间划清职权，把部队交总司令部指挥。①

8月初，两支部队沿不同路线向北行进，可突然被一条河分割开来，由于河水上涨，浪大流急，难以通行。张声称渡河是不可能的，因此他的左路军必须返回西康；并命令朱德将军和刘伯承将军，以及部队中唯一的一架电台，随他一起行动。朱和刘拒绝了，张即监禁了朱，命令他谴责毛，并断绝他与毛的一切关系。

"你可以把我劈成两半，"朱反复地说，"但你割不断我和毛泽东的关系。"

对此，张说，如果朱将军还拒绝服从他的命令，就枪毙他。

"你愿意枪毙就枪毙。"朱回答，"我不能拦你。我决不接受命令！"②

但是，张并未履行他的威胁，也许是害怕会导致忠于朱的部队攻击他的部队。由于不愿意看到两支共产党部队火并的可怕惨剧，朱将军极不情愿地随张返回。

张在回忆中说，他电告毛的右路军，命令他们停止前进，而毛带走了他的部队，拒绝回来商议或帮助他的同志。此后，国民党集结了军队，防止张沿毛的路线北上，所以他转而南下。③结果，在与毛及其他人在陕西再度会师之前，他率领他的部队在西南又坚持了一整年。

毛的右路军用了六天时间走出了青海草地。这里是海拔八千英尺的高原，一年中大部分时间都下雨（特别是在8月），由于积水无法排出，形成了一个绵延数百英里的大沼泽，不见一棵树，一片荒凉，没有人烟，没有生气。

①张国焘《我的回忆》第3卷第252页。

②史沫特莱《伟大的道路》第378~379页。

③张国焘《我的回忆》第3卷第267~271页。

"如果我们掉头南下，"毛对他的干部们简明扼要地说，"就是逃跑，就会断送革命。敌人判断我们会东出四川，不敢冒险走横跨草地，北出陕、甘这一着棋。但是，敌人是永远摸不到我们的底的，我们偏要走敌人认为不敢走的道路。"①

在进入草地之前，红军必须收集食品，他们用尽各种办法，从这一地区的藏民那里得到了数量可观的青稞、羊、牛和萝卜。

毛在到达陕西根据地后幽默地说，"有一天我们必须向藏民偿还我们不得不从他们那里拿走的给养。"②

毛的勤务兵在回忆中这样描述草地："那腐烂了的永远浸在污水中的野草，无边无际，踏在上面，发出使人厌倦的'噗唧'、'噗唧'的响声；一不留神，就会双脚深陷，甚至埋进这无底的泥潭中。在这种时候，要是没有同志们的帮助，想拔出腿来势比登天还难。"③

长征途中最后翻越的一座大山是六盘山，在那里，毛忠诚的勤务员差点死于疟疾。登上六盘山后，毛写了一首词：

天高云淡，
望断南飞雁。
不到长城非好汉，
屈指行程二万。

六盘山上高峰，
红旗漫卷西风。
今日长缨在手，
何时缚住苍龙？

---

①参见杨成武《忆长征》，解放军文艺出版社1982年版第176页。

②《西行漫记》第178页。

③陈昌奉《跟随毛主席长征》第63页。

| 第 二 部 | 奋 斗

1935年10月底，毛和长征的亲历者们到达了目的地，陕西苏区的吴起镇。当他们第一次住进顺山坡挖成的窑洞里时，十分惊愕地发现，这里的朋友没有大米，只有金黄黄的小米。毛的炊事员不知道如何做小米饭，只好买了一只羊杀了，煮了当饭吃，抬着一条羊腿给毛。"那很好办！要学嘛。"毛得知此事后说，"到了新的地区，就要学会新的地区的生活习惯！要不，我们就会饿死的。"①

尽管天空纷纷地飘着鹅毛大雪，毛还是立即率一队人去陕西根据地司令部所在地夏师湾，会见当地领导。

"主席穿着那件从江西带出来的、已经破了的大衣，"他的勤务员回忆道，"头上戴着那顶很旧的帽子，和欢迎的人群频频点头招手。这时，欢迎的群众让开了一条路，有数十位首长跑过来热烈、激动地和主席握手。"②他们中间有刘志丹和红25军军长徐海东。

"是海东同志吗?"毛问，气质有些像斯坦莱，③"感谢你辛苦到这儿来迎接我们。"一年前离开江西时，差不多近十万人的部队，一路上衣衫褴褛、饥饿疲惫地挣扎到陕西，仅有五千人活了下来。他们饿了吃树皮野草，渴了喝自己的尿，饱尝风雨霜雪，闯过沼泽险滩，经受住了各种严峻的考验。

毛的军事指挥得到一致拥护，他的政治指导也得到有保留的拥护。不久，他对长征作出了自己的评价，这就是著名的《七律·长征》一诗：

　　　　红军不怕远征难，
　　　　万水千山只等闲。
　　　　五岭逶迤腾细浪，
　　　　乌蒙磅礴走泥丸。

①陈昌奉《跟随毛主席长征》第71页。

②同上，第74页。

③斯坦莱(1841~1904)，英国的非洲探险家。——译注

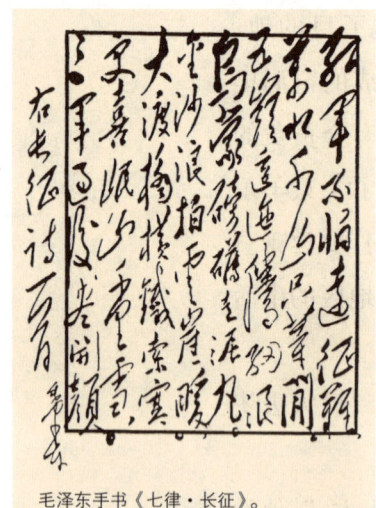

金沙水拍云崖暖，
大渡桥横铁索寒。
更喜岷山千里雪，
三军过后尽开颜。

外部世界震惊了，共产党的支持者们高兴地得知毛的队伍仍在继续战斗。中国进步作家的领袖——鲁迅和茅盾，打电报赞颂毛："在你们身上，寄托着人类和中国的将来。"①

对于难以置信的史诗般的二万五千里长征，毛的更引人注目的结论，包含在几个星期后他向他的同伴们所作的报告中：

> 十二个月光阴中间，天上每日几十架飞机侦察轰炸，地下几十万大军围追堵截，路上遇着了说不尽的艰难险阻，我们却开动了每人的两只脚，长驱二万余里，纵横十一个省。请问历史上曾有过我们这样的长征吗？没有，从来没有的。长征……它向全世界宣告，红军是英雄好汉。②

也许这读起来有点像丘吉尔式的夸张，然而，其经过完全是真实的。

毛泽东手书《七律·长征》。

① 《鲁迅书信集》上卷，人民文学出版社1976年版第1页。

② 《毛泽东选集》第1卷第150页。

11 延安
（1935~1937）

毛泽东传
A BIOGRAPHY OF MAO TSE-TUNG

1936年，毛泽东在陕北保安给红军指战员作报告。

自学生时代以来，毛第一次能够过一种较稳定的生活。他在陕西的红色根据地待了11年多，头几年是住在有着旧城墙的保安镇，这个地方曾是帝国抗击蒙古人和其他游牧民族的一个要塞。其他时间毛都住在延安，这使延安天下闻名，并在毛的与众不同的共产主义特征中印上了延安的名字。在那11年当中，毛躺在长征的荣誉簿上，安全地生活在一个受到很好保护的大根据地里。在这里，他关于改造和革命的思想得以实施；从这里，他不仅可以对中国的其他地方说话，还可以向外部世界发出自己的声音。后来，人们对延安的岁月是带着眷恋之情来回顾的。

在保安，毛拥有一所两个房间的窑洞，主要的奢侈品是一顶蚊帐和墙上的地图。虽然当了多年党的领导人，尽管千百次地没收了地主和官员的财产，毛的个人财物还装不满一只箱子。虽然他是红军的指挥员，但他所佩的领章，也不过是普通红军战士所佩的两条红领章。

毛和其他人吃一样的伙食，唯一的例外就是他有

毛泽东在保安。

湖南人"爱辣"的嗜好。他甚至用馒头夹着辣椒吃。除了这一嗜好外，他对于吃的东西很随便。有一次吃晚饭的时候，来访的客人听到他阐发爱吃辣椒的人就是革命者的理论。

"他首先举出他的本省湖南就是因产生革命家出名的。他又列举了西班牙、墨西哥、俄国和法国来证明他的说法，可是后来有人摆出意大利人也是以爱吃红辣椒和大蒜出名的例子来反驳他，他又只得笑着认输了。"他非常喜欢一首叫作"红辣椒"的滑稽歌曲。在这首歌里，辣椒痛心自己活着只是供人吃食的命运，它嘲笑白菜、菠菜和青豆的浑浑噩噩、没有骨气的生活，辣椒最后"领导了一场蔬菜的起义"。①

然而，毛的消化功能并不适应西北的定居生活，他便秘的毛病在保安人所共知，以至于埃德加·斯诺报道说："毛每周解大便一次也成了值得庆贺的大事。"有一次当被问到是喜欢过国家首脑的定居生活，还是喜欢过转战南北的战场生活时，毛如实地回答说："我更喜欢过战斗生活，我在长沙战役期间，肠胃消化再好不过了。"②

但在其他方面他很适应。一个刚从欧洲学医回来的中国留学生对毛进行了全面的身体检查，宣布毛身体非常健康。彼得·弗莱明散布说毛得了肺病或其他"不治之症"，但这不真实。一个体检的见证人说："他的肺部是完全健康的，尽管他跟大部分红军指挥员不一样，吸烟没有节制。"③

没有烟抽是毛在长征中最大的缺憾之一，沿途他遍尝各种各样的植物以寻找香烟的替代物。他的牙齿都熏黑了，几年后当一个德国牙医到延安时，这个牙医不得不来了10次给毛补牙。

毛的不拘小节——对处于他这种地位的中国人来说，很是少有——甚至第一次在陕西会见外国人时也是如此。一个美国客人在与毛谈话时，曾"看见他心不在焉地松下了裤带，搜寻

① 《西行漫记》第66页。

② 《斯诺文集》第1卷，新华出版社1984年版第198页。

③ 《西行漫记》第63页。

着什么寄生物"——即捉虱子。还有一次，这个美国人与林彪在一间小屋里谈话，毛也在场，房里很热。"妈的，太热了！"毛骂道。边说边脱掉裤子，一屁股坐在地上，那种神态和甘地缠着腰布时一样自然。正是在这次访问中，采访者报道说，毛"每天工作十三四个小时，常常到深夜二三点钟才休息。他的身体仿佛是铁打的。"[①]

充沛的体力对毛后来的政治斗争非常有利。

自遵义会议以来，尽管毛由于走运和判断力强而经受住了领导长期的艰苦行军的考验，但从政治方面来说，他的领袖地位并未得到普遍的承认。毕竟他领导的军队在长征结束后几乎丧失了一切——地盘、重型武器和政府的象征，甚至他们最好的武器和服装。毛和张国焘在四川会合时，他在这些方面就明显不如张，当时，他对此就已经感到屈辱。在陕西，毛又面临着几乎完全相同的形势：当毛的部队被赶出江西时，陕西的地方红军领袖们不仅一直固守阵地，而且还扩大了他们的阵地。当破衣烂衫的长征红军于1935年走完长征路时，他们对陕西的共产党是欠了很大情的：因为没有他们的这些成就，长征红军连一块安身的地方也没有。

从毛个人的立场看，幸运的是陕西的红色领导人碰巧也发生了分裂，而且与在江西发生的分裂和长征路上的分裂有着惊人的相似之处。两个"土生土长"的游击队领导人刘志丹和高岗与党中央从陕西以外派来的更教条的亲俄的领导人有摩擦。毛处于调解的位置，他自然是支持刘与高，因为他们的立场和他的一致。这又使刘、高欠毛的情。

①《西行漫记》第68~69页；《斯诺文集》第1卷第198~199页。

在保安时期的毛泽东，在西方记者眼里他是不拘小节的。

即使这样,他们的品格和他们的追随者也使他们成为角逐全党领导人的可怕的人选。毛到达陕西不久,刘就在战场上阵亡了,但高仍是延安统治集团中的一个重要人物,后来他又去莫斯科短期受训,回来后成为靠近俄国边境并具有战略地位的东北工业区的红色掌柜。

在延安时,毛总是小心地称赞高岗:"他执行了正确路线,为红军和革命在陕西创建了一个根据地。"①毛在一些地区性问题上听从高的意见,但高对毛的挑战直到50年代才到来。在延安,既然党和红军疲惫的长征已经结束,于是毛集中精力对付博古和宣称有俄国支持的"二十八个布尔什维克"企图重掌领袖大权的挑战。

第一次冲突发生在1935年冬圣诞节期间召开的瓦窑堡政治局会议上。当时日本再次侵犯中国领土,爱国的非共产党的中国人义愤填膺。为什么我们不和他们一起抗战,进而影响他们,使他们更为同情共产党在中国要达到的目标?这是毛的观点,但布尔什维克则被吓呆了。

毛指责他的批评家们采取关门战术。他模仿他们的腔调说:"哪有猫儿不吃油,哪有军阀不反革命?知识分子只有三天的革命性,招收他们是危险的。因此,结论:关门主义是惟一的法宝,统一战线是机会主义的策略。"②

后来他在一次讲话中强调,党不应该再依附莫斯科,听莫斯科的指挥,"共产党人现在已经不是小孩子了,他们能够善处自己,又能够善处同盟者。"③

他宣称:"问题是——民族资产阶级是否能改变。我们相信它能。"进而他又详细阐述了对一个马克思主义政党来说,什么是极端重要的理论鉴别力:

---

①《高岗事件与中苏关系》,载于《评论》(东京)国际关系学院第10期。此段话未查到中文资料。

②《毛泽东选集》第1卷第154~155页。

③同上,第157页。

| 第 二 部 | 奋斗

工人阶级的利益同民族资产阶级的利益也是有冲突的……但是民族资产阶级如果参加反对帝国主义的统一战线,那末,工人阶级和民族资产阶级就有了共同的利害关系。人民共和国在资产阶级民主革命的时代并不废除非帝国主义的、非封建主义的私有财产,并不没收民族资产阶级的工商业,而且还鼓励这些工商业的发展。任何民族资本家,只要他不赞助帝国主义和中国卖国贼,我们就要保护他。在民主革命阶段,劳资间的斗争是有限度的。①

① 《毛泽东选集》第1卷第159页。

毛试图通过领导一次横渡黄河的军事远征,与日本交战,从而使抗日民族同盟在他的同志们面前变为一个现实。当时日军占领了河北,控制了北京,以作为他们蚕食中国战略的一部分。但国民党军队挫败了红军的这次东征,红军不得不退回陕西。也正是在这时,毛写下了他最著名的诗篇《沁园春·雪》,抒发了他自比中国历史上伟大皇帝的雄心壮志:

北国风光,
千里冰封,
万里雪飘。
望长城内外,
惟余莽莽;
大河上下,
顿失滔滔。
山舞银蛇,
原驰蜡象,
欲与天公试比高。

须晴日,
看红装素裹,
分外妖娆。

江山如此多娇,
引无数英雄竞折腰。
惜秦皇汉武,
略输文采;
唐宗宋祖,
稍逊风骚。
一代天骄,
成吉思汗,
只识弯弓射大雕。
俱往矣,
数风流人物,
还看今朝。

国民党的飞机此时正在撒传单,告诉毛的士兵说:"杀死毛泽东赏大洋10万元。"后来这一赏格提到24万元。

根据共产党当时在中国面临的政治形势,毛确定了他的基本策略,然后,他以中华苏维埃中央政府主席的身份积极活动起来。1936年5月他通电国民党政府,敦促它与共产党合作,建立抗日统一战线。他许诺给中国的穆斯林以自治权,如果他们支持这样的统一战线的话。他还建议召开所有爱国抗日力量参加的会议。他甚至还向哥老会发出强烈呼吁,请求他们的支持。哥老会是著名的秘密组织,著名的共产党人如朱德、贺龙都曾是它的领导人。

第二部 奋斗

毛过去因与土匪和帮会头子联系，一直受到政治局的批评。但现在他提出在抗击日本对中国的威胁中，要尊重这些人。"你们主张打富济贫，我们主张打土豪分田地；你们轻财仗义，结纳天下英雄好汉，我们舍身救中国，救世界……"①《水浒》正在变成现实。

但毛和其他共产党人致蒋介石的一封敦促两军停战共同抗日的私人信件，则遭到了蔑视。

1936年7月，一个密苏里州出生名叫埃德加·斯诺的美国人急匆匆地到达延安，这是第一个到毛在陕西总部的西方记者。他从中国为《纽约先驱论坛报》和其他报刊写了好几年的报道。斯诺发现毛是个"面容瘦削、看上去很像林肯的人物，个子高出一般的中国人，背有些驼，一头浓密的黑发留得很长，双眼炯炯有神，鼻梁很高，颧骨突出。我在一霎那间所得的印象，是一个非常精明的知识分子的面孔……

"他有着中国农民的质朴纯真的性格，颇有幽默感，喜欢憨笑。甚至在说到自己的时候和苏维埃的缺点的时候他也笑得厉害——但是这种孩子气的笑，丝毫也不会动摇他内心对他目标的信念。他说话平易，生活简朴，有些人可能以为他有点粗俗。然而他把天真质朴的奇怪品质同锐利的机智和老练的世故结合了起来。"②

接着斯诺描写毛是"一个精通中国旧学的有成就的学者，他博览群书，对哲学和历史有深入的研究，他有演讲和写作的才能，记忆力异乎常人，专心致志的能力也不同寻常，个人习惯和外表落拓不羁，但是对于工作事无巨细都一丝不苟，他精力过人，不知疲倦，是一个颇有天才的军事和政治战略家。"毛"个人自尊心极强，他的态度使人感到他有着一种在必要时候当机立断的魄力。"③

①《中华苏维埃中央政府对哥老会宣言》，1936年7月15日。《六大以来》（上），人民出版社1981年版，第766页。

②《西行漫记》第61、65页。

③同上，第65页。

埃德加·斯诺。

斯诺发现毛对当前世界政治相当了解。"他对英国的工党很感兴趣，详尽地问我关于工党目前的政策，很快就使我答不上来了。"

他不理解，像英国那样工人有投票权的国家，为什么仍然没有一个工人的政府。他对于拉姆塞·麦克唐纳表示极端的蔑视，另一方面他又把罗斯福当作反法西斯主义者，认为中国可以跟这样的人合作。他问斯诺关于印度的许多问题，认为印度不经过土地革命就不会实现独立。他还问到美国少数民族的问题。①

毛同意回答斯诺的问题，斯诺描述了这一场面："1936年7月16日，我坐在毛泽东住处里面一条没有靠背的方凳上。时间已过了晚上9点，熄灯号已经吹过，几乎所有的灯火都已经熄灭。毛泽东家里的天花板和墙壁，都是从岩石中凿出来的，下面则是砖块地。窗户也是从岩石中凿出的，半窗里挂着一幅布窗帘，我们前面是一张没有上油漆的方桌，铺了一块清洁的红毡，蜡烛在上面毕剥着火花。毛夫人在隔壁房间里，把那天从水果贩子那里买来的野桃子制成蜜饯。毛泽东交叉着腿坐在从岩石中凿成的一个很深的壁龛里，吸着一支前门牌香烟。"②

在一次毛结束与斯诺谈话的时候，已是凌晨2点了，斯诺精疲力竭，这时出现了一个愉快的插曲："他们③两个都俯过身去，看到一只飞蛾在蜡烛旁边奄奄一息地死去，高兴得叫了起来。这确是一个很可爱的小东西，翅膀是淡淡的苹果绿，边上有一条橘黄色和玫瑰色的彩纹。毛泽东打开一本书，把这片彩色的薄纱般的羽翼夹了进去。"④

当问到一个最敏感的问题，即他与俄国的关系时，毛回答说：

虽然中国共产党是共产国际的成员，但这决不意

---

① 《西行漫记》第66~77页。

② 同上，第79页。

③ 指毛和贺子珍。——译注

④ 《西行漫记》第88页。

1937年10月，斯诺的《Red Star Over China》由英国伦敦Victor Gollancz出版。其主要内容与中文版《外国记者西北印象记》相同。上图为Victor Gollancz初版的扉页。下图为1937年英国Left Book Club 翻印本的封面。

| 第 二 部 | 奋斗

味着苏维埃中国受莫斯科支配……我们的斗争当然不是解放中国后再把它交给莫斯科……

当许多国家都建立了苏维埃政府，可能要出现建立国际苏维埃联盟的问题，看看这个问题如何解决是很有意思的。但今天我不能提出解决方案——这个问题还没有出现，也不能事先解决它。在今天的世界，由于不同国家和人民之间的经济和文化联系日益密切，有一个联盟似乎是非常必要的，如果是在自愿的基础上建立的话。①

实际上当他私下与斯诺谈话时，毛有点想"损"俄国人："毛在和我的交谈中称苏联为他的'忠实的盟友'。"他把酸梅做的甜食讽喻为"口惠而实不至的俄国援助"。②

毛在一次与斯诺谈话时，告诉他说："对于一个被剥夺民族自由的人民，革命的任务不是立即实现社会主义，而是争取独立。如果我们想在其中实践共产主义的这个国家不能独立，那么共产主义就无从谈起。"③

这是1938年复社在上海出版的《红星照耀中国》的中译本《西行漫记》。

在回答了政治问题之后，毛勉强转到斯诺提的个人问题上。这个美国人敦促毛纠正流行的关于他的歪曲的不真实的传闻。

最后毛说："如果我索性撇开你的问题，而是把我的生平的梗概告诉你，你看怎么样？"

"我要的就是这个！"

因而在以后的四个晚上，他们"真像搞密谋的人一样，躲在那个窑洞里，伏在那张铺着红毡的桌子上，蜡烛在我们中间

①埃德加·斯诺《复始之旅》，纽约1958年版第169页。

②《斯诺文集》第1卷第202页。

③《西行漫记》第374~375页。

毕剥着火花。"斯诺埋头记录，直到倦得要倒头便睡为止，翻译坐在他旁边，把毛的柔和的南方方言译成英语。"在这种方言中，'鸡'不是说成实实在在的北方话的'ji'，而是说成有浪漫色彩的'ghii'，'湖南'不是'Hunan'而是'Fulan'，一碗茶念成一碗'tsa'，还有许多更奇怪的变音。毛泽东是凭记忆叙述一切的，他边说，我边记。"①

这样在斯诺的《红星照耀中国》的前一部分就有了毛泽东告诉世界的唯一的一份自传，它在最早出的左派图书俱乐部的版本里占54页。毛自己的同事对这个故事产生的兴趣和西方读者产生的兴趣一样大。斯诺指出：

"在毛追述往事的时候，我注意到，有一个旁听者至少和我同样感兴趣，这就是他的妻子贺子珍。很明显，他谈到的有关自己和共产主义运动情况，有许多是她以前从来没有听见过的；毛泽东在保安的同志，大多数也是这样。

"后来当我向红军其他领导人搜集传记材料的时候，他们的同事常常围拢来兴趣盎然地聆听他们第一次听到的故事。尽管他们已经在一起战斗了多年，他们多半不知道彼此在参加共产党以前的日子的情况，他们往往把这些日子看作一种黑暗时代，真正的生命只是在成为共产党人以后才开始的。"②

1936年秋，张国焘和朱德将军衣衫不整地从四川回到陕西的根据地，与毛待在一起。张不仅得承认在长征的紧要关头，他南下是错误的，而且承认他还

①《西行漫记》第104~105页。
②同上，第125页。

1936年冬，毛泽东与朱德在保安。

第 二 部 | 奋 斗

犯了一个错误，这就是在到达陕西前不久，他派遣他的红四方面军最精良的部队在西线进行野鹅式的追击，结果被消灭。他希望带领他自己的人马来扩大陕西根据地，但结果却是不光彩地请求毛帮助解救他的部队。毛拒绝冒这样的险，因为当时是几面受敌，他还谴责张损失了宝贵的力量而没有达到任何目的。这一事件使得毛在后来的几个月里很容易处置对他的领导地位构成严重威胁的对手。

朱德将军，毛的老搭档，无疑与毛关系和睦，当红色"土匪"贺龙不久之后带领他的部队从南方进入陕西这个根据地时，共产党在陕西集中领导权的过程也就完成了。所有使共产主义决定性地走向全中国的工作已在这个西北根据地准备就绪。

"1936年12月12日上午，保安出现了不寻常的活跃情景。"奥托·布劳恩（李德）后来追述道，"毛的住地同党政军最高领导人进行联系的电话铃声急促地响着。就连习惯于夜间工作、次日睡到中午的毛泽东也一大早就出来了，周恩来来到他这里，过了一会儿，洛甫、博古和其他几个人也来了。发生了什么事？"①发生了毛泽东、蒋介石争夺对中国控制的22年斗争中最富有戏剧性的插曲：北方的主要军阀之一②——在国民党与共产党之间持"中立"态度——在蒋总司令到西安视察的时候扣留了他。

所谓"西安事变"的消息很快传遍了全世界，惊动了各国朝野。毛很激动，要求把蒋介石押到保安来就他对中国人民欠下的债进行审判和惩处。但斯大林持不同的看法，他打来的电报称，蒋介石是中国建立抗日统一战线中唯一可能的领导人，因而毛应争取使蒋得到释放。③

毛派周恩来去西安，以使事件朝着有利于共产党的方向发展。12月19日为安慰斯大林，毛致电蒋介石，敦促他召开各

① 奥托·布劳恩《中国纪事》第249页。

② 指张学良。——译注

③ 西安事变第二天（12月13日），中共机关报《红色中华》曾提出过把蒋交付人民公审的办法，后根据国内外形势，改为"保蒋安全"的策略。中共中央于12月17日独立自主地确定了和平解决西安事变的方针，而共产国际（斯大林）的电报是12月20日才收到的。——译注

党派会议，讨论联合抗日的政策问题。周恩来后来说："我们一个礼拜都没有睡好觉……这是我们一生中最难作的一个决策。"

最后，这个军阀在蒋总司令许诺与共产党停火、更坚决地抗日、更民主地管理中国之后于圣诞节释放了他。毛在如何处置蒋的问题上无法压制政治局内的分歧，但国民党领导人至少在现在公开表示为了共同的目的要与共产党合作。

1937年4月2日，毛泽东等人在延安机场迎接同国民党谈判归来的周恩来。

与此同时，红军扩大了地盘。它占领了延安，因而中华苏维埃共和国的首都移到这个较大、较方便的城市。延安是座古城，面临一条河流，周围都是黄土山，窑洞都是凿山修建的。延安是座集镇，有很多历史古迹，包括一座建于宋代的宝塔。

① 奥托·布劳恩《中国纪事》第297页。

在延安，毛搬进一处有三个房间的住所，还有一个"胜利花园"，园里种着蔬菜和烟叶。后来在日本飞机开始轰炸延安的时候，他又搬到杨家岭山上一个完全防空的大窑洞里居住，但他仍在原先住的地方开会。奥托·布劳恩回忆说："住在窑洞里非常舒适，冬暖夏凉，并且在很大程度上可以防御日本飞机的轰炸，只是跳蚤和老鼠使我们很伤脑筋，以后我们慢慢地习惯了。"①

20世纪30年代，毛泽东在延安。

但毛的个人生活并不美妙，他的妻子贺子珍一直没能完全从她在长征路上可怕的经历中恢复过来，长征途中她正要生毛的第四个孩子时突然遭受空袭，受伤很重。她到陕西时，身体和精神都处于崩溃的状态：六千英里路，她多半是在担架上度过的。在毛的新大本营，她也从来没有完全安定下来。她曾经被说成是执拗的妇女，从来就不理解毛的政治世界。他们的第五个女儿是在陕西怀上、于1936年夏埃德加·斯诺访问期间出生的。毛非常喜欢这个女孩，她长大后叫李敏，在"文革"期间很出色。

1937年春，毛泽东和贺子珍在延安。

正因为毛的家庭生活不大理想，才使他在陕西这个不同寻常的道德氛围下进行积极的社交活动。这里毕竟是一个力图使他们的生活建立在一定的理性基础之上的共产党人的社会。这时，大量学生、青年知识分子和文艺界人士带着各种各样的理想从上海和中国各地涌入延安，对于那些经历过物质和精神生活极为贫乏的长征的士兵来说，这是令人愉快的事。

有伙儿学生因建立一个自由恋爱俱乐部而被抓了起来。但奥托·布劳恩指出："体现红军面貌的严格的纪律和严谨的生活方式，在延安随着时间的推移也慢慢松弛了。"他和另一个外国人乔治·哈特博士（黎巴嫩籍美国人）①曾在周末招待过各种类型的文艺界人士，"我们海阔天空，无所不谈，主要谈艺术和政治，也打乒乓球，有时甚至还跳舞，在这以前跳舞一直是被当作外国的恶习被禁止的。"②

时间一年年过去，社会气候也更为宽松了，周末梨园舞会成为人人期待的活动。音乐是搜寻来的一些唱片，或是乐队伴奏，什么乐器都有，从中国古老的二胡，广东的板胡到脚踏风琴（传教士留下的）、口琴和西洋小提琴。传统的中国乐曲与西方的狐步舞曲和华尔兹一同演奏，但最引人注目的是妇女自己

① 即马海德博士。——译注

② 奥托·布劳恩《中国纪事》第339页。

挑选自己的舞伴，这是违背中国传统，显示妇女解放的举动。毛自己也不是没有受到这些新风尚的影响，女同志也有权走到毛的跟前，邀请他共舞一曲。

外国客人非常喜欢周末晚会，一个外国人描写道："你可以看见头发浓密的毛泽东穿着衬衫和延安大学漂亮的女学生跳着快速的一步舞。"①毛也能和中国的女共产党人消磨时间，他特别欣赏生活豪放不羁的女作家丁玲——毛的湖南同乡，也是杨开慧的老校友。

毛还第一次有机会与西方妇女亲密交谈。两个美国记者，一个是为《法兰克福时报》和《曼彻斯特卫报》写稿的艳丽的艾格尼丝·史沫特莱；另一个是埃德加·斯诺的妻子海伦·福斯特·斯诺，她的笔名叫尼姆·威尔斯。她们俩都是较早访问延安的人。她们俩不喜欢待在一起，并为了博得中国共产党领导人的信任而成为对手，但她们都经常见到毛，毛也喜欢有她们做伴。

后来又来了王安娜，她是一个金发碧眼的德国女郎，在欧洲嫁给了一个年轻的中国共产党人②。她到延安几天后，有一次正与艾格尼丝·史沫特莱在她的院子里喝咖啡，突然，毛闲逛过来，加入她们的谈话。当他得知王安娜有一个儿子时，马上问道：

"你儿子的头发是金色还是黑色？眼睛像妈妈一样吗？是蓝色的，还是黑色的呢？"

王安娜略感意外，解释说她的男孩是黑头发、黑眼睛。然后，毛问得更细："皮肤是白色的，还是接近中

①大卫·巴罗特《美国南部各州使团》，伯克利1970年版第51页。

②指王炳南。——译注

1937年，毛泽东、朱德和访问延安的美国进步作家、记者史沫特莱在一起。

国人的颜色?"

"接近中国人的颜色。"

"这真有趣!"毛泽东道,诡秘地一笑,"你的同胞李德的太太是中国人,他们的孩子也是黑头发、黑眼睛,肤色也和中国人一样。一般说来你们德国人总是以德国的强大而自豪;可是,似乎怎么也敌不过我们中国人!我们的人种好像比你们强呢!"①

1937年春,史沫特莱到延安的第一天,她半夜去拜访毛,后来她描写道:

> 我……掀开一个窑洞的门帘,进入一个黑洞。洞中阴沉黑暗,中央一张粗笨的木桌上面点着一支巨烛,巨烛光在一堆一堆的书报和低矮的窑洞顶上晃动着。一个人影,一只手按桌而立,脸朝门口,面目不清,我见到一堆黑衣服上面盖着一件宽大有补丁的大衣。那人个子很高,令人生畏的人物向我们移动了脚步,并且大声说:"欢迎!欢迎!"接着两只手紧紧握住我的手,手很长,也很敏感,就像女人的手一样。我们互不说话,互相打量着。他的脸又黑又长,莫测高深,前额宽阔而高,嘴唇女性化。他是一个审美大师,且不说其他方面的造诣。实际上,他身上的女性气和洞中阴暗的景象令我不安,心里本能地产生了一种敌意……

后来,史沫特莱发现:

> 最初令我强烈地感受到的那种气质,后来证明是一种心灵的孤独。朱德受爱戴,毛泽东受尊重。最

① 王安娜《中国——我的第二故乡》,三联书店1980年版第150页。

了解他的人很少喜欢他。他的灵魂高傲，并且使他孤独……他没有朱德的谦逊风度，即使他风流潇洒，但他总流露出个性刚强、睥睨一切、当机立断的性格。我有这么个印象：他可以等待、观望许多年，但最终他要为所欲为。①

1937年春，毛泽东、朱德、美联社记者利夫、翻译吴莉莉在一起。

第一次见面后，毛经常去史沫特莱的窑洞，史沫特莱和吴莉莉合住一个窑洞——吴莉莉被史沫特莱选作自己的翻译，被说成是延安唯一一个有固定的窑洞住的女孩。

① 《史沫特莱文集》第1卷，新华出版社1985年版第157~159页。此处引文与中译本文字略有不同。

② 同上，第159页。此处引文与中译本文字略有出入。

史沫特莱回忆说："我们三人一起吃便饭，纵谈几个小时。因为他从来没有出过国，所以他提出了成堆成堆的问题。我们谈到印度，谈到文艺。有一次他还问我是否爱过什么人，为什么爱，爱对我意味着什么。有时他朗诵中国古代诗人的名句，有时他低吟他自己写的律诗。"②

在许多方面，毛的个人品格并不足以使他成为一个群众组织的领袖。埃德加·斯诺在他的访问中对这点很有感触：

"在个人意志服从群众意志达到迷信的地方，毛显然是个个人主义者。抽烟在共产党人中被视为缺乏个人纪律的标志，受到劝阻，但毛从不间断抽烟。保安人大多数天一亮就起床了，而毛习惯晚上工作，白天睡觉，中午以前很少能爬起来……

"毛的大多数追随者都留着普鲁士式的短发，而毛却讨厌理发，头发留得很长……与周恩来等其他人的清洁、机智和军人般的忍耐力不同，毛走路时随意散漫，肩弯背驼，像个老农。我给他和林彪照检阅军校学员的相片时，我看见毛的敬礼最是无力。周恩来是直接对着你的眼睛看你，无论你说什么，他总是显出渴望你相信他的样子。毛是侧着头看人，等着他的话产生效果、他的逻辑被理解，一副怀疑的神态。表面上看起来心不在焉，实际上这是毛为了掩饰他那始终警觉而富于联想的头脑而戴的面具。"①

但斯诺也正确地看到了毛作为党的领袖的积极成分：

"毛的记忆力好得惊人。他能回忆得起来多年以前与人谈话的日期，客人的姓名，谈话的确切内容和事件的细节。他的领导方式很有艺术，不是采取明显的方式，而是采取间接、微妙的方式。他经常同各种委员会的成员磋商问题，一谈就是几个小时，试探他们的意见，然后把人家的看法和自己的看法统一起来。他先跟他们一一进行个别谈话，等到他确信意见一致时，方说出自己的看法作为结论。他自信命中注定要当领导。但是，他待人接物很随便，不装腔作势。他对于忠于他的人开诚相见，因而取得他们的信任。对与自己持有不同意见的人，他也宽宏大量，反对他的人会渐渐失掉影响。但他们不会像斯大林的个人对手那样遭到大规模清洗和肉体消灭的命运。"②

毛开始更经常地处理对外事务，并反映出他在党内新的卓越才能。1937年5月15日，他在写给西班牙人民的信中说："如果不是因为我们眼前有着日本敌人，我们一定要参加到你们的队伍中去的。"③几个星期后，

① 埃德加·斯诺《复始之旅》，作者注中未说明页码。

② 《斯诺文集》第1卷第200页。此处引文与中译本文字略有出入。

③ 《新中华报》，1937年5月19日第一版。

1937年6月，毛泽东和访问延安的美国友人拉提摩尔等。

他又致信美国共产党领导人埃尔·白劳德，称他是中国人民的好朋友。

又有一批外国客人来访问他，想了解他对当时国际问题的看法。除了斯诺和史沫特莱外，他在陕西的初期阶段，还会见了欧文·拉提摩尔、T.A.比生、詹姆士·贝特兰，以及瓦列特·克特茜－玛尔克丝。克特茜－玛尔克丝小姐对中国政治并不太了解，所以最初和毛谈话时出现了一些紧张气氛。

"你听说过我什么吗？"毛问。

"当然只听说过正面和反面的宣传。"这个英国女探险家回答说。

"哪些正面的宣传？"

"说你人特好，你正在改善大批中国人的生活，你不会犯错误。"

"那你听过哪些反对我的宣传？"毛又问。

"说你血洗了许多市镇，把8岁以下、40岁以上的人都杀了。还说你是土匪，是流氓。"

克特茜－玛尔克丝记得，说到此时屋里所有的人都不作声。当她的话翻译出来时，椅子背后、手里拿着一把明晃晃的大刀的士兵身子轻轻地抖了一下。她说话时，毛一动不动，眼睛盯着她。

突然他笑了："不，午饭我不吃小孩肉。"寒冰也随之消融。①

---

① 瓦列特·克特茜－玛尔克丝《中国之旅》，伦敦1940年版第163~164页。

12 蓝苹
（1937~1938）

毛泽东传
A BIOGRAPHY OF MAO TSE-TUNG

1937年12月,中央政治局会议后的合影。

除了女人和政治，毛在保安和延安这种安定的环境下，得以放纵自己的第三种激情，即读书与思考，他花费大量时间为自己的思想和马克思主义寻找哲学基础。不难理解，由于要同其他受过更好的马克思主义理论训练的领导人竞争，因而他在陕西的头两年间——从容不迫地，也是第一次有这样的闲暇——阅读和消化了大量翻译过来的俄文哲学著作。由于他过去一直处于四处奔波的游击环境下，这样的时间对他是很少有的。

斯诺回忆了1936年夏天的一个晚上他采访毛时的情景：当时一个客人给他带了几本哲学方面的新书，"于是毛泽东就要求我改期再谈。他花了三四夜的工夫专心读了这几本书，在这期间，他似乎是什么都不管了。"[①]

毛在陕西的最初行动是新创办了一个研究院，对干部进行军事和文化培训。他自己亲自到这个研究院讲课，既讲军事战略，也讲哲学，并根据这些讲演撰写了一些重要著作，其中第一篇是完全论述军事战略的文章《中国革命战争的战略问题》。在这篇文章中，他具体总结了在江西和长征中获得的宝贵经验，这些经验现在又被用来抵抗日本的蚕食。

毛认为游击战只是一种暂时的战术。"游击性在将来一定

① 《西行漫记》第67页。

是可羞的和必须抛弃的东西，但在今天却是宝贵的和必须坚持的东西。"①

毛并不放过抨击他的接受过苏联训练的对手的机会。他说："我们固然应该特别尊重苏联的战争经验，因为它是最近代的革命战争的经验……但是我们还应该尊重中国革命战争的经验，因为中国革命和中国红军又有许多特殊的情况。"②

这册军事指南最后以典型的、夸张的一段话结束，"我们的基本方针是依赖帝国主义和国内敌人的军事工业。伦敦和汉阳的兵工厂，我们是有权利的，并且经过敌人的运输队送来。这是真理，并不是笑话。"③

毛的哲学著作是通过这些年在陕西的读书和推理，又经过在红军学院的演讲而形成的，所以他的哲学著作势必会引起争议。他毕竟还没有，也不可能完全读遍并消化马列主义的全部信条——也许仅仅是因为所有的马列著作并没有都被译成中文。就拿他的《论辩证唯物主义》来说，一个西方学者发现，这篇文章基本上是抄袭苏联哲学著作的中译本。据统计，在马克思主义理论这一专门领域，毛只阅读了三分之一的恩格斯和马克思的著作，列宁的著作也只读了五分之四。毛后来否认他是《论辩证唯物主义》一文的作者，但不是所有西方学者都相信他的话。

毛撰写出版的两部最著名的理论著作是《实践论》和《矛盾论》，这两本书都于1937年出版。但西方评论家认为，从这两篇著作的文字上看，都很"平常"和"沉闷"。毛作为一个抽象的思想家天赋并不高，后来这些著作都由陈伯达整理出版，陈是中共知识分子，1937年下半年从国民党监狱中释放出来，后来到延安成为毛泽东的私人秘书。

在《实践论》一文中，毛具体阐述了他反对所谓教条主义

① 《毛泽东选集》第1卷第230页。

② 同上，第172页。

③ 同上，第237页。

第 二 部 | 奋 斗

者（二十八个布尔什维克）的观点，这些教条主义者力图劝说中国同志照搬苏联的教条，而不考虑中国革命的不同特点和方式。毛详细阐述了这一思想，即要了解某一事物，你就必须实际地接触它，确实地变革它。"你要知道梨子的滋味，你就得变革梨子，亲口吃一吃。"①他引用中国的俗话说"不入虎穴，焉得虎子"这一改造世界的实践过程：

> 在世界、在中国均已到达了一个历史的时节——自有历史以来未曾有过的重大时节，这就是整个儿地推翻世界和中国的黑暗面，把它们转变过来成为前所未有的光明世界……所谓被改造的客观世界，其中包括了一切反对改造的人们，他们的被改造，须要通过强迫的阶段，然后才能进入自觉的阶段。世界到了全人类都自觉地改造自己和改造世界的时候，那就是世界的共产主义时代。②

这是毛的唯意志论的超级乐观主义发展的顶点。

《矛盾论》阐述了研究各种力量和事件之间的相互关系，分析由此而产生的矛盾的重要性。从特定意义上来说，毛试图对莫斯科发生的围绕德波林哲学学派而发生的争论提供一种答案。德波林学派否认在当时的苏联，在富农和农民之间存在着任何矛盾。

毛解释说："这是矛盾的差别性问题，不是矛盾的有无问题。矛盾是普遍的绝对性，存在于事物的一切过程中，又贯穿于一切过程的始终。"存在于苏联的富农和农民之间的矛盾是非对抗性的矛盾，"不会激化成为对抗，不取阶级斗争的形态。"③

毛撰写这些文章时，日本军队正在进攻北京城外的卢沟

① 《毛泽东选集》第1卷第287页。
② 同上，第296页。
③ 此处引文与《毛泽东选集》第1卷《实践论》一文中的有关文字有出入。

1937年5月，毛泽东在延安和国民党中央考察团团长涂思宗等合影。

桥，从而使几年来日本的挑衅和中国徒劳无益的姑息终于发展成为正式对抗。1937年7月7日，中日战争爆发，朱德将军奔赴前线。艾格尼丝·史沫特莱问毛，她是应该待在延安以完成朱将军传记的撰写工作，还是到前线去，报道战争情况。毛建议她到前线去，"这次战争比过去历史更重要得多。"①

毛是对的。这场战争是阻止强大得多的国民党剿灭中国共产党的因素。后来，在60年代，当日本领导人就侵华战争向毛道歉时，毛回答说：

"不用道歉，没有你们的皇军侵略大半个中国，中国人民就不能团结起来对付你们。日本皇军使我们的军队发展壮大，达到一百万人，解放区的人口达到一亿。"

毛顿了一下，笑着说："你们说要不要感谢呀？"②

8月，日军对上海发动了大规模进攻，国民党立刻开始认真考虑与共产党建立统一战线问题，对毛的通电作出反应。9月，正式达成了共同抗击日本的协议，这使得在延安既可以穿国民党中央政府的军装，也可以穿红军军服。毛接见到延安的国民党访问者时戴国军军帽，而在参加共产党会议时则戴红军的五星军帽，以此来体现统一战线的性质。具有讽刺意味的是，红军也完全享受中央政府的军饷以维持八路军，毛现在每月从最高统帅那里领取相当于五美元的薪水。

8月底政治局在洛川召开会议，以决定新形势下的策略问题。在这次会议上，张国焘受到了最后的清算，他被谴责为

---

① 《史沫特莱文集》第1卷第157页。

② 埃德加·斯诺《漫长的革命》第199页；理查德·H.索罗门《毛的革命与中国的政治文化》第205页。

"右倾",他本人也(敷衍塞责地)承认了错误。第二年春天,他逃离延安,投向国民党。然而,当时的重大问题是共产党在服从中央政府的统一指挥的同时应保持自己多少独立性的问题。毛认为,共产党不应该接受国民党的任何命令,而要扩大自己的力量。

洛川会议对毛泽东的个人生活也具有非常重要的意义。因为在洛川会议期间,毛第一次见到了一个对他的未来产生极大影响的人。在会议的第四天,一群来自上海文艺界的年轻人在日本侵略之后前往延安参加共产党,他们路经洛川。这群人中有一个23岁的女电影演员,这就是后来的江青,当时她叫"蓝苹",即蓝色的苹果。

当时上海画报封面上的演员蓝苹。

她当时搭乘给红军总部送大米的军车到达洛川。她和其他来自上海的人一起见到了毛和政治局其他成员。那天,她与毛眉目传情,从而导致了他们的婚姻和60年代"文革"期间风云变幻的政治伴侣关系。当时毛正驱车赶回延安,江青正好站在毛后面的卡车上。

江青1914年生于山东省,其父是个贫穷的手推车制造工。她的哥哥、姐姐比她大许多,因而她童年时代生活很孤独,也饱尝了其父发怒时的拳头。她从未穿过新衣服,总是穿她哥哥穿剩的破衣烂衫。

她和其他几个来自手工业家庭的女孩一起进入了一所具有"示范"意味的女子小学读书。后来她随母亲迁到济南时,江青加入了这个城市的"实验艺术剧院",第一次得到了免费学习戏剧和音乐(包括钢琴)的机会。

她表演很出色,因而参加了一个流动戏剧团到北平演出。"我走时没有告诉我母亲,"她承认,"只在火车快开动时在车站上给她寄了一封信。"当时她16岁。

她对北平的主要印象是，北平的冬天很冷。她没有衬衣、衬裤，她从家里带出来的最好的被子也因用得太久而磨薄了。不久她就到青岛去了，一个曾在济南教过她的男子已成为青岛大学的教务长。他设法为她安排了工作，流言说江青成了他的情妇。

在青岛，她喜爱上了小说和诗歌，并读了第一本马列著作，列宁的《国家与革命》。她参加了各种左翼社团，并很快结识了当地共产党的创始人李大章。她声称在1933年就参加了共产党，无论如何这表明，她想参与这类工作。

她在青岛跟一个叫俞启威的共产党员结了婚，这一消息很快就传开了，俞是江青一个情人即青岛大学教务长的小舅子，那个大学教务长与国民党政府人士过从甚密。

中国每一个年轻的艺术家迟早都会被号称"东方巴黎"的上海所吸引，因为西方文明的风尚正是从这里传入的，江青当然也不例外。在上海，共产党作家周扬安排她在一个无产阶级剧团工作。后来，她又参加了"青年妇女基督教协会"的工作，为劳动妇女开办夜校课程。

这时，国民党开始怀疑她的政治背景，她遭到绑架，在监狱里关了八个月。具有讽刺意味的是，只是在一个外国人（美国人？）提出抗议并作保的情况下，她才被释放出狱。

1935年她在《玩偶之家》一剧中扮演娜拉的角色（"我全身心地投入进去"），此外还扮演了易卜生和果戈理剧中的其他重要角色。公司里的前辈都瞧不起她的表演，因而她拼命要提高自己的演技。

1936年她以"蓝平"的艺名进入电影界，她自己挑选的这两个字的意思是"蓝色的和平"。但使她恼火的是，她的老板给她改了第二个字，由"平"改为"苹"，"苹果"的"苹"，以使她的名字更具有刺激性。她在上海拍了好几部电影，最有名的是《王老五》，这部电影反映的是城市贫民窟中的社会压迫和爱国抗日运动。

在上海，流言传播得更加广泛，其中一则是说她曾与演员兼电影评论家唐纳结婚，但后来又无情地抛弃了他，使唐纳悲恸欲绝，几欲自杀。还说蓝苹在1937年又抛弃了另一个电影演员常明。当年下半年她离开上海去延安，陪她去的却又是前夫俞启威。有关这个5.5英尺高的漂亮女人的花边新闻随着她的到来，也传到了毛在大西北的地盘。

蓝苹，即江青，原名李云鹤，山东诸城人。1933年进入上海的影剧圈，以演《娜拉》主角成名。后去延安，成为毛泽东夫人，改名江青。

江青的传记作者罗克珊·威特克写道，蓝苹自己说，她一到延安，毛就亲自过来问候，并给了她一张票，说他要在马列学院演讲，请蓝苹参加，蓝苹去了，她坐在前排，而且不断地提问，十分引人注目。

为开始新的共产主义生涯，蓝苹改名"江青"，意思是"蔚蓝色的江河"，她否认这是毛为她取的名字。

李德说，当江青到达延安时，人们一般都把她当作非党人士，虽然后来宣称康生在30年代初曾介绍她入党。

江青在后来的言论中非常明了地表白了她当年待在延安的动机，她说："性吸引在最初几个回合是重要原因，但维持长久兴趣的是对权力的渴望。"

毛希望能用现代的、革命的和非传统的标准来评判他的行为，而他的大多数同事则用非常古老的个人品德的观念来看待这件事。

王安娜在70年代的一本书中引过毛的话说："我敬佩、尊

① 王安娜《战士毛泽东》，汉堡1973年版第112~113页。

②《毛泽东选集》第5卷第327页。

③指杨子烈。——编注

④罗克珊·威特克《江青同志》第162~163页。

⑤《西行漫记》第66页。

⑥《史沫特莱文集》第1卷第159页。

重贺子珍同志，但说真的，我们不应该再用封建的眼光来考虑问题。按照封建观念，离婚总被认为是对妇女名誉和地位的损害。我不希望再这样了。"①

后来他又明确表示了自己对婚姻的非正统态度："捆绑不成夫妻。他不爱你这个地方了，他想跑，就让他跑。"②

毛的辩白又由于贺子珍的孤僻执拗而加强。有一段时间，贺独自住在西安，坚决拒绝了周恩来、邓颖超要她回延安的请求，张国焘的夫人③曾经和贺共居一室，发现她脸色苍白，对返回毛的总部有一种病态而强烈的反感。

江青的传记作家威特克写道："贺子珍抱怨说，泽东对我不好，我们经常吵架，不是他摔板凳就是我砸椅子。我知道，我们完了。"④

至于毛，斯诺写道："我从来没有看见他生过气，不过我听到别人说，他有几次曾经大发脾气，使人害怕。在那种时候，据说他嬉笑怒骂的本领是极其杰出的和无法招架的。"⑤

按照史沫特莱的说法，他的幽默"总是讽刺挖苦和冷酷无情，像是从穷苦思索与世隔绝的无底洞里蹦跳出来的嬉笑怒骂。我对他又有这么一个印象：他的心灵深处有一道门，从来不对任何人开放。"⑥

1938年江青搬进了毛的窑洞，开始是做他的秘书，后成为他的妻子。江青的同乡康生，毛的老资格的党内同事，可能帮助促成了这桩婚姻。

似乎没有人知道结婚的日期，显然没有举行婚礼。毛也许仅仅告诉了中央委员会的同志，就算这桩婚姻完成了。江青本人1972年

毛泽东和江青在延安。

在对威特克讲述自己的生平时，故意不谈她与毛的婚姻是否办了手续，不告诉具体的日期。她自己在回忆与毛共同生活的头几年的情景时清楚地表明，毛特别冷漠，他不想反驳党内对江青个人历史的非议。当时，党内对江青的党员身份和早期活动议论纷纷，尤其是那些当年在上海曾与江青有过摩擦的人，现在在延安共产党根据地都是地位很高的官员。

后来据说毛的同事曾就毛离婚再娶江青提了一个条件，这就是江青不能参与公共活动或党的活动。江青自己后来否认了这一点，但有一点是明摆着的，江青至少有25年未在前台亮过相，直到"文化大革命"。

与此同时，战争也开始逼近红军的营盘，林彪在1937年9月取得了共产党对日军的第一个胜利，在平型关战役中打败了精锐的板垣师团。

但在此时，毛在共产党中的领袖地位又受到了新的威胁。1937年10月底，唯一一个能对毛的党内至尊地位产生严重挑战的人突然来到延安，王明，乘俄国飞机从莫斯科飞到延安——这是自红军占领延安以来着陆的第一架飞机——并且带来了斯大林对中国同志的指示。毛和其他同志在机场为他举行了一个适当的欢迎仪式，给了适合他身份的安排：补选他为政治局委员，任命他为中国共产党驻共产国际正式代表，最重要的是王明还进入共产国际执委会，成为执委之一。

王明既是二十八个布尔什维克团的老资格成员，又是在莫斯科长驻12年、深得斯大林信任的人，因而他对毛构成了强大的威胁。当毛看到俄国飞机在延安降落时，他心里一定产生了某种复杂的感情，因为飞机送来的既有受欢迎的高射炮、大功率无线电发报机和苏联的其他援助项目，也带来了他的老对手。他在当晚举行的欢迎宴会上以主人的身份发表了预料中的辞藻华丽的讲话，说王明的到来是天降大福——始料未及……

王明带来了斯大林的一系列新指示，这些指示总的来说有利于毛。俄国领导人更关心的是克里姆林宫控制下的势力范围的发展，而不是外部世界的存在。斯大林对中国同志的主要指令是撤销洛甫的总书记职务，因为他早期与托派有关系。这使直到最近以前还被认为是党的最重要职位的总书记一职出现空缺，王明可能认为自己是总书记的合适人选。然而，政治局最后决定让这一职位空下去。

至于其他领导人，斯大林要求停止反对张国焘的斗争（但他说得太晚了）。考虑到毛在过去三年取得的胜利，他作为党的高级领导人的地位得到承认，但同时接受过俄国培训的同志应该帮助毛克服他的理论错误和对马克思主义的含糊的理解。显然，斯大林希望他的意见能成为一个公式，把所有争吵的派别统一成一个团结、和谐的中国共产党。

因此，毛不得不为维持他的领导地位而付出代价：他不能不向王明报告对当前重大问题的看法，报告与国民党结成统一战线的工作。12月在延安召开的政治局会议上（正是在12月，日本进行了"南京大屠杀"），王明所作的政治报告被通过，报告明确要求共产党服从国民党，两党长期合作抵抗日本侵略。

但毛为自己的让步获得了极其重要的补偿。他被选为下届党代会筹备委员会的主席，王明任书记。后来的事实证明，当党代会最终于1945年召开的时候，这一安排对毛获得最后的胜利是个重要的武器。

王明回国不久就访问了国民党的总部武汉，寻求改善中共在全国地位的方式和方法。随同他去的有博古、周恩来、项英和其他领导人，毛留在延安。毛一定明白，如果蒋介石精明到敢冒险的话，以王明为首的中国共产党右翼很可能抱着改组的幻想与国民党合并。王明回来后说,红色政权应该进入蒋介石的联合政府,通过合法斗争在联合政府中逐步夺取权力。其基本假定是说中国社会已进入资本主义时期,因此无产阶级应该准备在不远的将来起来反对自己的敌人。毛由于出身于农民而对此有更深的认识。

王明的知识分子优越感在延安绝不是毫无根据的。从学习的角度讲,王的书籍以及他那些二十八个布尔什维克团的同伙的著作是延安唯一能得到的中文书,因而毛自己演讲的重要性也就显而易见——他把这视为打破王明的迷信,粉碎二十八个布尔什维克集团"思想封锁"的唯一途径。

江青把这些毛与王明的斗争称之为断断续续的、烦人的、冷嘲热讽的、唯心主义的、挖空心思的。斗争的每一方都以自己的方式取悦于斯大林——革命的家长,每个人都想使苏联"教皇"注意到他担当中国革命领袖所具备的权利和才能。

① 毛泽东《在扩大的中央工作会议上的讲话》,1962年1月30日。

毛的王牌是他的土生土长,他后来讲:"中国这个客观世界,整个地说来,是由中国认识的,不是在共产国际管中国问题的同志们认识的。共产国际的这些同志们就不了解或者说不很了解中国社会、中国民族、中国革命。"①

1938年5月,毛亲自登台演讲军事策略问题,题目是《抗日游击战争的战略问题》。

"动员了全国的老百姓,就造成了陷敌于灭顶之灾的汪洋大海……"毛还做了多次演讲,这些演讲后来汇集成一本很长的小册子《论持久战》。战争是政治的一种,毛引用了克劳塞维茨的话,进而指出:"因

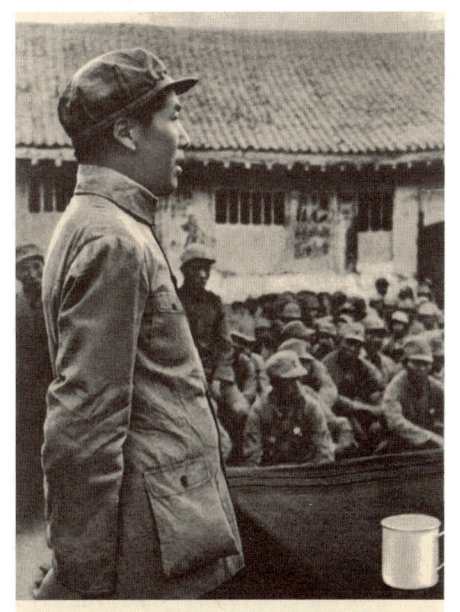

1938年,毛泽东在延安抗大讲演《论持久战》。(徐肖冰 摄)

此可以说，政治是不流血的战争，战争是流血的政治。"

因此，战争最强大的源泉在于人民群众自己。

> 日本敢于欺负我们，主要的原因在于中国民众的无组织状态。克服了这一缺点，就把日本侵略者置于我们数万万站起来了的人民之前，使它像一匹野牛冲入火阵，我们一声唤也要把它吓一大跳，这匹野牛就非烧死不可。①

最后，毛就第二次世界大战作出了大胆的预言：

> 我们可以预见这次战争的结果，将不是资本主义的获救，而是它的走向崩溃。这次战争，将比二十年前的战争更大，更残酷，一切民族将无可避免地卷入进去，战争时间将拖得很长，人类将遭受很大的痛苦……人类一经消灭了资本主义，便到达永久和平的时代，那时候便再也不要战争了。那时将不要军队，也不要兵船，不要军用飞机，也不要毒气。从此以后，人类将亿万斯年看不见战争。②

毛为了写这本小册子，连续工作了一个星期，常常连饭也顾不上吃。到第七天，他的卫兵在他身边生了一个火盆，以抵御寒气。毛一下把脚放到火盆上，鞋子都烧了好几个洞，由此可见毛专心到何等程度。

毛在延安讲课时，完全征服了他的听众，瓦列特·克特茜-玛尔克丝评论说，毛是她从未见过的演说家，他"从来也不打什么手势"。她描述了毛的一次讲话：

---

① 《毛泽东选集》第2卷第511~512页。

② 同上，第475页。

| 第 二 部 | 奋斗

他把手背在身后，讲了三个小时。他没有笔记，只是看着听众。外面一片漆黑，大厅内只在台前悬挂着一二盏灯笼，室内其他地方也是黑的。大家神色庄重、严肃，一齐看着毛的脸，一刻也不离开，静得连根针掉在地上都能听见。毛分析国内外的形势，谈论他们的目标、统一战线带来的喜悦和持久的和平。指出，统一战线只要能坚持下去，就一定能打败日本。毛不停地讲着、讲着，他讲得很平静，但很清楚，完全是平心静气的。无疑，所有这些人都崇拜他，他是他们的领袖，他们尊敬他。毫无疑问他们都听从他的指示，信奉他的教条。只要毛泽东活着，他就能完全控制中国共产党。①

1938年4月，毛泽东在延安鲁迅艺术学院讲演。

艾格尼丝·史沫特莱写道，毛的演讲"和他的谈话一样，都以中国社会的日常生活和丰富历史为根据，涌到延安的知识青年，习惯于从苏德等国的少数作家的作品中吸收精神养料，毛泽东对学生讲自己的祖国与人民、民族的历史和大众文艺。他引用《红楼梦》一类古典文学作品中的故事……"②

为同党的统一战线的官方路线保持一致，毛尽力缓和他的政治观点，例如1938年他在与克特茜—玛尔克丝谈话时，当玛尔克丝很尖锐地问到他对集体主义的看法时，他就很谨慎。

① 瓦列特·克特茜—玛尔克丝《中国之旅》第188页。

② 《史沫特莱文集》第1卷第158~159页。

"你是不是认为,"玛尔克丝问,"妇女喜欢在公用的大灶上做饭,而不喜欢在自家的灶上做饭?你是否认为中国农民喜欢平分农具和土地收成?"

毛很小心地回答说:"如果没有足够的农具,就必须平分。"

"是不是说,如果你有很多农具,其他每个人也都应拥有自己的农具?如果这样的话,那么这种理想就不是公社所有制,而是个人所有制,就和资本主义国家一样了。"

"人们自己会解决这个问题的。"毛回答道。

"会允许他们这样做吗?"

"会的。但他们必须接受更良好的教育,知道如何投票。如果机器用来取代手工纺车,人们就会痛恨机器。英国考察者认为这实际上是强迫的问题。"①

9月底,毛再次热情地向总司令蒋介石致信,信中说:

周恩来和其他同志回延安后,都一致称赞您的盛情款待,对此我深表感谢。全国人民都尊重您的领袖地位,是您领导全国这场史无前例的民族革命战争……在这一重要关头,国民党和共产党在共同的利益基础上联合起来了……无论敌人多么残暴,最终都免不了失败的命运;中国……一定能在东亚成为一个强大的国家。这是我的信念,我相信您也会同意我的观点。谨祝安康并致以革命的敬礼。②

①瓦列特·克特茜-玛尔克丝《中国之旅》第165~166页。

②沃伦·高《中国共产党历史分析》,台北1966年版第3卷第507~508页。此信未查到中文原件。

1938年9月至11月,中共扩大的六届六中全会在延安举行。这是六中全会主席团成员合影。前排左起,康生、毛泽东、王稼祥、朱德、项英、王明,后排左起陈云、秦邦宪(博古)、彭德怀、刘少奇、周恩来、张闻天(洛甫)。

第 二 部 | 奋 斗

慕尼黑协定的消息传到延安时，毛关于英国将背信弃义的预言得到了证实，他说张伯伦的政策是"搬起石头砸自己的脚"。

因而毛很快就挣脱了束缚，这一点儿也不奇怪。10月，当日本正在快速推进，夺取武汉、广州时，中共在延安召开了一个时间很长的中央全会。经过一段时期的克制后，毛现在站出来公开攻击王明。他首先抨击王明提出的党对统一战线的路线："在抗日战争中，在组织抗日统一战线中，国民党居于领导地位……国民党的地位是坚持抗战和统一战线的主要条件，据此人们可以预见国民党辉煌的未来……"

然后，毛谈到了共产党的地位问题。首先他讨论了作为国际主义者在进行反对另一个国家的爱国战争时的顾虑问题。他指出："爱国主义就是国际主义在民族解放战争中的实施。"①

①《毛泽东选集》第 2 卷第 521 页。

他又说，马克思主义必须与中国的实践相结合。

> 今天的中国是历史的中国的一个发展；我们是马克思主义的历史主义者，我们不应当割断历史。从孔夫子到孙中山，我们应当给以总结，承继这一份珍贵的遗产……共产党员是国际主义的马克思主义者，但是马克思主义必须和我国的具体特点相结合并通过一定的民族形式才能实现。马克思列宁主义的伟大力量，就在于它是和各个国家具体的革命实践相联系的……成为伟大中华民族的一部分而和这个民族血肉相联的共产党员，离开中国的特点来谈马克思主义，只是抽象的空洞的马克思主义。因此，使马克思主义在中国具体化，使之在其每一表现中带着必须有的中国特性，即是说，按照中国的特点去应用它，成为全党亟

待了解并亟须解决的问题。洋八股必须废止，空洞抽象的调头必须少唱，教条主义必须休息，而代之以新鲜活泼的、为中国老百姓所喜闻乐见的中国作风和中国气派。①

在后来的一篇演讲中，毛谈到了武装问题。"每个共产党员都应懂得这个真理：'枪杆子里面出政权。'我们的原则是党指挥枪，而决不容许枪指挥党。"②

许多事情都可以用枪杆子来创造。我们"还可以造干部，造学校，造文化，造民众运动。延安的一切就是枪杆子造出来的。枪杆子里面出一切东西……我们是不要战争的；但是只能经过战争去消灭战争，不要枪杆子必须拿起枪杆子。"③

毛认为红军应该对蒋介石统率的军队保持独立性，这一主张使毛在中央委员会中获得了多数人的拥护，尽管这一原则在当时没有公布，为的是不让国民党知道。王明虽然说服了他的同事为统一战线作出政治上的让步，但他作出军事让步的主张遭到拒绝。红军的将领们在高层领导中占有极其重要的地位，这一点毛知道得很清楚。就像10年前的遵义会议一样。这一次又是军队使天平倾向于毛。

共产国际完全支持中共在1938年底制定的统一战线政策，因而毛取得了圆满的胜利。与此同时，莫斯科的一份刊物第一次承认毛在中央政治局中实际的领袖地位，王明靠边站了。

① 《毛泽东选集》第2卷第534页。
② 同上，第547页。
③ 同上。

1938年，毛泽东在延安研究军事理论。

13 恶 战
(1938~1941)

毛泽东传
A BIOGRAPHY OF MAO TSE-TUNG

1939年，毛泽东在延安杨家岭和农民谈话。

毛在1939年5月写的一篇文章中，把中国正在进行的这场资产阶级民主革命规定为，"建立一个在中国历史上所没有过的社会制度，即民主主义的社会制度，这个社会的前身是封建主义的社会（近年来成为半殖民地半封建社会），它的后身是社会主义的社会。若问一个共产主义者为什么要首先为了实现资产阶级民主主义的社会制度而斗争，然后再去实现社会主义的社会制度，那答复是：走历史必由之路。"①

① 《毛泽东选集》第2卷第559页。

显然对许多党员来说，要区分短期和长期目标是很困难的事，毛在另一篇讲话中谈到了这个问题：

我们现在干的是资产阶级性的民主主义革命，我们所做的一切，不超过资产阶级民主革命的范围。现在还不应该破坏一般资产阶级的私有财产制，要破坏的是帝国主义和封建主义，这就叫做资产阶级性的民主主义的革命……这个革命要达到的目的是什么呢？目的就是打倒帝国主义和封建主义，建立一个人民民主的共和国……在社会主义的

1939年，毛泽东在抗大成立三周年纪念大会上讲话。

社会制度中是不要资本家的;在这个人民民主主义的制度中,还应当容许资本家存在。中国是否永远要资本家呢?不是的,将来一定不要……中国将来一定要发展到社会主义去,这样一个定律谁都不能推翻。但是我们在目前的阶段上不是实行社会主义……①

① 《毛泽东选集》第2卷第562~563页。

② 毛泽东《在延安五四运动20周年纪念大会的演讲》,载于《中国青年》(延安)第2卷,1939年5月。

中国的青年要发挥重要的作用,然而毛在一篇讲话中又指出,要发挥这一令人振奋的作用是有条件的,这段话从后来的《选集》中删掉了:

> 青年要成功,还得跟成年人做朋友,要跟二十五岁以上的大多数人结合起来。老头子要不要呢?也一定要,老人有经验……因此,一定要青年人同老头子结合起来,就是一百岁的人也好,一道同他们团结打日本……老头子做起宣传工作来好得很,老百姓欢喜听他们的话……同志们,青年运动中组织娃娃也是一个重要的任务……日本帝国主义,正在那里训练我们的娃娃,叫他们当小汉奸,我们还可以不去联合娃娃们吗?……娃娃组织起来有很大的好处,可以捉汉奸,可以查烟鬼,可以抄麻将,更可以放哨查路条。②

罗曼·卡门拍摄的正在骑马的江青。

5月25日,俄国摄影师罗曼·卡门来见毛,他和他的同伴都被"一个骑马飞奔的女骑手惊呆了,她在我们的面前勒住马,很优雅、很洒脱地欢迎我们。"这位女骑手就是江青,她因是主席的夫人而拥有一匹马。俄国人给她拍了几张骑马的彩色照片,尽力把她拍得更像斯拉夫人而不像中国人。

卡门的回忆录进而描述了江青作为毛的私人秘书的工作，"她给他准备日记本，记录他的谈话，抄写文章，料理日常琐事……她很自信地骑在一匹矮小而性烈的马上，时而策马腾飞，时而勒马吃草。脑后的辫子用绸子扎着，穿一件缴获的日本军大衣，光脚蹬一双木屐。"①

江青刚刚结束了几个月的增产节约活动，当时毛发动了开垦离延安30英里远的南泥湾荒地的运动。参加这一垦荒运动的同志都得自耕自织，生产自己所需要的一切粮食和布匹。在这种挑战中，江青的双手第一次打起了血泡，她以前从未干过体力活。但由于有结核病，她被免去了织布的任务。

1939年8月23日，莫洛托夫和里宾特洛甫签订协定，毛表示欢迎，称协定是苏联力量壮大的证明，任何支持日本的人都会反对。德国以前帮助过日本，但"如果今德意放弃其助敌政策，那我们就不妨与之接近，用以减少敌人的力量。"②毛还非正式地对一个客人讲过："斯大林把希特勒装进了口袋……但只装进了一半。"③

两周以后，在对延安的共产党官员的谈话中，毛把这场战争称之为"一群疯狗打架"，所有卷入的帝国主义国家，不管它是站在德、日一边，还是站在英、法一边，都是对反革命掠夺感兴趣的帝国主义国家。应该"把他们看做一样的强盗，特别反对英国帝国主义者，这个强盗魁首。"④

毛对英国表示了最大的蔑视。9月14日他就战争问题对他的同志们演讲，他说："现在世界上最反动的国家已经转到英国方面。"他谴责参加欧洲战争的各方——英、法、德——称欧洲战争是"非正义的、掠夺的帝国主义的战争"。⑤

这时，埃德加·斯诺第二次访问红色根据地，在他到达延

① 罗曼·卡门《ГОД в Китае》（在中国的一年），莫斯科1941年版。引文出自第108页。

②《毛泽东先生关于目前国际形势与中国抗战的谈话》，载于《解放》，1939年第83、84期合刊。

③《时代》周刊，1976年9月20日。

④ 毛泽东《第二次帝国主义战争讲演提纲》，载于《解放》，1939年9月14日第85期。

⑤ 同上。

安前，有人告诉他，延安有了腐败迹象，说毛现在拥有一辆私人汽车。在确切知道斯诺要来后，毛派他的"高级轿车"来接斯诺。当车子开来之后，斯诺发现这实际上是一辆救护车，车门上清楚地印着一行字："献给中国英勇的保卫者——纽约中国洗衣匠协会谨赠。"斯诺写道：

> 我看到毛泽东仍住在一个窑洞中，但却改装得现代化了，一共包括了书室、卧室和会客室三个房间。墙壁粉刷着白石灰，地上铺着砖块，还有一些毛太太所添置的女性的装饰。如此而已……几年来的战争不曾使他有什么改变。因为不再挨饿，他的体重增加了，他的头发已经剪短……他依然是世界形势的研习者和政治的分析家。在他开始夜工作之前，他先要阅读一大堆从附近军队无线电台收集的当天电报——从山西前线，从中国各地，乃至从海外各国。[1]

① 《斯诺文集》第3卷第235页。

10月19日毛在纪念鲁迅逝世一周年的大会上发表讲话，他说：

"鲁迅在中国的价值，据我看要算中国的第一等圣人。孔夫子是中国封建社会的圣人，鲁迅则是新中国的圣人……

"鲁迅是一个彻底的现实主义者，他丝毫不妥协，他具备了坚定决心。他在一篇文章中主张打落水狗，他说，如果不打落水狗，它一旦跳起来，不仅要咬你，而且最低限度溅你

1939年10月，毛泽东会见重返延安的美国记者斯诺。

第二部 | 奋斗

一身污泥。所以他主张打倒它。他一点也没有假慈悲的伪君子的色彩。"①

1939年出版了毛和其他人合写的,由毛本人主笔的教科书《中国革命与中国共产党》。在这篇长文中,毛就资本主义发表了一番有争论的评论:"中国封建社会内的商品经济的发展,已经孕育着资本主义的萌芽,如果没有外国资本主义的影响,中国也将缓慢地发展到资本主义社会。外国资本主义的侵入,促进了这种发展。"②

毛补充说,帝国主义列强"对于麻醉中国人民的精神的一个方面,也不放松,这就是它们的文化侵略政策。传教,办医院,办学校,办报纸和吸引留学生等,就是这个侵略政策的实施。其目的,在于造就服从它们的知识干部和愚弄广大的中国人民。"③

在斯大林的60岁生日时,毛不是从马克思主义经典中,而是从中国的经书中摘取祝寿词。"我们中国人民,是处在历史上灾难最深重的时候,是需要人们援助最迫切的时候,《诗经》上说的:'嘤其鸣矣,求其友声。'我们正是处在这种时候。"毛的公开祝词是这样结束的:"斯大林是中国人民解放事业的忠实朋友。中国人民对于斯大林的敬爱,对于苏联的友谊,是完全出于诚意的,任何人的挑拨离间,造谣污蔑,到底都没有用处。"④

毛尚未见过斯大林,由于日本和德国东西两面夹击绵长的苏联,因而毛不再害怕他了。斯大林这个名字,主要是毛用来反对他的中国对手的咒语。

第二天在延安对他的同志们的演讲中,毛坦率地谈到了共产党人的家长:"斯大林同志就是世界革命的领导者……有了他,事情就好办了……如果没有一个斯大林,那哪一个来发号施令

---

① 毛泽东《在陕北公学纪念鲁迅逝世一周年大会上的演说》,载于重庆《七月》杂志,1937年10月19日。

② 《毛泽东选集》第2卷第626页。

③ 同上,第629~630页。

④ 同上,第657~658页。

呢?……现在世界上有了一个苏联,有了一个无产阶级,有了一个共产党,又有了一个斯大林,这世界的事情就好办了。"

接着,毛又说了一段红卫兵在60年代大加张扬的话:"马克思主义的道理千头万绪,归根结底,就是一句话:'造反有理。'几千年来总是说压迫有理,剥削有理,造反无理。自从马克思主义出来,就把这个旧案翻过来了……"①

1940年初出现了毛打击知识分子地位的第一个迹象。他指出,如果知识分子还没有改变他们自己的文化价值观和思想态度,那么通过他们去改变经济关系就不足以实现中国的现代化,这一论点很难说是大家所接受的马克思主义的观点。独特的"文化革命"是毛对20世纪语言发展的最大贡献,这个词是在这里第一次提出的,它出现在1940年1月撰写的《新民主主义论》一文中,这本小册子被当作实现现阶段中国革命政治、文化目标的指导性文件。

他的开场白很一般,没有什么特别之处,这表明他知道自己的话会引起知识分子的反对,他说:

> 对于文化问题,我是门外汉,想研究一下,也方在开始。好在延安许多同志已有详尽的文章,我的粗枝大叶的东西,就当作一番开台锣鼓好了……
>
> 中国应该大量吸收外国的进步文化,作为自己文化食粮的原料,这种工作过去还做得很不够。这不但是当前的社会主义文化和新民主主义文化,还有外国的古代文化,例如各资本主义国家启蒙时代的文化,凡属我们今天用得着的东西,都应该吸收。但是一切外国的东西,如同我们对于食物一样,必须经过自己的口腔咀嚼和胃肠运动,送进唾液胃液肠液,把它分

①毛泽东《在延安各界庆祝斯大林六十寿辰大会上的讲话》(1939年12月21日),《新中华报》1939年12月30日。

| 第 二 部 | 奋 斗

解为精华和糟粕两部分，然后排泄其糟粕，吸收其精华，才能对我们的身体有益，决不能生吞活剥地毫无批判地吸收。所谓"全盘西化"的主张，乃是一种错误的观点。①

8月，红军进行了它最著名的对日作战"百团大战"。彭德怀将军不顾毛的劝告，他不仅没有分散他的部队，还把力量集中起来。这样过早地把军队暴露在敌人面前的做法，很容易遭到攻击——这是后来毛分子说的。红卫兵在60年代甚至说发动这次战役没有得到毛的允许，虽然这难以置信。

后来苏联人指责说，毛在日本侵略时只想保留他自己的军事实力，因而日本人得以腾出手来，迫使苏联人在满洲边界布置更多的军队，否则这些军队本可以与希特勒作战，尽管这种说法有所夸大，但似乎有些道理。1969年的一次苏联广播说："毛泽东只是袖手旁观苏联人在流血……这当然不是一个多年从苏联得到金钱和武器援助的人所应有的态度。"最后，苏联评论员补充说，毛不得不退却到一部分中苏接壤的边境地带，"马歇尔将军曾经很精辟地指出，如果中国共产党不是在苏联边境一带发现了一个避难区，毛泽东无疑要遇到他的滑铁卢。"②

一年后莫斯科电台把这种说法更推进了一步，"毛泽东待在延安多年，只是要完成他对中国共产党的垄断控制。尽管他赞扬党的抗日举动，实际上他只是保存实力，准备以后同国民党作战，因而他实际上帮助了日本侵略者占领中国，导致中国人民极大的牺牲。"③

如果毛对日态度暧昧需要辩护的话，那么1941年初发生的事件就是个典型的例子，当时红军在安徽省的一支重要部队几乎完全被消灭——不是被日本人消灭，而是被国民党军队消

① 《毛泽东选集》第2卷 第662、706~707页。

② 沃伦·高《中国共产党的历史分析》第4卷第18~23页。

③ 同上，第510~511页。

灭，从而导致了抗日统一战线的实际上的瓦解。在延安，共产党人等待着国民党何应钦将军再来一次这样的行动。国民党在延安联络官紧张地问毛，他将做何反应。

"你一直待在延安，你会不知道？"毛反问道，"他袭击我们，我们就袭击他。他住手，我们也住手。"

但毛在延安的处境更加艰难，因为国民党中止了对红色政府的津贴，同时加紧对红区的封锁。

二三年后毛回忆说："我们曾经弄到几乎没有衣穿，没有油吃，没有纸，没有菜，战士没有鞋袜，工作人员在冬天没有被盖。国民党用停发经费和经济封锁来对待我们，企图把我们困死，我们的困难真是大极了。"①

毛泽东和周恩来，在转战陕北、继续领导全国的解放战争及国民党统治区的革命运动时拍摄的。

① 《毛泽东选集》第3卷第892页。

1941年春毛更大胆地公开批评王明，在《农村调查》的序和跋中，他再次谈到必须谨慎地、科学地把马克思主义同中国国情结合起来，也就是说，中国同志要对中国的社会生活和社会问题进行自己的调查研究：

> 要做这件事，第一是眼睛向下，不要只是昂首望天。没有眼睛向下的兴趣和决心，是一辈子也不会真正懂得中国的事情的……必须明白：群众是真正的英雄，而我们自己则往往是幼稚可笑的，不了解这一点，就不能得到起码的知识。
>
> ……"没有调查就没有发言权"，这句话，虽然曾经被人讥为"狭隘经验论"的，我却至今不悔；不但

不悔，我仍然坚持没有调查是不可能有发言权的。①

最后，他以私人的、有点想消除疑虑的话来结束：

> 我现在还痛感有周密研究中国事情和国际事情的必要，这是和我自己对于中国事情和国际事情依然还只是一知半解这种事实相关联的，并非说我是什么都懂得了，只是人家不懂得。和全党同志共同一起向群众学习，继续当一个小学生，这就是我的志愿。②

在5月份所作的《改造我们的学习》的报告中，毛进一步阐述了要谦恭地学习、了解中国国情的主题：

> 灾难深重的中华民族，一百年来，其优秀人物奋斗牺牲，前仆后继，摸索救国救民的真理，是可歌可泣的。但是直到第一次世界大战和俄国十月革命之后，才找到马克思列宁主义这个最好的真理，作为解放我们民族的最好的武器……马克思列宁主义的普遍真理一经和中国革命的具体实践相结合，就使中国革命的面目为之一新。③

但中国的共产党人仍有许多缺点：

> 二十年来，一般地说，我们并没有对于上述各方面作过系统的周密的收集材料加以研究的工作……不论是近百年的和古代的中国史，在许多党员的心目中还是漆黑一团。许多马克思列宁主义的学者也是言

① 《毛泽东选集》第3卷第789~791页。

② 同上，第791~792页。

③ 同上，第796页。

《改造我们的学习》，是毛泽东在延安干部会上所作的报告。

必称希腊，对于自己的祖宗，则对不住，忘记了……几十年来，很多留学生都犯过这种毛病。他们从欧美日本回来，只知生吞活剥地谈外国。①

但现在战争发生了毛所没有料到的转折。1941年6月22日，希特勒的军队以雷霆万钧之势开进苏联，撕毁了臭名昭著的莫洛托夫-里宾特洛甫协定，使得毛不得不改变对西方列强的立场。现在帝国主义者丘吉尔正在支持共产主义苏联抗击法西斯主义的德国和日本，毛必须和他极不信任的英国合作。毛在中国实行的统一战线不得不在国际范围内进行，用毛在德国入侵苏联第二天的话来说就是世界上的"一切力量须集中于反对法西斯奴役"②，而不是实行社会主义革命。

在这年年初，共产国际代表曾直截了当地问毛，如果日本侵犯苏联，他打算怎么办，但毛避而不作直接回答。苏联人后来宣称：毛无视他们要求破坏铁路，阻止日军向苏联边境移动的要求，他"实际上停止与日本军队作战"，把他的将军们留在延安，而不是让他们去前线打日本。他们还说，毛低估苏联的军事实力，认为放弃莫斯科和列宁格勒更有利于进行抗德游击战。

苏联的参战意味着毛得承受莫斯科更大的压力，他自己在中国共产党内独立的领袖地位再一次受到威胁——那个完全得到克里姆林宫支持的名叫王明的竞争对手就坐在附近的窑洞里。毛的不安全感从1941年对王明讲的一段话里可以看出，根据王明的回忆录，毛对他说："我们党内有三个人受到党内干部的爱

1941年，毛泽东在陕甘宁边区第二届参议会上演讲。

①《毛泽东选集》第3卷第796~798页。

②同上，第806页。

第二部　奋斗

戴。第一个就是你，王明，第二个是（周）恩来，第三个是老彭（即彭德怀）。"[1]

有天晚上，毛收到莫斯科发来的一封电报，正式要求中国共产党帮助阻止日本在东方开辟进攻苏联的第二战场——有关这个请求，政治局讨论了好几天。王明说他们应有所行动，但毛说这不明智。[2]

王明冗长而火暴的回忆录于1975年在莫斯科出版。回忆录在电报问题上歇斯底里，使人怀疑电报问题的真实性。但值得注意的是，王明回忆说，从那天开始，他每天至少要在毛的家里吃一顿饭，逐渐"我的胃由于大量失血而变得极不正常，头晕得厉害，心脏虚弱。医生诊断说，症状很像中毒。"[3]与此同时，在毛的指使下，开始在离王明住处仅30步远的地方动工兴建新的会议厅，昼夜施工，使王明寝食不安。

毛命令王明住院，直到第二年8月才让他出院。王宣称在这十个月里，负责给他治病的医生金茂岳蓄意用大剂量的含汞药物来毒害他。王具体指出下毒是在1942年3月至5月这段时间，当时毛反对王明和其他"莫斯科帮"的运动达到了顶峰。王明说当时他能活下来全仗他妻子，他妻子观察了药效后把一些药扔掉了。

王明声称，毛指使进行的这种医疗护理在第二年他得到赴莫斯科治病的邀请后又开始了。王明断言，金医生在2月份给他开了大剂量的甘汞和碳酸氢钠及硫酸镁合制的内服药水（会产生腐蚀性作用），一周后又给他用高浓度的单鞣酸液灌肠。

毛对这个由苏联培训的亲斯大林的争夺领导权的对手的突然上升肯定感到不安，但看起来他不太可能会采取如此容易被发现也如此不成功的手段。此外，王明潜在的臆想症也不应该低估——他没有给人留下脾气稳定的印象。毛的优势在于他的

[1] 王明《中共五十年》第63~64页。

[2] 同上，第37~38页。

[3] 同上，第39页。

王明，原名陈绍禹。1930年从苏联回国后，在党内推行了一条以教条主义为特征的"左"倾机会主义路线。

土生土长，这个优势后来成为不愿听从欧洲人发号施令的象征。亚洲人想摆脱欧洲人的意愿，已经有几百年了。无论是出于偶然还是蓄意的，他在1941年主持东方各民族反法西斯代表大会时，相当精彩地显示了这一点。这次大会是在延安召开的，出席大会的除了有中国少数民族和海外华人社会的代表外，还有越南、泰国、印度尼西亚和蒙古的代表。毛的延安声明开始传播到邻国。

最后，为结束这场战争，美国人也由于日本在12月8日轰炸珍珠港而卷了进来。正像希特勒早些时候进军苏联迫使毛投入丘吉尔的阵营一样，毛现在又不得不把罗斯福当作抗日的盟友。当然，这也使局势更加明朗化了，即日本最终要被打败，对中国共产党人构成主要威胁的仍然不是日本，而是国民党。

14 "抽象的爱"
（1942~1945）

毛泽东传
A BIOGRAPHY OF MAO TSE-TUNG

1942年3月23日，毛泽东在延安高级技术干部集会上讲话。

1942年，毛感到发动党内整风运动的时机终于成熟了，此举的目的是要说服党的干部们接受他的，而不是王明或其他布尔什维克的观点和领导。苏联人培养的小集团因其老师（指托洛茨基）和支持者巴威尔·米夫在斯大林对右倾分子的清洗中被控有罪而声名狼藉。斯大林则一门心思地扑在与德国人的争斗上。

　　新的共产国际不再试图自莫斯科控制中国党。不久之后毛就它的解散作出决议，其中承认，"中国共产党在革命斗争中曾经获得共产国际许多帮助；但是，很久以来，中国共产党人即已能够完全独立的根据自己民族的具体情况和特殊条件，决定自己的政治方针、政策和运动。"

　　日本对华的不断进犯也给毛以帮助，使之有借口将1938年以来一直在筹备召开的党的"七大"推迟举行。①实际上，如果"七大"在1942年以前举行，毛说不定会在巩固其至尊地位上兵败落马。而且，许多红军机关回到延安休整和躲避日本人的扫荡攻势，也使毛有机会采用他自己的独特方式，强化他们的思想意识。

　　此刻，他已在自己周围聚集了一群被其对手们称为"小集

① 召开"七大"的最初决定是由1937年12月政治局会议所作。到1938年9月六届六中全会又决定1940年召开"七大"，但是，直到1944年5月六届七中全会，才选出主席团，通过议事日程，六届七中全会历时11个月，先后召开8次会议，于1945年4月20日结束。三天后，1945年4月23日，"七大"才正式召开。——译注

团"的人，其中包括谭震林、陈正人、邓子恢、邓小平和林彪（1942年初自苏联疗养归来）。毛还获得了刘少奇的支持。

然而，延安也出现了对毛的领导的公开批评——而且这些批评不仅仅来自布尔什维克。周扬——江青早在上海时的老对手，竟在这个将毛比作太阳的社会里撰文称"任何太阳也有黑点"。另一位作家在延安的机关报上对一些领导人的不诚实言行颇有微词。他们不实行男女平等，他们中的一些人"衣分三色，食分五等"①，而这种做法是一般老百姓无法接受的。这些小品文辑在一起，取名为《野百合花》。野百合是延安山野间最美丽的野花，却有着略带苦涩的鳞状球茎。

《野百合花》的作者（王实味）后来被逮捕，并遭处决。毛对此内疚了多年。关于处决一事，20年后他对其同志解释说，这件事发生在"部队转战途中，是保卫部门自作主张处决的；决定并非来自中央。我们如此对待批评，经常搞得非常麻烦；我想他不应被处决。即使他是密探，写文章攻击我们，而且拒不改造……留他条生路，或让他去劳动有何不可？"②③

正是为了回击这些批评者和怀疑者，毛在1942年2月，借一所新党校开学发动了他的整风运动。他在开学典礼上所作的讲话题为《整顿党的作风》④，毛再度号召将马克思主义与中国的实际条件结合起来。

他取笑那些脱离中国生活实际的知识分子。他说，许多所谓的知识分子实际上非常无知，还不及工人或农民懂得多。他在笑声中继续说："于是有人说：'哈！你弄颠倒了，乱说一顿。'但是，同志，你别着急，我讲得多少有点道理。"他接着说，一个人大学毕业后，但没有参加过任何实际活动，一不会耕田，二不会做工，三不会打仗，四不会办事。说实话，这样的人是否可以算得一个完全的知识分子呢？毛认为还不能算，

---

① 《解放日报》，1942年3月23日。

② 1991年2月，中华人民共和国公安部已发文为王实味同志的错案平反昭雪。——编注

③ 关于《野百合花》及其作者王实味的情况，见罗克珊·威特克《江青同志》第184、507页，以及斯图尔特·施拉姆《毛泽东的创举》第185页。

④ 该报告发表于1942年4月27日《解放日报》上，当时题为《整顿学风、党风、文风》。——译注

因为这样的人的知识还不完全。书本知识如果不应用到生活和实际中去，就是片面的东西。

　　像大师傅煮饭就不容易，要把柴米油盐酱醋等件合起来创造成吃的东西，这是并不容易的事情。弄得好吃更加不容易，西北菜社和我们家的大师傅比较起来，就有很大的区别。火大了要焦，盐多了发苦，（笑声）煮饭做菜真正是一门艺术。

　　书本上的知识呢？如果只是读死书，那么，只要你认得三五千字，学会了翻字典，手中又有一本什么书，公家又给了你小米吃，你就可以摇头摆脑地读起来。书是不会走路的，也可以随便把它打开或者关起，这是世界上最容易办的事情。这比大师傅煮饭容易得多，比他杀猪更容易。你要捉猪，猪会跑，（笑声）杀它，它会叫，（笑声）一本书摆在桌子上既不会跑，又不会叫，（笑声）随你怎么摆布都可以。世界上哪有这样容易办的事呀！

　　……所以我劝那些只有书本知识但还没有接触实际的人，或者实际经验尚少的人，应该明白自己的缺点，将自己的态度放谦虚一些……我这样说，难免有些人要发脾气。他们说："照你这样解释，那么，马克思也是一个半知识分子。"我说：是的，马克思一不会杀猪，二不会耕田。但是他参加了革命运动，他又研究了商品。①

对于中国来说，马克思主义是个工具，而不是宗教。

①引文见《解放日报》，1942年4月27日。该报告收入《毛泽东选集》时，对此段文字作了删改。

> 我们的同志必须明白，我们学习马列主义不是为着好看，也不是因为它有什么神秘，好像道士们到茅山去学了法就可降妖捉怪一般。它也没有什么好看，也没有什么神秘，它只是很有用。①

毛的意图并非是将犯了错误的人一棍子打死，或惩办他们，而是为了挽救他们。

> 我们揭发错误、批判缺点的目的，好像医生治病一样，完全是为了救人，而不是为了把人诊死……
> 任何犯错误的人，也不管他的错误犯了多大，只要他不讳疾忌医，不固执错误，以至于到达不可救药的地步，而是老老实实，真正愿意医治，愿意改正，我们就要欢迎他，以便把他的毛病治好，使他变为一个好同志。决不是痛快一时，乱打一顿，所能解决问题的。思想上的毛病与政治上的毛病，决不能采用鲁莽的态度，必须采用"治病救人的态度，才是正确有效的方法"。②

一周后，毛又以《反对党八股》为题作了第二篇整风运动重要讲话。③党八股的第一条罪状是党内有些人行文"空话连篇，言之无物。我们有些同志欢喜写长文章，但是没有东西，真是'懒婆娘的裹脚布，又长又臭'……"

他最后讲述了自己的写作方法。"孔夫子提倡'再思'，韩愈也说'行成于思'，那是古代的事情。现在的事情，问题很复杂，有些事情甚至想三四回还不够。鲁迅说'至少看两遍'，至多呢？他没有说，我看重要的文章不妨看它十多遍，认真加

①②引文见《解放日报》，1942年4月27日。该报告收入《毛泽东选集》时，对此段文字作了删改。

③本报告发表于1942年6月18日。以下引文均见是日《解放日报》，第1、2版。

1942年中共晋察冀中央局出版的《反对党八股》封面。

以删改，然后发表。"

该讲话中另两个有趣的见解是关于外语学习和反对吓人战术。毛主张，"吓人战术，对敌人是毫无用处，对同志只有损害……共产党不靠吓人吃饭，而靠真理吃饭，靠实事求是吃饭，靠科学吃饭。"

一些中国人对外国语近于憎恶与畏惧，但在这一讲话中，毛明确表示："外国人民的语言并不是洋八股，中国人抄来的时候，把它的样子硬搬过来，就变成要死不活的洋八股了。我们不是要硬搬外国语言，是要吸收外国语言中的好东西，于我们的工作适用的东西。因为中国语言不够用，现在我们的语言中就有很多是吸收外国的。"①

接着，毛向艺术家们、作家们和知识分子们讲道，要成功地完成他的整风运动这一使命的话，就需要他们这些人集结在他的旗帜之下。他还安排自己参观了鲁迅艺术学院，他的妻子在此任教。此刻住在延安的一位苏联人②如此描绘江青："她身体苗条，有一双黑而机灵的眼睛。站在她壮实的丈夫旁边，更显得弱不禁风。"③

这位观察家对这个既是毛的秘书，又是毛的妻子的女性评价道："不达目的誓不罢休，这是她的突出特点。她毅然克制自己，无情地驱策自己。她唯一关心的就是自己的事业。她急于要趁她年轻的时候达到自己的目的。"④毛在他妻子工作的地方观看排练，并与演艺人员和教师长谈，以弥补他对现代文学与艺术知识的匮乏。

5月的第二天，著名的延安文艺座谈会召开了。一位当年的与会代表回忆，那时"延河解冻了，浑黄的河水弯弯曲曲地在泥沙淤塞的浅浅的河床上奔流，杨柳转了青，刺梅花的强烈的香气飘满了山沟。五月正是延安的春天。"毛在蒙蒙细雨中乘

1942年毛泽东在延安。

① 本报告发表于1942年6月18日。以下引文均见是日《解放日报》，第1、2版。

② 这位苏联人即彼得·巴菲诺维奇·弗拉迪韦诺夫。1942年5月至1945年11月，他以共产国际驻延安联络员兼塔斯社记者身份在延安工作。事后著有《中国特区：1942~1945》，中译本名《延安日记》。以下引文见现代史料编刊社1980年版《延安日记》。——译注

③《延安日记》第11页。

④ 同上，第84页。

车前来，大步走进拥挤不堪的礼堂，连门外操场上都坐满了人。

毛的主旨在于艺术家应服务于社会，应该走出象牙之塔，去普及新的文化形式。以毛的秘书身份参加座谈会的江青觉得，他不仅仅是对少数艺术家，而是"对更广泛的，受到王明蛊惑的人在讲话，王明与主席的敌对在延安是尽人皆知的。"

"我们今天开会，"毛说，"就是要使文艺很好地成为整个革命机器的一个组成部分，作为团结人民、教育人民、打击敌人、消灭敌人的有力的武器，帮助人民同心同德地和敌人作斗争。"① 他的听众们将有可能成为人类灵魂的工程师，他们的工作将成为革命机器上的齿轮。

他解释说，中国人有些缺点——落后的和小资产阶级的思想意识是他们进行斗争的包袱。"我们应该长期耐心地教育他们，帮助他们摆脱背上的包袱……他们在斗争中已经改造或正在改造自己，我们的文艺应该描写他们的这个改造过程。只要不是坚持错误的人，我们就不应只看到片面就去错误地讥笑他们……"②

座谈会的最后一天，讨论在晚餐前结束，而此刻将落不落的太阳光线，正好尚够集体合影的要求。毛被安排在前排中央，正当要按动快门的时候，他站了起来，走向丁玲，将自己的位子让给她，边让边说："让我们的女干部坐在中间，我们可不要在'三八节'又受到责难。"引得众人大笑。

晚饭后，毛做总结发言，来听的人太多，所以大家移至礼堂外的空场上，毛就在油灯下讲话。他抨击一些作家和艺术家们

---

①《毛泽东选集》第3卷第848页。讲话原文发表于1942年5月《解放日报》，1953年收入《毛泽东选集》时有删改。——译注

②同上，第849页。

1942年5月，毛泽东和参加延安文艺座谈会与会代表合影。

所持的观点——"一切应该从'爱'出发"。他明确道:

> ……在阶级社会里,也只有阶级的爱,但是这些同志却要追求什么超阶级的爱,抽象的爱,以及抽象的自由、抽象的真理、抽象的人性等等。这是表明这些同志是受了资产阶级的很深的影响……
>
> 在阶级社会里就是只有带着阶级性的人性,而没有什么超阶级的人性。我们主张无产阶级的人性,人民大众的人性……有些小资产阶级知识分子所鼓吹的人性,也是脱离人民大众或者反对人民大众的,他们的所谓人性实质上不过是资产阶级的个人主义……
>
> 至于所谓"人类之爱",自从人类分化成为阶级以后,就没有过这种统一的爱。过去的一切统治阶级喜欢提倡这个东西,许多所谓圣人贤人也喜欢提倡这个东西,但是无论谁都没有真正实行过,因为它在阶级社会里是不可能实行的。真正的人类之爱是会有的,那是在全世界消灭了阶级之后……我们不能爱敌人,不能爱社会的丑恶现象,我们的目的是消灭这些东西。这是人们的常识,难道我们的文艺工作者还有不懂得的吗?①

艺术家和文学家应该接触了解普通老百姓。"中国的革命的文学家艺术家……必须长期地无条件地全心全意地到工农兵群众中去,到火热的斗争中去,到唯一的最广大最丰富的源泉中去,观察、体验、研究、分析一切人,一切阶级,一切群众,一切生动的生活形式和斗争形式,一切文学和艺术的原始材料,然后才有可能进入创作过程。否则……你就只能做……万不可做的那种空头文学家,或空头艺术家。"②

① 《毛泽东选集》第3卷,第852、870、871页。

② 同上,第860~861页。

毛用对知识分子如何成为一个更出色的共产党员的忠告，结束了在延安文艺座谈会上的讲话。"真正的好心，必须对于自己工作的缺点错误有完全诚意的自我批评，决心改正这些缺点错误。共产党人的自我批评方法，就是这样采取的。"①

有许多党员，在组织上入了党，思想上并没有完全入党，甚至完全没有入党。这种思想上没有入党的人，头脑里还装着许多剥削阶级的脏东西，根本不知道什么是无产阶级思想，什么是共产主义，什么是党。他们想：什么无产阶级思想，还不是那一套？他们哪里知道要得到这一套并不容易，有些人就是一辈子也没有共产党员的气味，只有离开党完事。②

毛在集体合影时让位于丁玲的殷勤之举，并没能消除延安座谈会暴露出的深刻的矛盾。作家们就毛对他们的要求争论不休，并分成了两大派别。一派支持毛关于艺术应服务于社会的路线。这些人以毛的老朋友周扬为首，该人与毛的妻子江青交恶颇深。另一派作家，以丁玲为首，他们将重点放在艺术的独立需求，强调艺术所具有的想象力、审美观与创造性等作用。③

1943年6月，中央发出的一项指令，第一次详尽论述了标志着毛式共产主义特色的现象，即后来广为人知的群众路线：

①《毛泽东选集》第3卷第874页。

②同上，第875页。

③《中国季刊》（伦敦）第13期第226、239~246页。

延安整风期间，出版的由毛泽东主持编辑的党的历史文献。

> 在我党的一切实际工作中，凡属正确的指导，必须是从群众中来，到群众中去。这就是说，将群众的意见（分散的无系统的意见）集中起来（经过研究，化为集中的系统的意见），又到群众中去作宣传解释，化为群众的意见，使群众坚持下去，见之于行动，并在群众行动中考验这些意见是否正确。然后再从群众中集中起来，再到群众中坚持下去。如此无限循环，一次比一次地更正确、更生动、更丰富。①

到1943年夏，毛巩固了他的领导地位。他最终当选为新设立的党的主席，正式在领导集团中占据了最高地位。党的总书记这一旧职仍然空缺，没人能与毛的杰出地位一争高低。如今，与国民党的统一战线已完全破裂，共产党人需要有一个全国性的领袖，作为蒋介石的竞争对手树立在公众面前。毛是显而易见的候选对象，由于他的地位上升到了这样一个新的高度，因而他也不再冒险攻击正全力投身在西方战线的斯大林了。

从此，对毛个人及其思想的崇拜开始建立。但并不是每个人都愿如此，甚至40年代中后期成为毛的狂热支持者的刘少奇也涉嫌在1942年对他的朋友说："什么是主席？我从未听过苏联人管列宁叫列宁主席！……中国的斯大林还没出现呢！"②

发表在共产党人报纸上的毛的第一幅肖像——木刻作品——要追溯到1937年。林彪在1938年以一份称赞毛的"领导天才"的报告，开始了他乏味而漫长的谄媚生涯。但是直到1942年至1944年的整风运动，毛的个人崇拜才系统地发展起来。毛儿时的伙伴萧三③1941年末在延安的机关报上撰文，称毛是"我们英明伟大的领袖，我们的导师和我们的救星"。这

---

① 《毛泽东选集》第3卷第899页。

② 《中国大陆出版物概览》（香港）第201页。

③ 原文为萧瑜，似误，应为萧三。——译注

就为党报的社论作者来日的写作定下了不健康的调子。毛的同事开始在各自的讲话中称毛为党的"开明领袖"和"旗手",与此同时,西奥多·怀特[1]发现他们对毛在延安的即席讲话也浮华夸大地加以评论,"就像啜饮知识之泉"。[2]

艾青以《毛泽东》为题,写下了奉承的颂歌:

> 毛泽东在哪儿出现,
> 哪儿就沸腾着鼓掌声——
> "人民的领袖"不是一句空虚的颂词,
> 他以对人民的爱博得人民的信仰;
> 他生根于古老而庞大的中国,
> 把历史的重载驮在自己的身上;
> 他的脸常覆盖着忧愁,
> 眼瞳里映着人民的苦难;
> 革命者——以行动实践着思想;
> 他不断地思考,不断地概括,
> 一手推开仇敌,一手包进更多的朋友;
> "集中"是他的天才的战略——
> 把最大的力量压向最大的敌人;
> 一个新的口号决定一个新的方向;
> "一切为了法西斯主义之死亡"。[3]

始见于1944年的下面这首歌,后来几乎成为一首国歌:

> 东方红,
> 太阳升,
> 中国出了个毛泽东。
> 他为人民谋幸福,

---

[1] 中国通,美国各主要杂志(如《生活》等)的远东问题评论家。其评论"常以熟谙重庆政治内幕著称"。——译注

[2] 陈志让《毛泽东和中国革命》第20~21页。

[3] 《艾青诗选》,人民文学出版社1979年版第232页。

他是人民大救星！

毛赢得了延安一批极为能干的年轻官员的忠诚，其中包括邓小平、彭真、陈伯达、陶铸、饶漱石等人，这些人都有可能在将来的中国政治中扮演关键的角色，有可能成为战后中国的第二代红色领袖。

刘少奇赞同对毛的吹捧。尽管在重庆的统战工作阻碍了周恩来积极为此而活动游说，但周已明确地拜倒在毛的无上权威之下。只有王明、洛甫一直保持着沉默。

1943年，毛泽东在延安。

西奥多·怀特1944年访问延安后写道："毛的个性支配了延安，他被置于崇拜的顶峰。"一位中国记者发现，1946年的延安，毛的肖像及其手迹无所不在，而对于工人、农民来说，他的话便是"绝对的和极其通俗易懂的"。

然而这一崇拜并没有在整个共产党区域内全面发展。毛的"选集"就压根儿没在延安出版过，其早期版本倒是在1944年至1948年间在热衷讨好的助手林彪负责的哈尔滨出版的，聂荣臻辖下的晋察冀边区也有出版。毛的"三论"，《论持久战》《论新阶段》《新民主主义论》的综合学习是在晋绥地区着手开始的，而不是在延安本地。

王明声称，毛在这段时间里在各种不同的场合中援引马克思、列宁、孙逸仙的例子，向他谈起创立"毛泽东主义的客观必要性"。①据王明说，毛承认，人民在他们刚刚被灌输的时候，是不会沉迷于一个新的主义的，同时他声言，"我们必须以穆罕默德为榜样，他一手执剑，一手拿《古兰经》，用暴力使人们改信新教。"②

①王明《中共五十年》第13~14页。

②同上，第62页。

在毛这一代领袖们当中，正是与他同上过一所学校，20多年前在安源矿工大罢工中首度合作的湖南老乡刘少奇，在提高毛的地位方面扮演了重要角色。1943年，刘发表一篇文章，验证毛在过去20年中的政策一直是沿袭苏联的布尔什维克路线——这与那些认为毛已成为党内孟什维克的观点恰成对照。这对于依照苏联人的观念使毛的地位合法化是一个重要的贡献。

刘在1937年党的代表会议上，曾以同样的说法（尽管没有赞颂毛）回敬过毛的反对者。但他的分析随即便被否决，代之以由洛甫提交的与之观点相对立的报告，并被通过。结果，刘丢掉了他在党的华北局的位置。是毛帮助他得到了新的职位，于是在1940年刘夸大其词地将毛说成："只有毛泽东思想能够鼓舞我们从胜利走向胜利……毛泽东是全中国人民伟大的革命领袖，我们应该向他学习。"

当然，刘并不赞同毛的独裁。1941年他警告说："在我们党内，不存在对个人的额外特权，任何不代表组织而实行的领导都是不能容忍的。毛泽东同志是全党的领袖，但是他也要服从党。"[①]红色领袖即使明白多数人的意见是错误的，也要在执行少数服从多数的纪律方面以身作则。当刘被安置在党的书记处取代洛甫而成为五人核心集团的一员时，他对毛是否取胜所可能产生的种种怀疑大概也就烟消云散了。这也算是干净利落地洗掉了他六年前蒙受的耻辱。

继1929年革命战争中失去妹妹泽建后，1943年，毛又失去了他最后一位同胞手足，二弟泽民。1936年泽民在陕西升任财政部部长负责整个共产党地区经济工作后，于1938年离去，就任其时正与共产党人合作的新疆军阀的财政顾问。不幸的是该军阀后来投靠他方，于是毛的弟弟锒铛入狱，在狱中被送以毒酒鸩杀。[②]

[①]《亚洲述评》，1972年4月号，第279~280页，及洛厄尔·迪特默《刘少奇与中国的文化革命》，柏克莱1974年版第22页。

[②]参见李锐《毛泽东的早期革命活动》及《问题与研究》（台北）1973年11月号第64页。

毛的家人没有一个能活到看见或分享他的胜利喜悦的那一天。泽民之子远新如今在延安加入了毛的家庭，由江青照料。

美国记者哈里森·福尔曼1944年访问了毛和他的妻子。他是如此描绘他们的：

> ……她穿着朴素，身着一套实用的类似睡衣式样的衣装，用皮带在苗条的腰间束住，他上着粗糙的家织布衣，下穿肥大的吊脚裤子。我被让进"会客室"——一孔青砖漫地、白粉刷墙、简单地置有坚固却颇为粗陋的家具的窑洞。现在已是晚上，唯一可供照明的是一只粘在倒扣的杯子上的蜡烛。为了提提精神，主人给我送上淡茶、香烟和本地产的糕饼及糖果。整个谈话过程中，孩子们跑进跑出。他们站在那盯着我看一会儿，随后抓起一块糖果又跑了出去。毛对他们毫不在意。

同年6月，毛曾与《曼彻斯特卫报》和《基督教科学箴言报》记者冈瑟·斯坦因晤谈长达12个小时，从下午3点一直谈到第二天凌晨3点，地点在毛的窑洞的接待室内。斯坦因写道：毛"坐在摇摇摆摆的椅子里，一支接一支地点烟，发出中国某些地方的农民特有的奇怪声音将烟吸进去。"他"在窑洞内踱来踱去，而后人高马大地站在我面前注视着我，目不转睛地盯着我的眼睛好一会儿，这才以沉静的语调，有条不紊地缓缓道来。"

毛泽东与江青及孩子李讷在延安枣园。

他们一起"在一棵老苹果树下"吃了顿简短的晚餐,随后在窑洞里燃上两支蜡烛,"……将毛的巨大身影投射在窑洞高高的拱顶之上。他注意到我在与面前摇晃的小桌子的较量,于是走出去,带回一块扁石头垫在一只桌腿下。不时地,我们来杯葡萄酒,我们谈着谈着,一包本地出产的纸烟被一支支抽光了。夜里,虽然我渴望提出更多的问题,可还是几次提出离去。但他不听这套。他说他想给我更多的采访素材,何不今晚能谈多久就谈多久呢?

"凌晨3点,我最终离开时,手酸眼涩,心里也十分过意不去,他却依然精力旺盛如初,和下午时一样谈吐条理分明。"①

斯坦因的笔记被译成中文交毛审阅,几天后当毛在街上遇见斯坦因向他解释说:"我已与朱德和周恩来同志商量了我所告诉你的一切。他们认可了。"

他笑着对斯坦因说:"中国达到社会主义和共产主义阶段也许比你们经济高度发达的西方国家晚得多,这是十分可能的。"

斯坦因问他:"你还没发现自己现在是少数,以致你自己的想法无法付诸实施?"

"是的,"毛承认,"我已使自己成为少数,现阶段对我来说惟一能做的就是等待。但是近些年来已极少有此类事情发生了。"

日本偷袭珍珠港导致介入了战争的美国人与重庆的中国政府建立了多方联系,并派来了各类使团,同时也准备向延安派遣首批观察

① 冈瑟·斯坦因《红色中国的挑战》,纽约1945年版第107~120页。

1944年6月,毛泽东等在延安设宴招待中外记者西北参观团。

| 第 二 部 | 奋 斗

员，因为共产党人也在同日本人交战。毛曾就中国式的"民主"向一位美国记者自夸。7月18日，他对《巴尔的摩太阳报》记者莫里斯·沃陶说："中国历史上也有其民主传统。共和政体这一说法可溯源自3000年前的周朝。孟子云'民为贵，社稷次之，君为轻。'中国农民是富有民主传统的……"①

1944年7月，毛泽东在延安欢迎美军观察组的大会上。

延安的新闻媒介发表了赞美华盛顿，以及罗斯福、华莱士是如何足以继承亚伯拉罕·林肯之事业的文章。1944年7月22日，被热切盼望的，命名为"迪克西使团"的美军观察组抵达延安机场。几天后，毛设宴欢迎美国人。他告诉小组中的外交官约翰·谢伟思，美国应在延安设立在战争结束后仍能继续起作用的领事馆。

美国人爽快开朗，而且不拘礼节，并对中国共产党人产生了极大影响。冈瑟·斯坦因评论说他"从未见过这样一大群中国人与外国人如此不拘惯礼，快活地聚在一块儿，如此对不同的背景、政治信仰和种族阶层不闻不问——如此彼此成功地合作，如此互相真诚地理解。"②

8月底，毛与约翰·谢伟思会谈了六个小时，吁请美国直接干预战争。他说："我们想，美国人必须在华登陆。当然，这取决于日本的实力和战事的发展……如果美国不在中国登陆，这将是中国之大不幸……假如登了陆，美国人将有可能与中国两个方面的力量——国民党和共产党——合作，那么国民党作为政府将一如既往。"

① 谢伟思《坐失良机》，纽约1974年版 第256~258页。

② 冈瑟·斯坦因《红色中国的挑战》第350~351页。

谢伟思对此表示异议，认为这不是赢得这场战争的切实需要，因而毛转而要求美国迫使蒋介石对日采取更强硬的政策。他坚持说："蒋处在一个非听美国人不可的地位上……且看经济形势！蒋正逢绝境。蒋倔强，但他基本上是个恶棍……驾驭他的惟一办法只有狠狠地激他……美国曾十分有害地对待蒋，他们帮助他逃避了进行讹诈而应得的惩罚。"

毛告诉他的非正式美国大使，内战已无法避免，除非蒋被管制起来，同时他想了解美国对此事件将采取何种政策："我们能担保不与美国发生冲突。"他强调中国共产党的政策完全是自由主义的——减租减息，包含外资的私营企业自由竞争的工业化、民主，以及提高生活水平。"即使最保守的美国生意人，"毛声称，"在我们的纲领中也找不到任何一点可以反对的东西。"①

谢伟思后来回忆：

> 毛也许缺少周的谦和、文雅，但他可能更加色彩鲜明，天造地设。交谈时他总是妙语连珠，恰如其分地运用中国典故，他所作的论断精辟而独特，对于恰当而又显而易见的则往往是点到为止，心照不宣。谈话有时还在形形色色意想不到的和不着边际的范围内游走。博览群书使他几乎无所不通，几乎没有他不感兴趣的话题。
>
> 我想，常常是他在主导着交谈，这是很正常的。你时时感觉到是你在接受采访。诚然，这是花了大量的策略技巧才做成的。他并没有独占谈话，这里不存在"hard sell"（硬性推销），你也不会有精神上被压倒的感觉。实际上，在小组会议上，他很细致地留意给

① 谢伟思《坐失良机》第256~258页。

| 第 二 部 | 奋 斗

每个与会者参与并表明自己观点的机会。屡屡是毛来概括总结会议的意向,他的总结每每都是巧妙顺畅,全面而又简洁的。

10月9日晚,在中共总部曾举行了一场即兴舞会。毛与江青双双参加,用谢伟思的话说,他们"优雅、幽默,彼此之间,并且与多数与会者再三起舞。想起毛平常沉静淡漠的举止,在某种意义上只能管这叫'放浪形骸之外'了。"

11月初,美国人着手努力将国共双方捏合到一块儿。他们派来了赫尔利将军,11月7日赫未经通报便出人意料地在凄凉萧瑟的延安机场着陆。毛是在赫尔利的飞机已然着陆后才得知他的到来的。他召集高级官员一道挤上他那辆弹痕累累的救护车,匆匆驶上跑道。据怀特记述,"全权代表①和蔼地向他们致意,然后爬上了救护车。"当他们途经一群由牧羊人赶着的羊群时,毛回忆说他自己也曾是个放羊娃,赫尔利接过话说他年轻时做过牛仔。接风宴后,毛和赫尔利已经像是心腹之交了。②

毛是友好、坦诚的。但赫尔利一方的政治共识却少得可怜。第二天,他便以强调国民党的和解之意的方式开始与毛协商。于是乎,毛对其美国客人大发了一通反对蒋总裁的议论。谈判的头一天,便以争辩得不可开交而告结束。

可是当天晚上和第二天早晨,赫氏又走向了另一极端。他起草了一个建立真正的联合政府的建议,其中共产党人可享有有保障的言论、活动、集会自由。毛对此感到很高兴,他保存了由赫尔利签了名的

① 当时,赫尔利是作为罗斯福的私人代表,而非驻华大使身份与毛会晤的。——译注

② 西奥多·怀特《中国的怒吼》,纽约1946年版第253~254页。

毛泽东迎接赫尔利、张治中来延安。

建议副本，以作为信义的标志——尽管赫尔利周全地提醒毛，他不是能代替蒋总裁讲话的人。对毛来说，罗斯福的个人代表以他的名义起草这些建议，并以此来驱策国民党，这已经足够了。

几天后，晒着11月的太阳，躺在病榻上的王明接待了笑眯眯的毛泽东的意外来访。他要王明看一封电报，这是罗斯福总统对毛祝贺他在美大选中获胜的答谢。王显然相信，这一纸公文开辟了可能与白宫进行直接个人接触的前景。①

然而，蒋总裁理所当然地拒绝接受赫尔利的建议，美国人力图使国共双方和解的努力化为乌有。也许是那封电报给毛壮了胆子，他决定向可以对蒋施加压力的唯一来源求助。1945年1月9日，他告诉"迪克西使团"的高级官员，雷·克罗姆利少校②，他与周恩来已做好准备，飞往美国会晤罗斯福总统。克罗姆利给在重庆的美国大使馆发了封电报："毛和周将即刻单独或一道起程前往华盛顿作探查性商谈，罗斯福总统应否表示在白宫以中国主要政党领袖接待他们。"③

此事被列为秘密，以免一着棋错，殃及国共谈判。第二份电报发给了美国军事代表魏德迈将军，大意是说周已要求此事不把赫尔利大使考虑在内，"因为我不相信他的决断力"。即使在正常情况下，毛也可能将其希望寄托在赶赴白宫谒见所得到的拥抱嘉奖上。但是两桩互不相干又出人意料之外的坏事，却使毛功败垂成。

第一桩，魏德迈将军外出缅甸，请赫尔利大使处理其函件，致使赫尔利看到了周对他的评论。第二桩，赫尔利为两项显然是为中共提供的军援动议事先没与他做任何商量而大为光火。结果，他将这一动议压了一段时间，最终，把情况添油加醋地通报给华盛顿，建议反对向中共提供任何军事援助。于是白宫就将这件事情搁置起来，认为没必要一定要对毛的要求形

---

① 王明《中共五十年》第201~202页。

② 时为美军观察组代理组长。——译注

③《国际关系》1972年10月号第44~45页。

成一个大致看法。此事从未有过定评,任凭世人评说。

在与美国讨价还价的同时,毛的长子自俄回国。这是15年来父子二人的首次重聚。毛岸英,现在已是25岁的小伙子了。1930年曾与母亲杨开慧一道被国民党拘禁。杨开慧遇难后,他和弟弟岸青被偷偷送往上海,隐姓埋名,在穷途末路、艰难窘迫的情况下,由从长沙逃亡来的毛的家人照看起来。苏联人打起仗后,孩子们被送到苏联,就学于伊凡诺沃的共产国际学校。

岸英取了个苏联化名谢尔盖,他学得一口流利的俄语,却开始把中文忘掉了。俄国人发现他害羞,讨人喜爱,还有点被宠坏了,但从没人提起过他的父亲。他在东欧前线坦克部队里参加了战斗,斯大林还给了他一支手枪。

小一点的孩子岸青,化名尼古拉,也有近似的经历。他学过机械,给他的苏联同志以一个性格举止热烈而古怪的印象。头脑容易发热,却往往有始无终。毛曾经透露说岸青有精神疾患。这也许就是毛在50年代一个有关岸英、岸青的讲话的脚注吧,讲话大意是"一个儿子死了,一个疯了"。

红卫兵声称,岸青在其母亲被捕后曾经受到照料他的资产阶级家庭的虐待。一些苏联专家认为他是"类精神分裂症"患者,另一些人则确信他的行为是因为曾被西方传教士的棍子击中头部而造成的。在俄国,他曾下过国际象棋,还爱上了一位金发姑娘,像个小花花公子。①

1944年至1945年冬天岸英回到延安时,弟弟

毛泽东和儿子毛岸英在延安。

① 罗克珊·威特克《江青同志》第504页,及鲁歇尔·派恩《作为领袖的毛泽东》纽约1976年版第218~221页。

1940年,周恩来邓颖超在苏联看望毛岸英兄弟。

也离开了苏联。毛明显地感到大儿子在完成其旅苏经历后需要去去骄娇二气，于是便把他送到几英里外的著名的劳动英雄吴满有处一道生活。吴战前来到延安时还是个饥馑的难民，从共产党人那儿分得一小块土地后，侍弄得相当成功。据中共领导层中一位亲苏成员说，年轻人对其父的安排大为不满，并在事后告诉他："我没有向这个Kulak（富农）学习，我非常讨厌这个大富农家庭生活的一切方面。我永远是马克思列宁主义者，苏联学校培育出来的学生。我任何时候也不以为耻，而是反以为荣。"①

毕竟这是毛氏家庭中的传统，儿子应当反抗老子。但毛这一方面多少有些公正可言。后来干了一年农活手上长了茧子后，年轻人得到了个差使，在中苏人员之间当翻译，一个中国同志当着苏联人的面问他："你到底学过中国话没有？"

这家人还救出了毛的年幼的侄子，泽民之子毛楚雄②。自从其父被鸩杀于新疆后，他一直由姥姥抚养。但是刚过一年他便死于非命，在内战中被敌人活埋了。

这段时间里毛试图彻底探明美国人政策之玄秘。3月13日，他邀谢伟思作了另一番长谈，他向美国人保证，中共的政策于美国之利益并无威胁。毛声称：

"中美两国人民之间为同情、理解和共同的利益紧紧地联结起来。两国人民本质上都是尊崇民主和个性的。两国人民生来都是爱好和平，反对侵略，反对帝国主义的。战后中国之最终需要是经济的发展。她缺乏独立实现这一目标的资本积累。她自己的生活水平相当低下，再不能进一步抑制其对资本的需求了。

"美国与中国经济上彼此互相补充，他们之间将不互相竞争。中国不要求发展大型重工业，她并不希望在高度专门化的工业方面去迎合美利坚合众国。美国为重工业和这些专门化工

① 王明《中共五十年》第105页。

② 此处疑有误。似应为毛泽覃之子。——编注

业需要输出市场。她还要为其资本投向寻求出路。

"中国需要建立轻工业,以保证自身的市场供应,提高本国人民的生活水平。最终她还可以为远东其他国家供应轻工业物资。她拥有原材料和农产品,用以帮助支付外贸及投资之开销。美国不仅是帮助中国发展经济最合适的国家,而且也是唯一能够完全参加这一合作的国家。"

> 为了所有这些原因,中国人民与美国人民之间不应该,也不能有冲突、疏远或误解发生……①

① 谢伟思《坐失良机》第 373~377 页。

其后不久,谢伟思奉召将返回华盛顿。4月1日毛最后一次接待了他。谢伟思回忆,毛"兴致格外的好,离开座椅,奉上激动人心、辞藻华美的谈话。"他重申了对美在华继续实施积极政策所抱的希望。

谢伟思抵达华盛顿这天,正是罗斯福去世之日——4月12日。他很快卷入了联邦调查局对《亚美》杂志案的调查中,并因涉嫌向新闻界透露外交机密,于6月6日被捕。这一连串相关事件使毛放弃了对美援的希望,他将谢伟思的被捕看作美国对华政策的转折点。

从表面上看,毛仍对来自美国人的理解与帮助抱有希望。他以猪肉丸子、豹子肉、百年陈酿款待7个前不久在华北失事跳伞生还的美国B-29飞机飞行员。共产党人护送他们穿越日军前沿,到达通往延安的安全之途。毛送给他们每人一件礼物——清一色红区产的厚毛毯。他们都曾谈到毛边走边与以迅速而机械的方式挥着手指头纺棉线——用近似于甘地的纺车——的同志交谈的情景。

毛在4月的一个讲话中评述:"中国人民一向视为居住在

1945年，毛泽东和周恩来在中共七大主席台上交谈。

遥远地方的美国人民，如今看起来就像隔壁的邻居了。中国人民将愿同那些伟大民族的人民一起工作——美国、英国、苏联和法国——并与所有国家的各族人民一道创造一个'稳固而持久的'世界和平。"但是，幻想之破灭很快地公开化了。到了7月，毛对非共产党的来访者夸耀说："我这几条烂枪，既可同日本人打，也就可以同美国人打，第一步我要把赫尔利赶走了再说！"[1]

在此期间，毛还在筹备已被拖延了很久的党的"七大"。这个所谓"胜利的大会"，1945年4月在延安开幕。大会的开场戏是，在会议举行的前几天中央委员会通过的由毛起草的一篇长文，题为《关于若干历史问题的决议》。这个决议是以将毛推为中国共产主义运动得胜的关键角色为目的的，对历史进行了大胆的重写："毛泽东同志代表中国无产阶级和中国人民，将人类最高智慧——马克思列宁主义的科学理论，创造地应用于中国……光辉地发挥了列宁斯大林……的学说……"[2]

在这令人惊异的"决议"中，用毛自己的话说：

> 尤其值得我们庆幸的是，我们党以毛泽东同志为代表，创造性地把马克思、恩格斯、列宁、斯大林的革命学说应用于中国条件的工作，在这十年内有了很大的发展。我党终于在土地革命战争的最后时期，确立了毛泽东同志在中央和全党的领导。这是中国共产党在这一时期的最大成就，是中国人民获得解放的最

[1] 斯图尔特·施拉姆《毛泽东》，红旗出版社1987年版第200页。

[2]《毛泽东选集》第3卷第952~953页。

大保证。①

自我庆贺不可做得太过火。在这份文献中，毛在军事战略和政治两个方面对来自左的和右的批评者作出了不利的判决。他援引斯大林的一个命题，正确的策略指导需要正确的形势分析，进而说道："而毛泽东同志对于中国革命运动的指导，正是一个最好的模范。"②

援引斯大林的话，在整个决议中仅此一例，并且它还是间接引用的。③因为斯大林对中国形势之洞察力已表现为格外缺乏先见之明。决议澄清了毛对斯大林的预见缺乏尊崇，以及斯大林的指导对毛的中国革命理论的正确形成没起作用或作用甚微这一事实。实际上，决议正本直到8年后斯大林去世之前才发表。

当然，如何作出正确的主观判断从而进行策略上的指导，是无法汇集整理的，整个决议对此也只能如此说："毛泽东同志就供给了一个坚持真理的原则性和服从组织的纪律性相结合的模范，供给了一个正确地进行党内斗争和正确地保持党内团结的模范。"④

决议作者继续毫不汗颜地写道："毛泽东同志从他进入中国革命事业的第一天起，就着重于应用马克思列宁主义的普遍真理以从事对于中国社会实际情况的调查研究……毛泽东同志……所规定的政治路线、军事路线和组织路线正是他的……光辉成果……"⑤

最后，这个英雄高唱自己赞歌的决议被中央通过，"全党已经空前一致地认识了毛泽东同志的路线的正确性，空前自觉地团结在毛泽东的旗帜下了。"⑥

于是乎4月23日开始的"七大"成了毛的凯旋式。其

① 《毛泽东选集》第3卷第955页。

② 同上，第978页。

③ 斯大林的讲话在《决议》中曾多次被直接或间接地引用。此处与事实不符。——译注

④ 《毛泽东选集》第3卷第985页。

⑤ 同上，第987页。

⑥ 同上，第998~999页。

最精彩之处是刘少奇所作的新党章报告。该报告宣称,全党"以……毛泽东思想作为自己一切工作的指针"。在这个报告中,刘提到毛或他的思想不下 105 次。刘的妻子后来告诉其女儿,"毛泽东'七大'前尚无威信可言。是你爸爸和其他领导人为他建立了威信。"

刘的兄弟后来的一次议论可以证实,做此姿态并非出自全心全意:刘少奇毕业于苏联马克思列宁主义大学。①是刘少奇把他的地位给了毛主席;刘少奇本来有可能在初选中获胜。②这当然是夸大其词。到 1945 年,再没有人能向毛挑战。但正如 60 年代的历史所证明了的,毛是将胜利建筑在不太牢靠的基础上的。

尽管如此,刘还是选择 1945 年,以他作为副手与第一继承人为条件,将他在城市和工会中苦心经营的党的基层组织并入毛来自农村地区的农民军队(党现在自夸已拥有百万以上成员。——作者注)。他在党的代表大会上对毛的赞扬慷慨而无节制:

> 毛泽东的伟大功绩在于把马克思主义由欧洲形式变为亚洲形式……毛泽东是中国人,他分析中国的问题,指导中国人民在斗争中走向胜利。他运用马克思列宁主义的原理阐释中国的历史与实际问题。他是第一个成功地进行了这一工作的人……他创造了中国式或亚洲式的马克思主义。中国是一个半封建、半殖民地国家,广大人民耕种着极少量的土地,生活在饥饿的边缘。要想过渡到更加工业化的经济,中国面临着……高度工业化国家……的压力。南部和东部亚洲其他国家也有类似的情形。中国选择的道路将完全影响他们。③

① 此处有误。刘少奇毕业于莫斯科东方共产主义劳动者大学。——译注
② 《中国大陆出版物概览》第 916 页。
③ 斯图尔特·施拉姆《毛泽东的政治思想》第 111 页,及斯特朗《亚美杂志》1947 年 6 月号。此处引文与中国正式出版物有出入,参见《刘少奇选集》上卷第 332~337 页。

| 第 二 部 | 奋斗

6月11日，通过了新党章，毛被选为党及其首脑机关的主席，刘少奇为他的第一副手。即使这样，仍有迹象表明，毛对自己为防备布尔什维克建立起来的联盟有所保留。

最后，毛给两个生病的领导人送去了担架，其中之一是王明，以使他们的出席能够证明大会的团结。王明描述这一幕为：

> 毛泽东一个人站在台上，向主席团成员热情挥手以示邀请。刘少奇、周恩来、朱德、任弼时走上台来，和毛泽东一起站在主席团的长桌子后面。其他十位主席团成员（陈云、康生、彭德怀和张闻天……高岗和彭真……林伯渠和董必武……贺龙和徐向前……）仍旧坐在大厅里。毛泽东一边做手势一边点头，向他们示意，请他们上台。在这以后，他们才一个个好像很拘束的样子，不慌不忙地登上主席台，走到主席台右边的角上，远离主席团靠墙坐下。坐在前排的代表，甚至都看不见他们。
>
> 同时，在前台主席团桌后站着上面提到的五个人，这时的情况是：毛泽东担心地在他们中间来回走着，不时望望每一个人，其余四个人窘红着脸走来走去，互相催促着，好像孩子作客一样。他们还不知道谁应该坐在哪里。①

"团结"的取得付出了不小的代价。

对日战争即将结束，毛厌恶地评论国民党在美国支持下匆忙准备紧接而至的内战。他在7月中旬预言："美国政府便将陷在中国反动派的又臭又深的粪坑里拔不出脚来。"② 曾一度

①王明《中共五十年》第171~172页。

②《毛泽东选集》第3卷第1115页。

寻求与罗斯福会面的毛,现在转而给美国共产党领袖福斯特发出了一份亲如兄弟的电报。①

8月初,原子弹落到了长崎和广岛。几天后,毛向其干部保证,这样的武器解决不了战争。"我们有些同志也相信原子弹了不起……这些同志看问题,还不如一个英国贵族。英国有个勋爵,叫蒙巴顿。他说,认为原子弹能解决战争是最大的错误。"②

日本投降后,蒋总裁即刻电邀毛赴渝和谈。双方电报往来持续了大约两周时间,但毛规定了若干条件。8月末,赫尔利大使飞赴延安,敦促毛南下与对手谈判,毛被说服了。他致电蒋:"梗电诵悉。甚感盛意。鄙人亟愿与先生会见,共商和平建国之大计,俟飞机到,恩来同志立即赴渝进谒。弟亦准备随即赴渝。晤教有期,特此奉复。"③ 8月28日,他起程赴渝,去与明知一心要毁灭他的人打交道。

① 即1945年7月29日《给福斯特同志的电报》。

② 《毛泽东选集》第4卷第1134页。

③ 此电发于8月24日,刊载于8月26日重庆《大公报》上。

1945年8月28日,为争取国内和平,毛泽东和周恩来、王若飞在赫尔利、张治中陪同下离开延安赴重庆谈判。

15 魔鬼的晚宴
（1945~1948）

毛泽东传
A BIOGRAPHY OF MAO TSE-TUNG

1945年8月,毛泽东和蒋介石在重庆合影,经过43天艰苦谈判,国共双方代表于10月10日签署《政府与中共代表会谈纪要》(即《双十协定》)。

1945年8月28日夜，蒋介石元帅为毛抵渝设宴接风。这是他们18年来的第一次会面。一个现场目击者记述："蒋为他祝酒，他仅仅用嘴唇碰了杯子。"①头两天，毛作为客人住在重庆城外他的死敌的避暑别墅里②，而周恩来为防投毒，总是先替他尝第一口酒。③

有周和一同从延安飞来的王若飞作后盾，毛一头扎进了与国民党领袖的谈判中。毛事后回忆道："蒋谈论的是和平……可他又下了不光明正大的命令。谈判期间他对我党发动进攻，被歼灭了三个师……"④9月4日，毛和蒋第一次举行不带任何助手的私下会晤。但是，分歧依然如旧：蒋要求在联合政府中共产党军队不得超过12个师，而毛则要求占20到24个师。

在这段时间里，毛巡回穿梭于茶话会、鸡尾酒会、欢迎会和记者招待会间，向中立的中国人阐明中共的观点，并向这个当时作为中国临时首都的城市里的外国人做各种说服工作。他除了会晤苏联、美国、英国、加拿大和法国大使之外，还会见了几个国家的援华组织领导人。他将他的诗《沁园春·雪》的抄件送交《大公报》发表，借以改变其粗陋、没文化的农民领袖形象。"全国人民希望和平，"他告诉应召而来的外国记者，"我到重庆来尽

①西奥多·怀特《中国的怒吼》第123页。

②《每日电讯报》1945年9月3日，新华社1977年9月18日。

③《每日电讯报》1976年1月11日。

④斯图尔特·施拉姆《毛泽东的创举》第197页。

① 姚夫、李维民《解放战争纪事》第 29 页。

② 此段引文与下文海曼等人的回忆，见《新中国》1977 年春季号。

一切努力以达到和平。"①

毛特别热心于会见进步的美国人，他在八路军办事处接见了威廉·欣顿和杰拉尔德·坦南鲍姆。八路军办事处坐落在重庆一条肮脏狭窄的街道上，是一所白灰抹墙的房子，这里实际上被当作中共的临时"大使馆"。使这两个美国人感到惊奇的是，毛详细地向他们评判了杜鲁门和美国的劳工运动。

他想弄清楚"Farm Bureau（农业协会）和 Farmers' Union（农民联合会）之间的区别是什么？……为什么美国大多数工人没有组织起来？……"

毛还会见了三个年轻的美国飞行员，霍华德·海曼、艾德沃·贝尔和杰克·艾德尔曼。这三个中国共产党的同情者知道毛的烟瘾很大，而延安的香烟短缺，"所以我们从我们的定量中拿出几盒美国香烟，并写上了简短的话，表达我们对中国人民的繁荣、和平将来的祝愿"，②把它们留在了毛的总部。

作为回敬，毛邀请他们吃饭，对此，二等兵海曼回忆："毛与工人、领导人、厨子、侍者间的相互关系是一种爱与热情。我从中找不出哪怕一点儿傲慢浮华、礼仪规矩和屈尊俯就之感，或者其他什么矫揉造作的东西。"毛泽东是否抽了这些烟，无从知晓，但其后不久，毛在重庆时的一位中国老熟人收到了毛赠送的"好运"牌香烟，因此，也许这些礼物又被当成礼物了。

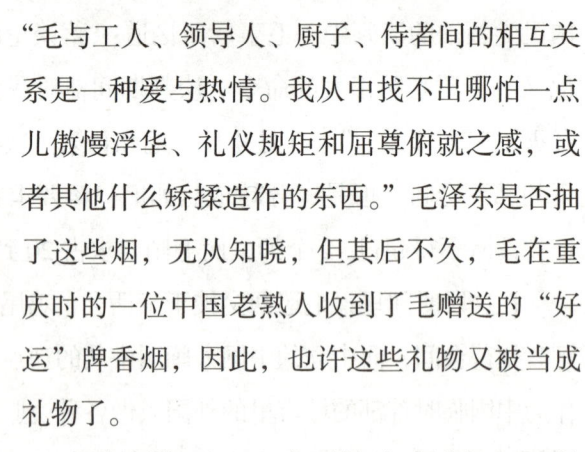

5 个星期后，双方开始达成谅解。10 月 8 日，毛出席了国民党的一个招待会，并乐观地谈到了中国的未来。他的祝酒词是："新中国万岁！""蒋委员长万岁！"两天后，他

1945 年 10 月 11 日，毛泽东由重庆机场飞返延安。

| 第 二 部 | 奋 斗

与总裁签署了临时协定，当晚，蒋介石邀请他看歌剧。就在毛看歌剧的时候，他的汽车在停车场被炸。如果说应有所暗示的话，这便是一个信号，无论总裁作何打算（共产党也因20年代的经历有足够的理由怀疑他们），国民党中总会有一些不愿与毛合作的分子的。10月11日，毛在这不和谐的旋律中飞返延安。

他是在情绪低落、健康不佳的情况下返回的，他对他的同志说："在重庆期间，我的神经过分紧张。现在还感到十分疲乏，体力衰退，时常心动过速，头昏、失眠、梦中出汗。"据他的一个同事说，他患了半年多的神经衰弱。①

就其从重庆带回的协定，他解释说："国民党承认了和平团结的方针和人民的某些民主权利，承认了避免内战，两党和平合作建设新中国。这是达成了协议的。还有没有达成协议的。解放区的问题没有解决，军队的问题实际上也没有解决。已经达成的协议，还只是纸上东西。纸上的东西并不等于现实的东西。"②

前途有两个，一个是继续谈判，另一个继续打下去。"人民的武装，一支枪，一粒子弹，都要保存，不能交出去。"③

只要毛泽东有几个月没有发表声明或公开露面，传闻便沸沸扬扬。其中有一个传闻是，毛已到苏联，正与斯大林共商共产党接管中国之事。具有讽刺意味的是，此刻正是斯大林已经得出中国共产党过于弱小，无法赢得反抗国民党的国内战争这一结论，因此不准备帮助中共之时。1945年末，

① 王明《中共五十年》第205页。

② 《毛泽东选集》第4卷第1156页。

③ 同上，第1161页。

1946年1月27日，毛泽东在延安机场与美军观察组组长伊文·耶顿上校和记者罗德里克。

苏联人将离苏联边境不太远的重镇山海关交给了红军，结果却眼看着国民党麻利地挫败中共，将其占领。①

1946年4月，与毛同辈的四个领袖，在一架美国运输机自西安至延安的途中因坠机事故丧生。他们中有毛当时在权力场上的老对手博古和颇具潜力的新手、毛在重庆的谈判伙伴王若飞。但与此同时，过去共产党领导层中的另一个幽灵，在莫斯科待了15年之后，又突然在中国出现。人们从李立三在哈尔滨的露面推测，他可能是被斯大林派回来接替毛泽东的位置的。然而红色区域对毛的迷信仍在继续，毛的最热心的支持者之一张如心②在1946年声称：

> 有人说毛泽东是个天才，一个英明的人。的确，他是中国有史以来最伟大的天才。但必须指出的是他的天才既不是神秘的，也不天赋品质的结果。他的天才、智慧、才能是中国人民才智的集中体现。毛泽东是最杰出的炎黄子孙，是中国人民最卓越的象征。同时，他也是世界人民的领袖，一个科学家，一个天才和一个革命者——马克思、恩格斯、列宁和斯大林的忠实信徒。③

5月间，国民党和西方的新闻机构又坚持说毛去了莫斯科，但是这一谣言又被有力地否定了。10年后，毛在谈到中国革命这一极为艰难的阶段时，公开地、半真半假地诘责斯大林。他在1956年宣称，斯大林"先是不准革命，说是如果打内战，中华民族有毁灭的危险。仗打起来，对我们半信半疑。"④英国作家罗伯特·佩恩6月间在延安一所挂有孙逸仙、蒋介石、杜鲁门、斯大林和艾德礼肖像的简陋房间里见到了毛。与30年代

---

① 《中国季刊》（伦敦）第18期第217页。

② 原名张恕安。——译注

③ 陈志让《毛的文章：选集和文献目录》，伦敦1970年版第130页。

④ 《毛泽东选集》第5卷第286页。

第二部 | 奋斗

相比，延安诸方面都略有改善。承蒙"迪克西使团"发电站的特许，这里有了电灯，电影则正在上映1946～1947年的《舍伍德森林匪徒》和有点不合时宜的《多莉姐妹》。

佩恩声称，拍照并不能反映自己对毛的以下真实印象：

"……这个人留着青黑色的飘逸长发，戴着圆圆的银边眼镜，柔和的下颌，缩拢着的，甚至有点女性化的嘴唇，大学教授般的风度……一会儿像孩子似的痴笑，一会儿又深沉地富有权威性地、带着十分独特共鸣的轻声细语。他已经53岁了，看起来像30岁……他穿着黑棉布拖鞋，棕色羊毛中山装。摆手时，他将肘部抬到肩膀的高度，这是个古怪的姿势……"①

国民党现在全然丢掉了合作的伪装，对共产党发起了全面进攻。毛不得不面对一场既得不到苏联的支持，也没有美国援助的武装斗争。然而他似乎知道自己是赢定了。正如他8月间对美国作家安娜·路易丝·斯特朗所说："我们所依靠的不过是小米加步枪，但是历史最后将证明，这小米加步枪比蒋介石的飞机加坦克还要强些。虽然在中国人民面前还存在许多困难，中国人民在美国帝国主义和中国反动派的联合进攻之下，将要受到长时间的苦难，但是这些反动派总有一天要失败，我们总有一天要胜利。这原因不是别的，就在于反动派代表反动，而我们代表进步。"②

也正是在这次会见中，毛详尽地阐发了他的关于原子弹的名言。斯特朗想知道如果美国用原子弹对付苏联，那将会发生什么。毛回答说："原子弹是美国反动派

①埃德加·斯诺《发端的历程》，纽约1958年版第84~85页。

②《毛泽东选集》第4卷第1195页。

1946年8月6日毛泽东会见美国记者斯特朗的地点。

用来吓人的一只纸老虎，看样子可怕，实际上并不可怕。当然，原子弹是一种大规模屠杀的武器，但是决定战争胜败的是人民，而不是一两件新式武器。"①他还对今后世界区域性划分作出了分析："美国和苏联中间隔着极其辽阔的地带，这里有欧、亚、非三洲的许多资本主义国家和殖民地、半殖民地国家。"②他预言，这一地带反抗超级大国压迫的力量正在日益增长。

8月底，毛到哈尔滨与林彪商计东北红军如何对付国民党进攻的问题。据说，刚刚从苏联回来的李立三已经得到林彪的政治保护。在众人面前，李立三表现出一副忏悔的面孔。9月初，他对《纽约先驱论坛报》表示："历史事实表明，毛是对的而我错了。庆幸的是我又被引回到毛泽东同志的领导之下。"③但是《纽约时报》的一名记者却报道，李正在北方组织一个反对派，以削弱毛的领导。此举的目的在于在苏联帮助下，在东北或蒙古建立一个自治地区。④

10月，《纽约先驱论坛报》的A.T.斯蒂尔采访了毛。斯蒂尔想弄清毛是否把蒋看作中国"当然领袖"。毛回答："世界上无所谓'当然领袖'。"⑤毛对美在中国伪善调停颇有微词。

毛有充足的理由来证明这场国内战争是血腥残酷的。在对其同志所作的关于日本投降一年来中共抗击国民党的报告中，毛说："过去三个月经验证明：歼灭敌军一万人，自己须付出两千至三千人的伤亡作代价。这是不可避免的。"⑥国民党的力量四倍于共产党，在1946年到1947年内战的开始阶段，红军在长城与长江之间被消耗了六分之一。⑦

1946年末，毛在延安接待了一群西方记者。其中一位记者报道说："他看上去明显地从去年冬天那令他倦怠的过度劳累中恢复过来了。他时常解颐开怀……"⑧《纽约时报》一名

---

①《毛泽东选集》第4卷第1194~1195页。

②同上，第1193页。

③《纽约先驱论坛报》，1946年9月8日，记者：斯蒂尔。

④《纽约时报》，1946年10月11日，记者：威尔斯。

⑤《毛泽东选集》第4卷第1203页。

⑥同上，第1207页。

⑦解放战争初期，我军总兵力为127万，1946年底到1947年初发展到137万余人。在全国解放战争的第一年底（1946年7月~1947年6月），我军损失35.8万人，其中负伤26.7万人——包含伤愈归队者约20万人，牺牲6.9万人；被俘及失散2.2万人。参见《中国人民解放军战史》第3卷第73、132~133页。——编注

⑧《纽约时报》，1946年12月13日。

记者把他描述成一个"颇有些女人相的男人,穿着家织的棕色上衣,戴着黑布帽,坐在那儿熟练地用牙嗑着西瓜子……"① 几天后,《新闻纪事报》的杰拉尔德·山姆逊在席间提起苏联人正将工业装备从东北撤走之事。毛解释说:"苏联军队从未用它来屠杀中国人,可如果蒋总裁得到它,他会把它用于这个目的。"当然,一些观察家相信,斯大林这是在蓄意拒绝对中国共产党的援助。至于将来,毛向山姆逊保证:"共产主义中国的最初阶段是工业化和资本主义时期。"②

此时,毛也十分清楚党内外在反对他的领导,他对此深恶痛绝。从他抄录给一个朋友的唐诗中可以清楚地看到这一点:

> 胜败兵家事不期,包羞忍耻是男儿。
> 江东子弟多才俊,卷土重来未可知。③

毛在1947年头几周内果真"卷土重来"了。这也是他通向北京权力的艰难历程中最后的一搏。3月12日,国民党对延安发动了意在迫使中共放弃其首都的大规模空袭。在指挥疏散的紧张日子里,毛比平时花费更多的时间同孩子们玩耍,明显地要给人以轻松的印象。

3月18日黄昏时分,积雪厚达12英寸,红军出发了。身后留下了被敌人炸得遍地瓦砾的空城。几乎同时,国民党军队占领了延安。

毛坐在一辆吉普车上,这辆吉普车驶出延安仅几英里远时曾被敌人飞机的机枪击中。一个西方通讯社报道说他左胸中弹负伤。实际上,尽管车顶被穿了几个洞,但车上乘员没有一个受伤,随后,他们用树叶将车子伪装起来,继续前进。

就在此刻,毛和妻子恐怖地意识到,他们没把孩子带在身

① 《纽约时报》,1946年12月22日,记者:海利。

② 《新闻纪事报》,1947年1月2日。

③ 杜牧《题乌江亭》。

1947年,中共中央机关主动撤离延安前的毛泽东。

① 此说疑有误,毛毛此时并不在延安。——编注

边。毛的小女儿毛毛在从延安仓促撤退的慌乱中走失,①从此杳若黄鹤。但在紧急搜寻中却在一户农家里找到了天真活泼、对正在发生的事情一无所知的李讷。为了安全,小姑娘被送到周恩来的妻子邓颖超身边,后者被派到军事上相对安全些的地方。小姑娘在邓的监护下生活了几个月。直到70年代,她仍称邓为"邓妈妈"。

始于1947年3月的这一旅程,变成长达两年的另一次长征。毛不停地从一个地方走到另一个地方,躲避国民党军队。危险与骚扰相加,使毛及其部下养成了日出而息、日落而行的习惯,后来他们发现,这种习惯已很难改掉。不论到哪儿,只要能待几天,他们都要在那一地区搜罗转战需要的"三大法宝"——毛皮、草药、食盐。为将被敌人发现的机会减到最低限度,领导人都用了化名。毛化名为李得胜——意为"一定会得到胜利"。中国的一些报纸谣传说毛已去了朝鲜。

共产党的领袖们在放弃延安时都已分散,大部分书记处成员,包括毛和周恩来,在坚守陕甘宁边区的同时,又北上向长城推进,与此同时,刘少奇、朱德则向东,在河北西柏坡建立了一个工作委员会。毛在负责指挥整个前线战局的同时,还"亲自指挥了陕北战场"。

毛的小分队辗转到了青阳岔。4月9日,毛在此起草了一份通知,向党内其他同志说明眼下发生的一切。他命令他们保卫西北解放区,"用坚决战斗精神保卫和发展陕甘宁边区和西北解放区,而此项目的是完全能够实现的。"同时他

1947年,毛泽东率队撤出延安,在西北高原与国民党军周旋。

| 第二部 | 奋斗

说明党中央和解放军总部要留在陕甘宁边区——"此区地形险要，群众条件好，回旋地区大，安全方面完全有保障。"①

他们在极为艰苦的条件下，继续向王家湾进发。毛不得不吃"用榆叶掺面"做成的稀糊糊。他的警卫员发现他因饥饿劳乏上马后在鞍子上直打晃。他的助手们慌忙拿来担架。

"怎么？"毛笑道，"又让我上担架么？"

"您太累了，"警卫员说，"同志们都愿意抬您。"

"大家也都很累呀。"毛争辩着，继续骑着马。②

在王家湾，他们休整了近两个月，在这里，毛给彭德怀将军和前线其他司令官发了一道命令。他写道："我之方针是继续过去办法，同敌在现地区再周旋一时期（一个月左右），目的在使敌达到十分疲劳和十分缺粮之程度，然后寻机歼击之……这种办法叫'蘑菇'战术。"③

王家湾是座仅有十几户人家的村子，坐落在半山坡，而敌营距此仅 26 英里左右。一个老农将其摇摇欲坠的破窑洞借给了共产党的领袖，窑外是一座充斥着酸菜缸的酸溜溜气味的小院子。

这是两孔相连的窑洞，毛与妻子住在里间，周恩来和其他两个中央委员住在外间。每当四个人要商议什么时，江青只好离开窑洞，待在一间驴棚里。江青后来还曾经回忆她当时是如何一连几天无所事事，一身虱子跳蚤，身体也掉了分量。

正是在这里，毛有了非比寻常的机会去扮演一个可亲的"教授"的角色。一天，他们的"房东"，村子里那个借窑洞给毛的老头儿，在他们听收音机时走了进来。他以前从未见过收音机，见了之后便大为惊异，前后左右看了个遍以后，说："这是什么？里面有人吗？"

大家都乐了。

①《毛泽东选集》第4卷第1221页。

②《The Great Turning Point》（伟大的转折），北京外文出版社1962年版第76页。这段记载出自阎长林《胸中自有雄兵百万》，见解放军文艺出版社1961年版《英明的预见》第50~107页。

③《毛泽东选集》第4卷第1222页。

"别笑,"毛说,"你们哪一个要是知道这个原理,就给老大爷讲一讲嘛。"

可没人能做出解释。一阵局促的沉默后,毛拿出个凳子让老人坐下,然后就像拉家常似的开始讲起收音机是怎么一回事。一个当事人回忆:"他讲到了空谷回声,空气的振动,又归结到电波的各种原理。我们越听越有兴趣,就像上了一堂生动的课。"

对于这一新发现,老人惊叹地说,要是早先他看见这玩意儿,兴许会砸了烧火。以后要找到这东西,他会留着它"听毛主席说话"。

由于当时仍秘而不宣,老人家没有认出他的这位新先生的真实身份,只知道他的化名——李得胜。

直到毛离开王家湾,老人才终于知道了以前住在他窑洞里的是什么人。不久,国民党军队占领了村子,他们试图逼他说出毛在什么地方,还以剁掉他两根手指头相威胁,并且真的这样做了,老人最终还是没有告诉他们。[①]

王家湾窑洞里召开的中央委员会会议紧张而激烈,谁也不知道敌人将从什么方位,以何等力量逼近。毛的观点是共产党应坚持在陕北境内不断躲避敌人的灵活战略,对这个战略他们已经非常熟悉了。另一些则吵着要撤过黄河,尽快向东挺进。毛时常是在恼羞成怒和精疲力竭的状态下结束会议的。事后江青回忆说,一开始她也不清楚什么事使毛的脾气变得这么坏。

4月4日的蟠龙战役使毛的态度变得较为乐观。这一仗红军消灭了国民党一个师,除俘虏外,还获得了大量给养。然而到6月份,当敌人逼近村子时,毛不得不率部离开王家湾,向西转移,来到长城附近,国民党对他们一路追踪,他们不得不在电闪雷鸣的狂风暴雨里连续不断地行军。有一回向导迷了路,

---

[①]《The Great Turning Point》第69页。

他们不得不在敌人鼻子底下折回来，只能靠手势互相联络。

江青有意让她的马落在打头阵的领导人后面，以免除他们在这种环境下照顾她的负担。然而她很快发现，她自己成了这一队步兵中唯一的骑手。他们中的一个人将她从马上拽下来，以免马在泥泞中脱缰或打滑摔着她发生危险。这些人不得不手拉手组成人链，以便维持正确的路线。破晓时分，毛捎信儿过来，让她到前面和他会合。

1947年7月，毛泽东和随同转战的机要人员在小河村合影。

那一夜，他们好不容易甩开了敌人，折而向东，在小河村度过了6月的下半个月和7月份。在此，毛发动红军进行全国性的进攻，并签署同意了刘少奇关于温和土改的报告。这两个领袖仍是双套马车，尽管刘偶尔流露出保留意见，正如那时他在一次党的会议上说："世界上没有一个十全十美的领导者，古今中外都没有。如果有人要充作这样一位领导者他只不过是猪鼻子里插葱——装象而已。"①

敌人的追踪使毛于8月初重又开始奔波劳顿。三周内，他日复一日地朝着黄河稳步行进。酣战之中的他，骑在马上爱惜地掏出香烟，可又因"禁烟"命令已下，无可奈何地放回口袋里。他卷起裤腿蹚过激流，折根树枝扔在河里看看河水流速，他戴上柳条帽圈伪装起来，以防头顶敌机空袭，而后，等帐篷支起，电台架好，便没完没了地阅读电报，并对其他指挥官下达指示以控制战役。有时他走出来，聆听远处山谷的枪声，以弄清他的计划是否在顺利施行。

他们挺进到了黄河之滨的葭县，在那儿，江青给毛买到了

①《中国大陆期刊综览》第651页。（作者引文与正式出版物有出入，参见《刘少奇选集》下卷第385页）

一些山楂。敌人仍穷追不舍,先头部队中的毛得到消息,说周恩来病了,毛把担架送给了他那位鼻子流着血、衰弱地坐在草地上的同志。周一开始拒绝用担架,只是在江青回头来查看情况时才让了步。周刚刚躺在担架上,他的鞋底便一览无余,江青叫道:"周副主席,你的鞋底露出袜子来了!"

"鞋底透了吗?"周笑道,"怪不得走路硌脚呢。"

另有一次,毛已经睡下,周发现了附近山上敌人点的火光。与当班的高级官员商量后,周说:"别告诉主席,让他好好睡一觉,他太累了。"

但是毛还是在他的房里听到了,并喊道:"不要担心,现在不是他们的天下,是我们的天下了。"

国民党迫使毛自葭县再度西进,一直走到梁家岔。在此,毛通过无线电在8月的第三周内指挥了决定性的沙家店战役。这场战役的胜利标志着共产党内战中的防御阶段的结束和红军反攻的开始。蒋介石已将其战线伸展到了满洲。据估计,红军已经能从苏联人手里得到枪械和物资了,同时还能从国民党俘虏手中缴获一些。农民们也在响应中共土地改革的号召。毛这时又向东,回到了葭县,随后回头向南,11月中旬到1948年3月间,在杨家沟建立了冬季临时总部。

1947年,毛泽东和江青在转战陕北途中。

这段行程期间,江青离开丈夫,渡过黄河来到古城双塔,与她离别了八个月的女儿李讷团聚。周的夫人自春天将李讷护送出延安后一直把她留在身边。毛的夫人站在城墙上向着西边远方的延安城方向看了一眼,怀旧之痛阵阵袭来。她的女儿很快便和毛及其小分队重聚了。

12月，毛发表了题为《目前形势和我们的任务》的重要讲话。该讲话稿是毛口授，由江青逐字逐句抄录下来的。毛回忆说："那时我染上了病，因而不能写字。"

这篇讲话于1947年圣诞节传达给了在杨家沟的中央委员会。毛强调了放宽土改政策的重要性。1947年"土地法大纲"提出按人口平分土地，为适当地实行这一任务，党不仅要组织起农会，"而且必须首先组织包括贫农雇农群众的贫农团及其选出的委员会，以为执行土地改革的合法机关，而贫农团则应当成为一切农村斗争的领导骨干。"同时"曾经在1931年至1934年期间实行过的所谓'地主不分田，富农分坏田'的过左的错误的政策，也不应重复。"①

实际上，毛是在空想着中共能够协力，在重新平分土地的同时，保存中农经济。这对整个农村来讲事关重大。毛于圣诞节在杨家沟中央委员会所作的讲话十分典型。他说，每个人只需足够聪明、谨慎、富于想象，全面而诚实地执行政策，那不可能互不相容的目的是能够达到的。而在现实生活中，"土地法大纲"正在经由数以千百计的党的干部实施，他们每个人都不同程度地具有这些品质。

另一个新的问题是共产党庞大的新党员入伍。过去10年中他们膨胀了几乎百倍，达到300万人。这使得党有能力与日本人和国民党双方抗争。但是，"缺点也就跟着来了。这即是有许多地主分子、富农分子和流氓分子乘机混进了我们的党。他们在农村中把持许多党的、政府的和民众团体的组织，作威作福，欺压人民，歪曲党的政策，使这些组织脱离群众，使土地改革不能彻底。"②

毛以鼓舞人心的口号结束了这个报告。他将中国的地位与全

① 《毛泽东选集》第4卷第1250~1251页。

② 同上，第1252~1253页。

世界的命运联系在一起,"东方各国一切反帝国主义的力量,也应当团结起来,反对帝国主义和各国内部反对派的压迫,以东方十万万以上被压迫人民获得解放为奋斗的目标……现在是全世界资本主义和帝国主义走向灭亡,全世界社会主义和人民民主主义走向胜利的历史时代,曙光就在前面,我们应当努力。"[1]

杨家沟的三个月,也是毛不断著书立说的三个月。他的著作全面概括了从军事战略到与解放区内的中产阶级打交道、土改、经济政策、军内民主、党内行政效率等各种问题。手写麻了,便借握石头来锻炼手指。

毛与各阶层的灵活接触,生动地体现在他对地主的统治上。"地主富农在老解放区减租减息时期改变生活方式,地主转入劳动满五年以上,富农降为中贫农满三年以上者……即可依其现在状况改变成分。"[2]在1948年1月同一份指示中,毛提到了惩戒问题。

"极少数真正罪大恶极分子经人民法庭认真审讯判决,并经一定政府机关(县级或分区一级所组织的委员会)批准枪决予以公布,这是完全必要的革命秩序。这是一方面。另一方面,必须坚持少杀,严禁乱杀。主张多杀乱杀的意见是完全错误的,它只会使我党丧失同情,脱离群众,陷于孤立。"[3]

一旦土地斗争在各地区达到高潮后,"应在适当时机(在土地斗争达到高潮之后),教育群众懂得自己的远大利益,要把一切不是坚决破坏战争、坚决破坏土地改革,而在全国数以千万计(在全国约三亿六千万乡村人口中占有约三千六百万之多)的地主富农,看作是国家的劳动力,而加以保存和改造。我们的任务是消灭封建制度,消灭地主之为阶级,而不是消灭地主个人。"[4]

---

[1]《毛泽东选集》第4卷第1260页。
[2][3][4] 同上,第1270~1271页。

16 兵临北平
（1948~1949）

毛 泽 东 传
A BIOGRAPHY OF MAO TSE-TUNG

1948年3月23日,毛泽东等东渡黄河。

1948年3月下旬，毛离开杨家沟，开始了他通向北平的权力长征的倒数第二阶段。他率部东渡黄河后，经寨则山一带转而北上，越过长城，仅用一天时间便进入内蒙古，随后南下河北。他们得翻越高达一万英尺、白雪覆盖着的五台山，这使得他们中的许多人上气不接下气。毛和江青乘坐几天前刚刚从敌人手中缴获的吉普车来到一座山的顶峰，一览这壮美的山河风光。又向前走了一点儿后，他们便接连几天遭到空袭。

征程之中，毛向解放区传播着智慧。4月，在对《晋绥日报》编辑人员的谈话中，他批评了共产党记者的缺点。尤其是他们中一些人没有彻底贯彻群众路线：

> 他们还是只靠少数人冷冷清清地做工作。其原因之一，就是他们做一件事情，总不愿意向被领导的人讲清楚，不懂得发挥被领导者的积极性和创造力。他们主观上也要大家动手动脚去做，但是不让大家知道要做的是怎么一回事，应当怎样做法，这样，大家怎么能动起来，事情怎么能够办好……

我们的报上天天讲群众路线，可是报社自己的工作却往往没有实行群众路线。例如,报上常有错字,就是因为没有把消灭错字认真地当做一件事情来办。如果采取群众路线的方法,报上有了错字,就把全报社的人员集合起来,不讲别的,专讲这件事,讲清楚错误的情况,发生错误的原因,消灭错误的办法,要大家认真注意。这样讲上三次五次,一定能使错误得到纠正。①

同样,他还要求他的报纸保持其魄力与冲劲儿。"应当保持你们报纸的过去的优点,要尖锐、泼辣、鲜明,要认真地办。我们必须坚持真理,而真理必须旗帜鲜明……我们党所办的报纸,我们党所进行的一切宣传工作,都应当是生动的,鲜明的,尖锐的,毫不吞吞吐吐……用钝刀子割肉,是半天也割不出血来的。"②

5月底,毛抵达西柏坡,以后的10个月间,他的总部将在此逗留。直到他经过200英里行军,于来年3月胜利进入北平城。

毛在对远方的战场施加他的影响时,遇到了一些阻力。1948年底,他的一个同事走进他的办公室时发现他正在发火。问他为什么,他回答说:"林彪不听命令!我曾经不止一次命令他用猛攻拿下长春,可他怎么也不听!他坚持要用围困的办法把他们饿出来,迫使驻防军投降。"③

几天后,还是这位同事发现毛又在大光其火。因为毛命令林彪将军去给一个国民党将领下最后通牒,要他立刻投降,否则就予

①《毛泽东选集》第4卷第1319页。

②同上,第1322页。

③王明《中共五十年》第225~226页。

毛泽东在西柏坡。

以全歼，但林彪没有执行这一命令。林相信，那个将领可能逃走，不会投降。

这期间，毛和王明发生了一场冗长的争论，其间毛显得很痛苦地绞着两手，隐喻地说着党在他的领导下曾经致力于一条同有苏联背景的同志们相敌对的路线。他甚至谴责刘少奇的政治路线上的一些错误。同时他也责骂王明不想让中国有一个与列宁主义平起平坐的自己的"主义"。

他说："你仍然还想恢复苏联马克思主义在中国共产党内的统治地位……"①

最后，王的夫人进来说："我找你到处都找遍了，原来你还在这里争吵。我们还是回家吃晚饭吧。"②

一直坐在屋角听着他们争论的江青附和说："你来了，这太好了！这两个老公鸡真是厉害得不得了，一见面就斗，一斗起来就没个完。你抓你的，带他去吃晚饭吧，我也抓我的去吃晚饭，免得他们再斗下去。"③

共产党目前已掌握了长江以北的整个北部中国，同时还在为接管南方半壁江山的渡江战役做准备。1949年毛以此为主题发表了新年献辞。他抨击了优柔寡断的人："如果要使革命半途而废，那就是违背人民的意志，接受外国侵略者和中国反动派的意志，使国民党赢得养好创伤的机会，然后在一个早上猛扑过来，将革命扼死，使全国回到黑暗世界。"④

恰恰在这种情况下，斯大林劝毛，要他在长江以北建立人民共和国，而让江南任其发展。他很可能是害怕出现这样的结局，即中国共产党政权对苏联不抱好感，并控制住整个中国的资源。尽管这是出于错误的动机，但他也许是对的。眼下毛继续向江南横扫而去，吞噬着人口与土地，但他对今后社会和政治方面的消化不良将成为共产党的一大难题却没有丝毫准备。

①②③王明《中共五十年》第80~81页。

④《毛泽东选集》第4卷第1375页。

有人认为他的胃口太大了。

刘少奇当然倾向于审慎取舍。他在1948年底说,如果革命形势发展过快,"对我们的困难很多,不如慢一点,我们可以从从容容地准备。"①

当蒋介石拒绝了毛的和平条件时,毛便向江南的亿万人民发出如下号召:

> 长江流域和南方的人民大众,包括工人,农民,知识分子,城市小资产阶级,民族资产阶级,开明绅士,有良心的国民党人,都请听着:站在你们头上横行霸道的国民党死硬派,没有几天活命的时间了,我们和你们是站在一个方面的,一小撮死硬派不要几天就会从宝塔尖上跌下去,一个人民的中国就要出现了。②

当最后胜利的曙光在地平线上愈来愈明亮之时,毛开始接受这样一个现实,即他、他的士兵和党必须越来越多地参与和他们已经获得完整经验的乡村地区完全不同的城市生活。1949年3月5日他在西柏坡对中央委员会所作的报告中,对这一问题的各个方面作了详尽论述:

> 从一九二七年到现在,我们的工作重点是乡村,在乡村聚集力量,用乡村包围城市,然后取得城市。采取这样一种工作方式的时期现在已经完结。从现在起,开始了由城市到乡村并由城市领导乡村的时期。党的工作重心由乡村转移到了城市。在南方各地,人民解放军将是先占城市,后占乡村。城乡必须兼顾,必须使城市工作和乡村工作,使工人和农民,使工业

① 《刘少奇选集》上卷第409页。

② 《毛泽东选集》第4卷第1415页。

| 第 二 部 | 奋斗　　　　　　　　　　　　　　　　　　295

和农业紧密地联系起来。决不可以丢掉乡村，仅顾城市，如果这样想，那是完全错误的。但是党和军队的工作重心必须放在城市，必须用极大的努力去学会管理城市和建设城市。①

就是在这次讲演中，毛详细说明了共产党统治中国的国家经济政策，"中国已经有大约百分之十左右的现代性的工业经济，这是进步的……"但是"中国还有大约百分之九十左右的分散的个体的农业经济和手工业经济，这是落后的，这是和古代没有多大区别的……在革命胜利以后一个相当长的时期内，还需要尽可能地利用城乡私人资本主义的积极性，以利于国民经济的向前发展。"②

在最初这段时间里，一切不是于国民经济有害的资本主义成分都应允许其存在和发展。但资本主义将由政府通过税收政策以及制定市场价格和劳动条件等手段加以限制和抑制。

对于几乎占了国民经济90%的分散的个体农业和手工业，"必须谨慎地、逐步地而又积极地引导它们向着现代化和集体化的方向发展……必须组织生产的、消费的和信用的合作社……"③

这个讲话在对居功自傲的警告声中结束："我们很快就要在全国胜利了。这个胜利将冲破帝国主义的东方战线，具有伟大的国际意义。夺取这个胜利，已经是不要很久的时间和不要花费很大的气力了；巩固这个胜利，则是需要很久的时

①《毛泽东选集》第4卷第1426页。

②③同上，第1430~1432页。

1949年3月25日，毛泽东等率中共中央机关和人民解放军总部进入北平，民主党派负责人和其他民主人士到西苑机场迎接。

间和要花费很大的气力的事情。资产阶级怀疑我们的建设能力。帝国主义者估计我们终久会要向他们讨乞才能活下去。因为胜利,党内的骄傲情绪,以功臣自居的情绪,停顿起来不求进步的情绪,贪图享乐不愿再过艰苦生活的情绪,可能生长。因为胜利,人民感谢我们,资产阶级也会出来捧场。敌人的武力是不能征服我们的,这点已经得到证明了。资产阶级的捧场则可能征服我们队伍中的意志薄弱者。可能有这样一些共产党人,他们是不曾被拿枪的敌人征服过的,他们在这些敌人面前不愧英雄的称号;但是经不起人们用糖衣裹着的炮弹的攻击,他们在糖弹面前要打败仗。"①

> 我们能够学会我们原来不懂的东西。我们不但善于破坏一个旧世界,我们还将善于建设一个新世界。中国人民不但可以不要向帝国主义讨乞也能活下去,而且还将活得比帝国主义国家要好些。②

西柏坡召开的这次中央委员会会议还在领导权方面同王明进行了一场交锋。王明指控毛假借整风运动搞阴谋才成为党的领袖——针对王明的指控,毛作出了精彩的回答:"博古也好,洛甫也好,都只是名义上的总书记。六届四中全会以后,党内的总指挥实际上是王明……"③

北平现已被占领,共产党人正准备将政府机关迁入这座历史名城。

红色攻势的下一个巨大猎物是南京城。这一切激励着毛写出一首赞颂正在取得的军事胜利的诗:

> 钟山风雨起苍黄,

---

① ②《毛泽东选集》第4卷第1438、1439页。

③ 王明《中共五十年》第168、253页。

百万雄师过大江。
虎踞龙盘今胜昔,
天翻地覆慨而慷。
宜将剩勇追穷寇,
不可沽名学霸王。
天若有情天亦老,
人间正道是沧桑。

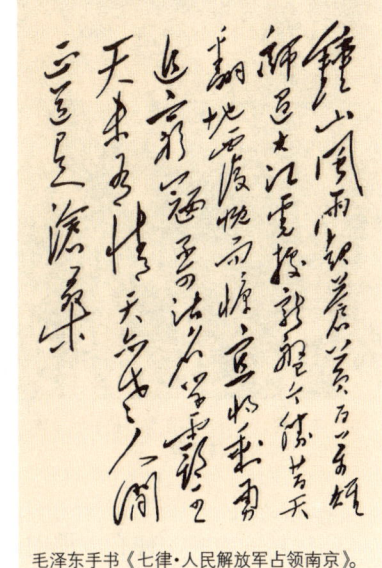

毛泽东手书《七律·人民解放军占领南京》。

在北平,毛住在紫禁城红墙里面中国前统治者住过的宅邸里。他选择了紫禁城范围内、由护城河环绕的中南海里的一座松树掩映、朴实优雅的平房。这是两套分属毛和江个人的、既独立又相互连通的房子,这两套房子由明朝风格的精雕细刻、错综复杂的廊柱划分开来。毛和江还在北平城外玉泉塔附近的西山分得了一套小别墅。

和在延安时一样,毛在中南海里有一小块园子。在那儿,他与江青种上了茉莉、草药和蔬菜。江后来说:"我还曾试着种一小块稻子和一小块棉花。"①

然而,毛的妻子在到达北平后便匆匆前往莫斯科疗养。用她自己的话说,她已经是"皮包骨头,体重减到了 90 磅"。延安两年的军旅劳顿,拖垮了她,就像 15 年前长征的紧张拖垮了她的前任,毛的第二个妻子一样。

在莫斯科,苏联外科医生摘除了她的扁桃体,并把她送到黑海之滨阳光明媚的度假胜地雅尔塔去增加体重。回到莫斯科,斯大林便邀她一叙。他显然有一个错觉,即毛委托她带来了某些信息。实际上,直到她秋天回到北平以后,毛也没有离开北平去朝觐斯大林的宫廷。

① 罗克珊·威特克《江青同志》第 30 页。

1949年4月,毛泽东和江青、长子毛岸英、儿媳刘思齐、女儿李讷在北京香山。(徐肖冰 摄)

毛的妻子对她与毛在北平的早期日子的回忆是,他们大部分时间都花在阅读、时事研究和写作上面。他们很少一同外出,即使是作为消遣,他们也几乎从不到外面的餐馆吃饭。江青描述毛是"毫不在意他在吃些什么"。他吃饭很快,时常在最后一道主菜上来之前便吃饱了。那时他总是把有正菜没吃忘得一干二净。①

这倒使江青记起宋朝一位政治家②,他总是吃离他最近的盘子里的菜,桌上其他菜一概不问。厨子以为那是他最喜欢的菜,可从主人的妻子那儿他才失望地了解到,他是不论皂白青红,只吃手边最近的菜。

当江青提起这个故事时,毛咯咯笑着对她说:"这就是你所了解的历史,你是用它来戏弄我。"

毛并不常讲到他的生活标准,但60年代初,他曾向他的中央委员会的同志们表白:"像我们这样有车坐、有马骑、有暖气、有司机的人可算是头等公民了。我每月只拿430块钱,雇秘书就负担不起,可我必须雇。"③50年代,他的月薪能拿600元,相当于90英镑。70年代初,据说他又从月薪中裁减去了20%,但他还说按中国共产党的标准,通过他的著作版税,他变得富有了。

他的卫士们在他死后悲叹:"您住的是旧房子,解放20多年一直不让修缮。您的衬衣、皮鞋,都穿了多年,已经破旧,我们几次劝您换一换,您都不同意。"④他的一床被子从1942

①罗克珊·威特克《江青同志》第274~275页。

②指王安石。——译注

③《毛泽东思想万岁(1949~1968年)》第2卷第416页。

④8341部队《毛主席啊,我们永远怀念您》,《人民日报》1976年9月14日。

第 二 部 | 奋斗

年一直用到 1962 年，然后又被送进博物馆。毛进城时穿上的一双系带皮鞋，穿了近 30 年，在他死后又被拿去展览。他的浴衣肘部显眼地打着补丁。

这些卫士们隶属于 8341 部队，其职责是专门照顾毛，而最后，该部队终于成为一个有争议的政治角色。他们将毛描绘成一个模范雇主：

"您常常到宿舍看望我们，了解我们的家庭情况和生活情况。您问我们看革命样板戏多少，并送票让我们去看。您问我们家中来信没有，家中情况怎样，让有了情况及时告诉您。夏天，您关切地问我们屋里有没有蚊子，派人给我们打药灭蚊。冬天，您慈爱地抚摸着我们，问冷不冷。您询问我们伙食标准够不够，还到我们伙房看饭菜做得怎么样。"①

毛的工作时间很特别。他一般上午 11 点起床，3 点钟用午饭，7 点半吃晚饭，然后开始工作，不到凌晨 5 点是不会再上床休息的。他的卫士回忆说，遇有紧急情况，或特别的工作日，他常常"几天几夜不停地工作，废寝忘食。有时饭凉了，不得不热了又热"。他对伙食要求很简单，"不外乎杂粮、半支莲和其他野菜"。

进京当主席的头些年，毛号称每天抽 50 支烟，他喜欢抽英国牌子，女王御用的"555"牌——然而，1960 年初，传闻他每日削减到 20 支，并只抽国产牌子的了。据说抽烟使他咳得更厉害了，到其晚年，逐渐妨碍了他在公开场合的讲话。60 年代末，

① 8341 部队《毛主席啊，我们永远怀念您》，《人民日报》1976 年 9 月 14 日。

1949 年，毛泽东在天坛与售货员交谈。

人们看到他手拿小雪茄，替代了他通常用的香烟，可能就是出自健康原因。①

毛的娱乐之一是定期，而又不事张扬地到鼓楼大街上他喜欢的理发店去，在那里与老友们叙旧闲聊，乐此不疲。在家里，他通常喜欢每天晚上打打乒乓球。据说他很少漏球，将球快速有力地抽回去，而且"经常获胜"。②

他喜欢在雪中漫步，他的一个卫士说："他踏着雪，兴趣盎然，似乎没有比这更让人快乐的事了。我们知道主席对雪的嗜好，每当下雪时，便在院子里留出一块不扫。"③毛仍是自始至终睡在没弹簧的木床上，这已经成了他的一种习惯。

此刻，毛在家里的地位变得复杂化了，有时一定是很苦恼的——毛已到了总是让亲属们利用其感情的地步。进入北平的最初几个月，他的妻子赴苏疗养，与此同时，他的前妻贺子珍自苏回国。因未痊愈，便被安置在上海一个精神病院里。他们的女儿李敏也随母亲回来与其父在紫禁城团聚，并开始作为晚女由江青将其与亲生女儿李讷一道抚养。

家里的气氛应该说是自由开放的，然而真要做到这一点是不容易的。江青后来回忆，"我们的孩子是允许顶撞其父亲的；有时我们甚至故意让他们反唇相讥。"

毛和第一个妻子生的两个儿子岸英、岸青也回到了中国。苏联朋友1949年后不久在哈尔滨观察到，后者以他在苏联养成的习惯品位生活着，中国同志无疑对此觉得做作与奢侈。有报道说1950年他为进一步进行精神治疗，又回到了苏联。

这两个年轻人给人以在其父亲的新中国找不到自己合适位置的迷途漂泊者的印象。毛或许很轻视他们变得如此苏联化，

1949年，毛泽东和女儿李敏在香山。

①《外国新闻观察家》，1967年10月17日。

②《纽约时报》，1964年2月2日。

③《红旗》，1977年7月号。

第 二 部 | 奋 斗

却忘记了他们赴苏的原因部分是由他所造成的。他明显地觉得孩子们应该在这个世界上走自己的路，如若只仰仗他的帮助，则势必毁掉其发展的可能性。对家里的两个女儿，一个十几岁，一个也快到这个年龄了，也有同样的要求。传闻说她们俩都渴望成为芭蕾演员。①

8月，长沙解放，毛的结发妻子杨开慧家也可通过红军电台与毛联系了。毛8月8日的回电提到了杨的两个儿子："岸英、岸青均在北平，岸青尚在学习，岸英或可回湘工作，他们都很想看外祖母。"毛还将他和杨的女儿杨展"于八年前在华北抗日战争中为国光荣牺牲"的消息通报给了这个已与北方隔绝了多年的家庭。②

也许是想到了家庭，毛在4月份写了另一首诗，和答把他欢呼成"新纪元的创造者"的学友柳亚子。毛在和诗中暗示了他在其政治胜利的环境中忍受的苦楚：

> 饮茶粤海未能忘，
> 索句渝洲叶正黄。
> 三十一年还旧国，
> 落花时节读华章。
> 牢骚太盛防肠断，
> 风物长宜放眼量。
> 莫道昆明池水浅，
> 观鱼胜过富春江。

6月末，毛答复了他的一批批评者。他一开始便有针对性地提出了今后的目标："对于工人阶级、劳动人民和共产党……是努力工作，创设条件，使阶级、国家权力和政党很自

① 鲁歇尔·派恩《作为领袖的毛泽东》第221页；罗克珊·威特克《江青同志》第164、223页。

②《人民日报》，1977年9月12日。

然地归于消灭，使人类进到大同境域。"

这是 19 世纪中国思想家康有为在其名著《大同书》中所设立的目标。在这方面，毛谨慎地将共产主义目的植根于中国本土的知识传统，而不是引进的西方思想中，希求以此来安定代表着中国思想家的大多数的非马克思主义者。

接着，他一一历数了他的批评者们的抱怨，他们说："你们一边倒。"毛答复说："正是这样……中国人不是倒向帝国主义一边，就是倒向社会主义一边，绝无例外。骑墙是不行的，第三条道路是没有的……"

"你们独裁。"对此，毛回答："可爱的先生们，你们讲对了，我们正是这样。中国人民在几十年中积累起来的一切经验，都叫我们实行人民民主专政，或曰人民民主独裁，总之是一样，就是剥夺反动派的发言权，只让人民有发言权。"

"你们不是要消灭国家权力吗？我们要，但是我们现在还不要。"

"军队、警察、法庭等项国家机器，是阶级压迫阶级的工具……人民的国家是保护人民的。有了人民的国家，人民才有可能在全国范围内和全体规模上，用民主的方法，教育自己和改造自己，使自己脱离内外反动派的影响（这个影响现在还是很大的，并将在长时期内存在着，不能很快地消灭），改造自己从旧社会得来的坏习惯和坏思想，不使自己走入反动派指引的错误路上去，并继续前进，向着社会主义和共产主义社会前进。"

毛在这一题为《论人民民主专政》的由衷谈话中，对中国共产党所面临的变革的挑战作出了如下结论。战斗已经过去，摆在前面的是尚不熟习的建设工作。

1949 年 9 月 21 日，毛泽东在中国人民政治协商会议第一届全体会议上致开幕词，庄严宣告："占人类总数四分之一的中国人从此站立起来了！"

| 第二部 | 奋斗

"我们熟习的东西有些快要闲起来了……我们必须克服困难，我们必须学会自己不懂的东西。我们必须向一切内行的人们（不管什么人）学经济工作。拜他们做老师，恭恭敬敬地学，老老实实地学。不懂就是不懂，不要装懂。不要摆官僚架子。钻进去，几个月，一年两年，三年五年，总可以学会的。"①

8月，美国的中美关系白皮书以惋惜的笔调将中国划归共产主义世界，并称中国国内战争的结局为"不祥之兆"，毛泽东对此则抱蔑视心理。在共和国成立的前几个星期，毛向美国呼喊出了他的愤怒和轻蔑。8月18日，他在一篇报纸评论中写道："美国人在北平，在天津，在上海，都撒了些救济粉，看一看什么人愿意弯腰拾起来。太公钓鱼，愿者上钩。嗟来之食，吃下去肚子要痛的……我们中国人是有骨气的……多少一点困难怕什么。封锁吧，封锁十年八年，中国的一切问题都解决了。"②

对白皮书中描述的中国的黑暗前途，毛的评论是："世间一切事物中，人是第一个可宝贵的。在共产党领导下，只要有了人，什么人间奇迹也可以造出来。我们是艾奇逊反革命理论的驳斥者，我们相信革命能改变一切，一个人口众多、物产丰盛、生活优裕、文化昌盛的新中国，不要很久就可以到来，一切悲观论调是完全没根据的。"③

9月，毛在北平召集了中国人民政治协商会议。在开幕式上，毛向全世界宣告：

> 我们的工作将写在人类的历史上，它将表明：占人类总数四分之一的中国人从此站立起来了。中国人从来就是一个伟大的勇敢的勤劳的民族，只是在近代是落伍了……我们的民族将从此列入爱好和平自由的

①《毛泽东选集》第 4 卷 第 1472、1481 页。

② 同上，第 1495~1496 页。

③ 同上，第 1512 页。

1949年9月30日,毛泽东在天安门广场为人民英雄纪念碑奠基。

世界各民族的大家庭,以勇敢而勤劳的姿态工作着,创造自己的文明和幸福,同时也促进世界的和平和自由。我们的民族将再也不是一个被人侮辱的民族了,我们已经站起来了。我们的革命已经获得全世界广大人民的同情和欢呼,我们的朋友遍于全世界……中国人被人认为不文明的时代已经过去了,我们将以一个具有高度文化的民族出现于世界。①

① 《毛泽东选集》第5卷第4~6页。

9月30日,会议选举毛为中华人民共和国政府主席。选举前,一些非共产党代表在走廊里向他问起此事。

毛俏皮地对他们解释说:"每个人都可以自由地选举选票上印着名字的人,当然他不能勾掉上面所有的姓名而填上西门

1949年10月1日,开国大典会场。

庆的名字。"西门庆是言情小说《金瓶梅》——中国的《十日谈》中的角色，是个浪荡公子，毛很喜欢看这部书。

那一天，他以其浓厚的南方口音朗读包括他的妻子、弟弟和妹妹在内的国内战争中牺牲者的墓志铭，他的讲话被电台作为特例录了音。

1949年10月1日，毛在天安门上庄严宣告，中华人民共和国成立。此时，广东和重庆仍未解放，但蒋委员长已逃往台湾，无疑这便是内战的结局。毛，这年55岁。

# 第三部
大权在握

鍾山風雨起蒼黃，百萬
雄師過大江。虎踞龍盤今勝昔，
天翻地覆慨而慷。宜將剩勇
追窮寇，不可沽名學霸王。
天若有情天亦老，人間
正道是滄桑。

17 虎口取食
（1949~1951）

毛 泽 东 传
A BIOGRAPHY OF MAO TSE-TUNG

1949年10月16日，毛泽东在北京接受苏联首任驻华大使罗申递交国书。

毛作为中华人民共和国的首脑所面临的第一个挑战是，要同斯大林和解。这对他来说是极为棘手的，因为他目前所处的显要地位主要不是靠遵循苏联模式赢得的。但是现在，身为中国的第一位共产主义统治者，他必须去莫斯科与著名的国际共产主义运动领袖斯大林握手言欢。无疑，他希望斯大林能从两个世界上最大的民族加入共产主义行列这一事实所具有的重大意义出发，忘记过去并赞同翻开历史上的新篇章。

毛非常清楚斯大林对他的不信任。13年后，他回忆说，当中国共产党人取得胜利后，斯大林"又怀疑中国是南斯拉夫，我就变成铁托。"①

到12月份，毛第一次准备去莫斯科会见斯大林的时候，他知道他的一位同僚已先他抵达那里。显然，他的这位同僚正在俄国人的支持下，巩固其在具有战略意义的东北地区的地位。这个人就是高岗。高曾经在长征结束时把毛迎入陕西并使后者免于磨难。

在内战的最后阶段，即1946年到1949年期间，高作为东北的领导人已经确立了自己的地位，因为东北紧扼通往苏联的中国铁路，而且它的重工业对共产党人极为重要。高后来宣

① 毛泽东《在八届十中全会上的讲话》，1962年9月24日。

称:"我是一个国际共产主义者,而毛泽东及其支持者则是井冈山上的土生土长的共产主义者。"据此,可以说。高正把自己看成可以取代毛的领袖人物。高并没有公开谋求毛的党的主席职位,却千方百计想攫取刘少奇的书记处书记职位和周恩来的总理职位。所有这些恐怕都得到了苏联的支持。毛后来说,斯大林非常喜欢高岗并送给他一件特别的礼物——小汽车。赫鲁晓夫记得克里姆林宫曾收到过高岗提供的有关北京领导人情况的许多材料,他说:"他是中国政治局在满洲的代表和首脑,跟我们自己在那里的代表关系很密切。"①

1949年7月,就在毛宣布中华人民共和国成立的数个星期前,高岗率领一个独立的贸易代表团,作为"中国东北人民民主政府的代表"前往莫斯科,先于毛同斯大林签订了一个贸易协定。

据后来陈毅的一个报告的译本说,高"从苏联邀请专家,派学生去苏联。事后才敷衍性地要求中央政府同意。"②直到1952年,高的东北甚至还拥有自己独立的货币。③

所以,1949年12月16日毛去莫斯科时,对他以前的朋友和救星的作用心存疑虑。当斯大林把他当作心腹朋友时,毛一定感到很意外。后来,赫鲁晓夫回忆说:"斯大林决心赢得毛的信任与友谊,所以他把苏联大使关于毛与高岗争论的报告交给毛,对毛说:'看看吧,你可能会

①赫鲁晓夫《最后的遗言》,东方出版社1988年版第379页。

②此段话未查到中文资料。——编注

③丰努·纳卡加玛《高岗事件与中苏关系》,载于《评论》,东京国际关系学院,1977年。

1949年12月至1950年2月,毛泽东首次访问苏联。苏联党政领导人布尔加宁(右一)、莫洛托夫(右二)前来迎接。

对这些东西感兴趣。'"①接着赫鲁晓夫自己解释道:"斯大林为什么要出卖高岗?我想他是受了自己猜疑心的驱使……他估计毛迟早会发现高岗一直在告自己的秘,因此,如果出现这种情况,毛就可以指责斯大林煽动反对中国政府。于是斯大林拿定了主意,最好还是牺牲高岗来取得毛的信任。然而,我认为毛从来就没有真正信任过斯大林。"②

赫鲁晓夫是对的。毛在访问前没有理由设想斯大林对他已有好感,谈判的结果又在他心中埋下了深深的不信任感。由于这一原因,高在东北的表现和行为一定变得越来越令人难以容忍。但是,毛必须等到斯大林死后,才能对付这个危险的竞争对手。

在毛访问莫斯科的九周(其中有两天去了列宁格勒)内,中苏双方都令人惊异地沉默寡言。斯大林 70 寿辰时,毛重新出现在宴会上,之后又受到苏联领导人的多次宴请。然而,他们彼此都发现很难谈得来。

根据赫鲁晓夫的说法,斯大林对中国的新统治者一直忧心忡忡。"这个毛泽东究竟是个什么样的人?"他问身边的同僚,"我对他一无所知。他从未来过苏联。"③

斯大林怀疑毛有狭隘的农民观念,害怕城市工人,把红军建立在孤立的基础上而不考虑无产阶级。由于毛在国民党无力防御上海时,对占领该市裹足不前,因而使斯大林确信了他的上述看法。斯大林向毛提起的第一桩事情就是这个问题。

"为什么不打下上海?"他问。

毛答道:"那里有 600 万人口,要是占领上海,我们就得给这些人吃的,我们到哪里去弄这么多粮食?"④

这个回答只能加重斯大林的怀疑:毛考虑的不是进入上海并获得当地无产阶级的支持,而是唯恐供应城市食品的工

①赫鲁晓夫《最后的遗言》第 379 页。

②同上,第 380 页。此处引文与中译本文字略有出入。——编注

③同上,第 373 页。

④斯特布·泰尔伯特译《赫鲁晓夫回忆录》,东方出版社 1988 年版第 266 页。

1949年12月21日，毛泽东出席斯大林70寿辰庆祝大会。

作会妨碍他在全国其他地区同蒋的斗争。

当后来斯大林重温这段争论时，对他的同僚说："毛究竟是个什么样的人？他自称是一个马克思主义者，可是他连马克思主义最基本的道理都不懂。也许他根本不想懂得这些道理。"①

最初的会晤一结束，怨气便自谈判中涌现出来。斯大林连续几天不想见毛，而且正如赫鲁晓夫所言，"由于斯大林自己不去看毛，也没叫别人去款待他，因此别人谁也不敢去看他。"②谣言传开了，说毛很不高兴，他受到禁闭和忽视，假如这种待遇继续下去，他就要离开。于是，斯大林为他摆了另一次晚宴，以稳住其心神。一些人把毛的长住归结于下述事实，即他在莫斯科经常患病，身体虚弱无力，无法在会议上讲话。

至于斯大林，由于他要求在华享有和中国过去被迫给予西方人的极为相似的特权，因而加重了毛的忧虑。例如，他提议建立一个联合股份公司来开采新疆的自然资源；他还要求毛拿出土地建立一个橡胶种植园——这两个建议极易让人联想起昔日令人望而生畏的欧洲帝国主义国家。

同斯大林的这些会谈，毛牢牢地记在心里。八年后，他在家里告诉他的同志：

> 我和斯大林在莫斯科吵了两个月。对于互助同盟条约、中长路、合股公司、国境问题，我们的态度：一条是你提出，我不同意者要争，一条是你一定要坚

① 赫鲁晓夫《最后的遗言》第374页。

② 同上，第375页。

持，我接受。这是因为顾全社会主义利益。那时有两个"殖民地"，即东北和新疆，任何第三国的都不准住在那里……①

1957年毛在另一次谈话中回忆说："我们要签订中苏条约，他不订；要中长路，他不给；但老虎口里的肉还是能拿出来的。"②

在俄国首都的寒冬里过了毫无收获的一个月后，毛把周恩来从北京召来以收拾谈判的残局。两个最高级人物能够面对面解决他们之间的问题的神话破产了。结果，毛在中国的威望降低了。三个星期后，1950年2月14日（圣瓦伦丁节），一份友好、互助和结盟的条约在为此而举行的仪式上签订。同时签订的还有，俄国在5年内向中国仅提供3亿美元贷款的协定和其他经济协定。用斯大林为东欧各国所做的一切或者美国为其亚洲盟国所做的一切来衡量，任何人都会清楚，斯大林对待中国明显地吝啬。

中苏还对即将发生在朝鲜的事件进行了讨论。显然，当时尚未认识到这一事件将具有何等重大的意义。斯大林就北朝鲜领袖金日成的计划征询毛的意见。

赫鲁晓夫回忆说："毛……同意金日成的设想，并提出美国不会干涉的看法，其理由是，这场战争是一场国内战争，朝鲜人民会自己加以解决。"③

几天后，毛穿越西伯利亚和中国东北回到了北京。抵京之际，毛对两国之间"永恒的、牢不可破"的友谊，仅发表了寥寥数语的演说。斯大林与毛的"伟大会见"的照片出现在全国，以夸张的语言赞颂他们的新歌也传播开来："毛泽东！斯大林！就像天上的太阳一样光明！"然而，北京的圈内人物却

① 斯图尔特·施拉姆《毛泽东的创举》第101页。

② 《毛泽东思想万岁（1957~1961年）》，北京1967年版第19页。

③ 参见斯特布·泰尔伯特翻译的《赫鲁晓夫回忆录》，伦敦1967年版第368页。

知道毛受到苏方的冷遇。

从某种意义上说，出于中国人的自豪与自尊，毛在同斯大林周旋的过程中已经站起来了。他的中国同志无疑钦佩他的气概。但是，另一方面，他却未能把中国经济发展所需要的东西带回来。俄国拥有的技术和能够提供的资金，中国自己要花费几十年才能挖掘和积累起来，所以毛的同志们对此一定颇为失望。

毛同斯大林最低限度的谅解一经取得，他便安下心来处理国内问题，把延安的经验运用于一个由不同的民族组成的六亿人口的国家中。正如江青直截了当所说的那样："现在，人民给了我们很高的地位、良好的待遇和巨大的权力，如果我们不能作出新的贡献，那么，人民会需要我们多久？"①

毛从俄国归来后，于2月和3月间继续在东北的城市和工业区旅行。他去了哈尔滨、长春、沈阳等城市的工厂和企业。地方官员努力让他住得舒适一些并给他提供良好的饭菜，毛没有阻拦任何特殊安排。但在一个城市里，当毛看到他房间里的弹簧软床时，他对贴身警卫说："我们不习惯睡这种床，你最好用我们自己的。"于是，软床被撤走，毛简单的床上用品铺在了一块木板上。

毛在哈尔滨视察铁路工作时说："很好。你们有许多熟练工人。我们没有经验，应该依靠熟练工人管理工厂。"

他对一位负责人说："你懂得怎样管理工厂吗？"

那个官员答道："不，我不懂。最近我刚被调到工厂。"

毛评判说："如果你不懂，你应该学。我们都不懂，我们都应该学。"② 南方的土地改革问题特别困难。1950年初，毛给南方各省党的领导人发出一份征询意见的通知，建议他们放慢重新分配土地的工作，并指出，土改规模空前伟大，党的

①罗克珊·威特克《江青同志》。

②新华社1977年9月6日发。

1950年进行的农村土地改革。

干部容易发生过"左"偏向。过去，北方人民的土改是在战争中进行的。现在已无战争，所以土改给予社会的震动特别重大。最后，土改将使民族资产阶级不安，而党正在努力同他们合作。基于上述原因，毛极力主张，尽管共产党人取得了胜利，但暂时还不要触动南方的富农。

6月份，毛说，有些人认为可以提早消灭资本主义实行社会主义，这种思想是错误的，是不适合我们国家的情况的。党已经创造过奇迹了，但现在应当避免冲动。"四面出击，全国紧张，很不好。我们绝不可树敌太多，必须在一个方面有所让步，有所缓和……"①

要说服知识分子学习唯物主义以清除他们的唯心主义思想。"他们讲上帝造人，我们讲从猿到人。"②

在这百业待兴的阶段，迎来了共产主义胜利的第一个周年纪念。在为此而于北京中心举行的舞蹈演出期间，毛作了一首诗：

> 长夜难明赤县天，
> 百年魔怪舞翩跹，
> 人民五亿不团圆。
>
> 一唱雄鸡天下白，
> 万方乐奏有于阗，
> 诗人兴会更无前。

然而，一个未曾料到的悲剧降临了，无论对中国，还是对毛本人，它都是一幕悲剧。6月份，金日成越过朝鲜分界线，向南进军，朝鲜战争爆

①《毛泽东选集》第5卷第24页。

②同上，第23页。

1950年"六一"，毛泽东接受少先队员鲜花。

发了。杜鲁门总统认为这场战争是在苏联和中国的支持下策划的。中国人自己知道,毛在莫斯科的访问作为一次寻求帮助的游说活动是很不成功的,但对华盛顿和伦敦的西方政治家来说,它更像是一次向莫斯科的控制屈服的旅行。朝鲜战争的突发,被视为在亚洲其他地区进一步扩散共产主义理想运动的第一个行动。

毛错了。美国人——不仅仅是美国人——进行了干涉以支持南朝鲜政权。到10月份,麦克阿瑟将军指挥下的联合国武装部队已逼近鸭绿江,而且似乎要向中国边境进军。在此情况下,毛战胜了自己在向美国人挑战问题上的强烈恐惧,给中国军队发出了一道命令:"着中国人民志愿军迅即向朝鲜境内出动,协同朝鲜同志向侵略者作战并争取光荣的胜利。"[①]

① 《毛泽东选集》第5卷第32页。

在中国军队开进朝鲜的最初几个星期里,毛作出安排,让他的老对手,亲苏的王明坐火车迅速出发去莫斯科。最后得了妄想症的王,断言这是一阴谋,让他在美国飞机袭击苏中两国之间的铁路时丧生。他对毛所下达的指示抱怨不已。在中国共产党人的一所医院里他用消毒甲酚皂液代替医疗药皂刷碗。然而,他平安地抵达了苏联并在那里住了很多年,撰写他的回忆录,编录所谓的毛的罪行。

与志愿军一起入朝的一位官员是毛的长子岸英。这位年轻人在干了一段农活后,先是被分配到北京做翻译工作,后来又参加了军训。据说他在朝鲜指挥一个师。实际上这是不可能的。那时他年仅30岁。

1950年10月,中国人民志愿军雄赳赳、气昂昂,跨过鸭绿江。

1950年11月,在一次美军

空袭或者中国飞机坠毁的过程中,岸英牺牲了。用江青的话说,毛得到的这个消息给他们的个人生活蒙上一层"深深的忧郁"。

战争结束后,金日成每年都在平壤以中国人的悼念方式在岸英的坟墓上放置花圈。因为据说后者的遗体"应朝鲜人民的要求"从未运回他的故乡。

朝鲜战争打断了毛发展中国经济、建设社会主义的计划的进程,同时也给蛰居于台湾并随时准备反攻的国民党以巨大的鼓舞。此时已得到美国全面支持的国民党对他们刚刚撤离的大陆加倍地进行破坏和颠覆活动。1951年,毛把大部分时间和精力花在领导镇压反革命分子和其他违法者、歹徒的运动上面。所谓"三反"(反贪污、浪费和官僚主义)运动和后来的"五反"(反行贿、偷税漏税、盗骗国家财产、偷工减料、盗窃国家经济情报)运动,以及对倔强的知识分子的思想改造运动都是在这个时期展开的。

正是这些运动,和土改一起导致了大规模的血腥镇压。5月,毛发出指示,在犯有最严重罪行的反革命分子当中,大约10%至20%的人应处以死刑。而这仅仅是最低限度的数字。这些人应当包括"有血债或有其他引起群众愤恨的罪行或最严重地损害国家利益的人"。

其他人尽管犯有死罪,但应处以较轻的刑罚,"如果我们把这些人杀了,群众是不容易了解的,社会人士是不会十分同情的,又损失了大批的劳动力,又不能起分化敌人的作用,而且我们可能在这个问题上犯错误。"①

①《毛泽东选集》第5卷第44-45页。

与此同时,毛的妻子正逐步介入他的政治生活。50年代中期,在周恩来的帮助下,她在文化部的电影筹划指导委员会里谋得一席之地。几个月后,她发现了一个问题,并能就此向毛证明她是其思想的合格的捍卫者。这个机会就是电影《武训传》的上演。武训是19世纪的著名乞丐，他攒钱投资创办学校以便让穷人的孩子受到教育。电影对他进行了称颂。于是江青抱怨说，《武训传》是在鼓励人们去做一个胆小怕事的规矩人，而不是去做一个彻底的激进的革命者。负责文化事业的共产党官员、江青在上海的岁月里的宿敌、现任文化部部长的周扬没有理会她的意见。毛对此也没有什么兴趣。经过长时间的争论，她离开了毛。

一连数日，她没有在毛的房间里露面。最后，毛去了她的书房，而她正在全神贯注地搞她的研究。毛不高兴地说："原来你仍在忙这个。"

江告诉毛，她想去山东武训的家乡以收集更多的材料。毛反对这样做。尽管如此，江青还是用假名去了山东并胜利归来，因为她搜集的材料表明，事实上，武训后来变成一个地主和地主阶级的支持者。毛最终信服了，并帮助她写了一些报告。毛自己也写了文章，在《人民日报》上发表：

> 特别值得注意的，是一些号称学得了马克思主义的共产党员。他们学得了社会发展史——历史唯物论，但是一遇到具体的历史事件，具体的历史人物（如像武训），具体的反历史的思想（如像电影《武训传》及其他关于武训的著作），就丧失了批判的能力……一些共产党员自称已经学得的马克思主义，究竟跑到什么地方去了呢？①

1951年末，江青隐姓埋名去中南地区帮助搞土改。应其要求，毛送给她一件大衣，以备冬季之用。而且，他还与同事们一致同意，她应辞去作为毛的秘书长和电影局局长的职务。据说，这是由于她生病的缘故。②

① 《毛泽东选集》第5卷第47页。

② 罗克珊·威特克《江青同志》第255页。

江青胜任政治或文化领导工作的才能，没有给毛的许多同志留下印象。

1952年底，因为抱怨肺疼，她第二次出访苏联进行治疗。苏联外科医生做手术检查她的肺，结果未找到丝毫的病象。接着，她又一次被送往雅尔塔，在那里她接受了很长一段时间的青霉素治疗。只是到了1953年秋，她方获许回国，但仍需医治。

据江青说，斯大林对毛的建议之一是，他应该出版他的著作集。实际上，这是必然的。1950年毛从莫斯科回国后不久，便开始修改和编辑他的手稿的工作，对这些手稿毛希望作为财富加以保存。修改的原因很多。显然，他需要改正其早期著作中存在的明显的理论错误。其次，在遵义取得党的领导地位以前，毛表达的某些思想也要加以充实，它们曾经一度为党所摈斥。

同时，毛希望不要留下任何公开的把柄，以防政治对手攻击他在1935年以前不服从党的领导。还有，在50年代初期，减弱中国共产党对斯大林的理论权威的否定程度，对毛是有益的。

出于上述考虑，在修订过程中，通过增、删和各种各样的改动，对原内容进行了广泛的调整。一位西方的著名学者斯图尔特·施拉姆得出结论："在对照原版核对以前，你不能把任何一个句子看做与毛实际上写的完全一致。"①

《毛泽东选集》第1卷于1951年10月，第2卷于1952年4月，第3卷于1953年5月相继面世。此后，隔了很长一段时间，直到1960年9月，第4卷才出版发行，而第5卷则是在他死后问世的。

① 斯图尔特·施拉姆《毛泽东的政治思想》，伦敦1974年版第117、184页。

> 任何国家在任何时候只依靠旧黄历是行不通的。如果我们只有马克思和恩格斯，没有列宁的著作，比如他的《两种策略》，我们就不可能解决1950年以来

1952年，毛泽东为志愿军归国代表团签名。

所出现的新问题。如果只有1901年出版的《唯物主义和经验批判主义》，便不可能有效地解决十月革命前后所出现的新问题。为了适应当时的需要，列宁写了《帝国主义论》《国家与革命》，等等。

列宁死后，斯大林有必要写《列宁主义基础》和《列宁主义问题》来反击反革命分子保卫列宁主义。在第二次国内革命战争末期和抗日战争初期，我们写了《实践论》和《矛盾论》，这些著作我们必须出版以便跟上时代的需要。①

① 《毛泽东思想万岁(1949~1968年)》第2卷，华盛顿联合出版物研究服务处，共产主义中国译文，第305页。

要进行系统的考察，就应该判断出混杂在毛的著作中的大量中国引语。毛是写给中国人而不是西方读者看的。据统计，毛著作中的所有参考资料，22%源于儒家思想，12%出自道家或墨家的著作，13%是中国传奇或纯粹的文学作品中的东西。换句话说，他的引语的几乎一半是中国读者所熟悉的。相比之下，仅有4%源于马克思和恩格斯，24%引自斯大林，18%引自列宁。

这反映了毛自身的读书种类。他是一个博览群书的人，同时又是一个很会有选择的读书的人。一位在40年代初访问过延安的苏联人评论说，毛只读旧式的包罗万象的典籍、古代哲学信条和旧小说，漠视西方的经典，蔑视所有的非中国人的著作。这个评论有些夸张——但并非完全不着边际。毛对书籍的矛盾心理是显而易见的。他曾经告诉参加某次会议的同志们：如果一个人尽相信书本里说的，还不如什么书都不读好。他非常喜欢说：一个人"书读得越多越蠢"。这句台词在几个场合中都被提起过。

"选集"是怎样的马克思主义著作呢？毛的一位亲苏的同事强烈地批评了他的哲学文章。他声称，这些文章中包含着严重的理论错误（是"反唯物主义的、极端主观唯心主义的、唯意志论的"）和方法论错误（是"反辩证法的，与科学的方法论极端矛盾的、诡辩的"）。就毛的《辩证法唯物论提纲》一书来说，它有那么多的错误和幼稚的议论，以至于任何懂得马克思主义的人，在读这本著作时都要"笑掉牙齿"。[1]

毛公开承认，有些同志说"我甚至没有一点马克思主义"。接着，他进而表白自己是怎样在实践中而不是在课堂上发展马克思主义的。"以前我有各种非马克思主义思想，只是后来我才接受了马克思主义。从书本里，我学了一点马克思主义，于是开始改造我的思想。但主要是在过去几年里，通过参加阶级斗争，我才得到改造。如果我想进一步改造，就必须继续学习，否则就要落在后面。"[2]

"选集"里有许多具有特色的主题。比如，实用的中庸之道——中国人的一种典型行为方式。内战末期，毛关于同国民党谈判的建议便是一例。他说："我们不应当怕麻烦、图清静而不去接受这些谈判，我们也不应当糊里糊涂地去接受这些谈判。我们的原则性必须是坚定的，我们也要有为了实现原则性的一切许可的和必需的灵活性。"[3]

贯穿于"选集"中的另一个思想是，不稳定和不平衡是正常的。毛在一篇文章中讲"树欲静，而风不止"，"没有必要害怕浪潮；人类社会就是在无数的'浪潮'中演进的"。[4] 毛用一

---

[1] 王明《中共五十年》第120~121页。

[2] 《毛泽东著作选读》，北京1971年版第455~456页。

[3] 《毛泽东选集》第4卷第1436页。

[4] 《人民日报》，1966年7月26日。

句话明确地表达了这个思想:"平衡、静止和统一是暂时的和相对的,而不平衡、变化和对立则是绝对的和永恒的。"①

毛的"选集"中还存在着民粹主义的思想痕迹。他说:"我们共产党人好比种子,人民好比土地。我们到了一个地方,就要同那里的人民结合起来,在人民中间生根、开花。"②所以,任何共产党领导人都要同群众保持联系并从他们那里吸取营养。"群众是公平的,他们不会否定我们的成绩。"③

同时,毛关于阶级的思想也是不同寻常的。在一个关于阶级问题的指示里,他写道:

> ……阶级成分和本人表现要区别,主要是本人表现……问题是你站在原来出身的那个阶级立场上,还是站在改变了的阶级立场上,即站在工人、贫下中农方面?……如果只论出身,那么,马恩列斯都不行。④

这样一来,中国的资产阶级便可获准进入成员杂沓的"人民"俱乐部。这个俱乐部为他们提供优良的行为样板,让他们转变思想。然而,无论你转变与否,思想毕竟是个抽象的东西。最后,毛承认在这个问题上,他受到许多最亲密的同志的欺骗。

毛从未能使自己喜欢上知识分子。1968年,他向来自大学和工厂里的受过军事训练的正在进行"文化大革命"的青年革命者——红卫兵发表了一个讲话,说:"我认为知识分子是最不文明的。我认为朴实无华的士兵是最文明的。"毛是一个彻头彻尾的唯物主义者,但他又明显地接受甚至颂扬生活中的主观意志的作用。他引用孔子的话说:"君子……内省不疚。"

---

① 《毛泽东思想万岁(1949~1968年)》第1卷第220页。

② 《毛泽东选集》第4卷1162页。

③ 《毛泽东思想万岁(1949~1968年)》第2卷第305页。

④ 毛泽东《关于划阶级问题的指示》,1963年。

| 第三部 | 大权在握

60年代初他写道:"我们不能认为在社会主义社会就不存在能动的和自由的意志了。"他坚信主观力量改变客观现实的能量,坚信主观意志的威力。在1938年的一本小册子里他已经写出了这一点:

1952年2月,毛泽东在北京近郊访问农民。

> 我们反对主观地看问题,说的是一个人的思想,不根据和不符合客观事实……但是一切事情是要人做的,持久战和最后胜利没有人做就不会出现。做就必须先有人根据客观事实,引出思想、道理、意见,提出计划、方针、政策、战略、战术……
>
> 指导战争的人们不能超越客观条件许可的限度期求战争的胜利,然而可以而且必须在客观条件的限度之内,能动地争取战争的胜利。战争指挥员活动的舞台,必须建筑在客观条件的许可之上,然而他们凭借这个舞台,却可以导演出很多有声有色、威武雄壮的戏剧来。①

① 《毛泽东选集》第2卷第477~478页。

上述思想和更多的其他思想一齐收入"选集",以展示毛主义或毛泽东思想的一贯性和系统性。这几乎就像古代学者整理孔子及其他圣人的教诲一样。毛泽东思想被描绘为"宝贵的思想财富"和"取之不尽的理论宝库"。一首小诗写道:

> 毛主席的书是宝库,
> 总有取之不尽的珍贵财富。
> 一字值千金,
> 读了心里红彤彤。[1]

毛对自己的智慧结晶有时是很谦虚的。他说:"《毛泽东选集》,有多少是我的?它是用鲜血凝成的著作……毛选中的这些东西是群众教给我们的,是用流血牺牲换来的。"[2]

除了发到中国的几乎每个党员和非党员手里外,"选集"还被译成几十种语言在世界各地发行。由于中国人做的各种各样的宣传,因而导致《时代》周刊在毛70寿辰之际发表了一篇评论,称毛是"中国的思想之王"。一位年轻的非洲来访者曾经告诉毛:"您的著作比马克思、恩格斯、列宁的更加易懂……您的著作写得很通俗。"毛的著作中有常识性的内容和维多利亚式的带有塞缪尔·斯迈斯思想印迹的关于自立的道德说教,也有哲学论辩和进行革命的策略,这些一直激励着他的人民。

---

[1]《中国季刊》(伦敦)第23期第190页。

[2]《毛泽东思想万岁(1949~1968年)》第2卷第340页。

18 挥 鞭
（1952~1954）

毛泽东传
A BIOGRAPHY OF MAO TSE-TUNG

1953年2月，毛泽东在罗瑞卿的陪同下，视察东海舰队南昌舰。

至此时，尚没有一位国家元首前往北京进行国事访问，对这个刚刚诞生的新中国表示敬意。直到1952年9月，在毛泽东庄严宣告中华人民共和国成立的第三个年头，蒙古人民共和国党的领导人泽登巴尔才来到北京，成为第一个访问人民中国的国家元首。令人感到惊讶不解的是，苏联人并没有率先做出这种表示，这或许是因为钢铁般的斯大林正在走向他生命的终点。1953年3月，这位苏联的独裁者和领袖病逝于莫斯科，北京的毛泽东写了一篇出人意料的而又明显言不由衷的悼念文章。悼文中说："人们都知道，斯大林同志热爱中国人民，认为中国革命的力量是不可估量的。在中国革命问题上，他献出了崇高的智慧。"[1]

朝鲜领导人金日成是第二个访问中国的外国领导人。1953年11月，他来到北京与毛泽东会晤。至少这是对中国人参加朝鲜战争（抗美援朝战争）的无私奉献和巨大牺牲（包括毛泽东的长子毛岸英）的一种表示。第一个访问新中国的非共产主义国家的政府首脑是印度的尼赫鲁，他在1954年10月对中华人民共和国进行了国事访问。尽管几年前，毛泽东还打电报给印度共产党表示良好的祝愿。在电报中，毛泽东告诉尼赫鲁的

[1] 毛泽东《最伟大的友谊》，1953年3月9日，见《中苏友好文献》，人民出版社1953年版。

1954年10月21日，毛泽东和印度共和国总理尼赫鲁在印度驻华大使举行的招待会上。

国内对手说，依靠勇敢的印度共产党人，"……印度决不会长期处于帝国主义及其合作者的羁绊之下。自由的印度将有一天要与自由的中国一样，作为社会主义和人民民主主义大家庭的一员而出现于世界……"[①]在1953年夏季朝鲜战争停火期间，尼赫鲁证明了他所领导的印度真正地独立于当时世界任何阵营之外。

对中国人来说，朝鲜战争使他们付出了巨大的代价。毛泽东在1952年夏天的一个讲话中指出，在过去的一年，我们用于"抗美援朝战争的费用，和国内建设的费用大体相等，一半一半。"[②]在1952年，对于刚刚诞生的新中国来说，这笔战争开支无疑是十分巨大的，但它确有着特别重要的政治意义，它证明了中国人能够战胜美国人。毛泽东进一步指出，这是因为美国虽然在"武器上是强大的，但是在道义上得不到支持，是弱小的。"

在1953年2月召开的中国人民政治协商会议——它包括许多非共产党人士参加——第一届全国委员会第四次会议的闭幕词中，毛泽东再一次强调指出，党内一些同志缺乏民主，他要求他的听众去反对政府官员中存在的官僚主义。这一思想最终导致了14年后在广袤的中国大地上展开的一场动乱——"文化大革命"。他说，官僚主义在各级领导机关和领导干部中日益滋长，"即以中央一级机关来说，许多部门中的许多领导干部，还仅仅满足于坐在机关中写决议，发指示。只注意布置工作，而不注意深入下层去了解情况和检查工作，

[①] 毛泽东《给印度共产党总书记的复电》，1949年11月19日。

[②]《毛泽东选集》第5卷第66页。

使自己的领导常常脱离群众和脱离实际，以致在工作中发生了不少的严重问题。"①

显然，毛泽东正在制定一些新的模式和法规，试图以此去训练他的党。为此，他请求党外人士监督和批评那些没有能按照他的要求和思想去做的党员干部。在党内，他对这些人的批评是十分严厉的。用他的话说，扫帚不到，灰尘不会自己跑掉，因此要不断地打扫灰尘，使房间保持清洁和卫生。

但是，实际上在中共党内存在着不同的观点和看法，并逐渐发展成为党内的一种与毛泽东相悖的异己力量。在土地改革完成以后，中国人民进入了农业生产互助合作阶段，这是迈向集体化的第一步。然而，刘少奇，这位毛的助手却提出另一种观点，他认为中国首先应该发展工业化和农业机械化，然后才有可能使土地有效地变为社会所有。

刘少奇的这番讲话最早见于1951年夏天，后来这一讲话被红卫兵视为与毛泽东路线相对抗的证明。刘少奇在一个批示中说："有些同志认为，农民依靠互相帮助和合作就能够实现农业集体化和农业社会化，这是一种错误的、危险的、空想的农业社会主义思想。"②刘少奇的这一批示得到了广泛的传播，显然这是对毛泽东大力号召在广大的中国农村迅速推行合作化的回答。到1951年底，中共中央政治局通过决议，接受了毛泽东的加快组织农村合作社的建议。至此，刘少奇不得不作出让步。

毛泽东发表讲话公开指责刘少奇，他严厉地说：

嗣后，凡用中央名义发出的文件、电报，均须经我看过方能发出，否则无效，请注意。
……过去数次中央会议决议不经我看，擅自发出，是错误的，是破坏纪律的。③

① 1953年2月8日《人民日报》新闻稿。
② 1951年7月3日刘少奇在中共山西省委《把老区互助组提高一步》报告上批示。
③《毛泽东选集》第5卷第80页。

之后，毛再一次批评他的助手的保守主义，并促使中央政治局通过决议，更进一步加速国有化和集体化进程。

1953年8月，毛泽东再次批评党内领导干部中的稳健派，主要是刘少奇的门徒薄一波，薄是当时中央人民政府的财政部部长。在税收系统，薄一波主张实行"公私一律平等"的新税制，因此被认为是"离开马克思列宁主义，离开党在过渡时期的总路线，向资本主义发展。"毛泽东指出，薄一波的"有利于资本主义，不利于社会主义的资产阶级思想"应该受到批判。而且，薄一波的错误不是孤立的，毛泽东强调说：

> 在这次会议上，刘少奇说有那么一点错误，小平同志也说有那么一点错误。无论任何人，犯了错误都要检讨，都要受党的监督，受各级党委的领导，这是完成党的任务的主要条件。全国有很多人，是靠无政府状态吃饭。薄一波就是这样的人，他在政治上思想上有些腐化，批评他是完全必要的。

毛在这篇讲话的最后特别提出了在以前会议中没有被写进决议中的党的有关纪律，并要求全党遵守这些纪律，保持谦虚的作风。他要求说：

> 一曰不作寿。作寿不会使人长寿……二曰不送礼。至少党内不要送。三曰少敬酒。一定场合可以。四曰少拍掌。不要禁止，出于群众热情，也不泼冷水。五曰不以人名作地名。六曰不要把中国同志和马、恩、列、斯平列。这是学生和先生的关系，应当如此。遵守这些规定，就是谦虚态度。[①]

① 《毛泽东选集》第5卷，第90—97页。

1953年夏季以前，毛泽东对始终采取不合作态度的著名的非共产主义哲学家梁漱溟持赞赏态度。梁是一个进步的改良主义者，辛亥革命后他积极从事农业改良和乡村建设、乡村自治。1945年，他积极奔走，致力于国共两党达成协议，以避免内战再起。1949年中华人民共和国成立后，他成为中国人民政治协商会议全国委员会委员。

1953年9月，在北京召开的中央人民政府委员会第二十七次会议上，梁漱溟提出要改善农民的待遇。因为农民的生活比城市工人糟糕得多。他说，用佛教中的等级制度来比喻，"城市工人在九天之上"，而农民却在"九地之下"。

1938年1月，毛泽东在延安会见来访的梁漱溟。

梁漱溟的讲话，马上遭到周恩来的反驳，于是梁漱溟写了一个条子给毛泽东，要求再一次发言。他的要求得到准许，于是，梁漱溟十分平静地开始了他的演讲。他说："我再次要求发言，是因为首先我要考验一下我自己的勇气，其次我要考验一下中国共产党的雅量如何。"

这时，毛泽东发脾气了，他抢过话筒，打断了梁的发言，他说：梁先生"说他美得很……比西施还美，比王昭君还美，还比得上杨贵妃（这些是中国历史上著名的美女。威尔逊注）……果然这样美吗？不见得。"面对这突如其来的训斥，梁漱溟一时惊讶得说不出话来。会场的气氛顿时十分紧张。

毛用手指着梁漱溟接着说："梁先生自称是'有骨气的人'，香港的反动报纸也说梁先生是大陆上'最有骨气的人'，台湾的广播也对你大捧……梁漱溟反动透顶……"[①]

于是，梁被出席会议的毛的坚定的支持者轰下讲台。这时

① 参见《毛泽东选集》第5卷第107~115页。

一位很受尊重的前国民党官员站起来，向毛泽东鞠了一躬，说道："请问毛主席，现在发生的事情，是梁漱溟的思想问题，还是他的政治问题？"

这一插话的目的在于，根据共产党的理论，思想问题是可以通过教育得到改正，反之如果是政治上的错误就要严重得多。这时会场上出现了长时间的沉默。之后，毛回答说："这是梁漱溟的思想问题。"

"既然是思想问题，"这位老者继续说，"我想我们今天不应该过于激动。"

从此以后，毛泽东和梁漱溟反目了，梁被描绘成是"用笔杆子杀人"的人。毛泽东取笑梁漱溟关于"九天之上"的比喻，以及梁曾经提出的"中国没有阶级"，"中国的问题是一个文化失调的问题"和"无色透明政府"等观点，指出梁漱溟"是野心家，是伪君子"，只会说胡话。

虽然如此，毛没有将梁划为反革命一类，他要求全党继续和梁辩论，以便把问题搞清楚，并且希望尽可能改造他。另外还有一个不足为外人道的原因，这就是作为政治家的毛泽东喜欢挑战，但是他渐渐感到来自党内他的同志们的挑战和争辩越来越少，这些人既小心翼翼地恭维他，又在他的背后搞阴谋。

现在毛的妻子江青，经过疗养后病愈回到北京。所以毛又像过去一样，每天坐在她的旁边，听她介绍来自各地经过她选择的有关情况报告和电报，以及一些各地寄来的新书。

但是这时发生了一件令人费

1954年，毛泽东和江青在杭州汪庄。

解的麻烦事，江青失去了对毛的一个儿子的监护权。这个孩子是贺子珍生的，40年代初他同贺子珍一同住在莫斯科。据说后来他返回上海，由一位牧师照管。在牧师家里他经常挨打以致此后精神从未恢复正常，于是他常常左右摇摆，癫狂不止，往往跌倒在地。

在中国共产党人取得胜利后，这个孩子回到了他父亲身边。江青把他当作自己的儿子来抚养，努力地去爱他。但当她不得不忍受放射来治疗她的肿瘤时，这个孩子被毛的助手们带走了，而且她不知道被带到哪里去了。这由不得她，也由不得毛本人。整个事情是一个大悲剧，对于这个孩子来说，这样做是明智的。

这是从江青自己嘴里说出的一个令人难以置信的故事。在自己的家里，毛泽东怎么可能不去设法保护他的儿子？难道是他对这个孩子的神经不正常感到厌烦，以至于让别人将他带走？对这个孩子的处理是用什么方式？他到底受到了什么样的对待？为什么再没有听到他的消息？整个事情像一团迷雾，让人难以理解。但这一切又的确是江青亲自透露出来的。[1]

①罗克珊·威特克《江青同志》第164~165页。

一年以后，她恢复了和毛的政治合作。当她躺在病床上时，精力全部放在读书上，她看到一本杂志上发表了一篇关于中国18世纪经典小说《红楼梦》的文章。想起毛泽东对这部中国优秀的古典名著十分推崇，曾说过："《红楼梦》我已经读过五遍，但是我不受它的影响，我只把它作为历史书来看。"

一位在二三十年代因对中国古籍进行注释工作而闻名的大学教授[2]最近写了一篇赞赏《红楼梦》的文章，但是文章中没有阶级分析、阶级斗争的内容。两个年轻的马克思主义学生[3]写文章对此进行了批判。江青把他们的文章拿给毛泽东看，毛同意广泛宣传他们的文章。像三年前批判电影《武训传》一样，共产党负责文化工作的官员显然不具备毛主席那样的敏锐和革

②指俞平伯。——译注

③指蓝翎、李希凡。——译注

1954年，毛泽东和家人在北戴河海滨。

命性，文化出版部门的负责人拒绝刊登这篇彻底的反传统的文章。一直到毛在他的妻子的刺激下，坚持要刊登出来为止。

是年夏天①，毛泽东和江青离开北京到北戴河海边度假。在这里他写了一首词：

大雨落幽燕，
白浪滔天，
秦皇岛外打鱼船。
一片汪洋都不见，
知向谁边？

① 应该是1954年夏天。——译注

往事越千年，
魏武挥鞭，
东临碣石有遗篇。
萧瑟秋风今又是，
换了人间。

这一时期，毛泽东试图通过清除他的宿敌来巩固自己的地位。1953年底他发动了反对高岗的运动。在新中国成立后的头四个年头，由于没有发生什么事情，毛对高岗的野心没怎么注意。抗美援朝战争使得中国比以往更加依靠东北地区作为战争的直接后方。1953年春斯大林的逝世使高岗失去了外部力量的支持。从这时起，毛就开始作出了处理高岗的战略安排。

在1953年圣诞节的前夜，贝利亚在莫斯科以叛国罪被捕,毛在北京建议中央政治局以党的名义开展一场批判高岗的运动。他后来回忆道:"我说:北京有两个司令部,一个是以我为首的司令部,就是刮阳风,烧明火。一个是以别人为司令的司令部,叫做刮阴风,烧阴火,一股地下水。"①一个星期之后,刘少奇在中央委员会上发表了一次讲话,他完全站在毛主席一边,指出一些领导人现在"自以为天下第一,只能听人奉承赞扬,不能受人批评监督,对批评者实行压制和报复,甚至把自己所领导的地区和部门看做个人的资本和独立王国。"②对于毛泽东本人来说,公开地带头谴责他的老同志是困难的,所以在这次北京召开的中央委员会会议上,他很策略地"走开了"。根据一位当时在北京的非共产党的政界人士说,毛"要回他的湖南老家,并且说他准备在那里度过春节,这样就可以充当一个旁观者了"。毛泽东后来承认这次会议是至关重要的。"四中全会是应当开的,决议是很必要的。否则再让高岗搞一年,是不可设想的。"③但是由于刘少奇没有完全执行毛的指示,使得反对高岗的运动到下一年度才彻底结束。

1953年底,大胆的王明回到中国。众所周知,他现在已经没有几分价值了。在北京医院里,他住了三个月,治疗胆囊炎。据说,他拒绝了医生要他做手术的有力劝告,不久以后,他又重新背井离乡回到了他长期居住的苏联。

1954年毛泽东主持起草了中华人民共和国第一部宪法草案。他称赞了这部宪法草案,并就此谈到对中国发展的若干想法:

> 我看,我们要建成一个伟大的社会主义国家,大概经过五十年即十个五年计划,就差不多了,就像个样子了,就同现在大不一样了。现在我们能造什么?

---

① 《毛泽东选集》第5卷第147页。

② 《刘少奇选集》下卷第126页。

③ 毛泽东《在中央政治局扩大会议上的讲话》,1956年4月。

能造桌子椅子，能造茶碗茶壶，能种粮食，还能磨成面粉，还能造纸，但是，一辆汽车、一架飞机、一辆坦克、一辆拖拉机都不能造。牛皮不要吹得太大，尾巴不要翘起来。①

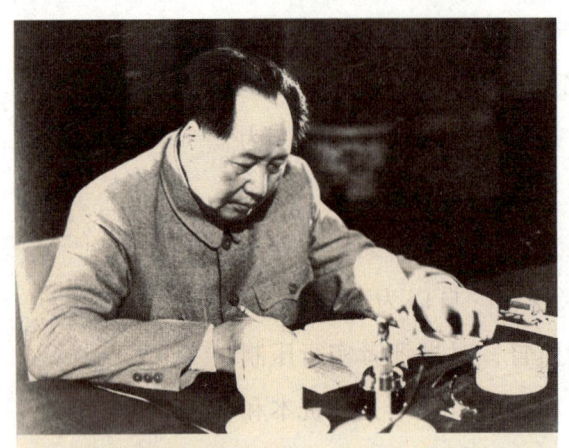

1954年，毛泽东在修改宪法草案。

毛泽东已经着手开始实施他的一些改革主张，包括汉字的简化（他拒绝了文字改革委员会于1953年提出的建议，即步子不要走得太快）。1956年他指出：

> 洋字比较好……字母少，写起来一边倒，汉字比不上。有些教授说："汉字是世界上万国最好的文字。"我看不见得。因此我们采用罗马字。例如阿拉伯字也是外国发明的，现在不是大家都用了吗？罗马字出现在罗马，英、美、俄等国不也都在采用吗？②

不久以后，毛对一些音乐家发表了关于如何学习西方的谈话。他指责有些人盲目崇拜西方音乐，鄙视中国音乐。他提醒说，全盘西化是不切实际的：

> "全盘西化"是行不通的，是中国老百姓所不能接受的。艺术和自然科学不同。例如割阑尾，吃阿司匹林，这些医疗方法，就没有什么民族形式。但是艺术却不同，艺术就有民族形式问题。③

---

①《毛泽东选集》第5卷第130页。

②毛泽东《在知识分子问题会议上的讲话》，1956年1月20日。

③毛泽东《同音乐工作者的谈话》，1956年8月24日。

最后，毛泽东接受了音乐家们的一些观点：

> 要承认，在近代文化上，西方的水平比我们高，我们是落后了……必须善于吸收外国的好东西，以收取长补短之效……古为今用，洋为中用。①

1954年的秋季，北京迎来了一些重要的客人。尼赫鲁访问了中国。1954年8月25日毛接见了由克莱蒙特·艾德礼率领的英国工党代表团。克莱蒙特·艾德礼是英国前首相，团员有埃热那·伯威尼和埃德兹·森默斯克。伯威尼在后来的一篇文章中描写毛很有自信心，并且很有韧性。尽管刘少奇和周恩来在3个小时的会谈中始终作陪，但毛在整个谈话中一直不容别人插嘴。毛想知道为什么英国工党不能把资产阶级消灭掉。对此艾德礼和他的同事持有异议，他们历数了英国大多数人的生活水平，认为是比较好的。但毛说，这是剥削殖民地的结果。

艾德礼后来写道："当我请他们解释一下丹麦、瑞典和挪威为什么在没有殖民地的情况下人民生活水平也很高时，他们没有回答。"

9月，毛泽东第一次会见了西藏的传统最高统治者达赖喇嘛。毛对西藏的情况表示满意，他说："西藏已经到了祖国怀抱。"并进一步指出，中国的任务就是要通过利用开发西藏自然资源使西藏社会得到发展，驻扎拉萨的人民解放军的任务是帮助西藏人民，而不是对西藏人民发号施令。

然后，毛直截了当地问达赖喇嘛，他们是否反对他的愿望而且事实上已经有所行动。这位西藏前最高领导人后来回忆说，他感觉自己处于一种非常为难和窘迫的境地，但他老

---

① 《毛泽东思想万岁（1949~1956年）》第273~275页。参见《毛泽东著作选读》（下）第742页。
引文中的"古为今用，洋为中用。"不是这次谈话中说的，而是1964年毛泽东在《对中央音乐学院的意见》上的批示。——编注

练地应付过去了。第二次拜访毛时，他同样富有策略性。这次谈话持续了三个小时，当时只有一名翻译在场。达赖喇嘛试图打消毛对他的怀疑，他急于要改变他的处境，于是向毛保证他不可能通过反对中国人而背弃祖国。

几天之后，毛泽东亲自约见达赖喇嘛，这位西藏人回忆道："某些事情促使毛认为佛教是一种很好的宗教，尽管释迦牟尼是一个王子，但是他就改善人民生活问题提出了许多好的思想，他也同意 Tara 女神是一个好心肠的妇女。"这样的谈话进行了几分钟后，毛又一次起身离去，将手足无措的达赖喇嘛丢在那里。

不久以后，达赖喇嘛应邀到毛主席家参加一个会议，大约有20多位党的干部在座，达赖坐在毛的身边，毛的独断作风给他留下了深刻的印象。会议的主题是讨论中国农村的生活问题，毛"讲话非常生硬……他说他对目前所做的一切还不很满意……他引证了一封从他家乡来的信，说共产党的官员正在做的并不是帮助人民。"

过了一会儿，毛转过身对达赖喇嘛说："西藏人是比较团结的，但他们的思想比较复杂。20年后西藏会变得强大起来，现在中央政府正在帮助西藏人民，20年后西藏将帮助中央政府。"他向达赖喇嘛介绍了一位著名的解放军将军。这位将军曾打过许多胜仗，后来他镇压了西藏的叛乱。

毛最后一次同达赖喇嘛会见，主要是就民主问题高谈阔论。他认为西藏领导人应该具有民主思想。毛把他的椅子靠近达赖，轻轻地但充满自信地说：

"我非常理解你。但是宗教是有害的，它有两大缺点，它危害民族团结，它阻碍国家进步。西藏和蒙古都受到宗教的毒害。"这种对宗教领导人来说十分不得体的谈话使达赖困惑不解，也使他对毛的反感越发强烈了。他回忆说："毛的表现丝毫没有理智。他看上去并不是非常健康，气喘得厉害，呼吸非常沉重。他的衣服式样与其他人一样，只是颜色有些不同。他很不注意修饰，我注意到他的衬衣袖口已经磨破了。他的鞋好像从未擦过。他的动作迟缓，讲话慢条斯理，用字不多，语言简练，每句话的意思都非常充实、清楚和准确。他讲话时连续不断地抽烟。另外他的讲话方式特别容易吸引听众的注意和激发他们的想象力，给人以和蔼和真诚的印象。"①

① 达赖喇嘛《我的人民和我的土地》，伦敦1962年版第99~106页。

毛也向达赖喇嘛保证，他不会对西藏使用武力，强迫西藏进入共产主义。直到中央政府派兵占领和统治西藏时，这位西藏领导人还以为这个行动并没有得到毛的同意和支持。而周恩来对西藏表现出十分强硬的态度。达赖评论说："对此我一点不感到惊奇，当我和毛在一起时，我就知道，他（指周恩来）支持镇压西藏的政策。"

达赖喇嘛在北京出席了庆祝藏历新年的传统晚会，毛送来了一些喜饼。西藏迎新年的传统风俗中有一项是把喜饼扔向天花板，认为这样可以把它们敬奉给释迦牟尼佛。当毛泽东了解到这一风俗后，他也把喜饼扔向天花板。1954年10月1日，苏联三巨头——赫鲁晓夫、布尔加宁和米高扬来到北京庆祝中华人民共和国成立五周年，这比任何外国代表团来访的意义都要重大。对于赫鲁晓夫来说，这是他三次北京之行的第一次，也是最富有建设性的一次访问。他发现他受到了彬彬有礼但又不很真诚的接待。他回忆说：

"当我见到毛之后，我们互相热烈拥抱和亲吻。在北京期间，我们通常躺在一个游泳池里，像最好的朋友那样交谈许多相互感兴趣的事情。但这是一种令人不舒服的亲密，气氛让你感到难受。此外，毛谈的一些事情使我感到很惊奇，我确实不明白他到底是什么意思，我想这大概是因为汉语具有许多微妙之处及中国人特殊的思维方式所决定的。毛的一些想法令我感到一会儿过于简单化，一会儿过于复杂化。"

毛在中断30年后又重新恢复了有规律的游泳活动，1954年，北京一所大学开放了一个新建的内部游泳池，"我每天晚上带着我的包和换洗的衣服去那里，"毛告诉赫鲁晓夫，"我用了整整三个月来研究水的特性，没有受到任何干扰。"不久之后，一个华丽的游泳池在他的花园内建成。正是在这个游泳池，他接待了赫鲁晓夫。据说他对党中央花费这么多钱修建它感到十分不安，所以一定要坚持自己为这个特权付钱。

在赫鲁晓夫的回忆录中，曾提到他与毛的一次谈话，"我和毛泽东穿着游泳裤躺在游泳池边上，讨论战争与和平问题。"

"赫鲁晓夫同志，"毛开始说，"你怎么想？如果我们比较一下资本主义世界和社会主义世界的军事实力，你就能看到我们显然比我们的敌人强。你想，中国、苏联和其他社会主义国家加在一起能动员多少个师啊！"

"毛泽东同志，"赫鲁晓夫回答道，"这种想法现在可过时了。你再也不能根据哪一方面的人多来计算力量大小了。以前，用拳头和刺刀解决纷争的时候，谁的人多刺刀多，结果的确不一样。可是出现机关枪以后，兵力多的那一方就不一定占上风了。现在有了原子弹，双方部队的数目对真正力量的对比和战争的结果就更没有意义了。哪一方的部队愈多，它的炮灰也就愈多。"

"听我说，赫鲁晓夫同志。"毛马上作出反应说，"你们只要挑动美国人动武就行了，你们需要用多少个师来打垮他们，我们就会给你们多少个师——100个，200个，1000个，都行。"[1]

1954年10月12日，毛泽东与赫鲁晓夫在苏联大使馆举办的招待晚宴上互相敬酒。

[1] 斯特布·泰尔伯特译《赫鲁晓夫回忆录》第667~668页。部分内容与译本有出入。

赫鲁晓夫试图进行一番解释，他说，只要一两枚导弹就能把中国全部的师都炸成粉末的。但毛根本不想听，他认为赫鲁晓夫是胆小鬼。后来又出现了进一步的分歧，因为赫鲁晓夫想要中国100万工人去西伯利亚帮助苏联开发广阔的森林资源。对于这一要求，赫鲁晓夫回忆说："毛对我们建议的反应很符合他的性格特征——并且预示了要发生的事情。他真懂得如何把我们搞得哑口无言。首先，你得想一下毛这个人的样子。他行动起来沉着缓慢，左摇右摆，他会长时间盯着你，然后把两眼垂下来，开始用一种迟缓和平静的声调说：'你知道，赫鲁晓夫同志，很多年来人们普遍认为，由于中国是一个不发达、人口过多、到处是失业的国家，因为它是廉价劳动力的极好来源。但是你知道，我们中国人觉得这是对我们的侮辱。出之于你的口，这倒有点令人为难。如果我们接受你的建议，别人会对苏联和中国之间的关系，产生错误的想法。他们会认为苏联对中国的看法，同西方资本家对中国的看法一样。'"[1]

上述会谈的内容充分地显示出中苏两党的马克思列宁主义同志之间的分歧。赫鲁晓夫北京之行的一个有趣的插曲就是他与江青的邂逅。当他们一同站在天安门城楼观看庆祝建国5周年的游行时，周恩来为他们做了介绍。根据赫鲁晓夫妻子后来的回忆，毛注意到了当时所发生的这一切，他走到江青的身旁，粗暴地将她带到一边，很明显，他要阻止她与苏联领导人的接触。在她后来的生涯中，再没有会见过苏联领导人。[2]

[1]《最后的遗言——赫鲁晓夫回忆录续集》(上) 第253~254页。

[2] 罗克珊·威特克《江青同志》，第262页。

19 弄 潮
（1955~1956）

毛泽东传
A BIOGRAPHY OF MAO TSE-TUNG

1955年的毛泽东。

1955年春天,毛发现,必须除掉党内的一个对手。邓小平在党的会议上,发动了一场反对"高岗－饶漱石反党联盟"的斗争,宣布包括高岗在内的党内一个小集团反对党的最高领导,高岗还"企图建立东北独立王国"。他"不但不向党低头认罪,反而以自杀来表示他对党的最后的背叛"。①

赫鲁晓夫是那些对高岗事件的官方解释表示怀疑的人士之一,他评论说:"我非常怀疑高岗是否自杀,极有可能是毛把他掐死或毒死了。"②但这些疑虑看来是没有根据的。另外一个关于高岗之死的说法是,在一次质问当中,他拔出手枪,大声说道:"如果你们这些同志对我什么都不相信,我将在你们面前自杀。"但是他被坐在旁边的政治局委员夺下了武器。毫无疑问,当高岗第二次试图这样做的时候,他成功了。在中国,自杀是传统的最后的反抗行动。

高岗事件对毛的领导地位构成了严重威胁。毛泽东后来说,高－饶事件是一场八级地震。但不管高的野心究竟是什么,毛已经决意开展反对高岗的运动。

据说,毛打算把他的亲信派到高岗控制的东北地区,担任最高领导人。而且他还要求清除饶漱石及其亲信,当时饶是负

①《中国共产党全国代表会议关于高岗、饶漱石反党联盟的决议》(1955年3月31日通过),载于《新华月报》1955年第5号。

②《最后的遗言——赫鲁晓夫回忆录续集》(上)第248页。

责上海地区工作的领导人。他们都是毛所说的在抗日战争时期探听日本对于建立反对国民党联盟意见的秘密行动的仅有的几个见证人。

在一次讨论有关批判高岗问题的会议上，毛泽东发表了讲话，他对他的同事们说，即使是你崇敬的人，如果他的思想是错误的，也应该同他进行斗争。毛提到了个人的态度问题，这主要是针对那些经过长征并参加1935年创建陕北革命根据地的老干部的。他说：

> 对不符合党的原则的，就应当保持一个距离……不能因为是老朋友，老上司，老部下，老同事，同学，同乡等而废去这个距离。在这次高饶反党事件中……都有过许多这样的经验：只要你以为关系太老了，太深了，不好讲，不保持一个距离，不挡回去，不划清界限，你就越陷越深，他们那个"鬼"就要缠住你。所以，应当表示态度，应当坚持原则……要有名有姓，哪一个部门，要指出来。你没有搞好，我是不满意的。得罪了你就得罪了你。怕得罪人，无非是怕丧失选举票，还怕工作上不好相处。你不投我的票，我就吃不了饭？没有那回事。其实，你讲出来了，把问题尖锐地摆在桌面上，倒是好相处了。①

① 《毛泽东选集》第5卷第150~155页。

在1955年3月的这次会议上，毛在经济政策上的一些想法遭到了反对：大部分同志赞同刘少奇的更为谨慎地发展经济的做法。为此，毛建立起了他自己的反对党，以钳制政治局和中央委员会中妨碍实施他的政策的大部分同僚。在这种情况下，毛做出了任何统治者都做过的事情，他组建了自己的"近卫军"。

中央委员会已经有了自己的办公厅，承担毛的日常秘书工作，军队也有一支特别部队，这就是后来的8341部队，它是毛的个人警卫武装。这支部队的一些老战士在毛死后回忆说：

"为了更好地了解农业合作化的详细情况和国家对粮食统购统销的情况，毛主席要求我们从每个县挑选一个人到他的警卫部队来工作。他通过这些人探亲回家所做的一些调查来了解农村一些地区的情况，从而了解当时全国的形势。"

1955年5月，毛为这些战士布置了一项新的政治任务。

他说："你们都是做警卫工作的，我现在给你们加一样，就是调查工作……你们要有三个任务：一个保卫工作，一个是学习，再加一个调查工作。"

"我们拟个章程，"他告诉那些准备回家乡做调查研究工作的战士们说，"对人要谦虚，对父母，对乡村老百姓要尊重，要尊重区乡干部，别摆架子。谦虚就可以调查出东西。"

这批战士按时出发，并给毛带回了许多信息。

"1955年7月下旬，第一批调查的同志回来，毛主席一连三天，用了十多个小时的时间听取汇报，并把汇报的同志留在家里一起吃饭。毛主席仔细地询问农村生产生活等情况，一字一句地看同志们写的调查报告，还把报告中用错了的字和标点符号一一改正过来……有的同志在汇报时，把从家乡带回来的农民经常吃的谷面饼子拿给毛主席看，毛主席看后吃了一些，并且告诉身边的每个同志都要吃一点。"

一天，当从湖南和湖北回来的战士汇报家乡的情况后，毛主席非常高兴地说道："了解两个省六千万人口的情况，用了三个钟头。这个办法实在好，通过你们和广大农民联系起来了。"

他伸出三个指头继续说："你们见到农民，我看到你们，就间接见到农民，就离这么远。你们是武装起来的农民，有了

1955年，毛泽东在南京郊区饶辰乡十月农业合作社。

阶级觉悟。"

这些警卫战士不仅被派回家乡搞调查研究，而且还要求他们给家里写信。毛告诉他们："以后你们两个月写一次信，内容是家里有没有吃的，生产情况，合作社情况，每年写四五封，回信拿给我看，那我就消息灵通了。"①

毛和他的同事们之间的分歧是，在当时是否具有通过开展大规模的合作化运动，带动全体农民进入农业集体化的第一阶段的胆识。这种做法以前曾经尝试过，但没有取得成功，毛还想再试一次。然而许多农民强烈反对这样做，政府所规定的粮食定额给他们造成巨大的压力。由于缺乏有效的物质鼓励办法，农业产量下降，并且最终影响了工农业生产和国家建设。负责农业的官员们，尤其是毛的老战友——邓子恢，认为应该放慢合作化运动的步子。1955年上半年，在刘少奇主持召开的一次会议上，接受了邓子恢的观点。

但毛绝不向大多数人低头，即使是他的亲密同事。7月，他召开了一次有省、市、自治区党委书记参加的会议，想说服他们接受他的加快农业集体化的计划。他坚持认为，"在全国农村中，新的社会主义群众运动的高潮就要到来。我们的某些同志却像一个小脚女人，东摇西摆地在那里走路，老是埋怨旁人说：走快了，走快了。"②

毛无法理解，为什么建立合作社的计划执行不下去或者不能加快实施。为什么社会主义建设到1957年还不能基本完成。反帝和反封建的资产阶级民主革命已经完成，没收了地主的土地，并把这些土地分配给了农民。"但是这个革命已经过

①《人民日报》，1977年9月8日。

②《毛泽东选集》第5卷第168页。

去了，封建所有制已经消灭了。现在农村中存在的是富农的资本主义所有制和像汪洋大海一样的个体农民的所有制。大家已经看见，在最近几年中间，农村中的资本主义自发势力一天一天地发展。"①

毛不顾党外专家和党内高级干部的反对和劝阻，置中央委员会于一旁，把全中国都投入到一场迅速完成合作化的运动中来，农民们的私人工具，甚至他们的劳力和土地都集中在一起，用以体现公有制的优越性。

此后毛的同志们一致认为他是正确的，并承认高潮已经到来。在10月召开的中央委员会扩大的第六次全体会议上，刘少奇做了自我批评："我没有提倡和认真地研究……合作化运动……这是错误的。"②

毛就中央内部发生的激烈而广泛的讨论作了概括性的发言。他说，"我们现在有两个联盟，一个是同农民的联盟，一个是同民族资产阶级的联盟。这两个联盟对我们都很必要……"但在这里，同农民的联盟是基本的、永久的，"同资产阶级的联盟是暂时的，第二位的。"因为资产阶级要受到限制。将来无产阶级要比几百万资产阶级强大得多。

"在这件事情上，我们是很没有良心哩！马克思主义是有那么凶哩，良心是不多哩，就是要使帝国主义绝种，封建主义绝种，资本主义绝种，小生产也绝种。在这方面，良心少一点好。我们有些同志们太仁慈，不厉害，就是说，不那么马克思主义……我们的目的就是要使资本主义绝种，要使它在地球上绝种，变成历史的东西。凡是历史上发生的东西，总是要消灭的。世界上的事物没有不是历史上发生的，既有生就有死。资本主义这个东西是历史上发生的，也是要死亡的，它有一个很好的地方去，就是'睡'到那个土里头去。"③

①《毛泽东选集》第5卷第187页。

②麦克法考尔《文化大革命的起源》，河北人民出版社1989年版第1卷第23页。

③《毛泽东选集》第5卷第198~199页。

然后，毛讲到要发动一场镇压反革命运动。他说："准备今年和明年一年……大概共一千二百万人的范围内，进行肃反工作。讲起反革命来，好像没有好多，看也看不见，一查，确实有……全国已经从二百二十万人中查出了十一万个反革命分子，还有五万个重大嫌疑分子。"①这就是进步的代价。

正是在这次会议上，毛对"左"和右下了一个著名的定义：

> 人们对事物的运动观察得不合实际状况，时间还没有到，他看过头了，就叫"左"倾；不及，就叫右倾……我们要根据具体的条件办事，是自然地而不是勉强地达到我们的目的。比如生小孩子，要有九个月，七个月的时候医生就一压，把他压出来了，那不好，那个叫"左"倾。如果他已经有了九个月，小孩子自己实在想出来，你不准他出来，那就叫右倾。总而言之，事物在时间中运动，到那个时候该办了，就要办，你不准办，就叫右倾；还没有到时候，你要勉强办，就叫"左"倾。②

这期间，毛专心于分析和选编从全国各地收上来的合作化运动的汇报。在这次会议上，他告诉中央委员们说："我用十一天工夫，看了一百二十几篇报告，包括改文章写按语在内，我就'周游列国'，比孔夫子走得宽，云南、新疆一概'走'到了。"

这些报告在9月份首次公开发表，12月又再次出版发行，标题冠以《中国农村的社会主义高潮》。毛为再版的报告集写了前言，他描绘了1955年下半年发生的"根本的变化"，约占中国一半以上的农户参加了合作化运动。

---

① 《毛泽东选集》第5卷第200页。此段引文与《毛泽东选集》第5卷稍有出入，参见武汉版《毛泽东思想万岁（1949-1957）》第73页。

② 《毛泽东选集》第5卷第214页。

"这是一件了不起的大事。这件事告诉我们,只需要一九五六年一个年头,就可以基本上完成农业方面的半社会主义的合作化。再有三年到四年,即到一九五九年,或者一九六〇年,就可以基本上完成合作社由半社会主义到全社会主义的转变……这件事告诉我们,中国的工业化的规模和速度……已经不能完全按照原来所想的那个样子去做了,这些都应当适当地扩大和加快……在三个五年计划完成的时候,即到一九六七年,粮食和许多其他农作物的产量,比较人民共和国成立以前的最高年产量,可能增加百分之一百到百分之二百。"①

农民们因为看到《中国农村的社会主义高潮》一书刊登的按语,所以和毛一样变得积极乐观。很多人注意到这些按语是毛写的。

合作化运动中出现了一个典型,那就是在安阳县南崔庄,党的干部支持贫农创办了一个合作社——穷棒子社,而中农嘲笑他们的愿望是"鸡毛不可能飞上天"。但这个合作社获得了成功,毛把它树立为一个样板。他激动地写道:"穷人要翻身了。旧制度要灭亡,新制度要出世了。鸡毛确实要上天了。在苏联,已经上天。在中国,正在上天。在全世界,都是要上天的。"

毛在按语中所作出的著名的论断,体现出来一种高度的、令人吃惊的乐观态度。他说:

> 一九五五年,在中国,正是社会主义和资本主义决胜负的一年……一九五五年上半年是那样的乌烟瘴气,阴霾满天。一九五五年下半年却完全变了样,成了另外一种气候,几千万户的农民群众行动起来,响应党中央的号召,实行合作化。到编者写这几行的时

① 《毛泽东选集》第5卷第222~223页。

候,全国已经有六千万以上的农户加入合作社了。这是大海的怒涛,一切妖魔鬼怪都被冲走了。社会上各种人物的嘴脸,被区别得清清楚楚。党内也是这样。这一年过去,社会主义的胜利就有了很大的把握了。①

两三年之后,毛对此做了解释,他承认过去过于乐观了。他指出,1955年社会主义取得基本胜利的说法是"不合适的":

> 单有一九五六年在经济战线上(在生产资料所有制上)的社会主义革命,是不够的,并且是不巩固的……必须还有一个政治战线上和一个思想战线上的彻底的社会主义革命。②

一九五五年冬季,有两件事没有料到,就是国际上反斯大林,发生了波匈事件,世界上出现了反苏反共浪潮,影响了全世界,影响了我们党。国内没想到来了个反冒进,没料到这件事。③(这两件事都给了发动全面进攻的右派分子以相当大的鼓舞。威尔逊注。)

① 《毛泽东选集》第5卷第232~233页。
② 同上,第461页。
③ 参见1958年5月毛泽东《在"八大"二次会议上的讲话》。

毛当时也正在考虑如何进行国家工业化。1955年11月上旬的一个深夜,大约有80名上海著名的工业家被通知去中苏友谊会堂。在那里,出人意料的是,毛泽东走出来与他们打招呼。上海市市长陈毅向他介绍了在座的人士。他们中的一个人后来记下了当时的情况。

1956年1月10日,毛泽东在上海市市长陈毅(右二)陪同下,视察上海公私合营申新九厂,和荣毅仁交谈。

他说："毛比一般的中国人要高；他看上去很温和，面貌要比通常挂的照片显得年轻。他行动缓慢，脚尖向外分开走。同他那高大的身躯不相称的是他迈着小步子，挥舞着胳膊。他的脸很生动……一根香烟总是夹在他的粗大的手指中，他的牙因为不停地抽烟而变黑了。"

当他们明白毛是谁的时候，这位80多岁的老资本家惊讶地坐在那里呆呆地喘着气。毛坐在首席桌旁。

"你们为什么不抽烟？"他和蔼地向他们询问道，"这对你们不会有害。丘吉尔长期吸烟但身体很好。事实上，我知道只有一个人不抽烟而活得很长，他就是蒋介石。"

大家都笑起来了，紧张的空气为之一松。毛称赞"民族资产阶级朋友们"已经做出了贡献。

"他继续说道：'现在我从北京来，想寻求你们的帮助。'许多资本家当时已经听到宣传，要加快私有企业国有化的步伐，所谓'不能让民族资产阶级在向社会主义进步过程中落后。''我不同意这种说法，'毛接着说道，'但我对此并不太清楚。我想听听你们的意见。我只带两只耳朵来参加这个会，如果你们希望从我这里听到些什么，那将会使你们感到失望……'"①

在座的一位，也就是上面提到的写观感的那个人注意到，在大会上作正式报告时，毛的讲话是很乏味的，而在这种非正式的小会议上，他那慢吞吞的调子却给人以深刻的印象。

在座的资本家们急忙表示他们完全同意迅速向社会主义转变，他们知道这是毛想要听到的话。其中一个人发言说，按照现在的速度，这一转变需要20多年的时间，这样的速度显然太慢了。有些人建议用五年的时间来完成这个任务。毛认真地和他们进行了两个多小时的座谈，当发言结束时，他对出席会议的人表示感谢，并表示他将认真地去考虑他们的意见。毛走

① 罗伯特·劳赫和伊万斯《逃离红色中国》，伦敦1963年版第135~137页。

了之后，出席会议的人讨论了这次非同寻常的座谈，大家认为他们会比预料的更早地变成自食其力的劳动者，也许就在下一个六年中。

在这场温和的谈话后不久，就有消息说，向社会主义的转变将在以后的六年中完成。前资本家们必须依靠有限的工资和定息生活。

毛也对手工业进行社会主义改造，但因为他欣赏手工产品，所以对手工业的政策限制很少。1956年3月他发布了指示，指出这些私人手工业者提供了多种有用的服务，包括食品和服装生产。他说：

工艺美术品，什么景泰蓝，什么"葡萄常五处女"的葡萄。还有烤鸭子可以技术出口。有些服务性行业，串街游乡，修修补补，王大娘补缸，这些人跑的地方多，见识很广。北京东晓市有六千多种产品。

提醒你们，手工业中许多好东西，不要搞掉了。王麻子、张小泉的刀剪一万年也不要搞掉。我们民族好的东西，搞掉了的，一定都要来一个恢复，而且要搞得更好一些。

……保护民间老艺人的办法很好……杨士惠是搞象牙雕刻的，实际上他是很高明的艺术家。他和我坐在一个桌子上吃饭，看着我，就能为我雕像。我看人家几天，恐怕画都画不出来。①

① 《毛泽东选集》第5卷第265页。

这期间，毛与党的领导们正准备在各省推进农业计划，12月，他起草了一份文件，让中央委员会传阅，他指示在新年前征求基层干部对已拟好的17条规定的意见，这样在第二年的1月份就可以做最后的修改完善工作。17条规定后来演变成为著名的《农业十二年发展纲要》，但在这时候它还只是个缺乏全面和具体内容的计划。

17条规定要求在1960年以前在全国范围内建立高级合作社，把土地集中起来。规定指出，只有改造好的地主和富农可以进合作社，但合作社领导必须由贫农担任。

对于工业发展，毛在这一阶段的想法尚不成熟。他在1956年1月告诉中央委员会的同志们：

1956年1月11日，毛泽东视察南京无线电厂，向女工李琦了解生产情况。

> 在工业方面也没有主动，大批机器还要靠外国，大的，小的（精密的），我们都不能制造……有的同志说些不聪明的话，说什么"不要他们也行"，"老子是革命的"，这话不对。现在叫技术革命，文化革命，革愚蠢无知的命，没有他们是不行的，单靠我们老粗是不行的。这些话是聪明的话，要向广大干部讲清楚……飞机要飞到一万八千公尺的高空，超音速，不是过去骑着马了，没有高级知识分子是不行的。现在我们看出这件事，就可以开始主动，要有大批的高级知识分子，就要有更多的普通知识分子，以后要使每人都有华罗庚那样的数学，都要能看《资本论》，这是可能的，二十年不行三十年，最多一百年就差不多，否则叫什么共产主义？……中国……应该成为世界第一个文化、科学、技术、工业发达的国家。①

① 毛泽东《在知识分子问题会议上的讲话》，1956年1月20日。

尽管国内事务十分繁忙，毛还是花时间接待外国来访的重要人物——1955年来访的是胡志明和苏加诺。后者于1956年

1956年9月30日，毛泽东在中南海勤政殿接待印尼总统苏加诺，苏加诺说：这真是一双东方巨人的手啊。

再次访华。

"毛兄，"苏加诺在首次访华离京前告诉他，"我希望不久之后在印度尼西亚见到你。印度尼西亚人民正期待你的来访。"

毛接受了邀请，却未付诸行动。11年后，苏加诺抱怨道，他已经八次邀请毛访问印尼了。

在苏加诺第二次访华时，毛对周恩来在1955年万隆亚非国家会议上所提出的中国欢迎与美国和解的意见表示不以为然。后来，毛告诉他的亲信："我还是这样看，迟几年跟美国建立外交关系为好。这比较有利……我们也不急于进联合国，就同我们不急于跟美国建交一样。我们采取这个方针，是为了尽量剥夺美国的政治资本，使它处于没有道理和孤立的地位。"[1]而当时中美大使级的会谈已经在华沙开始。

对来中国访问的拉丁美洲共产党的领导人，毛强调指出每个党都必须是独立的，"我看，亚洲一些国家的党，比如印度、印度尼西亚的党，农村工作都没有搞好……我奉劝诸位，切记不要硬搬中国的经验。任何外国的经验，只能作参考，不能当作教条。一定要把马克思列宁主义的普遍真理和本国的具体情况这两个方面结合起来。"他总结道，"共产党人不要怕犯错误……失败是成功之母。"[2]

[1]《毛泽东选集》第5卷第343页。

[2] 同上，第306~310页。

20 夜 鹰
(1956)

1956年1月,毛泽东在全国知识分子会议上。

1956年发生了一件意外的事情。2月中旬，苏共二十大在莫斯科召开。10天后，赫鲁晓夫令人吃惊地对已经去世的斯大林进行了攻击。据赫鲁晓夫自己讲："最初，毛泽东采取的立场是，认为我们指责斯大林的滥用权力是对的。他说过，第二十次党代会作出的决议，显示出很大的'明智'。"①

但是，赫鲁晓夫的行为实际上并不为毛所喜欢。"1956年斯大林受到的批评，"毛后来回忆道，"我们一方面感到高兴，但另一方面又很焦虑。对于取消限制、打破盲目崇拜、解除高压和解放思想来讲是完全必要的。但我们不同意一棍子打死的做法。"斯大林除了偏听偏信和固执冷酷外，这位老人具有他的接班人所不具备的领导才能。②

毛曾极力在中国减少个人崇拜。一个曾碰巧坐在会议厅门口的同志回忆道，毛的一位热心助手曾告诉他："当主席进来时，你应该第一个站起来并鼓掌欢迎。"但赫鲁晓夫讲话后，周恩来告诉干部们："以后，当主席走进房间时，你们不用站起来鼓掌，这不是好事情。"

几个星期以后，毛发表文章，对斯大林作出了评价，他在一些重要的方面与赫鲁晓夫存在着分歧。毛认为，斯大林"错

①《最后的遗言——赫鲁晓夫回忆录续集》（上）第255页。

②斯图尔特·施拉姆《毛泽东的创举》第101页。

误地把自己的作用夸大到不适当的地位,把他个人的权力放在和集体领导相对立的地位"。共产主义运动需要领导,但当一位领导"脱离群众"时,他的作用就会降低。

斯大林犯了严重的错误,尤其表现在农业、南斯拉夫问题和国际共产主义运动等方面。但他不是在任何事情上都有错误,除了所犯的错误,"斯大林是一个伟大的马克思主义者"。①

在同一篇报纸评论中,毛重复了他的主旨。他对苏联同志极为不满,社会主义并没有结束矛盾斗争。社会主义制度下还要继续进行革新和社会改革,人类仍处在他的青年时代。

这篇评论发表后不久,毛接见了苏联特使米高扬,当面批评了赫鲁晓夫对斯大林所采取的全盘否定的做法。双方都明白,米高扬来北京,是签署苏联对中国经济援助合同。毛提出苏联在"一五"计划期间给予中国的援助应双倍于合同上的数字。中苏阵营面临着灾难。

在否定斯大林问题上的争论正好与中国对苏联技术援助的失望搅在一起。毛后来回忆道:"解放后,三年恢复时期,对搞建设,我们是懵懵懂懂的,接着搞第一个五年计划,对建设还是懵懵懂懂的;只能基本上照抄苏联的办法,但总觉得不满意,心情不舒畅。"②

毛在其1949年以后最著名的文章《论十大关系》中谈到对苏联模式的疑虑。赫鲁晓夫在苏共二十大的报告震动了毛泽东,促使他重新考虑在中国应该作些什么准备。他后来解释说:"找了三十四个部长谈话,谈了十大关系,就头脑发胀了,'冒进'了。"③结论是,首先,中国要摆脱苏联的工业化模式。

1956年4月25日,毛泽东在中共中央政治局扩大会议上,就掌权七年来的经验和破除对莫斯科的迷信问题发表了他

---

① 《毛泽东选集》第5卷第168页。

② 毛泽东《读苏联〈政治经济学〉教科书的谈话》,1959年12月至1960年2月。

③ 毛泽东《在南宁会议上的讲话》,1958年1月12日。

政治生涯中的著名讲话。他认为，每个人都希望中国的重工业发展得快一点，但调查研究发现，这是以牺牲轻工业和农业为代价的——而农业恰恰是给国家提供食品，为轻工业提供原料的，它也是资本积累的源泉。同样，内地工业的发展是以牺牲沿海工业为代价的，尽管这样做的理由是害怕美国袭击，但未免做得太过火了。

1956年，毛泽东与钱学森在宴会上。

制造更多的飞机和大炮、原子弹是需要的。但生产这些东西最好的办法是削减第一个五年计划中占国家支出三分之一的军费，要减到五分之一，这样才能建立工业基础。

工人的生活水平应该提高，应该增加工资。俄国的农民受到严重的盘剥，被强制以低价出售农产品。中国应避免出现这样的错误。

"你要母鸡多生蛋，又不给它米吃，又要马儿跑得好，又要马儿不吃草。世界上哪有这样的道理！"

我们需要"扩大一点地方的权力"，中国应该放弃苏联限制地方权力，中央掌管一切的做法。把地方权力限制得太死是没有好处的。他说："在解放中央和地方、地方和地方的关系问题上，我们的经验还不多，还不成熟。"

占人口绝大多数的汉族人对少数民族的沙文主义应该坚决反对。

"我们说中国地大物博，人口众多，实际上是汉族'人口众多'，少数民族'地大物博'，至少地下资源很可能是少数民族'物博'。"

为了要镇压反革命和建设社会主义，政权"现在非有不可，而且非继续加强不可"。不用说，绝不能有太多讨厌的官僚，"在一不死人二不废事的条件下，我建议党政机构进行大精简，砍掉它三分之二。"

一个国家领导人，公开要求削减三分之二行政雇员和执政党官员，在历史上是不多见的。

"说反革命已经肃清了，可以高枕无忧了，是不对的。只要中国和世界上还有阶级斗争，就永远不可以放松警惕。"毛接着说，但是将来应该减少逮捕人数，避免死刑。如果一个人以政治犯被处决，接下来，"第二个第三个就要来比，许多人头就要落地。这是第一条。第二条，可以杀错人。① 一颗脑袋落地，历史证明是接不起来的，也不像韭菜那样，割了一次还可以长起来……第三条，消灭证据……这个反革命常常就是那个反革命的活证据……第四条，杀了他们，一不能增加生产，二不能提高科学水平，三不能除四害②，四不能强大国防，五不能收复台湾……"③

但是那些"犯过错误的人，只要善于从错误中取得教训，也可以少犯错误。倒是没有犯过错误的人容易犯错误，因为他容易把尾巴翘得高。"

最后，毛提出了正确地学习和借鉴外国的方法。"过去我们一些人不清楚，人家的短处也去学。当学到以为了不起的时候，人家那里已经不要了。"

"苏联过去把斯大林捧得十万丈高的人，现在一下子把他贬到地下九千丈……中央认为斯大林是三分错误，七分成绩，总起来还是一个伟大的马克思主义者。"

中国应该坚决抵制腐朽的官僚体制，同时，要学习资本主义国家先进的科学技术，甚至企业管理。"工业发达国家的企业，

---

① "可以杀错人"的意思是，可能会杀错。下文"消灭证据"的意思是，可能会消灭证据。——编注

② 四害，原指老鼠、麻雀、苍蝇、蚊子。由于捕杀麻雀，虫灾日益严重。麻雀被移出害虫范畴后，臭虫填补了它的空位。

③《毛泽东选集》第5卷第281~282页。——编注

用人少、效率高，会做生意……"

毛进一步说，中国人必须学会丢掉盲目自大的情绪。中国没有理由骄傲，中国革命比俄国革命晚了三十几年。尽管我们的革命比所有的殖民地国家早了一步，但"在这点上，也轮不到我们来骄傲"。①

周恩来和他的同事们对毛的经济见解表示怀疑。他们认为这种过激的经济运动，走的是其他国家没有走过的道路，不可能成功。后来，毛承认在工业方面发动一场跃进的问题还"没有作明确决议"，尽管他指出有一个"君子协定"可以发挥决议的效用。②

中国反斯大林主义的最重大的行动，就是毛决定允许非党人士有言论自由，以便于和别的社会主义国家所进行的一切改革相配合，避免出现在东欧一些国家所发生的暴乱。5月份，他提出了一个新的口号"百花齐放，百家争鸣"。

当法国前总理埃德加·法赫访问中国时，毛告诉他，"要允许批评，否则，就会出现不满和不理解。要允许人家说心里话……"但同时，"一个人必须考虑到特殊的环境。不管你高兴与否，认识到客观限制是有必要的。"

在会谈结束时，法赫谈到毛的诗。

毛说："那是过去的事了。我曾经写过的诗，这不假。那是在我的军旅生涯岁月，一个坐在马背上有时间，可以研究韵脚和韵律，可以思考推敲。马背上的生活是很不错的。这些天，我一直想念那过去的日子。"③

几天后，毛横渡了长江。他穿着白短裤，在十几名青年人的陪同下，用了两个小时游了12英里。在以后的三天内，毛又和这些当地的游泳者两次横渡长江，他时而仰泳，时而侧泳，时而又蝶泳。偶尔他还用手抱着头，在水上漂浮，与

① 《毛泽东选集》第5卷第267~288页。

② 毛泽东《在八大二次会议上的讲话》，1958年5月。

③ 埃德加·法赫《蛇与龟》，伦敦1958年版第29~32页。

1956年，毛泽东畅游长江。（侯波 摄）

身边的人交谈。横渡结束时，他自信地说："如果我吃了东西，我在水里还可以再待2个小时。"他在一首名为《游泳》的词中，表达了他自信和欢畅的心情：

才饮长沙水，
又食武昌鱼。
万里长江横渡，
极目楚天舒。
不管风吹浪打，
胜似闲庭信步，
今日得宽余。
子在川上曰：
逝者如斯夫！

风樯动，龟蛇静，起宏图。
一桥飞架南北，
天堑变通途。
更立西江石壁，
截断巫山云雨，
高峡出平湖。
神女应无恙，
当惊世界殊。

几个月后，毛主持了长江大桥的落成典礼。他称它是"钢铁长虹"。

这期间，政治局内部的稳健派一直在忙碌着。一篇由周恩来授意写的社论，提出反对"轻率鲁莽的冒进"。毛拒绝阅读此文。他后来回忆说："好像有理三扁担，无理扁担三，实际重点是反冒进的……这篇社论，我批了'不看'二字，骂我的为什么看？那么恐慌，那么动摇……"①技术专家们集中力量反对他们称为急躁、冒进、力图一夜之间干完一切的思想和行为。

① 毛泽东《在南宁会议上的讲话》，1958年1月12日。

为了说明高速发展所付出的代价，该社论引证了一个例子，即双轮双铧犁的产量大大超过了实际需要，结果造成70万具废弃。工业用的经济作物的生产得不到重视。由于毛坚持进行强制性的合作化运动，致使大量家畜遭到屠宰。

1957年夏天，周恩来就反对毛的行为做了检查。在"文化大革命"中，他承认自己"要对1956年反冒进的错误负责任，我做了自我批评"。在这一时期，反对毛的还有李富春、陈云、李先念、邓子恢和薄一波。

毛泽东的态度非常坚决。在1956年8月底，中共第八次全国代表大会预备会议第一次会议上，毛发表了讲话，解释了为什么速度是根本问题。他说："美国只有一亿七千万人口，我国人口比它多几倍，资源也丰富，气候条件跟它差不多，赶上是可能的。应不应该赶上呢？完全应该。你六亿人口干什么呢？在睡觉呀？是睡觉应该，还是做工作应该？如果说做工作应该，人家一亿七千万人口有一万万吨钢，你六亿人口不能搞它两万万吨、三万万吨钢呀？你赶不上，那你就没有理由，那你就不那么光荣，也就不那么十分伟大……"

"你有那么多人，你有那么一块大地方，资源那么丰富，又听说搞了社会主义，据说是有优越性，结果你搞了五六十年还不能超过美国，你像个什么样子呢？那就要从地球上开除你的球籍！所以，超过美国，不仅有可能，而且完全有必要，完全应该。如果不是这样,那我们中华民族就对不起全世界各民族,我们对人类的贡献就不大。"

毛强调说,这种进步要在苏联的帮助下取得。他说:

"因为苏联发生了一些错误,这方面讲得多了,吹得多了,似乎那种错误不得了,这种观察是要不得的。任何一个民族,不可能不犯错误,何况苏联是世界上第一个社会主义国家,经历又那么长久,不发生错误是不可能的……苏联那个主流,那个主要方面,那个大多数,是正确的……

"我们历来提的口号是学习苏联先进经验,谁要你去学习落后经验呀?有一些人,不管三七二十一,连苏联人放的屁都是香的,那也是主观主义。苏联人自己都说是臭的嘛!"[①]

1956年9月,中国共产党第八次全国代表大会在北京正式举行。毛做了惊人的自我掩饰,这反映出因为他的"小跃进"的失败而导致了威望下降,这也是苏联非斯大林化运动影响的结果,为了使中共党避免目前矛头指向斯大林的党的那种公开批评,中共领导人设法向人民表明在中共党内没有个人崇拜。毫无疑问,到了这时——中华人民共和国成立的第七个年头,人们对毛的性格和行为特征已经感到有些厌恶,对毛的崇敬和热爱也开始走下坡路了。

彭德怀,这位在中共党史上和毛的资历几乎相同的军人,有可能也是毛的批评者之一。他提出,在新的党章中,应该删去关于"毛泽东思想"的内容,它是在1945年中共"七大"上写入党章的。

彭后来解释说:"我反对个人

① 《毛泽东选集》第5卷第296~298页。

五十年代的彭德怀和邓小平。

崇拜。"

刘少奇同意彭德怀提出的建议，说："删去这些条款大概是比较好的。"

刘少奇在政治报告中辩解道，应当更合理地分享党的成功的荣耀。他说："我们党的领袖毛泽东同志，所以在我们的革命事业中起了伟大的舵手作用，所以在全党和全国人民中享有崇高的威信，不但是因为他善于把马克思列宁主义的普遍真理同中国革命的具体实践结合起来，而且是因为他坚决地信任群众的力量和智慧，倡导党的工作中的群众路线，坚持党的民主原则和集体领导原则。"①

这是第一次把毛的名字与集体领导联系起来。毛泽东本人一定会回忆起几年来他避开同事们，在合作化运动中所作的努力，难道他会接受他的同志们的暗示，同意服从集体领导的原则，并改正他的错误吗？毛在讲话中，则强调与非共产党人进行合作的必要性，他对国际事务的阐述比有关国内情况的阐述赢得了更多的掌声。

之后，毛责成刘少奇在"八大"上宣布：我国无产阶级和资产阶级的矛盾已经基本解决。在我国延续了数千年的阶级剥削制度已经消灭……中共"八大"的另一内容是，毛决定从领导第一线退下来，让他的高级幕僚们去处理日常事务，实现他们在权力继承方面的要求。这是效法苏联在斯大林死后所进行的领导班子的变动。修改的新党章，其内容之一是在党的中央委员会设名誉主席，这当然是毛安排的。党的书记处也得到重组和加强，以便能在没有毛的情况下有效地工作。邓小平出任党的总书记。

这些变动给出席"八大"的代表们留下了一个印象：毛不再像以前那样是至高无上的人物了。在解释为什么不把毛

① 《刘少奇选集》下卷第271页。

泽东思想写进党章时，刘少奇对代表们说，在1945年，毛泽东的领导地位已经确立了，"即使我们不谈它，每个人也都清楚。此外，一个人如果总是重复某些事想要人们经常听到它，这实际上不会有任何效果。"

毛泽东与刘少奇在中共"八大"主席台上交谈。

对毛的尊敬正在消失。毛肯定十分不满地意识到，他的同僚，特别是刘少奇和彭德怀不再像以前那样在公开讲话中，程式化地重复他的名字和思想了。难道他们只是要进行一场非斯大林化的运动吗？或者他们真的讨厌他了？毛花了许多年冥思苦想这一问题。

周恩来在会上所作的关于经济情况的报告，强调避免急躁和冒进的必要性，指出国家财政极限不应受到忽视。毛和刘对1956年夏天专家们强烈提出的"减速"要求一度颇为恼火。但在"八大"上，他们服从了省委书记们的意见，后者是支持周恩来和这些规划的制定者的。

1956年10月23日，匈牙利事件爆发。在此之前，毛对波兰人要求从莫斯科得到更大的自主权表示理解。当米高扬和奥哈布分别代表苏联和波兰前来北京庆祝中华人民共和国建国7周年之际，毛向他们谈到了这些观点，并为波兰抵制米高扬的批评进行辩解。随后，他又给奥查波写了一封信。此信对于推动波兰领导人支持自由主义的哥穆尔卡处理波兰问题，可能起了巨大的作用。但是，匈牙利事件爆发后，毛的态度强硬起来。当刘少奇飞抵莫斯科与苏联领导人商讨处理办法时，他经常请示国内的毛。

赫鲁晓夫回忆道:"刘与毛的电话联系毫无问题,因为毛像只夜鹰,总是彻夜工作。不管刘提出什么,他总能同意……"[①]

11月,在中共八届中央委员会第二次全体会议上,毛就面临的问题谈了自己的看法。他开始对经济政策提出全面的怀疑。他说:

"我们的计划经济,又平衡又不平衡。平衡是暂时的,有条件的……我们马克思主义者认为,不平衡,矛盾,斗争,发展,是绝对的,而平衡,静止,是相对的。所谓相对,就是暂时的,有条件的。这样来看我们的经济问题,究竟是进,还是退?我们应当告诉干部,告诉广大群众:有进有退,主要的还是进,但不是直线前进,而是波浪式地前进。"

毛要求在决定国家年预算之前组织更充分的讨论,"这样就使大家都能了解预算的内容。"在这次会议上他暗示了专家们对政治家,比如他自己,所应持有的态度。他说:

"不然,总是经手的同志比较了解,而我们这些人都是举手……他们好比是戏台上的演员,会唱,我们好比是观众,不会唱。但是,如果我们看戏看久了,哪个长,哪个短,就可以做出比较正确的判断。我唱得好坏,还是归观众评定的。要改正演员的错误,还是靠看戏的人。观众的高明处就在这个地方。一个戏,人们经常喜欢看,就可以继续演下去。有些戏,人们不大高兴看,就必须改变。所以我们中央委员会内部又有专家同非专家的矛盾。"

毛强调必须提倡勤俭节约的口号:

"同志们提出,厂长、校长可以住棚子,我看这个法子好,特别是在困难的时候。我们长征路上过草地,根本没有房子,就那么睡……都过来了。我们的部队,没有粮食,就吃树皮、树叶。同人民有福共享,有祸同当,这是我们过去干过的,为

[①] 斯特布·泰尔伯特译《赫鲁晓夫回忆录》第418页。

什么现在不能干呢？只要我们这样干了，就不会脱离群众。"

毛转而谈到国际背景，以及在中东和苏联发生的戏剧性事件。"出了一个贝利亚，就不得了，怎么社会主义国家出贝利亚？"毛的观点是，"列宁这把刀子现在是不是也被苏联一些领导人丢掉一些呢？我看也丢掉了相当多了。十月革命还灵不灵？还可不可以作为各国的模范？苏共二十次代表大会赫鲁晓夫的报告说，可以经过议会道路去取得政权，这就是说，各国可以不学十月革命了。这个门一开，列宁主义就基本丢掉了。"

最后，毛谈到了"大民主"的问题——即更多的言论自由，这预示着以后"文化大革命"的发生。他谈道：

"现在再搞大民主，我也赞成。你们怕群众上街，我不怕，来他几十万也不怕……有些人如果活得不耐烦了，搞官僚主义，见了群众一句好话没有，就是骂人，群众有问题不去解决，那就一定要被打倒。现在，这个危险是存在的。如果脱离群众，不去解决群众的问题，农民就要打扁担，工人就要上街示威，学生就要闹事。凡是出了这类事，第一要说是好事，我就是这样看的。"

他举了一个例子，河南一个地方因为修飞机场，强迫农民搬迁，事先没有任何商量和适当的安排。农民们抱怨道，你拿根长棍子去拨树上雀儿巢，把它搞下来，雀儿也要叫几声。毛批评道："邓小平你也有一个巢，我把你的巢搞烂了，你要不要叫几声？"毛同样对他的同事们阻止一百多名学生乘火车从南方到北京告状表示不满。他说：

"我的意见，周总理的意见，是应当放到北京来，到有关部门去拜访。要允许工人罢工，允许群众示威。游行示威在宪法上是有根据的。以后修改宪法，我主张加一个罢工自由，要允许工人罢工。"毛低估了卷进各种不同镇压运动的人数。

前几年,四百多万人受到审查,其中3.8万人——占总数的1.2%被确定为反革命,其中5%被错判,因为根据的是"主观臆想,而不是客观事实"。①

在另外一个场合,毛邀请干部和民主党派领导人会谈4个小时。他始终抽着烟,烟气在他头上缭绕着足有一英尺高,他说:

> 在过去的几年运动中,群众和干部都有段难过的日子,我们应当给他们一个喘气的机会。他们应当有机会表达对党和政府的意见。我认为听取这些意见,对我们是有好处的。我知道党和非党人士有摩擦,所有党组织中都存在这个问题。我希望每个人都公开地表达意见。言者无罪,不会有人受处罚。

毛说:"我们必须让百花齐放,百家争鸣。看看哪种花开得好,哪种思想表达得合理,我们将为最好的思想鼓掌。"②

到年底,毛为了在1957年开展"百花齐放"运动,在一次有那些正与政府小心合作的工厂主、商人和店主参加的会议上讲了话。

他告诉与会者:"我是个无名之辈,连学位也没有。"接着,就如何管理企业问题长篇大论了一番。然后,又开始就个人的政治改造问题向与会者道贺:"连你们自己也没有想到改造得这么快。一

---

①《毛泽东选集》第5卷第314~325页。

②周兴文《十年风雨》,纽约1960年版第162~163页。

1957年,毛泽东和共青团"三大"代表在一起。(洪克 摄)

个学习高潮即将掀起。你们准备开展自我批评吗?"大厅里响起一片热烈的回声:"我们愿意!"

毛又谈到了匈牙利问题,他说:"苏联是个社会主义国家,但它正想掠夺兄弟国家的土地,这是违反社会主义原则的。"他向在座的人士保证,他是持自由主义思想的。[1]

这期间,毛遇到了一些棘手的家庭问题。是年冬天,他的妻子再次病倒。前一年,即1955年,她回苏联做过一次无结果的身体检查:和往常一样,中苏两国的医学专家互不同意对方的诊断。此时,1956年,江青旧病复发,持续高烧,体重陡降。

她的妇科医生诊断她患的是脑癌,只能采取手术或放射疗法治疗。由于前一次治疗肝癌的手术后一直感到非常痛苦,所以她不愿再动手术,中国医生因此尝试为她用钴放射性同位素和镭60治疗,但这种办法她仍然无法忍受。她的医生绝望地说,她必须回莫斯科治疗。她在莫斯科经受了巨大的痛苦,接受一系列的钴同位素化疗,在氧气罩下面度过一段相当难熬的时光。1957年1月,周总理到莫斯科访问,在与克里姆林宫领导人会谈后,到医院看望江青,并告诉她,毛主席让她待在这里,直到身体完全康复。然而,事实恰好相反,江的病情进一步恶化了。苏联医生实际上已经表示,基本放弃治疗希望,让她回到北京去。在飞机上,江身体皮下大出血,看起来毫无希望。但是,最后,她却奇迹般地全面康复了。

---

[1] 《毛泽东思想万岁(1949~1968年)》第1卷第36~40页。

21 百花齐放
(1957)

1957年3月19日，毛泽东在视察途中（在图114飞机上）。

1957年1月初，毛泽东向中国的旧式知识分子和艺术家们做出一种大概比他倡导百家争鸣时更为勇敢的姿态。毛通知《诗刊》编辑部可以发表他以前写的中国古典诗词。对此，他解释道："这些东西，我历来不愿意正式发表，因为是旧体，怕谬种流传，贻误青年；再者诗味不多，没有什么特色。"[1]

毛的诗词的某些私人辑录本已经流传开来，但毛对他的作品似乎总是不以为然。罗伯特·帕宁曾在延安发回的一篇报道中说，"无论你如何谈他的诗，他最后总是只有一个决断性的回答——这些都是非常糟糕的诗作，羞于见人。这纯属胡言乱语，但它恰恰给毛以某种满足，因此他会咯咯地笑个不停，其实他知道，这些诗作是非常好的。"

毛的诗作大多是采用词的形式，这种形式最早起源于晚唐时期（公元9世纪），在宋朝得到完善（公元11至12世纪）。毛在1965年给外交部部长陈毅的信中说："我看你于此道，同我一样，还未入门。我偶尔写过几首七律，没有一首是我自己满意的……我对于长短句的词学稍懂一点……"[2]

毛察觉到，作为一个革命者写作古典诗词是不合适的。因为这种形式不容易表达有关阶级斗争和革命等现代题材。毛

[1]《毛泽东书信选》，人民出版社1983年版第520页。

[2] 同上，第607页。

的老对手王明在他的回忆录中对毛的诗词的评价是非常苛刻的,他提醒说:"毛的这些作品中没有一首歌颂马克思列宁主义、歌颂中国共产党、歌颂工人阶级,没有一首描写工农兵的生活。"

毛泽东自己也感到出版他的诗词可能会引起一些误解,他在给《诗刊》编辑部的信中写道:"诗当然应以新诗为主体,旧诗可以写一些,但是不宜在青年中提倡,因为这种体裁束缚思想,又不易学。"①

一年后,毛在一次讲话中就中国人写的现代诗歌,比较直率地谈了他的看法:"今天的新诗没有什么格式,没有人读,即使你给我 100 元,我也不读。"②

那些有资格品评毛的诗歌的人对它们的评价也不尽相同。一位来自湖南的著名的古典文学学者认为,毛的诗词,"肯定不是经过深思熟虑完成的……在他的诗词中表现出一种旁若无人的冲力和冲动,我不同意那种认为毛的诗歌是前无古人、后无来者的观点。"③郭沫若,这位毛政府中的优秀诗人认为:"主席的诗词经过反复锤炼,所以气魄雄浑而音调和谐,豪迈绝伦而平易可亲。人人爱读,处处传诵。"他进一步说,"然而在事实上却未见得人人都懂,首首都懂。"④

陈志让,这位生活在西方的毛的华人传记作者,对毛的诗歌的评价是这样的:"虽然,这些诗词的艺术水平参差不齐,但它们并非等闲之作,这些诗词将使毛本人在当代中国文学史上据有一席之地,这和他在政治领域内的领袖地位毫无关系。"傅聪,这位从毛的中国逃出来的著名钢琴艺术家,一直称颂毛是一位"伟大的诗人"。⑤

1945 年,毛泽东曾经把他的诗词当作有力的政治武器。当时,他以"雪"为题填写的一首《沁园春》词,轰动了山

---

①《毛泽东书信选》第 520 页。

② 斯图尔特·施拉姆《毛泽东的创举》。

③ 章士钊文,载于《中国季刊》(伦敦)第 13 期第 62 页。

④《人民日报》,1962 年 5 月 12 日。

⑤ 陈志让《毛泽东与中国革命》,伦敦 1965 年版第 314 页。

城，使重庆舆论界俯首缴械。同样，1957年初，在他的最大的言论自由实验——或者像他喜欢称作的"大民主运动"——百花齐放，百家争鸣——的前夕，他以自己古典诗词的公开出版，解除了中国知识分子心理上的武装。

在1957年初召开的各省市自治区党委书记会议上，毛泽东先后发表了两次讲话。他提出，应该允许知识分子自由辩论。他通过对党的干部闹级别问题的批评，点明他心中的靶子。级别问题，在党内无疑是十分敏感的。他说："现在有些干部争名夺利，唯利是图……那些闹级别，升得降不得的人，在这一点上，还不如这个旧官僚。他们不是比艰苦，比多做工作少得享受，而是比阔气，比级别，比地位。"

接着毛谈到了大民主问题，他说：

"大民主也没有什么可怕。在这个问题上，我跟你们不同，你们有些同志好像很怕。我说来一个大民主，第一不怕，第二要加以分析，看他讲什么，做什么。那些坏人在搞所谓大民主的时候，一定要做出错误的行动，讲出错误的话，暴露和孤立他们自己……在匈牙利，大民主一来，把党政军都搞垮了。在中国，这一条是不会发生的。几个学生娃娃一冲，党政军就全部瓦解，那除非我们这些人完全是饭桶。"

在第二次讲话中，毛泽东再一次支持公开的辩论，在谈到中苏关系时，他说：

"我看总是要扯皮的，不要设想共产党之间就没有皮扯。世界上哪有不扯皮的？马克思主义就是个扯皮的主义，就是讲矛盾讲斗争……"

他强调真理必须跟谬误相比较，相斗争。

"禁止人们跟谬误、丑恶、敌对的东西见面，跟唯心主义、形而上学的东西见面，跟孔子、老子、蒋介石的东西见面，这样的政策是危险的政策，它将引导人们思想衰退，单打一，见不得世面，唱不得对台戏。

"要学会这么一种领导艺术，不要什么事情总是捂着。人家一发怪议论，一罢工，一请愿，你就把他一棍子打回去，总觉得这是世界上不应有之事……对于闹事，要分几种情况处理……闹得有道理，是应当闹的；闹得无道理，是闹不出什么名堂的。"

与此同时，周恩来中断了对亚洲几个国家的访问，赶赴莫斯科、布达佩斯和华沙，就当时社会主义国家发生的骚乱申明中国共产党的态度。"我在电话里告诉周恩来同志，"毛最后解释道，"这些人是利令智昏，对他们的办法，最好是臭骂一顿。"①

① 《毛泽东选集》第5卷第330—362页。

1957年2月27日，毛泽东在最高国务会议第十一次（扩大）会议上讲话。

1957年2月27日，毛第一次在党外——在有1800人参加的包括许多非共产主义者和党外人士的最高国务会议第十一次扩大会议上发表了他著名的关于百花齐放的讲话，这个讲话的题目叫作《关于正确处理人民内部矛盾的问题》。毛越过了他那些历经百战的同事们，没有就他提出的关于促进党的整风和言论自由的新纲领征求他们的意见。

在毛的这次会议讲话中，领导干部扮演了一个被责骂的角色。刘少奇显然不同意这种看法，他没有出席会议，像彭德怀、林彪那样称病不出。林伯渠和朱德则离开北京，并表示了他们异议，甚至罗荣桓，毛的追随者之一，也没有出席会议。大部分关注东欧骚乱的中国领导人认为，有必要在美帝主义面前保持共产主义世界内部的团结，"不能动摇社会主义阵营"是共同的目标。周恩来带回一个稍有些不同的信息，他说国内改革是共产主义存在的关键，毛对这些表示完全同意。

在以后的几个星期中，毛的四个小时讲话的录音在全国有选择地向一部分人播放。有位上海的商人听了这个讲话录音，后来他描述了"毛主席缓慢温和的声音"所讲述的内容。毛首先谈到了匈牙利事件以及在中国的反响，承认在国内发生了罢工、学生骚乱和农民的不满。

毛揭露说，一个高级干部在夜里工作，准备散发反苏传单。一个著名学者公开说，"为了人民的利益"要杀几千名共产党人。这些人大部分都不是反革命，问题出在党的干部中存在着严重的官僚主义。他们对群众的意见不是采用说服和教育的手段，而是使用压制的方法，所以现在必须使他们认识到自己的缺点，以便于他们改正这些缺点。在镇压反革命运动中发生了一些偏差，导致了失误，这些错误将得到纠正。但帝国主义分子说有两千万人民被作为反革命分子杀掉了，是极其荒谬的。实际数字"不超过七十万人"。

在全国，将开展一次党的整风运动，为了这次整风运动的成功，需要广大人民群众的支持。人民通过批评达到帮助党的目的，允许言论自由和提出不满意见。他们不会受到报复。实际上，那些不发表批评意见的人"不是我们的朋友"。

至于毛本人，就像一位著名歌剧的主角，现在变得太老了，不便于担任主演。他可能很快退为 B 角。关于从"香花"中辨认"毒草"的标准，他在讲话中也没有提出来。这次讲话给他的听众留下的印象是，一位真诚的领导人将要使其政策发生戏剧性的变化。

根据来自东欧国家的消息，《纽约时报》登载了毛在 2 月 27 日讲话的摘录，显然毛想在北京出版经他本人同意的版本，但直到党中央一致认为在文章中应加入限制自由的论述后，毛方如愿。

这篇讲话先是在 6 月 19 日的《人民日报》上刊登出来，这时距讲话首次发表已经有三个多月了。公开发表时删去了70万反革命被枪决的事例，加进了判断言论和是非——辨别香花和毒草——的六条标准。这些标准归结为一点就是，"它们应当有利于巩固共产党的领导，而不是摆脱或者削弱这种领导。"

毛在几年后再次谈到它时说："匈牙利事件以后，我们允许发表自由言论，成千上万的小匈牙利分子跳了出来，40多万右派分子不得不加以清除。"

《关于正确处理人民内部矛盾的问题》终于出版了，它论述了中国国内所面临着的两种社会矛盾，即人民和"敌人"之间以及人民内部的矛盾，那么谁是"人民"呢？

毛指出，在现阶段，在建设社会主义时期，"一切赞成、拥护和参加社会主义建设事业的阶段、阶层和社会集团，都属于人民的范围，一切反抗社会主义革命和敌视、破坏社会主义建设的社会势力和社会集团，都是人民的敌人"。

"我们的人民政府是真正代表人民利益的政府，是为人民服务的政府，但是它同人民群众之间也有一定的矛盾。这种矛盾包括国家利益、集体利益同个人利益之间的矛盾，民主同集中的矛盾，领导同被领导之间的矛盾，国家机关某些工作人员的官僚主义作风同群众之间的矛盾。"

工人阶级和资产阶级之间存在着剥削与被剥削的矛盾。这自然是属于对抗性矛盾。"但是在我们的具体条件下，这两个阶级的对抗性矛盾如果处理得当，可以转变为非对抗性的矛盾，可以用和平的方法解决这个矛盾。"

人民民主专政是"工人阶级领导的以工农联盟为基础"的国家政权，是建立在自由和民主思想之上的。"但是这个自由是有领导的自由，这个民主是集中指导下的民主，不是无政府状态。无政府状态不符合人民的利益和愿望。"

毛间接提到匈牙利事件在中国所产生的影响。"匈牙利事件发生以后，我国有些人感到高兴。他们希望在中国也出现一个那样的事件，有成千上万的人上街，去反对人民政府……匈牙利的一部分群众……错误地用暴力行为对付人民政府……几个星期的骚乱，给予经济方面的损失，需要长时间才能恢复。"
如何理解国家的强制作用呢？

我们不能用行政命令去消灭宗教，不能强制人们不信教。不能强制人们放弃唯心主义，也不能强制人们相信马克思主义。凡属于思想性质的问题，凡属于人民内部的争论问题，只能用民主的方法去解决，只能用讨论的方法、批评的方法、说服教育的方法去解决，而不能用强制的、压服的方法去解决……

如果采取恐怖的方法来解决人民内部的矛盾，那将会使这些非对抗性矛盾转化为对抗性矛盾，就像匈牙利事件那样……你生前不允许别人批评，死后终将被批评的……① 正确的东西，好的东西，人们一开始常常不承认它们是香花，反而把它们看做毒草。哥白尼关于太阳系的学说，达尔文的进化论，都曾经被看作是错误的东西，都曾经经历艰苦的斗争……

① 此处引文与《毛泽东选集》第5卷《关于正确处理人民内部矛盾的问题》不同。——编注

无产阶级和资产阶级之间在意识形态方面的阶级斗争，还是长时期的，曲折的，有时甚至是很激烈的。无产阶级要按照自己的世界观改造世界，资产阶级也要按照自己的世界观改造世界。在这一方面，社会主义和资本主义之间谁胜谁负的问题还没有真正解决。无论在全人口中间，或者在知识分子中间，马克思主义者仍然是少数。因此，马克思主义仍然必须在

斗争中发展。

马克思主义的任务是什么？作为党所一直坚持的指导思想马克思主义是否能被批评？对此，毛回答说：

"当然可以批评。马克思主义是一种科学真理，它是不怕批评的。如果马克思主义害怕批评，如果可以批评倒，那么马克思主义就没有用了……

"马克思主义者不应该害怕任何人批评……在温室里培养出来的东西，不会有强大的生命力。实行百花齐放、百家争鸣的方针，并不会削弱马克思主义在思想界的领导地位，相反地正是会加强它的这种地位。"①

最后，在谈到去年在个别地方发生的少数工人、学生罢工罢课的事件的危害时，他说："在我们这样一个大国，有少数人闹事，并不值得大惊小怪，倒是足以帮助我们克服官僚主义。"这最后导致了60年代的"文化大革命"。

此后，毛到济南和南京视察，并对这两个省的干部分别发表了讲话。他强调广大干部应保持艰苦奋斗和密切联系群众的作风。他再次严厉斥责一些干部为了自己的级别四处奔忙的行为，要求他们按照共产主义者的高标准严格要求自己。他说：

> 听说去年评级的时候，就有些人闹得不像样子，痛哭流涕……评级评得跟他不对头的时候，就双泪长流。在打蒋介石的时候，抗美援朝的时候，土地改革的时候，镇压反革命的时候，他一滴眼泪也不出，搞社会主义他一滴眼泪也不出，一触动到他个人的利益，就双泪长流……
>
> 世界上是有许多不公道的事情，那个级可能评得

① 《毛泽东选集》第5卷第363~402页。

| 第 三 部 | 大权在握

不对,那也无须闹,无关大局……共产党就是要奋斗,就是要全心全意为人民服务,不要半心半意或者三分之二的心三分之二的意为人民服务。革命意志衰退的人,要经过整风重新振作起来。①

① 《毛泽东选集》第5卷第419~422页。

② 麦克法考尔《文化大革命的起源》第1卷第314页。

1957年4月,毛去杭州疗养。杭州是位于上海西南的一个美丽的亚热带城市,公元13世纪曾是南宋的首都。为了继续他以后20年的政治生涯,毛在此度过了一段相当长的时光,远离北京那些讨厌的报告、繁文缛节和阴谋。杭州在夏末时很闷热,气温高达华氏106°,在这样的高温下,即使空调也不能把温度降到华氏86°,但作为一个湖南人,毛对这种气候是很适应的。②

在杭州,毛抱怨北京党的领导人和党的报纸(没有刊登有关决定的报道)阻碍了他的"百花齐放"运动。

毛泽东在杭州看碑文。

在对地方干部讲话时,他承认他的观点只代表了少数人,他说,军队的宣传干部在报上公开批评"百花齐放"的自由政策带来的不良后果。"他们代表党内百分之九十的同志,所以我没有群众基础。"尽管他很被动地强调指出:"我不是鼓励群众造成混乱,我不是开促乱的会议。"但他坚持认为,党在这一时期内要"放",要接受批评。

在这种情绪下,他认为中国革命的发展前途是充满了艰难险阻的。他说:"如果一万年以后地球毁灭了,至少在这一万年以内,还有闹事问题。不过我们管不着一万年那么远的事情，我们要在几个五年计划的时间内，认真取得处理这个问题的经验。"①几天以后，《人民日报》发表一篇社论，文章指出："必须加强对知识分子的思想政治教育工作。"认为"在我国几百万知识分子中，还只有少数人对马克思列宁主义比较熟悉；多数人愿意学习马克思列宁主义，但是学得还很少……还有极少数人对社会主义不很欢迎，甚至保持敌对情绪。"因此，知识分子必须接受教育，必须进行改造。文章强调"要帮助几百万知识分子在当前的伟大历史变革时期实现自我教育、自我改造的光荣使命。"②

毛使出浑身解数，终于迫使中央委员会同意——显然是极其勉强的——开展一次新的和风细雨的整风运动。尽管这样，由此导致的骚乱仍超过了以前。刘少奇打算提出这一运动的目标，首先应该是主观主义，其次是官僚主义，再次是宗派主义。但是，毛坚持把官僚主义放在第一位，以此作为动员党外群众参加党内整风运动的根据。这种把自己暴露给党外人士的做法，肯定使毛的同志们耿耿于怀。

但在4月30日，毛发出了指示："这次整风运动，应该是一次既严肃认真又和风细雨的思想教育运动，应该是一个恰如其分的批评与自我批评的运动……应该多采用同志间的谈心方式，即个别地交谈，而不要开批评大会，或者斗争大会。"③

这个运动从5月1日持续到6月7日，毛本来希望能再延长一些时间，最好进行几个月，但由于他的同事们的抵制，他最终只好作出了让步。艺术家、知识分子、民主党派的政治家和学生对他们能够自由地表达他们的思想和主张表示满意，他们倾诉出长期受压抑的怨言。

5月19日以后，北京大学的自由演讲活动突然变得过激起来，每天都出现数百张标语，不断攻击和侮辱党的干部。5

---

① 《毛泽东选集》第5卷第357页。

② 《教育者必须受教育——谈知识分子的改造》，《人民日报》1957年4月6日社论。

③ 《中共中央关于整风运动的指示》，载于《人民日报》，1957年5月3日。

月 23 日，一位年轻的女演讲者在北大"民主广场"发表演说，指出毛的《在延安文艺座谈会上的讲话》在今天已不再适用。

一名学生因每天撰写大字报而闻名全国，他的每篇文章都可称得上是"毒草"。在第一篇文章中他引用了赫拉克利特的话："在伊佛索，所有的成年男子都应该去死，市政应该交给羽翼未丰的年轻人。"他批评《人民日报》是"封锁真理的长城"。

这个勇敢的年轻人要求年青的一代去表现自己，"除了那些'三好学生'（或者说是蠢材、样板学生，或说是'小小螺丝钉'或是'毛泽东的孩子们'或随便你怎么讲，都是一样的），即已完全丧失了思考能力的人外，中国青年中存在着成千上万的有智慧的和非凡的人物。"这条标语署名为"Puer Robustus Sed Malitiosus"。①②

另外一个参加"双百"运动的人是前国民党的老将军，四年前他曾介入毛和哲学家梁漱溟的争吵。现在他指出毛的性格"暴躁、冲动、鲁莽"，这就"经常影响他的决策，引起政府在政策执行过程中出现不必要的偏差"。

在这场运动中，毛充满感情地写了一首著名的词作，唯一一次公开地提到了他的个人生活，在这首名为《蝶恋花》的词中，毛回忆了他的第一个妻子——杨开慧的生平和她牺牲的事迹。他充满深情地写道，"我失骄杨君失柳……"

①德文，意为"壮实的小痞子"，马克思曾在其著作中用这个词组代表人民。——编注

②《中国季刊》（伦敦）第 12 期第 142 页。

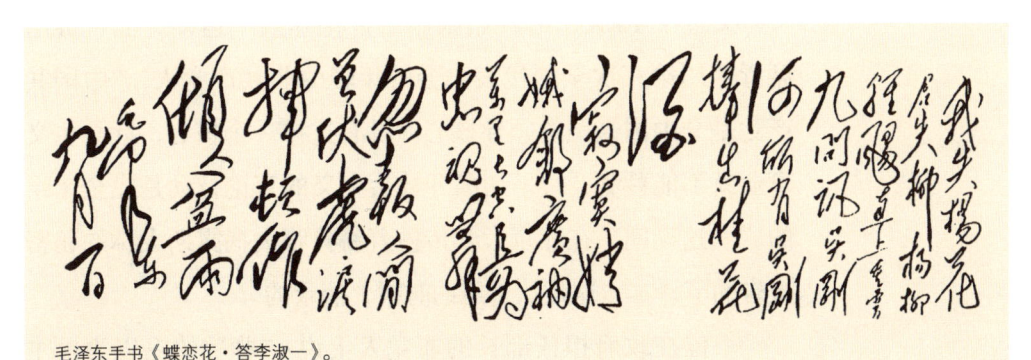

毛泽东手书《蝶恋花·答李淑一》。

不久，那位在1927年毛离家出走之后一直在长沙陪伴杨开慧的女士①到北京看望毛泽东。这是一位始终坚持正义的妇女，她的来访使毛重新唤起了对昔日那些令人心醉神迷的日子的深深回忆。当这位客人谈到杨开慧的勇气、忠诚和对他们的孩子——岸英的希望时，毛热泪盈眶，"开慧是个好人"，"岸英是个好孩子"，他们能说的只有这两句话。

到了5月15日，也就是在"鸣放"进行了两个星期之后，毛打算中止这场政治运动。他在给党内干部写的一篇文章中指出："几个月以来，人们都在批判教条主义，却放过了修正主义。教条主义应当受到批判，不批判教条主义，许多错事不能改正。现在应当开始注意批判修正主义……"

马克思主义者组成了共产党，成为"执政党"，一些资产阶级知识分子原先接受了社会主义和共产党的领导，现在又要求退回到他们的资产阶级立场上去。毛指出："现在有些人想翻案，那不行。只要他们翻这两条案，中华人民共和国就没有他们的位置。那是西方世界（一名为自由国家）的理想，还是请你们到那里去吧！"②许多人这样做了，例如钢琴家傅聪受官方派遣到华沙学习，但却非官方地逃到英国，在那里与耶胡迪·梅纽因的女儿结了婚。成千上万的人通过香港来到北美、欧洲、东南亚和澳大利亚。

又过了10天，毛开始限制"百花齐放"运动。他告诉出席青年团第三次全国代表大会的年轻的非共产党人，"中国共产党是全中国人民的领导核心。没有这样一个核心，社会主义事业就不能胜利。""一切离开社会主义的言论行动是完全错误的。"③这期间，在北京大学传抄着赫鲁晓夫揭露斯大林的秘密报告的节译本，这是从《纽约时报》摘录的。

一位在政府担任部长的非党人士说："尊敬的毛以为民主

①指陈玉英。——译注

②《毛泽东选集》第5卷第423、428页。

③同上，第430页。

党派会很有礼貌地有限度地提出一些批评意见。但这一估计是不足的，"他解释道，"他没有想到党可能会犯有那么多的错误。"各省的党的干部们拍来的电报被形容为"似雪片飞来"，他们一致要求停止运动。

到 6 月 8 日，毛投降了。他发出了党内指示，要求集中力量反击"右派分子的猖狂进攻"。那些公开讲演批评政府的人现在被作为资产阶级右派而受到打击，一些精明的非党人士从开始的时候就预料到这个结果。武汉骚乱的学生领导人实际上已被处决。

现在，毛在政治局里的支持者已经失去半数，一两个动摇者受到攻击和责难。这种不十分拥护他的情况以前也曾有过。例如，在 1955 年，当时他坚持要提前进行农业集体化，但那时他的主张最终被大家接受了。现在，他的"百花齐放"运动遇到了麻烦。北京市市长彭真曾对他的亲密僚属说：

"斯大林自己认为他永远绝对正确，结果他……被……谴责并被击得粉碎……

"所有的人都会犯错误，区别只是错误的程度和性质不同而已……我党的干部都是党的工具，问题在于像毛泽东同志这样的工具怎样才能运用得更好。"①

但是，学生们并没有善罢甘休，北京大学贴出了又一张大字报，署名是"一部分历史系一年级学生"。大字报说：

"善良的朋友们！我们所有的人都被欺骗了！共产党修正错误的目的不是去掉三害，不是解决人民内部矛盾或改正工作方法，而是获得更大的权力，以便更好地统治'愚昧'的中国人民，这不是很清楚吗？虽然皇帝给他的党下令改变工作作风和方法，但各级官僚依然故我，一切都像从前一样。最近，皇帝发现了一些'右翼分子'，他现在要用他们去威吓'愚昧'

① 麦克法考尔《文化大革命的起源》第 1 卷第 421~422 页。

的中国人民！"

7月1日，毛在《人民日报》写的一篇社论中，对"百花齐放"运动中出现的把民主党派引入歧途的问题进行辩护。他说：整风"其目的是让魑魅魍魉，牛鬼蛇神'大鸣大放'，让毒草大长特长，使人民看见，大吃一惊，原来世界上还有这些东西，以便动手歼灭这些丑类。就是说，共产党看出了资产阶级与无产阶级这一场阶级斗争是不可避免的。让资产阶级及资产阶级知识分子发动这一场战争……有人说，这是阴谋。我们说，这是阳谋。因为事先告诉了敌人：牛鬼蛇神只有让它们出笼，才好歼灭他们，毒草只有让它们出土，才便于锄掉。"①

毛显然有理由不想看到那些在5月初由他发动起来的一流"右派"受到他的党内同事的惩罚。在这一点上，周恩来支持他。然而，刘少奇和彭真领导的党组织，仍计划严厉处理民主党派的政治家们。最终的结果是，攻击毛允许散布批评言论的这些政治家们发动了一系列惩罚性的批评与自我批评运动。一个右派被证明说过合作化运动不好的话，"农民们正在诅咒毛主席"。还有一些人非难毛的性格粗暴，等等。毛被指责不理会党内自己的同志，而去支持非马克思主义的阿谀者和机会主义者。

毛的防卫办法就是到全国各地去解释他对事情的看法，比如7月9日他在上海对干部们发表了一次谈话，其中说：

"我就是这么一个人，要办什么事，要决定什么大计，就非问问工农群众不可，跟他们谈一谈，跟他们商量，跟接近他们的干部商量，看能行不能行。这就要到各地方跑一跑。蹲在北京可不得了，北京是什么东西都不出的呀！"

这就是毛的所有关于人民的乐天派的观点。"智慧都是从群众那里来的。我历来讲，知识分子是最无知识的。这是讲得透底。"但是，每隔二年或三年"放火"一次是必要的。②

---

① 《毛泽东选集》第5卷第436~437页。

② 毛泽东《打退资产阶级右派的进攻》，1957年7月9日。此处引文部分内容与《毛泽东选集》第5卷中的文字不同。

"在延安我们没有这样大的胆子,没有经验,没有禁止,也没有放。社会主义革命,我们没有干过,没有经验,这次大鸣大放增加了我们的经验。将来还是要鸣放。'百花齐放'不包括反革命在内,一年一放还会放出来。把人民当敌人压是很危险的。"①

毛丝毫没有放弃他的乐观派观点,如今他又把这种观点发挥在有关经济问题的讨论中。两天后,在中国共产党第八届中央委员会扩大的第三次全体会议上,他就人口问题发表了讲话,他说:"我看中国就是靠精耕细作吃饭。将来,中国要变成世界第一个高产的国家……我看一个人平均三亩地太多了,将来只要几分地就尽够吃。当然,还是要节制生育,我不是来奖励生育……计划生育,也来个十年规划……人类在生育上头完全是无政府状态,自己不能控制自己。将来要做到完全有计划的生育……"

毛建议说,如果建立更多的小钢铁厂,钢的产量将迅速提高。他要求宣传"多、快、好、省"的口号,这个口号在1956年下半年被"一阵风"刮下来了,把这个口号扫掉了,"我还想恢复,有没有可能?请大家研究一下。"②

毛还谈到了改变中国人的体质的雄心,在1957年10月召开的最高国务会议第十三次会议上,他提到了"除四害"问题,即消灭老鼠、麻雀、苍蝇、蚊子。他说:

"我对这件事很有兴趣,不晓得诸位如何?恐怕你们也是

1957年9月,毛泽东在上海观看工人贴的大字报。

①毛泽东《在八届三中全会上的讲话》,1957年10月7日。

②《毛泽东选集》第5卷第469~475页。

有兴趣的吧！除四害是一个大的清洁卫生运动，是一个破除迷信的运动。把这几样东西搞掉也是不容易的。除四害也要搞大鸣、大放、大辩论、大字报。如果动员全体人民来搞，搞出一点成绩来，我看人们的心理状态是会变的，我们中华民族的精神就会为之一振。我们要使我们这个民族振作起来。

"计划生育也有希望做好。这件事也要经过大辩论，要几年试点，几年推广，几年普及。"

"我说我们这个国家是完全有希望的。"毛泽东最后自信地说。①

---

① 《毛泽东选集》第 5 卷第 494~495 页。

22 东风压倒西风
（1957~1958）

毛 泽 东 传
A BIOGRAPHY OF MAO TSE-TUNG

1957年10月29日，毛泽东观看苏联新西伯利亚歌剧院芭蕾舞团演出《天鹅湖》并接受演员赠送纪念章。

当中国的共产主义形势恰如跷跷板般起伏不定的时候，国际共产主义的地位却在明显地提高。1957年8月，苏联人成功地发射了他们的第一枚洲际弹道导弹。10月，又把他们的斯潘尼克人造地球卫星送入太空。他们还同意向毛提供国防方面的核技术知识，包括一枚原子弹样品及其制造技术。

毛衣袋里装着这个条约，于1957年11月去莫斯科参加庆祝苏联建国40周年的世界共产党会议。毛想在这次莫斯科"最高级会议"上阐明他的两个意图。一个是保持社会主义阵营团结的重要性，另一个是怎样最充分地发挥社会主义阵营的新技术优势（事实上，他对此估计过高）。

在莫斯科机场，毛把中苏之间的分歧抛在一边，对苏联进行了慷慨的赞扬，并且说："世界上没有任何力量可以把我们分开。"①

赫鲁晓夫惊异地发现，毛放弃了关于国际共产主义运动中的分工思想。根据这一思想，中国人将集中精力和亚洲、非洲的国家建立比较密切的关系——苏联人则留下来对付西欧和美国。

在莫斯科，当有人向他重提上述思想时，他答道："不，这可不行。在非洲和亚洲还是应该由苏联起领导作用……苏共应

① 毛泽东《在莫斯科机场上的讲话》，1957年11月20日。

1957年11月2日至21日，毛泽东率中国党政代表团访问苏联，这是毛泽东、宋庆龄、邓小平、彭德怀、李先念等11月4日到克里姆林宫拜会布尔加宁。（侯波 摄）

该是国际共产主义运动的惟一中心，我们其余的党都应该团结在这个中心周围。"①

在另一个场合，毛告诉赫鲁晓夫："我想，假如帝国主义进攻中国，你们不必干预。我们自己会打他们。你们的任务是保存自己。让我们自己照顾自己。再则，假使你们自己遭到进攻，我认为你们也不应该还击。"

"那我们应该怎么办？"赫鲁晓夫问。

"撤退。"

"撤到哪里去？"

"你们曾经撤退过。"毛指出，"第二次世界大战期间你们一直撤到了斯大林格勒，假如你们再次被人进攻，你们可以一直撤退到乌拉尔，坚持两三年就行了。你们有中国作后盾。"

赫鲁晓夫答道："毛泽东同志，假如战争现在就爆发，你认为会打多久？这回可不同上次大战。那次战争用的是飞机和坦克，现在则有了导弹和原子弹。你根据什么说我们会有三年的时间撤退到乌拉尔去呢？我们很可能只有几天的时间，过此以后，什么也不会留下了，仅剩下一些破烂而已。如果我们告诉敌人我们不还击的话，那就等于是请他来打我们了。"②

在莫斯科，毛向最高苏维埃发表了演说，这是中国首脑第

① 赫鲁晓夫《最后的遗言》第393页。

② 斯特布·泰尔伯特译《赫鲁晓夫回忆录》第668~669页。

一次在欧洲列强之一的立法机构里讲话。在颂扬苏联自1917年以来所取得的成就和对中国的帮助的同时，毛还明确地指出，他的革命有自己的特点，中国将跟着自己的救星前进：

> 建立一个没有人剥削人的社会，曾经是世界上的劳动人民和进步人类百千年来的梦想。十月革命破天荒第一次在世界六分之一的土地上，把这个梦想变成了现实……
>
> 中国人民感到幸运，因为有十月革命和苏联社会主义建设的经验，使自己可以减少或者避免许多错误，可以比较顺利地进行自己的事业，虽然中国人民面前的困难还很多。
>
> 事情很明显，在十月革命以后，各国无产阶级的革命家如果忽视或者不认真研究俄国革命的经验，不认真研究苏联无产阶级专政和社会主义建设的经验，并且按照本国的具体条件，有分析地、创造性地利用这些经验，那末，他就不能通晓作为马克思主义发展新阶段的列宁主义，就不能正确地解决本国的革命和建设问题。那么，他就会或者陷入教条主义的错误，或者陷入修正主义的错误。我们需要同时反对这两种错误倾向，而在目前，反对修正主义的倾向尤其是迫切的任务……①

① 毛泽东《在苏联最高苏维埃庆祝十月革命四十周年会议上的讲话》，1957年11月6日。

10天后，毛出人意料地在中国留苏学生会议上露了面。人们高呼"毛主席万岁！毛主席万岁！"的口号欢迎他。对此，毛的反应是："请不要这么说，我对个人的未来只做了一个五年计划。"毛坐在主席台上点燃了一支烟并以新的社会主义阵营的最高层领袖的姿态向学生们发表了演说。后来他们报道说：

"毛主席指出……两颗人造卫星上了天，六十八个国家的共产党和工人党代表团到莫斯科来庆祝十月革命节，这是一个新的转折点。社会主义力量超过了帝国主义力量……

"毛主席说，世界上的风向变了。社会主义阵营和资本主义阵营之间的斗争，'不是西风压倒东风，就是东风压倒西风'①。现在全世界共有二十七亿人口，社会主义各国的人口将近十亿，独立了的旧殖民地国家的人口有七亿多，正在争取独立或者争取完全独立以及不属于帝国主义阵营的资本主义国家人口有六亿，帝国主义阵营的人口不过四亿左右，而且他们的内部是分裂的。那里会发生'地震'。"②

第二天，11月18日，毛向莫斯科共产党会议发表了最后一次演说，进一步阐发了上述思想。他用一种温和的、最为理智的方式解释了他同赫鲁晓夫的分歧：

> 有些人似乎以为，一进了共产党都是圣人，没有分歧，没有误会，不能分析，就是说铁板一块，整齐划一，就不需要讲谈判了。好像一进了共产党，就要是百分之百的马克思主义才行。其实有各种各样的马克思主义者：有百分之百的马克思主义者，有百分之九十的马克思主义者，有百分之八十的马克思主义者，有百分之七十的马克思主义者，有百分之六十的马克思主义者，有百分之五十的马克思主义者，有的人只有百分之十、百分之二十的马克思主义。我们可不可以在小房间里头两个人或者几个人谈谈呢？可不可以从团结出发，用帮助的精神开谈判呢？……

---

① 借用《红楼梦》第八十二回中的一个著名短语，"但凡家庭之事，不是东风压了西风，就是西风压了东风。"——译注

② 《人民日报》，1957年11月20日。

| 第三部 | 大权在握

无论什么世界，当然特别是阶级社会，都是充满着矛盾的。有些人说社会主义社会可以"找到"矛盾，我看这个提法不对。不是什么找到或者找不到矛盾而是充满着矛盾。①

后来，这次演说在国际社会里成了毛所作过的最为著名的演说之一。毛在这次演说当中还谈到了原子弹会派上用场的新的世界大战的可能性。三年前，在同第一任芬兰大使的会谈中，他已经暴露过在这个问题上的某种轻率的看法。当时他曾说：

即使美国的原子弹威力再大，投到中国来，把地球打穿了，把地球炸毁了，对于太阳系说来，还算是一件大事情，但对整个宇宙说来，也算不了什么……他们发动战争越早，他们在地球上被消灭也就越早。那时候就要建立人民的联合国，可能设在上海，也可能设在欧洲一个什么地方，也可能还设在纽约，如果那时美国好战分子已被扫光的话。②

在1957年莫斯科会议上，毛没有这样轻率，但他的话却给人以极大的误解，引起了铁幕两边的警觉。

现在还要估计一种情况，就是想发动战争的疯子，他们可能把原子弹、氢弹到处摔，他们摔，我们也摔，这就打得一塌糊涂，这就要损失人……如果爆发战争，

① 《毛泽东选集》第5卷第497~498页。

② 同上，第136~137页。

1957年11月，毛泽东在《社会主义国家共产党和工人党宣言》上签字。

要死多少人？全世界二十七亿人口，可能损失三分之一；再多一点，可能损失一半。

我和外国一位国务活动家（尼赫鲁）辩论过这个问题。他相信如果打起一场原子战争，整个人类都会消灭。我说如果糟到不能再糟，一半人都死了，那另外一半人还活着，帝国主义将被夷为平地，全世界将成为社会主义的；多少年内又会有二十七亿人而且肯定会更多。①

这就是《人民日报》对毛的讲话所作的报道，但赫鲁晓夫说，原讲话更富有色彩，他对毛当时的议论是这样转达的："至于中国，如帝国主义对我们发动战争，我们也许会损失3亿多人。那又怎么样呢？打仗嘛！时间将会过去，我们会比从前生出更多的孩子。"②

毛的谈话在莫斯科受到愤怒的反驳。哥穆尔卡，这位一直得到毛支持的、在苏联控制较松的较自由的舞台中上升到掌权地位的波兰领导人发言，强烈反对毛的核战争分忻。捷克领导人安托宁·诺沃提尼说："毛泽东说他的6亿人口准备损失掉3亿。我们怎么办呢？我们捷克斯洛伐克只有1200万人，打起仗来都得死光，谁还能留下来重新开张？"③

实际上，毛只是力图以他对中国听众惯用的方法来给其国际听众打气。这种方法就是，指出事情最坏的可能性（以此减轻恐惧），并同时断言，无论如何这种可能性不会发生。但是，仍要断言，如果它的确发生了，那么，生活仍将继续下去，一切都不会丢掉。东欧对毛的讲话的态度比毛自己料想的更为严肃。毛也因此得到一个对他来说很不公正的国际声誉。由于毛气势汹汹的好斗性，故其从未完全摆脱掉这个名声。

---

① 《中国政府发言人声明——评苏联政府8月21日的声明》，1963年9月1日，载于《人民日报》，1963年9月1日。

②③ 赫鲁晓夫《最后的遗言》第394页。

一回到北京，毛便致力于加快中国的社会主义和现代化建设的步伐，并准备旗帜鲜明地批判苏联，因为那里的领导人犯了错误。

在1958年南宁会议上，毛把批判的矛头对准了国内，对准了那些对其不同寻常的加速事物发展的方式加以抵制的人们。他指责政治局"成为一个表决机器，像杜勒斯的联合国，你给十全十美的文件，不通过不行……文件上又不讲考据之学、义理之学，又有洋文。我有一个手段，就是消极抵抗，不看。你们的文件，我两年不看了，今年还不准备看。"

毛嘲弄了那种典型的议事程序，"开会前十分钟拿出文件来让人家通过，不考虑人家的心理状态。你们是专家，又是红色，政治局多数人是红而不专。"毛对下述情况表示同情，即官员们愿意装出对事情充满自信的样子，把自己打扮成一个十美十全的人，而实际上他们并非如此，"大概像《茶花女》小说中的女主角马哥瑞特，快死了，见爱人还要打扮一番。"毛需要行政机关以一种更公开和坦率的方式行事，"蓬头散发见人有何不可？"

他希望制定政策的方式是："想起一条写一条，把不成熟的意见提出来，自己将信将疑的东西拿出来，跟人家商量，不要一出去就是'圣旨'，不讲则已，一讲就搬不动。"

毛的这个讲话的非正式版本的确充分地表明，他的观点与前些时候的讲话或声明相比发生了变化。

毛坚持他在政治局或中央委员会中提出的不同观点：

没有针锋相对不行，要么你说服我，要么我说服你，要么就是中间派。有人就是这样，大问题不表示态度。马克思主义不是不隐蔽自己的观点吗？

他对于他的政治同僚们对待他的方式抱怨道：

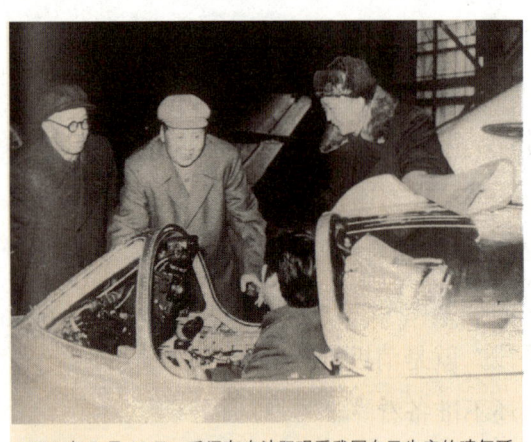

1958年2月13日，毛泽东在沈阳观看我国自己生产的喷气歼击教练机。

> 我是唱老夫人的，你们是唱红娘的。我是老资格吗？总该给我讲一讲。我灰心了……①

> 我主张不断革命论，你们不要以为是托洛茨基的不断革命论，革命就要趁热打铁，一个革命接着一个革命，革命要不断前进……湖南人常说："草鞋无样，边打边像。"②

① 毛泽东《在南宁会议上的讲话》，1958年1月12日。

② 毛泽东《在最高国务会议上的讲话》，1958年1月28日。

1958年1月底，毛成功地使全党接受了一个加快经济发展的全面规划，这个规划是后来以《工作方法六十条》而闻名的文件的一部分。它是几位参加拟定文件的领导人互相妥协的产物，但毛自己又对其中的每一段落作了审定和修改。

《工作方法六十条》的中心是，今后三年乃中国经济发展的关键，因此，应当"彻底放手"发动群众。在农业生产中，要推广试验田；所有党委成员应该"一年有四个月的时间离开办公室，到下面去做调查研究"。

3月10日，毛在成都奚落了50年代初中国人的不成熟状态：

> 我三年不能吃鸡蛋，不能吃鸡汤，因苏联有一篇文章说不能吃鸡蛋和鸡汤，后来又说能吃。不管文章正确不正确，中国人都听了，都奉行。总之，是苏联第一。

这种思想体现在经济中，其作用是显而易见的：

重工业的设计、施工、安装,自己都不行,没有经验,中国没有专家,部长是外行,只好抄外国的,抄了也不会鉴别。而且还要借苏联的经验和苏联专家,破中国的旧专家的资产阶级思想……

中国艺术家画我和斯大林的像,总比斯大林矮一些,盲目屈服于那时苏联的精神压力,马列主义对任何人都是平等的,应该平等待人……

个人崇拜有两种:一种是正确的,如对马克思、恩格斯、列宁、斯大林正确的东西,我们必须崇拜,永远崇拜,不崇拜不得了,真理在他们手里,为什么不崇拜呢?我们相信真理,真理是客观存在的反映。一个班必须崇拜班长,不崇拜不得了。另一种是不正确的崇拜,不加分析,盲目服从,这就不对了……问题不在于个人崇拜,而在于是不是真理。是真理就要崇拜,不是真理,就是集体领导也不成。

现在该是分析斯大林这位"老佛爷"的时候了(毛年轻的时候,人们一般都用"老佛爷"这个词称呼孀居的慈禧太后),毛把斯大林的错误和功绩区分开来,他说:"中国的革命是违背斯大林的意志而取得胜利的……我们革命成功了,斯大林又说是假的,我们不辩护,抗美援朝一打就真了。"[1]

几天后,在成都的第二次谈话中,毛提出了他的有关中国发展模式的新思想。他坚持认为中国能比苏联人做得好,"因为我们人多,政治条件也不同,比较生动活泼,列宁主义比较多。而他们把列宁主义一部分丧失了,死气沉沉。"

另外,建设的速度是个"客观存在的东西",中国不要勉强。"要去掉虚报、浮夸。不要争名,而要务实。有些指标高,

[1]《毛泽东思想万岁(1957~1961年)》第169~172页。

没有措施，那就不好……"

接着，毛指出，要适应由快速发展所带来的紧张压力需要很长一段时间，苏联就不讲领导与被领导之间的矛盾。"没有矛盾斗争就没有世界，就没有发展，就没有生命，就没有一切。老讲团结，就是'一潭死水'，就会冷冷清清。"

在此问题上，毛直接向苏联理论家，包括作为第一任大使被斯大林派到北京来指导毛的哲学家尤金发起了进攻。他特别指出了尤金主编并于40年代译成中文的《简明哲学词典》。

《简明哲学词典》，专门与我作对。它说生死转化是形而上学，战争与和平转化是不对的。究竟谁对？请问：生物不是由死物转化的，是何而来？……有生命的物质都是氮、氢等十二种元素变成的……

儿子转化为父亲，父亲转化为儿子，女子转化为男子，男子转化为女子，直接转化是不行的，但是结婚后生男生女，还不是转化吗？

……宇宙也是转化的，不是永恒的，资本主义到社会主义，社会主义到共产主义，共产主义社会还是要转化的，也是有始有终的……猴子变人，产生了人，整个人类最后是要消灭的，它会变成另一种东西，那时候地球也没有了。地球总是要毁灭的，太阳也要冷却的……

一通哲学议论之后，毛又回到钢铁生产上："第二个五年计划搞二千万吨，在我脑筋中存在问题，是好，还是天下大乱？我现在没有把握。所以要开会。"①

3月份，在成都的最后一次讲话中，毛详细地阐述了中国文化领域内的革命和公开辩论的需要。"在社会主义中，个人

---

① 《毛泽东思想万岁(1957~1961年)》，第173~178页。

私有财产还存在，小集团还存在，家庭还存在。家庭是原始共产主义后期产生的，将来要消灭，有始有终。康有为的《大同书》即看到此点。家庭在历史上是个生产单位、消费单位、生下一代劳动力的单位、教育儿童的单位。"

但将来家庭可能阻碍生产力的发展：

> 现在的分配制度是（按劳分配）付酬，家庭还有用。到共产主义分配关系是变为各取所需，各种观念形态都要变，也许几千年，至少几百年家庭将要消灭。我们许多同志对于这许多问题不敢去设想，思想狭窄得很……
>
> 怕教授，进城以来相当怕，不是藐视他们，而是有无穷的恐惧。看人家一大堆学问，自己好像什么都不行……我看这种精神状态也是奴隶制度，"谢主龙恩"的残余。我看再不能忍耐了，当然不是明天就去打他们一顿，而是要接近他们，教育他们，交朋友。

在此，毛又大谈他常常论及的话题，即自古以来，未受过足够教育的年轻人有能力创立新的思想流派。"孔子二十三岁开始。耶稣有什么学问！释迦牟尼十九岁创佛教……孙中山青年时有什么学问？不过高中程度。马克思开始创立辩证唯物论，年纪也很轻。"

中国共产党人在理论上不应感到困难。"现在我们要办刊物，要压倒资产阶级知识分子。我们只要读十几本书就可以把他们打倒……"历史上有创造力的都是没有足够学问的人，而"老古董"总是反对他们。

"发明安眠药的，既不是医生，更不是有名的医生，而是一个司

毛泽东和无党派民主人士、清华大学教授张奚若。

药的。开始，德国人不相信，但法国人欢迎，从此才有安眠药。据说盘尼西林是一个染房洗衣服的发明的。美国富兰克林发明了电，他是卖报的孩子，后来成了传记作家、政治家、科学家。高尔基只读了两年小学。当然学校也可以学到东西，不是把学校都关门了，而是说不一定住学校。"

毛与他的中国共产党同胞们就是这样，"我们开头搞革命，还不是一些娃娃，二十多岁，而那时的统治者……都是老气横秋的，讲学问，他们多，讲真理，我们多。"

反对"大跃进"的人提出的主要批评意见遭到毛的反驳。比如张奚若，他是非共产党人士，曾在伦敦经济学院从师于拉斯基，50年代任中国的教育部长。

"张奚若批评我们'好大喜功，急功近利，鄙视既往，迷信将来'。无产阶级就是这样嘛！……水利、整风、反右派、六亿人口搞大运动，不是好大喜功吗？我们搞平均先进定额，不是急功近利吗？不鄙视旧制度、反动的生产关系，我们干什么？我们不迷信社会主义、共产主义干什么？"[①]

毛走遍全国，鼓励地方党的干部抛掉怀疑和犹豫，掀起新的生产高潮：

共产主义精神在全国蓬勃发展……由此看来，我国在工农业生产方面赶上资本主义大国，可能不需要从前想的那样长的时间了……一切腐朽的意识形态和上层建筑的其他不适用的部分，一天天地土崩瓦

① 《毛泽东思想万岁（1957~1961年）》第181~185页。

解了。彻底扫除这些垃圾，仍然需要时间；这些东西崩溃之势已成，则是确定无疑的了。除了别的特点之外，中国六亿人口的显著特点是一穷二白。这些看起来是坏事，其实是好事。穷则思变，要干，要革命。一张白纸，没有负担，好写最新最美的文字，好画最新最美的图画。①

① 毛泽东《介绍一个合作社》，1958年4月5日。

1958年春夏，中国出现了人民公社。这个名字源于毛心驰神往的巴黎公社。陈伯达的文章首先暗示了公社问题，文章指出，毛希望看到合作社转变成为工业和农业兼容并包的综合性机构，构成国家的基层社会组织。事实上，合作社已经在合并，目的是推进大型堤坝和灌溉工程的建设。但是现在，人们知道了毛的想法是要把工业、商业、教育、行政并入一个巨大的社会结构中去。

夏天，毛走访了三个省份，想亲自看看工作进展情况，最后他赞扬了七里营公社，他说："有希望啊！河南都像这样就好了……有这样一个社，就会有好多社。"两三天后，他以更具概括性的语言提出了赞许，并被农村干部们视为全国都要遵循建立人民公社的信号，尽管公社还没有被党的中央委员会认可。毛以为通过人民公社，再加上若干年，中国在六年或七年内便能达到共产主义。

然而，毛的批评者依旧畅言无忌。4月24日，毛的湖南同乡和井冈山的老战友、国防部长彭德怀，率领一个中国友好军事使团去访问华沙条约国的首都。他正好与高级官员、外交部副部长洛甫同机旅行。洛甫是作为中国观察家去华沙参加华沙条约国外长会议的。他们大概就最近毛领导下的政策方面的戏剧性变化交换了意见。身为驻共产国际的前中国代表和驻莫

1958年5月,党的"八大"二次会议,根据毛泽东的建议,通过"鼓足干劲,力争上游,多快好省地建设社会主义"的总路线。

斯科的前大使的洛甫,透露了毛和克里姆林宫的争论。

彭对毛的全民武装概念,即所谓创立群众性的民兵组织的思想早就心怀疑问。他相信,假如有一支受雇于军营而不是稻田里的完全职业性的军队,加上唯一可以利用的盟国苏联所提供的核武器,中国的情况会更佳。所以,彭不赞成毛与莫斯科分道扬镳。

5月,在党的"八大"二次会议上,尽管存在着广泛的分歧,毛最终还是得到了会议对"大跃进"的认可。他作了四次讲话,论及所有的重要问题并攻击了几个靶子,其中之一是中国人缺乏自信心,他们总是想知道外国导师,如马克思是怎么说的。马克思"住在很高的楼上,要搭好几层楼梯才能爬得上去,我这一辈子没有希望了……"然而,"楼梯是可以造成的,而且还可以造升降机"。这导致了毛非常喜欢的一种教育方法,即通过望远镜的另一头来观察事物的方法的盛行。他让中国人用外国人的眼睛来看自己。

"我问过在我身边的一些同志,我们是住在天上,还是住在地上?他们大家都摇头说,不是的,住在地上。我说,不,我们是住在天上。在地球上看到别的星球是在天上,如果别的星球上有人,他们一看我们,不就是在天上了吗?所以我说,我们是住在天上,同时又是住在地上。中国人喜欢神仙,我问他们,我们算不算神仙?他们说不算。我说,不对,神仙是住在天上的,我们住在地球上,也即住在天上,为什么不算神仙?如果别的星球上有人,他们不是把我们看成神仙吗?

第三，问他们中国人算不算洋人？他们说，不算，外国人才算是洋人。我说，不对。中国人也叫洋人。因为，我们看外国人是洋人，外国人看中国人不也是洋人吗？"

毛承认他在许多问题上无知。"我也不懂工业，我对工业也是一窍不通，可是我不相信工业就是高不可攀。我和几个管工业的谈过，开始不懂，学过几年，也就懂了，有什么了不起。"

1958年5月，毛泽东在北京中南海观看中国制造的第一辆轿车。

在列举了中国历史上的许多名人之后，毛禁不住历数了所有最著名的皇帝的名字，并且大胆地把自己同这些人作了令人感兴趣的比较。秦始皇乃公元前三世纪秦朝的创建者，毛说他一直是"厚今薄古"的专家。

林彪插话："秦始皇焚书坑儒。"

这个插话助长了毛的谈兴，他继续说："秦始皇算什么？他只坑了四百六十个儒。我们坑了四万六千个儒。我们镇反。还没有杀掉一些反革命的知识分子嘛。我与民主人士辩论过，你骂我们是秦始皇，不对，我们超过秦始皇一百倍。骂我们是秦始皇独裁者，我们一贯承认，可惜的是，你们说得不够，往往要我们加以补充。"

至此，会议厅里大笑起来。

这时，毛是那样地洋溢着乐观主义情绪，以至于他居然设想起中国取得强国地位后的情景，"我看，十五年后尾巴肯定要翘起来，要出大国沙文主义。"但是，中国的事业终于沿着正确的方向迈进了。"信心提高了，是由于农业生产大跃进……我看，我们的共产主义会提前达到。"

毛申斥了前一天的一位发言者，因为他说跟着"某一个人走"就不会错。"这个人就指的我。这句话要修正一下，又跟又不跟。一个人有对有不对，对就跟，不对就不跟，不要糊里糊涂地跟……真理在那，就跟……要独立思考。"

5月18日，毛讲话的每一行字都把乐观主义情绪传输到与会代表们的头脑里去。"明年一千一百万吨钢，世界就会震动，"他自夸道，"如果五年能达到四千万吨，可能七年赶上英国，再加八年就能赶上美国。"

中国不必担心人口会成为厄运的守候神。"我们不要害怕八亿或者十亿人口。美国记者说，一百年后，中国人口会构成世界人口的一半。到那时，我们文化水平提高了。当全民都受过大学教育的时候，他们自然会控制人口。"

他还为自己的冲动辩解说："我有意让右派分子整风。在想出办法前先放。斗争上几轮也就明白了。"①

在党的"八大"二次会议上，毛使他在百花齐放运动中的同盟者转而与他对立。由于百花齐放运动威胁到刘少奇的党的机构，所以刘及其支持者反对这一运动。而周恩来与该运动毫无利害冲突，所以他支持毛。但是现在，轮到国务院里周的专家治国论者的经济计划机构受到毛对经济非同寻常的干预的威胁了，因此周起而反对。此时的刘在"大跃进"问题上虽然有些不情愿，但还准备同意毛的见解。

恰恰是在"八大"二次会议给了毛自由行事的权威之后，正在东欧访问的彭德怀，于阿尔巴尼亚首都地拉那和赫鲁晓夫进行了一次会谈。后来，有人断言他向苏联领导人发泄了一通怨气，说他与中国党内的其他人反对毛的领导。

6月，毛在军事委员会的一次座谈会上发言，为了给战友们以震动，使他们减弱对俄国人的依赖感，及时编一本战斗条例的

①《毛泽东思想万岁（1957~1961年）》第219~242页。

问题被提了出来,毛说:"当苏联顾问同志看到我们没有模仿他们时,就进行非难,不高兴。我们可以问问这些苏联同志:你们模仿我们的条例吗?如果他们说不,那么我们说,如果你们不模仿我们的,我们也不模仿你们的……我们有丰富的经验,比苏联丰富。我们不应当认为我们的经验没有价值。这是错误的。"

从来都是人云亦云的林彪插话道:"我们的经验非常丰富。我们按劳分配不应该因为金子是黄色矿粉而把它扔掉。"[1]

6月底,毛读了《人民日报》刊载的一则消息,说某个地区消灭了血吸虫,根治了血吸虫病。这使他"浮想联翩,夜不能寐。微风拂煦,旭日临窗,遥望南天,欣然命笔"。所作之诗名曰"送瘟神":

[1] 斯图尔特·施拉姆《毛泽东的创举》第 125~128 页。

> 绿水青山枉自多,
> 华佗无奈小虫何!
> 千村薜荔人遗矢,
> 万户萧疏鬼唱歌。
> 坐地日行八万里,
> 巡天遥看一千河。
> 牛郎欲问瘟神事,
> 一样悲欢逐逝波。
>
> 春风杨柳万千条,
> 六亿神州尽舜尧。
> 红雨随心翻作浪,
> 青山着意化为桥。
> 天连五岭银锄落,
> 地动三河铁臂摇。

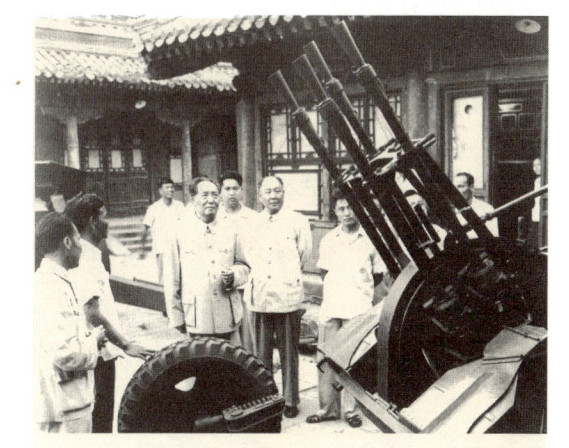

1958 年 6 月,毛泽东在中南海观看中国自己研制的武器。

借问瘟君欲何往，

纸船明烛照天烧。

一个月后，由于赫鲁晓夫唯恐苏联人会卷入中国与美国在台湾海峡的强烈对峙，所以他出人意料地飞到中国访问。他和毛进行了会谈。会谈中提出一个与九年前毛和斯大林讨论过的占领上海一事相似的问题。这次令赫鲁晓夫大惑不解的是，当中国人能够从国民党手中解放沿海的金门和马祖两岛时，他们却没有这么做。

他问："毛泽东同志，你们为什么在即将胜利的时候停下来呢？"

"我们心中有数。"毛说。

"什么叫心中有数？你们发动这次战斗的本来目的是要拿下这些岛屿，可是你们在就要达到目的的时候停下来了。这能证明什么呢？你现在是不是想对我说，你们从来就没有打算完成你们的作战计划？"

毛答道："我们只是想显示一下我们的潜力。我们不希望蒋离我们太远了。我们想让他待在我们够得着的地方。让他待在金门、马祖，我们就能以空军和岸上大炮来打他。如果我们占领了这些岛屿，我们就会失去想叫他什么时候不舒服就什么时候让他不舒服的能力。"①

赫鲁晓夫不懂得这个策略。他提议和中国建立联合海军队伍。毛把这个建议称为无理要求，目的是让中国处在苏联的军事控制之下。

四年后，毛在一个讲话中抱怨（赫鲁晓夫）："从1958年下半年开始，他就想封锁中国海岸，要在我们国家搞联合共同舰队，控制海岸……"②

1958年7月31日，毛泽东在北京机场迎接苏共中央第一书记、部长会议主席赫鲁晓夫。

① 赫鲁晓夫《最后的遗言》第404~405页。

② 毛泽东《在八届十中全会上的讲话》，1962年9月24日。

23 "大跃进"
（1958~1959）

毛泽东传
A BIOGRAPHY OF MAO TSE-TUNG

1958年，毛泽东在天津郊区视察。

1958年下半年，毛一直在国内视察，为经济发展鼓劲，同时召开了一系列通常是充塞着他的支持者的高级政治会议，以取得党的必要的赞同。他夸奖已在全国吐芳的人民公社是合作社的后继形式。

8月，他在山东视察期间说："还是办人民公社好，它的好处是，可以把工、农、商、学、兵合在一起，便于领导。"①人民公社的初期样板，包括让男女分开，把孩子从父母身边带走，让他们分住到集体宿舍里去，如此一来，公社领导人就能够最充分地调动劳动力进行大规模的农业和公共事业建设。这的确非常便于领导，然而对于被领导者说来就不是那么愉快了。

同月，毛在天津大学说："以后要学校办工厂，工厂办学校。老师也要参加劳动，不能光动嘴，不动手。"②年底，他自豪地对中央委员会总结道："找到了一种建设社会主义的形式，便于由集体所有制过渡到全民所有制，也便于由社会主义的全民所有制过渡到共产主义的全民所有制，便于工农商学兵，规模大，人多，便于办很多事。"③

9月，毛视察完中南地区后回到北京，号召发动群众修建炼钢的土高炉——赫鲁晓夫称之为"炊事钢炉"，以努力提高

① 《毛泽东思想万岁（1959~1961年）》第255页。

② 《光明日报》，1958年8月19日。

③ 《毛泽东思想万岁（1957~1961年）》第313页。

1958年8月，毛泽东在山东济南近郊北苑乡视察水稻生产情况。

生产并把技术推广到农村中去。中国准备先工业化，后城市化，同时打算仅仅依靠苦干让谷物产量翻番。

毛就猪的问题谈了很多，并对生猪饲养提出了建议。"我国的肥料来源第一是养猪及大牲畜，一人一猪，一亩一猪，如果办到了，肥料的主要来源就解决了。这是有机化学肥料，比无机化学肥料优胜十倍，一头猪就是一个小型有机化肥工厂。而且猪又有肉，又有鬃，又有皮，又有骨，又有内脏（可以作制药原料）……大养而特养其猪，以及其他牲畜，肯定是有道理的。以一个至两个五年计划完成这个光荣伟大的任务，看来是有可能的。"[1]

① 毛泽东：《关于发展养猪业的一封信》，1959年10月11日。作者将此件误排列在1958年。——编注

北京的报刊欣喜若狂。10月1日《人民日报》声称："农业上……一面面迎风招展的红旗，同炼钢铁的火浑成一色，照红了天空……古代有希腊神话，不过，那都是一些'话'而已，只代表一些美好的期望和理想。现在，地上天堂的神话，已经出现在毛泽东时代。党的任何号召都变成了巨大的物质力量……千百万群众立即行动起来了……党和毛主席是伟大的预言家。有了科学的马克思列宁主义就能预见未来……党和毛主席的每一次预言都变成了现实。"

如今，共产党的"第三代"领导人已经产生，他们观点激进，在反对那些较为谨慎的毛的同辈人的斗争中聚集在了毛的周围，他们时刻准备着为毛的思想提供理论依据。张春桥便是其中一人。他写了一篇文章，极力主张恢复延安时期的做法，通过免费供应物品来实现同酬和支付部分货币工资。毛为《人民日报》写了一篇社论，支持这个观点。

第三部 | 大权在握

11月，在郑州会议上，毛在彻底批判斯大林的《苏联社会主义经济问题》一书时，阐发了有关人民公社思想。他说："斯大林这本书从头到尾没有讲到上层建筑，没有考虑到人，见物不见人……"他的"基本错误是不相信农民"。俄国人"是一条腿走路，我们是两条腿走路，他们是讲技术决定一切、干部决定一切，只讲专不讲红，只讲干部不讲群众。"但不管怎样，毛承认中国"商品生产仍然落后，甚至落在巴西和印度的后面"。①

然而，到11月底，在武昌召开另一次高级会议的时候，毛的美梦不得不加以修改，他解释了原因，"明年搞三千万吨钢，我也赞成过，到武昌后，感到不妙。"毛在接受这种不可能的目标与宣传方面的轻率这时暴露出来了。

11月30日，在同协作区负责人的谈话中，毛第一次显出不安的迹象，他说，我们"计划搞一个时期再看看：明年七月一日再定。"对于提高粮食产量的巨大呼声，毛也首次表达了保留意见，"粮食收成到底有多少？是不是增加一倍左右？可以写增加百分之九十左右，比较妥当。"

为了掩饰自己的不安，毛同协作区的负责人大谈国际事务。他把杜勒斯和不列颠人做了比较。"英国人老奸巨滑，美国人比较急躁，英国人经常作战略和战术的指导，杜勒斯讲世界五大问题，民族主义、南北两极、原子能、外层空间、共产主义，这个人是想问题的人，要看他的讲话，一个字、一个字的看，要翻英文字典。"②

两星期后，毛又和另一组协作区负责人谈话，并且解释了他计划辞去国家主席职务的原因：

> 辞职问题："偶像"总要立一个，一个班要有一

① 《毛泽东思想万岁(1957~1961年)》第404页。

② 毛泽东《和各协作区主任的谈话》，1958年11月30日。

个班长,中央要个第一书记。没有微尘作为核心,就不会下雨。与其死了乱,不如现在乱一下,反正有人在,没有核心是绝不行的,要巩固一下。搞死了便成为"偶像",要破除比较难,这是长久立起来的一种心理状态,也许以后职务可多可少……实际上只作了半个主席,不主持日常事务。①

非常清楚,毛对宪法极不尊重。他说:"……政社合一问题,人代大会没有通过,宪法上没有。宪法有许多过时了,但现在不改,超过美国后再搞个成文宪法,现在……搞不成文宪法。"②

12月,中央委员会在对毛所犯错误的指责声中于武昌召开全会。会上,毛极力为他的政策进行辩解,以维护他对国内和国际事务的绝对领导——在向台湾海峡的金门、马祖两海岛发起的战斗中,他曾冒险向美国人挑衅。毛还就帝国主义和反动派是真老虎还是纸老虎的问题明确地回答他的批评者。

两种老虎,毛都需要:它们既是真的又是纸的,是"一个由真的变成纸的过程的问题"。毛的真意是,"战略上藐视它,战术上重视它。不是真老虎,为什么要重视它呢?看来还有些人想不通,我们还得作些解释工作。"

> 中国人民为了消灭帝国主义、封建主义和官僚资本主义在中国的统治,花了一百多年时间,死了大概几千万人之多,才取得一九四九年的胜利。你看,这不是活老虎,铁老虎,真老虎吗?但是,它们终究转化成纸老虎,死老虎,豆腐老虎。这是历史的事实。人们难道没有看见听见过这些吗?真是

---

① 毛泽东《和各协作区主任的谈话》,1958年12月12日。
② 同上。

成千成万！成千成万！①

最后，毛又转到"大跃进"问题上。他首先对河南出现的人民公社进行了评价："我们曾经说过，准备发生不吉利的事情……但也有些好事没料到，如人民公社四月就没料到，八月才作出决议……"

接着，毛的讲话又谈到有必要避免"由于一九五八年'大跃进'而产生的某些不切实际的想法"。毛承认，他一度赞成1959年生产3000万吨钢的目标。"那时只担心需要不需要的问题，忧虑这些钢谁用，没有考虑到可能性的问题……现在要压缩一下，不一定订那么高，留有余地……中国先进入共产主义跑到苏联前头，看起来不像样子。"②

是经济自身使毛停了下来，因为它并没像毛所希望的那样快速发展。另外，毛在武昌也受到周恩来的力阻。那些认为毛同时向俄国和美国人挑衅乃不明智之举的高级军人被周集合起来支持专家治国论者，反对毛在经济上的乌托邦思想。尽管刘少奇和邓小平对毛仍充满信心，但武昌会议迫使毛放弃了他的共产主义政策和在六年内率先进入共产主义的思想，毛后来抱怨说："武昌会议我不满，高指标，弄得我毫无办法。到北京开会，你们开六天，我要开一天还不行。完不成任务不要紧，不要如丧考妣。"③

毛想翻案的努力没有成功。根据武昌会议精神，较为激进的公社建立单一性别的"营房"的工作被停了下来，私人所有的房屋、花园和小的家庭牲畜得到保护，伴随第一支人民公社

20世纪50年代末，毛泽东在北京中南海观看机关干部炼钢。当时，机关、学校也掀起炼钢热潮。

①《毛泽东思想万岁（1957~1961年）》第306~307页。

②同上，第313~319页。

③毛泽东《在汇报会议上的讲话》，1966年10月24日。

之花盛开而出现的高潮至此降下来了。

毛从领导第一线上退出的事宜也最后安排妥当。后来，毛急于澄清这是他自己的想法：

> 我的责任是分一、二线。为什么要分一、二线呢？一是身体不好，二是苏联的教训。马林科夫不成熟，斯大林死前没有当权，每次会议都敬酒吹吹捧捧。①

> ……许多事让别人去主持，培养别人的威信，以便我见上帝时候，国家不会出现那么大的震动，大家赞成我这个意见。②

在武昌会议上，毛力图减轻人们的下述担心，即毛退出领导第一线可能会引起领导层的变化或者分裂。他告诉中央委员会："世界上的事就这么怪，能上不能下。估计到有可能一部分人赞成，一部分人不赞成。群众不了解，说大家干劲冲天，你临阵退却。要讲清楚，不是这样，我不退却，要争取超美后再去见马克思嘛。"③

毛在武昌第一次暴露了自己的道德观念，他告诉与会的同志：

> 灭亡有好处，可以做肥料，你说不做，实际做了，精神上要有准备……总是要灭亡的，活不了一万年，人要随时准备后事。我讲的都是丧气话。人皆有死。个别人总是要死的，而整个人类总是要发展下去的……要死就死，至于社会主义我还想干他几年。最好超美以后，我们好去报告马克思……我是不愿死的，争取活下去，但一定要死，就拉倒。④

①毛泽东《在汇报会议上的讲话》，1966年10月24日。

②毛泽东《在中央工作会议上的讲话》，1966年10月25日。

③《毛泽东思想万岁（1957~1961年）》第321页。

④同上，第323页。

1959年2月，在向党的书记们发表的一次讲话中，毛要求重新发扬"大跃进"精神。他坚持认为"大跃进"不应被放弃，认为在1958年最后两个月里空气有些"压缩"，当然"群众也要休息休息，松一点不足为奇，再鼓干劲。"于是，1959年又出现一个规模不大的跃进。

"不大跃进，会小跃进，恐怕也会年年大跃进的。是否展开大跃进局面，请各位想一想，以后是大跃进、中跃进、小跃进？我是倾向跃进的。"

很快，他又同意"经济工作是非常复杂的"：

> 当然我们有缺点错误。抓了一面，忽视了一面，引起了劳动力浪费，副食品紧张，轻工业原料未解决……运输失调，基本建设上马太多，这些都是我们的缺点和错误。像小孩抓火一样，没有经验，摸了以后才知疼。我们搞经济建设还是小孩，无经验，向地球开战，战略战术我们还不熟。要正面承认这些缺点错误……究竟什么叫有计划按比例发展，这个问题才开始接触……①

①《毛泽东思想万岁（1957~1961年）》第346页。

在1959年最初的几个月里，毛作了最后的顽强斗争，以维护他在"大跃进"问题上能够维护的东西。他做报告，写征求意见书，并分送全国，企图保住士气。后来，他回忆说，1959年他拿出了三万或四万字的材料，但很清楚仅仅停留在"纸上的战斗"是无用的……

1959年3月1日，毛泽东刘少奇等在第二次郑州会议上讨论进一步纠正高指标、"共产风"等错误。

4月，在上海，毛努力在中央委员会面前为他的"跃进"辩护。开始他承认在这个问题上计划得不太好，"过去往往与相同意见谋得多，与相反意见谋得少，与干部谋得多，与生产人员谋得少。商量又少，又武断，那事情就不好办。"但是，毛拒不向他的批评者——党的中央委员会的多数成员低头：

> 一个人有时胜过多数，因为真理往往在他一个手里。真理往往掌握在少数人手里，如马克思主义，就是在他一个人手里。列宁讲要有反潮流的精神。

毛还拒不承认1959年的经验是对"大跃进"的否定。他以物理学的理论来逃避这一现实：

> 凡是运动就有波，在自然科学中有声波、电波。凡是运动就是波浪式前进，这就是事物发展的规律，是客观存在，不依人的意志为转移的，我们做工作都是由点到面，由小到大，都是波浪式前进，不是直线上升。①

① 《毛泽东思想万岁（1957~1961年）》第368~378页。

然而，历史显然已从他身边逝去。4月底，全国人民代表大会选举刘少奇取代毛为共和国主席。作为后斯大林时代改进党的形象的途径而作出的这个安排几乎在三年前便已确定下来，而且对它所涉及的人员来说，也是适宜的。具有讽刺意味的是，这个变动在毛的救星之光明显暗淡下来，声望明显下降的时候，的确发生了效用。

党的宣传部门在重大场合把刘与毛的尺寸相等的照片肩并肩地排列在一起；现在把刘称为毛"培养的最亲密的同志"的

说法也广为流传。

刘少奇的妻子告诉孩子们:"爸爸很忙,没有时间休息。毛主席不再管国家具体事务,把它们都交给了你们的父亲。你们一定不要打扰他。"①

由于意识到是那些虚报产量的过分乐观和野心过大的地方干部拆了他的台,所以毛向省及其以下各级党的书记再次大声疾呼,恳请他们不要因为过分的激情和骄傲而毁了"大跃进"。粮食指标建立在现实的基础上。

① 《时事背景》第834期。

② 《毛泽东思想万岁(1957~1961年)》第379~382页。

③ 同上,第376页。

根本不要管上级规定的那一套指标。不管这些,只管现实可能性。例如去年亩产实际只有三百斤的,今天能增产一百斤,也就很好了。吹上八百斤,一千斤、一千二百斤,甚至更多,吹牛而已,实在办不到,有何益处呢?

收获多少就讲多少。不可以讲不合实际情况的假话……老实人,敢讲真话的人,归根到底,于人民事业有利,于自己且不吃亏……应当说,有许多假话是上面压出来的。②

4月,毛对"大跃进"又作出了新的数量上的限定,"每年增产10%是跃进,20%是大跃进,30%是特大跃进。"③这与产量翻番的前15个月的狂热日子大相径庭。

1959年6月,赫鲁晓夫违背了仅仅是在两年前作出的要向中国提供核技术的诺言,从而在中苏关系上投下了分裂的阴影。中国建造自己的核武器和核工业的计划遭到严重打

1959年,毛泽东在安徽合肥蜀山公社座谈。

毛泽东在父母墓前鞠躬行礼。(侯波 摄)

击。与此同时，赫鲁晓夫飞往戴维营会见艾森豪威尔总统。恰好是在赫氏去美国前，彭德怀将军在莫斯科与他进行了会谈。后来有人断言，彭再次向苏联领导表达了中国对毛的不满。大概赫鲁晓夫认为，他的行动会促使毛的同事们抛弃他。

当事态看来正向着与他对立的方面逐步发展之际，毛决定选择这个时候去访问他的出生地——这是他负有盛誉的32年以来的第一次访问。在过去的内战岁月里①他曾于危难时刻回到家中恢复元气。至今这依然是他的本能。6月25日，毛抵达韶山。踏进家门后，他对着父母的遗像凝视良久，然后对随行人员说，在今天的医疗条件下，他们可能不会死。第二天早晨，毛去山上祭谒父母的坟茔并把采摘来的松枝——用在场的某个人的话讲——"以凝重而崇敬的方式放在坟墓上"。他低下头说道："先辈们历尽磨难，而子孙们享了福。"

此情此景促发他写了一首诗，题名为《到韶山》：

① 指北伐战争。
——译注

别梦依稀咒逝川，
故园三十二年前。
红旗卷起农奴戟，
黑手高悬霸主鞭。
为有牺牲多壮志，
敢教日月换新天。
喜看稻菽千重浪，
遍地英雄下夕烟。

从 17 年后所发生的事情来看，毛在这次回湖南访问中任命华国锋为省委书记，并在华的陪同下于长沙会见他的第一个妻子杨开慧的家人，是很有意义的举动（令人震惊的是，华成为毛死后最终继承了他的党的主席职位的人）。

如果毛确实从回归故里的过程中得到安慰和补偿的话，那么，这一点不久就得到了证实。7 月 1 日，他乘机前往鄱阳湖西岸的疗养胜地庐山，参加他所经历过的一次斗争最尖锐的政治局和中央委员会会议。他怀着忧虑但达观的心情来到了庐山，正如他在抵庐之日所写的那首诗所描绘的那样：

　　一山飞峙大江边，
　　跃上葱茏四百旋。
　　冷眼向洋看世界，
　　热风吹雨洒江天。
　　云横九派浮黄鹤，
　　浪下三吴起白烟。
　　陶令不知何处去，
　　桃花源里可耕田？

毛后来评论说，这首诗和《到韶山》那首诗都是答复政治局里反对他的"那些家伙的"。

庐山的空气中充满了火药味。广东的党魁、支持毛的陶铸在一篇印行于广东省的文章中辩护道，我们说一个人伟大并不是因为他"永远正确"——那是不可能的——而是因为他能够把握形势并在机会到来时作出决定。

国家新闻媒介仍在极力抬高毛的声誉。《人民日报》的一篇文章认为，"没有毛泽东同志及其思想，我们的革命就会失败。"

但是，有些人则想让强有力的毛下台。洛甫和彭德怀在会议期间交换了意见，一致认为会上的压力很大，"参加者被迫只讲好事，不许进行批评。"他们认为，毛像斯大林晚年那样多疑而残酷。彭评论道，"任何王朝的第一个皇帝都是残酷而英明的。"

正是在这次会议上，彭德怀表明了自己的观点。敢讲、热心，但言语粗暴的彭，乃是1949年后仍然保持着过去的简朴生活方式的少数第一代共产党人中的一个。他常常与战士们在一起，而不像毛那样远离他们。对一些中国人来说，彭是除毛以外的另一种值得敬仰的英雄。现在他提交了一份抨击"大跃进"的议案，并宣读了一份长长的备忘录以进一步证实他的批评意见。他宣称，在人民共和国最初几年，中国成年人每天能得到二斤多米，1956年降至一斤半，1958年则降至一斤——已不足以养活一人，于是人民开始吃水藻、棉花叶和芥子叶。彭得到了老战友林伯渠的支持，也得到洛甫和另外两个更为重要的湖南人黄克诚（总参谋长）和周小舟（湖南省委第一书记）的支持。

彭特别指责了由于修建小鼓风炉带来的浪费。这种土高炉甚至在无煤可用的地区也建造起来，以致许多树木被砍伐用作燃料。会上的争论异常激烈。在这次长会剩下来的时间内，毛与彭之间的斗争已变成如何制裁彭的问题的争议了。后来，毛指责彭说："一九五九年第一次庐山会议本来是搞工作的，后来出了彭德怀，说：你骂了我四十天娘，我骂你二十天娘不行？（这是指彭在1945年就内战时期的作战指挥问题所做的自我批评，那时他与毛有过"50天的斗争"。威尔逊注。）这一骂，就被扰乱了，工作受到影响。二十天还不够，我们把工作丢了。"[1]

①毛泽东《在八届十中全会上的讲话》，1962年9月24日。

在庐山发生这些灾难性的变化期间,毛给正在北戴河海滨别墅里疗养的妻子江青写了几封信,详细地叙述了庐山会议上的情况。于是,江青给毛打电话说她要立刻飞来庐山陪伴他。毛不同意,说"斗争太尖锐了"。然而,江青没有按毛的意愿行事,她不但来了而且出现在会场上。后来她以一种与毛相同的口气说,庐山会议上的斗争比她想象的更激烈。

毛在7月初发出的一系列指示中,已经开始承认他的某些错误,他说,"大跃进"的主要教训之一"是没有搞平衡,说了两条腿走路,实际上还是没有兼顾"。毛还接受了对他的生产优先次序——第一是重工业,其次是轻工业,然后是农业——的批评,并说,我们有必要修改这种次序。

在另外一个场合,毛力图作技术上的辩解。"我们搞大跃进就不是根据价值规律的要求,只有依据社会主义基本经济规律,依据我们扩大生产的需要。如果单从价值规律的观点来看,我们的大跃进就必须得出得不偿失的结论,就必然把去年的大办钢铁说成是无效劳动,土钢质量低,国家补贴多,经济效果差,等等。从局部短期来看,大办钢铁好像是吃了亏的,但从整体和长远来看,这是很值得的,因为大办钢铁的运动把我国整个经济建设的局面打开了。在全国建立了许多新的钢铁基地和其他工业基地,这样就使我们有可能大大加快我们的速度。"①

① 《毛泽东思想万岁(1957~1961年)》第485页。

在庐山"审判"中,毛说:"你们讲了那么多,允许我讲个把钟点,可以不可以?吃了三次安眠药,睡不着!……无非是讲得一塌糊涂……难听是难听,欢迎!你这么一想就不难听了。为什么要让大家讲呢?其原因,神州不会陆沉,天不会塌下来。因为我们做了些好事,腰杆子硬……无非是一个时期蔬菜太少,头发卡子太少,没有肥皂,比例失调,市场紧张,以致搞得人心紧张。我看没有什么紧张的。我也紧张,说不紧张是假的。上半夜你紧张紧张，下半夜安眠药一吃就不紧张。"

事实上，不管如何混乱，毛对这场关于社会主义的如此广泛而深刻的争议可能会扩展到中国老百姓中去而激动不已，"哪里找到这样一个大学校……使几亿人民几百万干部受到教育？"毛几乎是明确地宣布了他将在七年以后付诸行动的反对其政府的惊人方针。

假如办十件事，九件是坏的，都登在报刊上，一定灭亡，应当灭亡。那我就走，到农村去，率领农民推翻政府。你解放军不跟我走，我就找红军去。我看解放军会跟我走。（解放军确实会跟毛走。威尔逊注。）

……无论什么人都有缺点，孔夫子也有错误。我也看过列宁的手稿，改得一塌糊涂……

毛在一段感人的讲话中，承认了自己在经济计划方面的错误：

煤铁不能自己走路，要车马运，这点我没料到。我和□□总理根本没有管，不知可说也。我不是开脱也是开脱，因为我不是计委主任……去年八月以前，主要精力放在革命方面，对建设根本外行，对工业计划一点不懂……同志们，一九五八，一九五九，主要责任在我身上……现在应该说我……

不赞成，你们就驳。说主席不能驳，我看不对，事实上纷纷在驳，不过不指名……人民公社，我无发明之权，有建议之权。

然而，他对报纸上的不满挖苦却忍受不了。"当时'嵖岈山章程'（第一个人民公社章程。威尔逊注）如获至宝。我在山东,一个记者问我:'人民公社好不好?'我说:'好!'他就登了报。小资产阶级狂热性也有一点,以后新闻记者要离开。"

最后,毛的辩护以低劣的虚张声势和粗鲁的抨击得出结论:"现在失败没有?到会同志都说有所得,没有完全失败。是否大部分失败?不是,是一部分失败,刮了一阵共产风,全国人民受到了教育……我……这个乱子就闹大了,自己负责。同志们自己的责任都要分析一下,有屎拉出来,有屁放出来,肚子就舒服了。"①

现在,斗争转到了彭的命运上。彭向中央委员会做了自我批评,并把自己的错误一直追究到赣州战役,那时他未能攻占这个城镇。

彭承认,"和毛泽东同志用这么糟糕的方式争论是我的极大错误,结果在争论中带入了我个人对毛泽东同志的偏见。"

彭在1937年洛川会议上也反对过毛。他还承认,在1940年百团大战期间未能听从最高指挥部的号令,只顾"显耀过分狂热的爱国主义"。

9月,彭给毛写了一封信,在批评自己的同时请求原谅他的错误。"现在我深刻的体会到,我的资产阶级世界观和方法论是根深蒂固的,个人主义是极端严重的……过去由于自己的资产阶级立场作怪,将你对我善意的恳切的批评,都当做是对自己的打击……三十余年来辜负了你对我的教育和忍耐,使我愧感交集,难以言状……"②

于是,毛向党内发出一封信,欢迎彭的做法,并说,"尚从此彻底转变,不再有大的动摇……那就是'立地成佛',立地变成一个马克思主义者了……"让我们"一面严肃地批评他的错误,一面对他的每一个进步都表示欢迎,用这两种态度去帮助这一位同我们有三十一年历史关系的老同志。"③

---

① 斯图尔特·施拉姆《毛泽东的创举》第131~136页。此处引文已核对过有关中文资料。

② 《毛泽东思想万岁(1957~1961年)》第402页。

③ 《毛泽东思想万岁(1957~1961年)》第401页。

彭要求去当农民,在劳动中改造自己。而毛则让他走访中国的工厂,以便能看到人们冲天的热情,最后把他派往黑龙江去管理国营"中苏友谊"农场。

1959年9月11日,毛作了第二次重要的讲话,为他在"大跃进"中的瞎指挥辩护,以逃避公众的谴责。这次,他是对军事委员会讲的。像他在七个星期前庐山会议上的表演一样,讲话乃是怒气、自责和嘲讽交织在一起。

"假如没有足够的猪肉,足够的蔬菜,足够的肥皂,他们就抓住机会说,'你把事情搞糟了!'说那是你的事不是他们的事。浙江缺雨伞,他们说成是'比例失调','小资产阶级狂热性'等等。这一小撮人很难进入共产主义,变成一个真正的马克思主义者。"

在一次引经据典时,毛声称"即使圣人也犯错误",他用《论语》中的话说:"君子之过也,如日月之食焉。过也,人皆见之;更也,人皆仰之。"

"我的话是讲给我们所有的同志包括我自己的。有许多事情我没有研究过。我是一个有许多缺点的人,决不是十全十美的。许多时候,我常常不喜欢自己。

"我没有掌握马克思主义知识的所有领域。比如,我一种外语也不懂。最近我才开始学习经济著作。但是,同志们,我下决心要学,一直学到死。"[①]

1959年9月,毛接见了赫鲁晓夫。这是赫氏第三次也是最后一次访问中国。苏联领导人很不策略地从戴维营直接奔赴中国。在戴维营,赫一直同艾森豪威尔促膝交谈。自上次访华以来,赫对中印边界问题的态度进一步激怒了毛。50年代,中印两方都在逐渐扩大对边境地区的军事控制。这一地区经常无人居住,一片荒凉。在喜马拉雅山的实际边境线问题上,中

① 斯图尔特·施拉姆《毛泽东的创举》第148~157页。此处引文已核对过相关的中文资料。

第三部　大权在握

印双方观点迥异，且态度强硬。但直到这时，基本上还是口头上的争议。边界上的小规模军事冲突和舌战已经损害了中印关系，毛希望得到苏联人的支持。

后来，毛回忆道："一九五九年九月中印边界问题，赫支持尼攻击我们，塔斯社发表声明。以后赫来，十月在我国国庆十周年宴会上，在我们讲坛上，攻击我们。"①

赫鲁晓夫，这位曾经那么敏感地注意到斯大林对毛的民族主义反应迟钝的人，现在也犯了同样的错误。苏联人的远程潜水艇已开始服役。他们问中国人能否让他们在中国领土上建立一个无线电台以便同远程潜艇保持联系。中国人拒绝了。但赫鲁晓夫在这次访问期间又向毛重提此事。

他极力劝说："毛泽东同志，我们出钱给你们建立这个电台。这个电台属于谁，对我们无关紧要，我们不过是用它同我们的潜水艇保持无线电联络……毛泽东同志，我们能不能达成某种协议，让我们的潜水艇在你们的国家有个基地，以便加油、修理、短期停泊，等等？"

"最后再说一遍：不行！而且我不再想听到有人提起这件事。"

"毛泽东同志，大西洋公约组织国家在互助合作和供应方面并没有什么麻烦，可是我们这里——竟连这样简单的一件事情都不能达成协议！"

"不能！"

"假如你愿意，你们的潜艇可以使用摩尔曼斯克作基地。"

1959年9月，毛泽东在北京首都机场迎接来华参加中国建国10周年庆祝活动的赫鲁晓夫。（吕相友 摄）

①毛泽东《在八届十中全会上的讲话》，1962年9月24日。

毛答道:"不要!我们不想在摩尔曼斯克干什么,也不希望你们在我们这儿干什么。英国人和别的外国人已经在我们国土上待了多年,我们再也不想让任何人利用我们的国土来达到他们自己的目的。"①

在"大跃进"的欣快症过后,如今面临的则是令人心碎的物资短缺和工业下跌。在继之而来的1959~1961年三年中,严重反常的干旱和洪水蹂躏着新的公社里的农民。迷信的看法认为这是上苍对毛的亵渎行为——"向地球开战"的报复。"向地球开战"与儒家的传统背道而驰。毛一直没能从这个巨大的挫折中恢复过来。

① 斯特布·泰尔伯特译《赫鲁晓夫回忆录》第671~672页。

24 旧 靴
（1960~1963）

毛泽东传
A BIOGRAPHY OF MAO TSE-TUNG

1961年，毛泽东在庐山。

1960年，当刘少奇、周恩来、邓小平再次奋力将中国推回到正常轨道上来的时候，毛丢开首都的日常事务，动身前往南方，以便用更多的时间去思考和写作。"大跃进"带来的后果是，中国国民生产总值下降了约四分之一，每人的平均收入降低了三分之一，工业生产降低了40％多。这主要应归结于从1959年开始影响中国的连续三年的恶劣气候，但也有些是由于毛在"大跃进"中的政策造成的。

　　毛宁愿待在温度较高的杭州和上海，而不愿住在有风暴和冰雪的北京的寒冬里。这样，他还可以躲避为来访的大人物而安排的正式庆祝宴会。在杭州，他住在风景秀丽的西湖西岸的一座小山上的新建别墅里。在上海，则住在曾经是法国人俱乐部的一栋建筑中，并且拥有一个很好的游泳池。在这种半退半休的状态中，他会见的政治局成员越来越少，其中引人注目的人物有他的前秘书陈伯达，他的妻子江青和他的老盟友康生。

　　在向南方退却的过程中，毛发出了一个得到报纸社论和党的官员讲话都恭敬响应的政策声明。这个声明在工作会议上讨论过并准备通过官僚机构实施。但是，毛对官僚们的工作效率和诚意越来越不满意。

自延安时代以来,开始于1958年"大跃进"期间的对毛的天才的过分称颂仍然继续着。《人民日报》在1958年曾把毛尊奉为活着的最杰出的马列主义理论家。在华盛顿有位外交官就此问过安奈斯达斯·米高扬,犹疑片刻后,米高扬答道,"毛依然像过去那样,是优秀的理论家。"

《人民日报》说,1959年至1960年冬天,毛"解决了马克思、恩格斯、列宁、斯大林在有生之年没有解决或者没有时间解决的问题。"①收音机里说"毛泽东思想光芒万丈"。由于受到这些评论的刺激,赫鲁晓夫于1960年2月在华沙条约国的一次会议上说:毛是"一只穿破的旧筒靴,只能放在房间的一个角落里供人瞻仰。"②

①《人民日报》,1960年2月2日。
②《北京观察》,1963年12月7日;《中国季刊》(伦敦)第17期第268页。

然而,毛不愿自己被人们遗忘。在过了六个月隐居生活之后,1960年春,他在全国人民代表大会上公开露面。5月份,又在中南地区各地会见来自第三世界的众多代表团。月底,在上海的一次晚宴上会见了英国将军威斯康特·蒙哥马利,并且对这位政治上的保守人物为何对他如此感兴趣露出明显的迷惑不解之情。

在进餐中,毛嘲讽地对蒙哥马利说:"可是联合国却给我们一个封号,叫我们是侵略者。你在同一个侵略者说话,你知道不知道?在你对面坐着一个侵略者,你怕不怕?"

饭后,毛以钦佩的口气谈到了克伦威尔,蒙哥马利则热烈地评论了法国、美国和中国的革命。

毛惊奇地说:"你很开明。"

蒙哥马利想知道,当中国再次强大起来时,它的目标是什么。

1960年5月27日,毛泽东在上海会见英国蒙哥马利元帅。

毛答道:"噢!你的看法是,那时候我们会侵略,是不是?"毛主动说出了蒙哥马利认为是合乎逻辑的而且具有现实可能性的事情,即当将来毛无能为力之时,扩张的诱惑很可能出现。但毛说,在他有生之年,他会尽最大的努力防止此类事情发生。

蒙哥马利问,中国对西方来访者为什么要如此紧闭大门。"他说主要的原因是西方人带有道德准则方面的随意性,而这会影响他力图使中国人达到的高标准,他又说,西方人走到哪里,哪里的道德标准就会降低。"蒙哥马利没有回答,但后来承认那个评论是很难反驳的。①

7月,在布加勒斯特会议上,赫鲁晓夫发动了对毛的攻击。据毛自己说,在那里他"围剿我们"。赫鲁晓夫指名道姓地诋毁毛,谴责他变成了另一个斯大林,"除了自己的利益之外,不顾其他任何利益,离开现代世界的现实杜撰理论。"毛已经变为"一个极端的'左'倾主义者,一个极端的教条主义者,一个'左'的修正主义者,的确如此。"

赫鲁晓夫作了长篇发言,并在某种程度上为印度边界问题辩护。他说,中国和印度的冲突"……并非资本主义和社会主义之间的斗争;它纯属民族主义争端,它给社会主义事业带来了无可言状的损害,完全没有考虑到诸如丧失掉走向共产主义的喀拉拉邦的具体问题……"

"总在增长着庞大的人口的中国人为什么需要人口少于印度的苏联的支持?当那一天到来的时候,当印度像它应该的那样,成为一个社会主义国家的时候,在这个边界冲突问题上会发生什么?……"

赫鲁晓夫抱怨说,由于中国人阻止安装"用来对付我们的敌人"的无线电发报机,阻止苏联飞机作侦察飞行,因而损害了苏

① 《星期天时报》,1960年6月18日。另参见《毛泽东思想万岁(1959~1965年)》,北京1967年版第70~86页。

联的防御措施。说毛已经把"彭德怀送往一个劳动营",原因是他在给苏联共产党的一封信中批评了公社政策。①

赫鲁晓夫于7月份从中国召回了所有苏联专家,并带走了珍贵的图纸和方案,致使中国的经济花了5年的时间才得以恢复。后来,毛用略微夸张的口气说:"我们把整个1960年都花在同赫鲁晓夫的斗争中。"

事实上,1960年,毛花了部分时间批判性地阅读了苏联的一本政治经济学教科书。他评论说,由于完全把"关心个人物质利益"当作发展生产的一种工具,因而苏联人正面临着"个人主义泛滥的危险"。把消费品的分配问题当成"决定性的动力",导致了"极端错误的分配决定论的观点",从而对马克思的正确见解进行修正,这是"理论上的错误"。"……好像群众的创造性活动是要靠物质利益鼓励出来的。这本书一有机会就讲个人物质利益,好像总是想用这个东西来引人入胜……像这样地宣传物质利益,资本主义成了不可战胜的了。"

这本苏联教科书并未解释清楚,"全体人民的利益解决了,个人利益也就解决了,他们所强调的个人物质利益,实际上是近视眼的个人主义。"在此毛又沉溺于回忆创造理论的延安时期中了。

"在根据地的时候,我们实行供给制,人们还健康些,并不为了追求待遇而吵架。解放后,实行工资制了,评了级,反而问题发生得多,许多人常常为了争级别吵架……"

这本苏联教科书的另一个典型错误是以计件工资为主,计时工资为辅。这会"助长部分工人中'为挣大钱而斗争'的心理,不是首先关心集体事业,而是首先关心个人收入。"

由于教科书反复讲这个主题,最后,毛问道,苏联的事情为什么搞到如此糟糕的地步,"现在特别强调物质利益总有个原因。斯大林时代过分强调集体利益,不注意个人所得……现在走到了

① E. 柯朗克舒《新的冷战:莫斯科与北京》,伦敦1963年版第106~107页。

反面……"

矛盾在社会主义社会，甚至在共产主义社会都会继续存在——苏联教科书却没有论述。"从社会主义过渡到共产主义是革命……还有技术革命、文化革命，共产主义一定会要经过很多阶段，也一定会有很多革命。"撇开这个话题，毛带着个人意见谈到了第二代，"我们的干部子弟很令人担心，他们没有生活经验和社会经验，可是架子很大，有很大的优越感，要教育他们不要靠父母，不要靠先烈，要完全靠自己。"

1960年4月，毛泽东在广州和有关同志研究《毛泽东选集》第四卷的编辑工作。

在国际性的问题上，苏联教科书也存在错误。例如，它赞成劳动分工、专业化经济和各个社会主义国家结成互助的经济体系。毛强烈反对这种观点：

> 这个提法不好。我们甚至对各省都不这样提。我们提倡全面发展，不说每个省份不必生产能靠其他省份供应来满足需要的产品，我们要各省尽量发展各种生产……欧洲的好处之一，是各国独立，各搞一套，使欧洲经济发展较快。我国自秦以来，形成大国，在很长时间内，全国大体上保持统一局面，缺点之一是官僚主义，控制太死，地方不能独立发展，大家拖拖拉拉，经济发展很慢。现在情况完全不同了，我们要做到全国是统一的，各省又是独立的……
>
> 应当各国尽量搞，以自力更生；自己尽可能的独立地搞，以不依赖别人为原则，只有自己实在不能办

的才不办。特别是农业应当尽可能的搞好，吃饭靠外国、外省危险得很。

苏联教科书中再次提倡的资本主义和社会主义两个世界体系之间的和平竞赛，是"把实际存在的两个世界市场变成了在统一的世界市场中的两个经济体系，这是从斯大林观点的后退。"应当强调，两个体系之间不是共存而是斗争。

最后，毛对苏联教科书中的许多论点进行了挑剔。说它错误地把工业化当成农业集体化的前提，错误地认为在落后国家革命更困难。毛指出像中国这样的国家，资产阶级的力量实际上比较弱小。他论述说："我国的资产阶级还只有三代，而英、法这些国家的资产阶级已经有了几十代了。他们资产阶级发展的历史有二百五六十年至三百多年，资产阶级思想作风影响到各个方面各个阶层，所以英国的工人阶级不跟着共产党走，而要跟着工党走。"

在国家消亡问题上，苏联人的观点似乎过于乐观。毛是有保留的，"但是国家的消亡还需要一个国际条件，人家有国家机器，你没有，这是危险的。"[1]

9月，毛的"选集"第4卷出版了，这给林彪提供了恭维和吹捧毛的一个机会。他说："毛泽东同志的这个思想（关于纸老虎）像灯塔照亮了我们前进的道路……毛泽东同志的精辟分析和伟大预见给全党、全军和全国人民以巨大的鼓舞，因为，当乌云遮住天空时，我们能够看到黑暗即将过去，光明就在前头。"[2]

然而，当10月份埃德加·斯诺再次来中国见毛时，毛坦白地告诉他，中国人民还吃不饱肚子，并预计，中国要再花60年的时间，才能在国民生产总值方面赶上美国。

[1] 毛泽东《读苏联〈政治经济学教科书〉的谈话》，1959年12月~1960年2月。

[2] K.樊编《毛泽东和林彪》，纽约1972年版第339~341页。

斯诺请毛谈谈中国的长远建设规划。

"我不晓得。"毛坦诚地说。这使斯诺一惊。

"你太谨慎了。"斯诺坚持说。

毛答道:"这不是谨慎不谨慎,我就是不晓得呀,就是没有经验呀。"

毛关于经济的辩解没有什么特殊之处。他说:"假如在下一个50年里,中国群众尚无西方资产阶级的物质享受,那又怎样呢?贫困、节俭、斗争产生自信。沉迷于物质享受会使人堕落和精神空虚。那不是同其他国家一样了吗?"

毛表明了他要去波特马克河或密西西比河游泳,要寻求缓和以迈入70年代的雄心。①

1961年初,毛向中央委员会承认他对中国遇到的挫折深感困惑,并再次指出,在人民共和国的最初几年,"我们没有深刻理解国情"。中国未能像他原来希望的那样很快现代化。"我们不可能改变我们不懂的东西"。

至于和苏联的冲突,他说,马列主义是基干,它有枝丫和叶子,就像一棵树有许多枝丫和叶子一样。中国在没有苏联的帮助下,必须继续前进,必须充满自信。过去,公社"借助他人的劳动建房子",跟通过"剥削得到"一样,"是违反马列主义的"。

一个月以后,中央委员会通过了一份由邓小平准备的打了折扣的人民公社《六十条》。毛对于要求他在自己不同意的东西上盖章非常生气。据说,他提出质问,"这是哪个皇帝决定的?"

然而,这个时期的绝大部分时间里,毛没有受到打扰。他在此期间写的一首诗称自己"梦寥廓":

九嶷山上白云飞,

① 斯图尔特·施拉姆《毛泽东的创举》第173~174页;《时代》周刊,1976年9月20日。

帝子乘风下翠微。
斑竹一枝千滴泪,
红霞万朵百重衣。
洞庭波涌连天雪,
长岛人歌动地诗。
我欲因之梦寥廓,
芙蓉国里尽朝晖。

在中国革命博物馆浏览自己的手迹时,毛偶尔看到自己一篇发黄了的且已被遗忘了的《反对本本主义》的文章,他30年没有读过它了。毛后来说,他发现它还有些用处,于是印了许多本供同志们参考。但是,同志们并未因此去读他的大作。

1964年10月,毛泽东、周恩来在北京机场同女民兵合影。

毛还写了一首有关女民兵的小诗:

飒爽英姿五尺枪,
曙光初照演兵场。
中华儿女多奇志,
不爱红装爱武装。

然而,这是由一张照片而不是现实激发起的诗兴。

在由他的同事召集的会议上,毛依旧沉重地检讨自己的过

第 三 部 | 大权在握

失。关于6月份的一次北京会议，他说，"我讲了自己的缺点和错误。我说请同志们传达到各省、各地方去。事后知道许多地方没有传达。似乎我的错误就可以隐瞒。同志们，不能隐瞒。凡是中央犯的错误，直接的归我负责，间接的我也有份。因为我是中央主席。"①

西方报道说，7月份，在对苏联人应采取何种政策的问题上，周恩来和毛发生了争吵。毛当然继续宣扬对克里姆林宫应采取强硬路线。但是，在没有苏联技术支援的情况下，拼命工作的中国技术专家则宁愿采取较为温和的态度。正好有一次政治局会议深夜在毛的住所里召开，毛告诉他的助手给与会人员备餐，但每人只能吃一碗粥。

毛命令说："让他们吃个半饱，他们就会知道普通群众吃不饱时是什么滋味了。"②

如今，毛的妻子已成为一名专业摄影师，用的是少女时代的名字。毛对她在庐山拍摄的一幅风景照特别有兴趣并为照片题了一首诗，抄于照片的背面。

暮色苍茫看劲松，
乱云飞渡仍从容。
天生一个仙人洞，
无限风光在险峰。

1961年秋，毛第二次会见了蒙哥马利。这次两人谈了九个小时。5点钟，毛说想去长江游泳，蒙哥马利应邀同他一起去。他们乘车到了一艘汽艇上，然后下水游泳。

①毛泽东《在扩大的中央工作会议上的讲话》，1962年1月30日。

②新华社1977年9月7日讯。

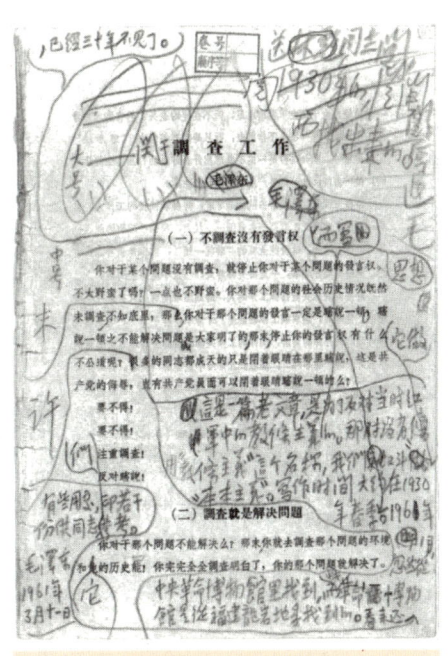

毛泽东在《调查工作》打印样上修改的《反对本本主义》原件。现藏中央档案馆。

根据蒙哥马利的叙述，毛在大约60位年轻人和助手的护围下在每小时流速为4英里的江水中"漂游了大约1小时"。等毛淋浴后，蒙哥马利送给他一些英国香烟。毛给了译员，因为他只抽中国烟。这位英国来访者发现毛进食很少，不喝酒，只喝水和茶，不吃药丸。

蒙哥马利评议道："再过50年，你们就了不起了。"

（几个星期后，毛在一次党的会议上解释说："他的意思是说过了50年，我们就会壮大起来，而且会侵略人家。"）

毛的答复同以前的回答不同。他说：

> 我们是马克思列宁主义者，我们的国家是社会主义国家，不是资本主义国家，因此，一百年，一万年，我们也不会侵略别人……在你们国家，资本主义的发展，经过了好几百年，十六世纪不算，那还是中世纪。从十七世纪到现在，已经有三百六十多年。在我国要建设起强大的社会主义经济，我估计要花一百多年。①

① 毛泽东《在扩大的中央工作会议上的讲话》，1962年1月30日。

后来，毛去看一出猴子降伏妖精的传统题材的戏剧，在郭沫若的鼓动下，他写了一首诗作为评论：

> 一从大地起风雷，
> 便有精生白骨堆。
> 僧是愚氓尤可训，
> 妖为鬼蜮必成灾。
> 金猴奋起千钧棒，
> 玉宇澄清万里埃。

今日欢呼孙大圣,

只缘妖雾又重来。

几天后,毛又赋诗一首,与一位古代诗人(陆游。威尔逊注)咏梅的作品相对应。诗曰:

风雨送春归,
飞雪迎春到。
已是悬崖百丈冰,
犹有花枝俏。

俏也不争春,
只把春来报。
待到山花烂漫时,
她在丛中笑。

毛生涯中的最低点于1962年1月降临,那时他不得不在七千名干部参加的大会上接受对他的批评。在这次会议上,刘少奇严厉地批评了毛"大跃进"期间的政策。他以湖南农民为例证——这对毛是最严重的打击——来证明"大跃进"之后的经济困难只有30%属于自然灾害,70%则是人为的因素造成的。

刘直言道,"大跃进"在某种程度上发展得太快,因为三年跃进后,平衡遭到破坏。从现在开始,

1962年初,毛泽东、刘少奇、周恩来等在北京举行的中共扩大的中央工作会议上。

要用八年到十年来恢复正常秩序。这还没有把一切都计算在内……主席说形势大好，指的是政治形势很好，不能说经济形势大好；相反它很不好。

在党的全体精英面前，毛选定的接班人公开把毛当作靶子，刘说："这几年工作中发生的许多缺点和错误，使我们全党的干部，全体党员，以至绝大多数人民，都有了切身的经验，都有了切肤之痛。饿了两年饭。"[①]

毛像是一个热情过分的愚笨之人被推在一旁。他在1958年打倒的"右倾机会主义者"现在又恢复了名誉。流传于干部当中的笑话之一是，"三天不学习，赶不上刘少奇。"

毛对所有这些的答复是，群众会作出最后的结论。他同意，党的领导人应当把自己暴露给群众加以评判，尽管这意味着会被"淘汰"。

"那又有什么不可以呢？一个人为什么只能上升不能下降呢？……我认为这种下降和调动，无论正确与否，都是有益处的，可以锻炼革命意志……我自己就有这一方面的经验，得到很大益处……我不是提倡对干部，对同志，对任何人，可以不分青红皂白，作出错误处理，像古代人拘文王，厄孔子，放逐屈原，去掉孙膑的膝盖骨那样，我不是提倡这样做，而是反对这样做的。我是说，人类的各个历史阶段，总是有这样处理错误的事实……在社会主义社会，也在所难免……"

毛宣称，党的集体领导应按照高度民主的路线实施，"拿中央常委或者政治局来说，常常有这样的事情，我讲的话，不管是对的还是不对的，只要大家不赞成，我就服从他们的意见，因为他们是多数。"

"不负责任，怕负责任，不许人讲话，老虎屁股摸不得，凡是采取这种态度的人，十个就有十个要失败。人家总是要讲

[①]《刘少奇选集》下卷第425页。

的，你老虎屁股真是摸不得吗？偏要摸。"

最后，毛又回到自我批评上来，"……就请大家批评吧。白天出气，晚上不看戏，白天晚上都请你们批评。"

听众鼓起掌来。

毛继续说："这个时候，我坐下来，冷静地想一想，两三天晚上睡不着觉，想好了，想通了，然后诚诚恳恳地做一篇检查。这不就好了吗？"①

是年夏天，刘如此大胆地在事实上继承了毛的衣钵，以至再次印行了他过去的一本书《论共产党员的修养》。这本著作中有一段话说："在过去某一时期内，某些教条主义的代表人……自以为是'中国的马克思、列宁'……并且毫不知耻地要求我们的党员像尊重马克思、列宁那样去尊重他，拥护他为'领袖'，报答他以忠心和热情。"②我们党的任何人都无权要求普通党员支持或拥护他做领袖。

上述话在40年代原是矛头对准"二十八个布尔什维克"的，但在1962年，它肯定是被当作双关语来阅读的。

毛后来评价说："刘少奇的《论共产党员的修养》，我看过几遍，这是唯心的，是反马克思列宁主义的。"③刘的优点在组织和管理方面。正是这一特质，使他在糟糕透顶的几年经济混乱中变得非常重要。

对于中间阶级的作用，刘提出了比毛更具建设性的观点。他1960年底曾经说："一个社会中有些资产阶级也是好事。这些人最有精力，而且他们能钻空子……他们之所以钻空子赚钱是因为他们发现了我们计划中的漏洞。我们的漏洞因此也就被堵上了。当他们开始干什么事情时，我们也应该开始干同样的事情。"④

一年以后，刘又写道："有地下工厂很好，他们那里不欺

①毛泽东《在扩大的中央工作会议上的讲话》，1962年1月30日。

②《刘少奇选集》上卷第106页。

③《毛泽东思想万岁（1962~1967年）》，第483页。

④洛厄尔·迪特默《刘少奇》，华夏出版社1989年版第247页。

骗顾客；他们生产的东西有用。"1962年，他甚至声明称："在过渡时期，一切有助于增加农民生产积极性的办法都可以采用……工业必须退回到一定的程度，农业也必须这样，实行包产到户，允许私人有自留地。"①

在1962年9月的中央委员会会议上，彭德怀提交了5份农村实地调查报告。这些报告是他在1960年至1961年受处罚期间写出的。这些批评毛的"八万言书"被贴上了自我辩解的标签。但是，这一次彭得到了刘少奇和邓小平的支持。

具有讽刺意味的是，主持会议的毛虽低头接受批评，但对恢复彭德怀的权力则不予理会。

在为"大跃进"期间下台的干部们恢复名誉的问题上，毛签上了他的不同意见："最近的翻案作风是不正确的。"

在向中央委员会所作的讲话中，毛大谈特谈国际事务是可以理解的，因为这方面还有些实际的东西可言。50年代初期，他对第三世界一直过于悲观。那时，他相信，"亚洲的党和工会，非洲党恐怕会受摧残"，但并不等于毁灭。

"第二次世界大战后，蓬蓬勃勃的民族解放斗争，无论亚洲、非洲、拉丁美洲，都是一年比一年地发展的。"

中国的任务是支持这些民族解放运动，"我们要团结这么多的人，但不包括反动的民族资产阶级，如尼赫鲁，也不包括反动的资产阶级知识分子，如日共叛徒春日庄次郎，主张结构改革论，有七八个人。"②

到现在为止，江青治愈了她的癌病，并从长期的病痛中完全恢复过来。她之所以能取得这样的疗效，是因为经过了一系列的针灸治疗并有一套严格的锻炼计划，包括游泳，打中国太极拳和乒乓球。9月，江挣脱了毛和党中央缚在她身上的茧丝，作为毛的妻子在招待来访的印度尼西亚总统苏加诺时，第一次

① 参见迪特默《刘少奇》第478页。

② 毛泽东《在八届十中全会上的讲话》，1962年9月24日。

公开露面。

9月30日,《人民日报》在设计微妙的政治新闻版中,刊出了第一张官方的毛和妻子与苏加诺夫妇合影的照片。中国民众很容易看到它,因为它登在第一版。而刘少奇及其夫人与苏加诺夫妇合影的照片则登在第二版,但五天前,这张照片已刊出过了。江青对刘的夫人捷足先登非常生气,同时她的对手则抱怨江青的照片刊出的位置较好。在以后的几年中,人们不断听到这两位第一夫人之间的相互埋怨之声。

毛宣称要阻止这场可爱的争吵。1962年期间,他的第一位岳母,他所热爱的老师杨昌济教授的遗孀去世,毛给她的家人写了一封信,信中说,"葬仪,可以与杨开慧同志我的亲爱的夫人同穴。我们两家同是一家,是一家,不分彼此。"①

在按照中国传统计算的七十大寿(传统上中国人把降生的那一天算作第一个生日)上,毛写了一首诗,作为对人生又一年的了结。据说,这位老人并未想把它发表出来。

① 《毛泽东书信选》第590页。

> 雪压冬云白絮飞,
> 万花纷谢一时稀。
> 高天滚滚寒流急,
> 大地微微暖气吹。
> 独有英雄驱虎豹,
> 更无豪杰怕熊罴。
> 梅花欢喜漫天雪,
> 冻死苍蝇未足奇。

1963年初,他在和郭沫若的一首诗中,恢复活力的迹象

1962年9月29日,毛泽东和夫人江青接见印尼总统苏加诺和夫人。

毛泽东手书《满江红·和郭沫若同志》。

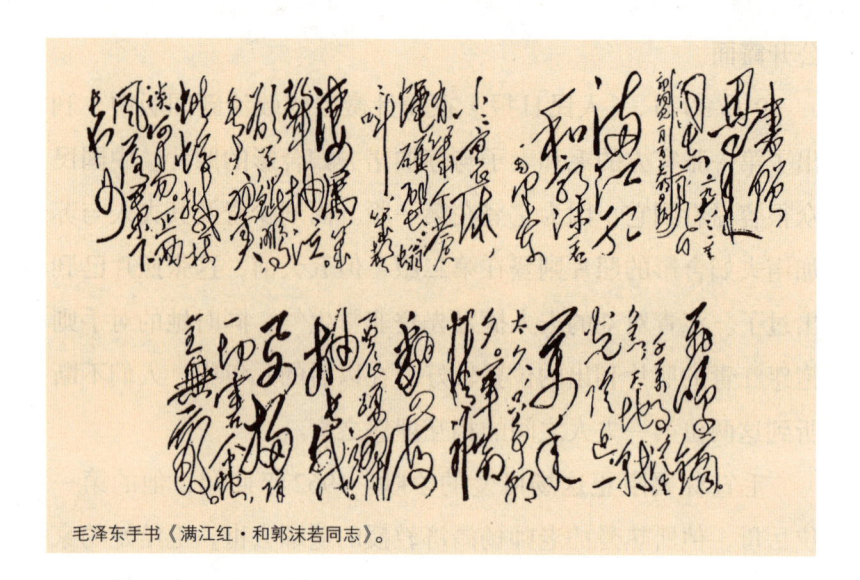

更为明显:

> 小小寰球,
> 有几个苍蝇碰壁,
> 嗡嗡叫,
> 几声凄厉,
> 几声抽泣。
> 蚂蚁缘槐夸大国,
> 蚍蜉撼树谈何易。
> 正西风落叶下长安,
> 飞鸣镝。
>
> 多少事,
> 从来急;
> 天地转,
> 光阴迫。
> 一万年太久,

只争朝夕。

四海翻腾云水怒，

五洲震荡风雷激。

要扫除一切害人虫，

全无敌。

毛仍在送到他桌子上的文件里加评注，这是他的老习惯了。1963年5月，毛在一个评注中明确地暗示了将要到来的斗争。

他写道："阶级斗争、生产斗争和科学实验，是建设社会主义强大国家的三项伟大革命运动……"如果不开展这三大斗争，"那就不要很多时间，少则几年、十几年，多则几十年，就不可避免地要出现全国性的反革命复辟，马列主义的党就一定会变成修正主义的党，变成法西斯党，整个中国就要改变颜色。"①

毛决定从这一认识出发开展一场全新的运动，即社会主义教育运动，以便为他东山再起开辟道路。他告诉中央委员会，这样一场运动应当是持久的，几乎"需要五代或十代人"，以纯洁共产党的队伍。他把这场运动描绘为"土改以来第一次最大的斗争。这样全面，这样广，这样深远是几年来没有的"。如果广大党员在运动中得到净化，那就是成功。"有的干部多吃多占，有的和地富儿女勾搭。"②

中央委员会在杭州通过了毛关于扩大社会主义教育范围的十点纲领。但四个月以后，刘少奇则以毛认为是修正主义的方式重写了这个纲领，以强调发展生产的作用，鼓励私人小块土地经营，调动具有创业精神的和先进的"富裕农民"的积极性。

对毛来说，应被放逐到古巴的美国黑人领袖罗伯特·威廉

①毛泽东《对〈浙江省七个关于干部参加劳动的好材料〉的批语》，1963年5月9日。

②毛泽东《在关于"四清"运动中央会议上的讲话》，1963年，载于《毛泽东思想万岁（1962~1967年）》第118页。

姆斯的请求，于8月份发出一份支持美国黑人的声明，并不是太大的安慰。这是毛在60年代为第三世界反对美帝国主义的暴行所做的八次呼吁的第一次：

> 我呼吁，全世界白色、黄色、棕色等各色人种的工人、农民、革命的知识分子，开明的资产阶级分子和其他开明人士联合起来，反对美帝国主义的种族歧视，支持美国黑人反对种族歧视的斗争。民族斗争，说到底，是一个阶级斗争问题。在美国压迫黑人的只是白色人种中的反动统治集团。他们绝不能代表白色人种中占绝大多数的工人、农民、革命的知识分子和其他开明人士。①

8月，毛告诉某些非洲来访者："在非洲、亚洲和全世界各地都有种族歧视现象。种族问题实质上是阶级问题。我们的团结不是种族的团结，而是同志、朋友的团结……

"被压迫人民争取彻底解放，首先是依靠自己的斗争，其次才是国际的援助。已经获得革命胜利的人民，应该援助正在争取解放的人民的斗争，这是我们的国际主义义务。"②

8月份，毛还谴责了南越反共政权迫害教徒和美国违反1953年《日内瓦协议》的行径。他声称："谁也不会相信，一纸条约会使美帝主义放下屠刀，立地成佛，或者变得稍微规矩些。"③

9月6日，中苏两党旷日持久的九次辩论中的第一次辩论来临了。中国共产党向苏联共产党发出一封信。信中的某些部分是毛在康生和陈伯达的帮助下撰写的。

对于赫鲁晓夫的苏联站出来反对他关于南斯拉夫的某

---

① 毛泽东《支持美国黑人反对美帝国主义种族歧视的正义斗争的声明》，1963年8月8日。

② 毛泽东《接见非洲朋友发表支持美国黑人斗争的声明时的谈话》，1963年8月8日。

③ 毛泽东《反对美国－吴庭艳集团侵略和屠杀越南南方人民的声明》，1963年8月29日。

些评论，毛究竟是怎么想的呢？9月底，毛写道，此事的教训是："它告诉我们工人阶级的政党，不仅在没有掌握政权的时候，有可能被工人贵族所把持，蜕化成为资产阶级的政党，充当帝国主义的奴仆；而且在掌握政权后，仍然有可能被新的资产阶级分子所把持……它告诉我们，社会主义国家的资本主义复辟……可以通过社会主义国家领导集团的蜕化变质来实现。"①

1963年10月1日，毛泽东会见美国黑人领袖罗伯特·威廉姆斯和夫人。

赫鲁晓夫于11月给毛发出一份私人信件，希望说服毛在联合反对美帝国主义的斗争中翻开新的历史篇章。毛曾拒绝过到莫斯科访问的邀请，并把与苏联人的斗争看得异常严重。7月份，他亲自去机场迎接从毫无成效的莫斯科谈判中归来的两位不驯服的助手彭真和邓小平。毛对赫鲁晓夫的"情书"未做公开答复。中央委员会则用下述不合作性的措辞回复了这封信：如果你在某些领域需要中国专家的帮助，我们将很愿意派他们前往。②

12月，毛就共产党干部的表现问题写了一篇文章。两位湖南领导人，包括华国锋，因其工作方法受到毛的表扬。毛很欣赏地把他们同那些"只爱听赞扬的话，不爱听批评的话"的干部做了比较。后者对其他地区的事很少有兴趣研究，只把目光局限在本地区或本单位，"这叫夜郎自大"。③

①《论赫鲁晓夫的假共产主义》，1964年7月14日。

②《中国季刊》第19期第187页。

③毛泽东《关于加强相互学习，克服固步自封、骄傲自满的指示》，1963年12月13日。

当人们只盯着脚下时，便看不到山上和大海那边的事情，他们很可能像"井底之蛙"那样夸口。但是，他们一旦抬起头来，看到广阔的世界，万花筒般的人间事务，壮观而宏伟的人类事业，丰富的人类才能，广博的知识，他们就变谦虚了。我们献身于改造世界的任务，一定不要只盯住眼前的工作和幸福。而且还应当着眼于我们大家遥远的将来的工作和幸福。马克思列宁主义会帮助我们克服由于小小的成功或小小的成就而带来的小生产者的自满……

谦虚和自卑并非同义语。谦虚并不意味着小看自己；它体现了一种现实的态度和进取的精神，能使一个人客观地看到事实。而自卑则是非现实主义，缺乏自信，害怕困难的表现。自卑和自我吹嘘，或者基于主观主义之上的优越感都是错误的。他们代表着两个极端和两种对自己错误的主观估计。自夸的人脱离现实，过高地估计自己，夸大他的实际能力和作用……自卑的人明显地与自夸的人相反，但他恰恰也是不现实的。他过低地估计了自己，小看了他在革命中所起的或将要起的作用。结果，他失去了进取的勇气和信心，松懈了斗志。①

毛在作为中国统治者的命运处于最低点时，写下了这些话，②他的眼睛牢牢地停留在经济恢复后的远景上。

①陈志让编《毛的文章：选集和文献目录》，伦敦1970年版第90~92页。

②此段话未查到中文原文。——编注

25 孤军奋战
（1964~1965）

毛 泽 东 传
A BIOGRAPHY OF MAO TSE-TUNG

1964年6月,毛泽东在北京军区济南军区军事训练汇报会上。

70岁的毛泽东依然激情满怀，宣称他想率领一组专家徒步或骑马考察黄河，从入海口起一直到源头为止。他还指示助手们练习骑兵并翻阅有关背景资料做准备。黄河使毛着迷，毛称之为"中华民族的摇篮"，并发出许多治理它的指示。但是，考察的特别计划并未付诸实践，而其他计划——这些计划实施的结果更富戏剧性且影响也更广泛——却改变着世界。在1964年和1965年这两年间，毛放手让刘少奇先按照他的保守路线治理中国。同时毛在加紧准备，想杀一个惊人的回马枪。此时，他的健康状况尚好，70岁生日刚过，他便宣称：

"我同我的医生有一个君子协定：我不发烧时不找你，你也不找我。我说一年不找他，算他功劳大。如果每个月都找他，这就证明他的工作没有做好。

"我对医生的话只听一半，要他一半听我的。完全听他的（医生的。威尔逊注）话，病就多了，活不了。以前没有听说过那么多高血压、肝炎，现在很多，可能是医生给找出来的。

"一个人如果不劳动只是吃得好，穿得好，出门乘车不走路，就会多生病，衣食住行太好的照顾是高级干部生病的四个原因。"①

①毛泽东《接见越南外宾时的讲话》，1964年6月24日。

在指责其同僚的腐化生活的同时，毛还警告他们丝毫不能放松对苏联的警惕性。几个星期后的一次会议上，他以同样的思想进行说教。他问："说到底，某些人病了还是革命意志衰退了？还是一个星期跳六次舞？还是喜欢漂亮不喜欢国家了？有些人说他们太虚弱，不能做工作。能病那么厉害吗？"

这个时期，毛遇到了一个料想不到的情况，正在中国访问的亚洲共产党领导人力图调解他与苏联人的争执。越南的拉丹和一个日本共产党代表团于1964年初率先作出了努力。但他们受到冷遇。

毛如此固执的主要原因，直到7月份会见一个日本社会主义代表团时方公开表露出来。他谈到了被苏联占领的日本千岛群岛的问题，并说："苏联占的地方太多了。在雅尔塔会议上就让外蒙古名义上独立，名义上从中国划出去，实际上就是受苏联控制……我们曾经提过把外蒙古归还中国是不是可以。他们说不可以。就是同赫鲁晓夫、布尔加宁提的，一九五四年他们在中国访问的时候……凡是能够划过去的，他都要划。有人说，他们还要把中国的新疆、黑龙江划过去……我的意见就是都不要划。苏联领土已经够大了。有两千多万平方公里，而人口只有两亿……一百多年以前，把贝加尔湖以东，包括伯力、海参崴，堪察加半岛都划过去了……我们还没跟他们算这个账。"①

毛开始构思存在于两个超级大国（相互对立）之间的中间国家的概念。他告诉一个法国访问团：法国、意大利、德国、英国（如果它不再作美国的代理人的话）、日本和我们——是第三种势力。②这对于一个共产党领袖来说是相当离经叛道的论点，这个论点在其他国家的首都引起了人们的极大兴趣。

在经历了与苏联的风暴之后，毛明显地愿意和西方资产阶级往来。1964年，在评论赫鲁晓夫提出的改善关系的建议时，

---

① 毛泽东《接见佐佐木更三、黑田寿男、细迫兼光等日本社会党人士的谈话》，1964年7月10日。

② 《中国季刊》（伦敦）第18期第175页。

第三部　大权在握

毛同意可以讨论边境问题，"生意可以做一点，不能太多，苏联的物品笨重、价贵，还要留一手。""不如同法国资产阶级好办，还有一点商业道德。"①

毛通过关心前幼帝宣统，即人们较为熟知的爱新觉罗·溥仪，树立了他的"宽容"形象。在纪念人民共和国建立10周年的时候，毛发出了对某些政治犯，包括溥仪在内的特赦令。于是溥仪走出监狱，并开始了在他以前的宫殿里做一名园艺工人的新生活。1964年2月，毛在一次会议上说"宣统皇帝应好好团结"，他"是我顶头上司。宣统薪水一百多元太少了，人家是个皇帝。"②

当下属们正在治理国家之际，不惯安逸的毛选择了他所喜欢的教育问题大发议论：

> 现在的考试方法是对敌人的方法，而不是对人民的方法。是突然袭击，考偏题，考古怪题……我不赞成……我看先出些题公开出来，让同学研究，看书再作……交头接耳，冒名顶替，过去不公开，现在让他公开。我不会，你写了，我抄一遍也可以。可以试点……③

毛也有更多的时间顾及家庭了。他的侄孙女和侄子这时正在学习专业知识。1964年夏天，毛和他们做了长长的默示性的交谈。这些谈话的手抄本后来在"文化大革命"中作为红卫兵的"课本"广为流传。

6月24日，毛和侄孙女王海容进行了交谈。王实际上是毛的母亲方面的一个亲戚。那

① 毛泽东《在春节座谈会上的讲话》，1964年2月13日。

②③同上。

毛泽东和王海容。

时她正在外国语学院学英语，后来她成了外交部副部长。

王首先说："我们学校的阶级斗争很尖锐，听说发现了反动标语，都有的用英语写。就在我们英语系的黑板上。"

"他写的是什么反动标语？"毛问。

姑娘答道："我就知道一条，'蒋万岁'。"

……

"还写了什么？"毛坚持问。

"别的不晓得，我就知道这一条……"

毛答道："好嘛！让他多写一些贴在外面，让大家看一看。他杀不杀人？"

"不知道杀不杀人，"姑娘说，"如果查出来，我看要开除他，让他去劳动改造。"

毛评论道："只要他不杀人，不要开除他，也不要让他去劳动改造，让他留在学校里，继续学习，你们可以开一个会，让他讲一讲，蒋介石为什么好？蒋介石做了哪些好事？你们也可以讲一讲蒋介石为什么不好。你们学校有多少人？"

"大概有三千多人，其中包括教职员。"姑娘回答。

"你们三千多人中间最好有七八个蒋介石分子。"

"出一个就不得了，还要有七八个，那还了得！"姑娘抗辩道。

毛说："我看你这个人啊！看到一张反动标语就紧张了。"

"为什么要七八个呢？"

毛解释说："多几个就可以树立对立面，可以作反面教员，只要他不杀人。"

王继续说："我们学校贯彻了阶级路线，这次招生，70%都是工人和贫下中农子弟，其他就是干部子弟，烈属子弟等。"

"你们这个班有多少工农子弟？"毛问。

"除了我以外还有两个干部子弟，其他都是工人、贫下中农子弟。他们表现很好，我向他们学到很多东西。"

"他们和你关系好不好？"毛问，"他们喜不喜欢和你接近？"

姑娘小心谨慎地答道："我认为我们关系还不错，我跟他们合得来，他们也跟我合得来。"

"这样就好。"

"我们班有个干部子弟，表现可不好了，上课不用心听讲，下课也不练习，专看小说，有时在宿舍睡觉，星期六下午开会有时也不参加，星期天也不按时返校，有时星期天晚上，我们班或团员开会，他也不到，大家都对他有意见。"

"你们教员允许你们上课打瞌睡，看小说吗？"毛问。

"不允许。"

毛称："要允许学生上课看小说，要允许学生上课打瞌睡，要爱护学生身体，教员要少讲，要让学生多看。我看你讲的这个学生，将来可能有所作为，他就敢星期六不参加会，也敢星期日不按时返校。回去以后，你就告诉这学生，八九点钟回校还太早，可以十一点、十二点再回去，谁让你们星期日晚上开会呢。"

姑娘解释："原来我在师范学院时，星期天晚上一般不能用来开会的。星期天晚上的时间一般都归同学自己利用。有一次我们开支委会，几个干部商量好，准备在一个星期天晚上过组织生活，结果很多团员反对。有的团员还去和政治辅导员提出来，星期天晚上是我们自己利用的时间，晚上我们回不来。后来政治辅导员接受了团员的意见，要我们改期开会。"

"这个政治辅导员做的对。"毛说。

"我们这里尽占星期日的晚上开会，不是班会就是支委会，要不就是级里开会，要不就是党课学习小组。这学期从开学到我出来为止，我计算一下，没有一个星期天晚上不开会的。"

"回去以后，你带头造反。星期天你不要回去，开会就是不去。"毛告诉她。

王惊叫道："我不敢。这是学校的制度规定。星期日一定要回校。否则别人会说我破坏学校制度。"

"什么制度不制度，管他那一套，就是不回去。你说：'我就是破坏学校制度。'"毛说。

姑娘表示反对："这样做不行，会挨批评的。"

毛警告她："我看你这个人将来没有什么大作为。你怕人家说你破坏制度，又怕挨批评，又怕记过，又怕开除，又怕入不了党。有什么好怕的，最多就是开除。学校就应该允许学生造反。回去带头造反。"

姑娘道："人家会说我，主席的亲戚还不听主席的话，带头破坏学校制度。人家会说我骄傲自满，无组织无纪律。"

"你这个人啊，又怕人家批评你骄傲自满，又怕人家说你无组织无纪律，你怕什么呢？你说就是听了主席的话，我才造反的。我看你说的那个学生，将来可能比你有所作为。他就敢不服从你们学校的制度。我看你们这些人有些形而上学。"

又有一次，他们的话题转到了杜甫的长诗《北征》上。

姑娘问："读这首诗要注意什么问题？要先打点预防针才不会受影响。"

"你这个人尽是形而上学，要打什么预防针嘛！不要打！要受点影响才好，要钻进去，深入角色，然后再爬出来……你们学校要不要你们读《圣经》或佛经？"

"不读。"姑娘答道，"要读这些东西干什么？"

"要做翻译又不读《圣经》、佛经，这怎么行呢？……"

毛又问："'知识分子'英文怎么讲？"

"不知道。"姑娘坦白。

"我看你这个人，学习半天英文，自己又是知识分子，不会讲'知识分子'这个词。"

"让我翻一下《汉英词典》。"

"你翻翻看，有没有这个词。"毛说。

过了一会儿，姑娘答道："糟糕，你这本《汉英字典》上没这个字……"

"等我看一看。"毛说，"……这本《汉英字典》没有用，很多字都没有。回去后要你们学校编一部质量好的《汉英词典》，把新的政治词汇都编进去，最好举例说明每个字的用法。"

"我们学校怎么能编字典呢？又没时间又没人，怎么编呢？"

"你们学校那么多教员和学生，还怕编不出一本字典来？……"毛坚持道。

姑娘说："好，回去后我把这个意见向学校领导反映一下，我想我们可以完成这个任务。"

毛在提出一些建议和一个警告后，结束了这次谈话。

又有一次，毛告诉王："你回去读一二十本马列主义经典著作，读点唯物主义的东西。看来你这个人理论水平不高。在学习上不要搞什么五分，也不要搞什么二分，搞个三分四分就行了。"

"为什么不搞五分呢？"姑娘问。

"五分累死人了！不要那么多东西，学多了害死人……我们的干部子弟很令人担心，他没有什么生活经验和社会经验，可是架子很大，有很大的优越感。"①

两个星期后，7月5日，毛和侄子远新作了第一次长谈。这样的长谈共有三次。此时这位年轻人尚是哈尔滨军事工程学院

① 毛泽东《和王海容的谈话》，1964年6月24日。

的一位颇具天赋的学生。自40年代初，其父被处死后，他便进入毛的家庭。毛以一种父爱般可爱的语调开始了这次谈话。

"这半年有没有进步？有没有提高？"毛问。

侄子支吾道："我自己也糊里糊涂，说不上有进步。有，也只是表面的。"

毛似乎从中得到了某些慰藉。

"我看还有进步。你现在对问题的看法不是那样简单了……"

……

"你要学习马列主义，还是修正主义？"毛挑衅性地问。

远新答道："我当然要学马列主义。"

"那不一定，谁知道你学什么。什么是马列主义，你知道吗？"

侄子认为："马列主义就是要搞阶级斗争，搞革命。"

毛评论道："……到底谁打倒谁还不一定。苏联……还不是资产阶级当政？我们也有资产阶级把持政权，有的生产队、工厂、县委、地委、省委都有他们的人。有的公安厅副厅长也是他们的人。文化部是谁领导的？电影、戏剧都是为他们服务的，不是为多数人服务的……"

侄子谈了在学院中受到的政治教育。毛还鼓励他进行适当的锻炼。

"水，你已经认识它，已制服它了，这很好。你会骑马吗？"

"不会。"远新坦白。

"当兵不会骑马不应该……你会打枪吗？"

"有四年没摸了。"这个年轻人承认。

毛搞不清不懂射击的侄子应属于哪种士兵。远新回忆说，有一次游泳，天气较冷，水里比岸上暖和，他上来后觉得很冷,说:"还是水里舒服些。"

此话一出口,毛便生气地瞪了侄子一眼说:"你就喜欢舒服,怕艰苦。"

在这次谈话中,毛接着说:"你就知道为自己着想,考虑的都是自己的问题。你父亲在敌人面前坚毅不屈,丝毫不动摇,就是因为他为多数服务。要是你,还不是双膝跪下,乞求饶命了。我们家很多都是让国民党、美帝国主义杀死的,你是吃蜜糖长大的,从来不知道什么叫苦。你将来不当右派,当个中间派,我就满足了,你没有吃过苦嘛,怎么能当上左派?"

"我还有点希望吧?"年轻人问。

"有希望,好。"毛要求他要特别学会与意见不同的人相处,"你就喜欢人家捧你。嘴里多吃点蜜糖,耳里听的赞歌,这是最危险的。你就喜欢这个……是否只和干部子女在一起而看不起别人?……"

在毛的诘问下,侄子透露,他的课程不允许他有很多时间搞政治或接触普通群众。

毛非难道:"不对。阶级斗争是你们的一门主课……这样一个政治教育完成了,你才算毕业。不然'军工'让你毕业,我是不承认的。阶级斗争都不知道,你怎么能算大学毕业生呢?"

有一次,毛远新动员毛去看科学成就展览会,毛发问:"你怎么对专业感兴趣,对马列主义不感兴趣?"

无论如何,侄子对自己的马克思主义理论学习只能说:"很少看,看不懂。"①

① 毛泽东《与毛远新谈话纪要》,1964年7月。

正是从上述这些谈话中,毛逐渐下定决心,要造他的同僚的反,以阻止党的明显的资产阶级化。

他的妻子江青也给他提供了依据。江正开始进入中国传统戏剧改革者的角色。1964年,毛花了很多时间去看现代戏并提出了很多建议。然而，毛的一些同志对江青干预传统戏剧并不像毛那么充满热情。

北京市市长彭真评论说，革命戏剧"尚处在穿开裆裤、吃别人奶的阶段"。江青寻求邓小平对其工作的支持，但邓的反应仅仅是："对她的戏剧改革，我举双手赞成，可我不会留心去看演出的。"①

是年夏天，邓又公开表露了对江青不断增大的政治作用的不满。毛的许多同僚亦有同感。邓说："有些人企图通过批评别人为自己赢得名誉，踩着别人的肩膀往上爬……"没有人怀疑，他指的是江青。然而，1964年底江却被选为全国人民代表大会的代表，她积极准备着在时机到来之际支持她的丈夫。

8月，毛在一次哲学讨论会上说，学生应当下到农村中去接受阶级斗争教育——即使他们身体欠佳，也应如此。"下去也死不了人，无非是感冒，多穿几件衣服就是了。"

"大学生今年冬天就要开始下去，讲文科。理科的现在不动，动一两回也可以。所有学文科的：学历史的、学政治经济学的、学文学的、学法学的，统统下去。教授、助教、行政工作人员、学生，统统下去。去五个月，有始有终。农村去五个月，工厂去五个月，得到点感性知识，马、牛、羊、鸡、犬、豕，稻、粱、菽、麦、黍、稷，都看一看。"

康生插话，抱怨北京的一位一流经济学家②"搞利别尔曼那一套，搞资本主义"。在此，毛以惊人的对资本主义的辩护做了回答："搞点资本主义也可以。社会很复杂，只搞社会主

1964年，毛泽东接见京剧现代戏演出观摩人员。

①《目前形势》，香港，842。
②指孙冶方。——译注

义，不搞资本主义，不是太单调了吗？不是没有对立统一，只有片面性了吗？让他们搞……"

毛继续为他曾经给予中国资本主义的冲击不大而惋惜。"分土地给农民，是把封建地主的所有制改变为农民个体所有制，这还是资产阶级革命范畴的。分地并不奇怪，麦克阿瑟在日本分过地，拿破仑也分过。土改不能消灭资本主义，不能到社会主义。"

"现在我们的国家大约有三分之一的权力掌握在敌人或者敌人的同情者手里。我们搞了十五年，三分天下有其二，是可以复辟的。现在几包纸烟就能收买一个支部书记，嫁给个女儿就更不必说了……"[1]

9月，在杭州，一个法国使团在毛的乡间别墅里和他一起度过了两个半小时，并发现毛的健康状况不好。一个法国人认为毛清楚地知道自己处于震颤性麻痹症的早期阶段。其他法国人则认为毛可能得过中风。当毛从一个房间走向另一个房间时，有位助手陪护着他，不时轻轻地引导着他走路。

有个法国人写道："毛不停地吸烟。从他晚间扔掉的烟头数量来看，显然他是位一天三包的人。他患有严重的吸烟者常患的咳嗽症，喘气很重，带着清晰的咝咝声。"

"协调姿式时他也有些困难。毛是左撇子，要点燃香烟，他就得把火柴盒放在右手，然后用左手擦燃火柴。为了更好地把握这一过程，毛把双肘置于椅子扶手上以稳住自己。"[2]

一位法国人谈到了法国在东南亚的"新作用"，但毛打断了他的话。

"自奠边府战役后，法国在亚洲没有作用了。让我告诉你一些你可能知道也可能不知道的情况，在奠边府，许多持枪者是中国人。"他说。

[1] 毛泽东《关于哲学问题的讲话》，1964年8月18日。

[2]《星期六晚邮报》，1964年11月14日。

在回答经济问题时，毛平静地说："中国人没有经济计划……我们做过一个长期计划，但错了。从国外借用的太多了。在这方面，我们的经验比你们少，我们还没有把一切事情办好。"①

10月，尼赫鲁来访。毛对他解释说，中国不想打仗，没有原子弹。即使其他国家想打仗，那对整个世界来说也将是一场灾难，会死很多人。毛相信，原子弹不会毁灭整个人类，所以不可能找到一个想和谈的政府。尼赫鲁答道，他是印度原子能委员会的主席，他知道原子弹的毁灭性。他相信，没有人会从核战争中逃生。毛反对说，大概不会这样。现存的政府可能被消灭，但其他政府会起而代之。②

中国的核试验实际上是在1964年10月16日获得成功的。它既标志着毛在五年前苏联核顾问撤离中国后的"单干"的决心的胜利，而且更特别地标志着从事核试验的受过西方教育的中国核科学家的胜利。后来，在一次讨论经济计划时，有人说中国必须赶超其他国家的技术水平。毛赞同道："是的，我们要有……管他什么国，管他什么弹，原子弹、氢弹，都要超过。"③

在12月20日中央委员会的一次工作会议上，毛对共产党的15年统治所作的总结是：地主和富农乃幕后主宰，主张杰出人物统治论的腐化干部则在台上表演。为了农村社会自身的改造，必须纯洁那些正在指导改造的政治机构。有必要向贫苦农民表明，他们可以像以前斗争地主那样斗争坏干部。至于堕落的分子，我们应给他们贴上"新生资产阶级"的标签。

有位与会者建议，让普通群众来处置腐化干部，因为群众是宽容和通情达理的。毛反驳道："有时不能这样。群众一旦发动起来，会有很大的盲目性。我们也有盲目性。"

---

① 《每周新闻》，1976年9月20日。

② 埃德加·斯诺《漫长的革命》，伦敦1974年版第208页。

③ 《毛泽东思想万岁(1962~1967年)》第348页。

艺术家的背叛也没有逃过毛的注意,他在同一个会议上讲,"音乐家傅聪,已经跑到英国去了。我说是好事。这种人留在国内又有何用?"①

1965年1月,毛和埃德加·斯诺在晚宴中谈了四个小时。斯诺报道,毛适量地吃了一餐湖南饭菜,"喝了一玻璃杯或两玻璃杯的中国葡萄酒,和过去一样,极为搪塞。晚上,他大概抽了10支香烟。"

1965年1月9日,毛泽东会见美国记者埃德加·斯诺。

毛透露,他读了马克斯威尔·泰勒将军的书《音调不定的号角》。他说,美国不可能赢得越南战争。但,赢得过从英帝国主义那里获得独立的进步战争,然后又赢得了创建自由劳动力市场的国内战争。华盛顿和林肯都是他们时代的进步人士。当美国首先建立共和国时,引起了欧洲所有戴皇冠者的仇恨和恐惧。美国人是革命者,现在他们需要为摆脱本国的垄断资产阶级而斗争。

苏联批评中国"搞个人崇拜",有证明吗?毛认为,斯大林一直被说成这种崇拜的中心,而赫鲁晓夫一点也没有。大概正由于赫鲁晓夫没有这种个人崇拜,所以他跌倒了……

毛说,他读了美国人在贝肯尼岛核试验六年后所做的有关这一地区的调查报告。报告表明老鼠、鱼、鸟和植物生长状况良好。对细菌、鸟、老鼠和树来说,原子弹的确是纸老虎。对人可能不同……毛说,他听说美国有部电影叫《在海滩上》,显示了核战争给世界所带来的末日。那是一部科学影片吗?

斯诺询问了中国的人口问题。毛答道,他的确不晓得。有

①《毛泽东思想万岁(1962~1967年)》第337页。

些人说六亿八千万或六亿九千万，但他不相信。怎么可能这么多？农民有时把事情搞得一塌糊涂。

斯诺问道，他能否从毛这里给约翰逊总统带个信儿。片刻的沉默后，回答是：不！然而，毛的确期望改善中美关系，尽管在他的有生之年没人强制他这么做。此时，毛正准备很快去见上帝。在谈话中，他回忆了两个弟弟、他的第一个妻子以及他们的儿子是怎样被杀的。多么奇怪，直到今天，死神依然从他身边溜走。他不止一次地准备过死，但死神似乎不需要他。

中国将属于后来人，他们应当比毛更富有知识，将根据自己的社会价值观开展革命工作。毛说，地球上的人类的条件，正以空前的速度变化着。从现在起，再过一千年，马克思、恩格斯，甚至连列宁也一定显得不高明了。①

关于目前中国的政治，毛没有向斯诺谈得很多。六年后，当他们再次重逢时，毛解释说，1965年，有许多权力已滑出了他的控制范围。但是，他准备东山再起。所以，第一步发动了一场无关痛痒的试验性运动。

毛向同僚们提交了一份开展社会主义教育运动的"二十三条"纲领。刘少奇的反应十分消极。后来，毛披露正是这时提高了他对刘的警惕。

毛的"二十三条"中的第一条是讲，整"党内那些走资本主义道路的当权派"的必要性。刘少奇无疑从这种威胁里看到了一场没有必要在领导层内进行的制造不和的政治迫害。但是，他所持的强烈反对态度必然会使他在公众面前自我确定为"走资本主义道路的当权派"。到1月底，毛决定刘必须"开路"。②

毛还得出结论，官僚事实上已经变成一个新生的统治阶级。他写道："官僚主义者阶级与工人阶级和贫下中农是两个

①埃德加·斯诺《漫长的革命》第191~222页。

②斯图尔特·施拉姆《毛泽东的创举》第270页。

尖锐对立的阶级。这些人是已经变成或者正在变成吸工人血的资产阶级分子，他们怎么会认识是非呢？"①毛要求每个中国人都要学习模范农业生产队大寨，那里不存在这些弊病。

3月，毛向来自巴勒斯坦解放组织的访问者提出了坦诚的军事建议："有些外国人在中国上学，学军事。我劝他们回去。不要学太长。几个月就行了，课堂上尽讲，没有什么用处……大多数时间可以在本国，或者根本不出国，就可以去那里。"②

1965年春，毛继续在华中和华南作长途旅行，以准备发动反对刘和其他人的运动，并澄清外界有关其健康状况的传言。5月，他在过了40年后第一次回到井冈山根据地。他曾经在这里创建了现在他企图扩展到全中国去的程式。5月27日清晨，毛爬上了通往顶峰的山坡，纵观昔日每天生活于其中的景色。他把昂扬的激情宣泄在一首诗里：

1965年4月，毛泽东在湖北武昌东湖宾馆。

①《毛泽东思想万岁(1962~1967年)》第347页。

②毛泽东《接见巴勒斯坦解放组织代表团的谈话》，1965年3月。

久有凌云志，
重上井冈山，
千里来寻故地，
旧貌变新颜。
到处莺歌燕舞，
更有潺潺流水，
高路入云端。

过了黄洋界，
险处不须看。
风雷动，
旌旗奋，
是人寰。
三十八年过去，
弹指一挥间，
可上九天揽月，
可下五洋捉鳖，
谈笑凯歌还。
世上无难事，
只要肯登攀。

1965年，毛泽东重上井冈山。

西方报刊报道了下述传闻，说毛得了中风病，正住在上海或杭州的医院里。据言，他在某个公开场合行走困难，不能说话。毛曾承认他所发表的东西并非都出自亲笔："现在写东西都是由秘书写，自己不动手。"他带着痛楚的表情又说："自己总是不动手，靠秘书，不如叫秘书去担任领导工作好了。"①——这大概指的是江青和陈伯达。

毛当然在1965年去看医生了，而且这促使他发出了一个对医生大加嘲讽的指示：

告诉卫生部，卫生部的工作只给全国15%的人工作，而且这15%中主要还是老爷，广大农民得不到医疗……卫生部不是人民的卫生部，改成城市卫生部或老爷卫生部或城市老爷卫生部好了……

①毛泽东《在邯郸"四清"工作座谈会上的讲话》，1964年3月28日。

还有一件怪事，医生检查要戴口罩，不管什么病都戴，是怕自己有病传染给别人？我看主要怕别人传染给自己。要分别对待嘛！什么都戴，这首先造成医生与病人之间的隔阂。

城市里的医院应该留下一些毕业后一二年本事不大的医生，其余的都到农村去。①

① 毛泽东《对卫生工作的指示》，1965年6月26日。

8月，一种世界上最为畅销的出版物《毛主席语录》——"红宝书"第一次面世，它成为毛重新掌权的宣言。"红宝书"的历史可以追溯到1960年，当时林彪作为毛的新国防部长，印了一批毛说过和修改过的话，在军队中散发。一两年后，林在军队报纸《解放军报》上开始了用醒目的粗体字在方框内刊印毛的语录的习惯。1964年，林又印制了一种由摘录毛的著作中的某些段落编辑而成的袖珍书本，以便士兵们带在挎包里。它就是1965年8月1日面世的第一个正式版本的《语录》的原祖。在以后的几年中，由解放军总政治部编辑的这本《语录》不断重印发行。

1965年8月3日，毛对即将来临的事件作出了最为明确的暗示。安东尼·马尔罗递交给毛一封查尔斯·戴高乐的信，并与毛进行了长谈。当时在场的有刘少奇、法国大使和其他中国领导人。毛谈到了知识分子的恶劣影响，特别是在青年人中的影响。鲁歇·佩耶尔大使表示异议，在他看来，中国学生是信仰毛的理想的。毛对此表示怀疑。

毛说："青年人必须经受考验……"——这是对即将到来的"文化大革命"的一个暗示。马尔罗注意到，毛仿佛是在向一个想象中的反驳者演讲，仿佛在说："不管你喜欢不喜欢，它必将如此。"——甚至仿佛正在通过马尔罗说给刘听。

毛声言："苏联修正主义是……叛徒，正在复辟资本主义，不知道欧洲为什么不满意。"

马尔罗不同意地说："我相信他们并不想恢复生产资料私有制。"

"他能肯定吗？看看南斯拉夫！"

马尔罗发现毛走路时僵硬而缓慢。但他评论道："并不衰老。他富有康门迪图尔塑像般的那种不平衡性。走起路来像是从某个帝王墓穴中钻出的传奇性人物。"

毛说："赫鲁晓夫似乎认为，共产党一掌握政权，革命就算成功了——仿佛革命只是民族解放问题。"

接着，毛又嘲笑了考茨基的遗训"共产主义意味着生活水平的提高"。毛评价说："当然！游泳是穿运动裤的途径之一……它不是用赫鲁晓夫代替沙皇，用另一个资产阶级——纵然它被释作共产主义者——代替这个资产阶级的简单问题。就像妇女一样，当然有必要首先给她们法律上的平等。但此后仍有工作可做。我们认定导致中国停滞不前的思想、文化和习惯必须清除，尚不存在的无产阶级中国的思想、文化和习惯必须树立。中国女性的形象还没有在群众中树立起来，但她开始想树立了……革命……没有胜利，它需要几代群众和干部的共同努力。"

他们一直走到马尔罗停车的台阶那里。毛又说："在这场斗争中，我们是孤立的。"

"并非第一次。"马尔罗说。

"我会单独和群众在一起。等待。"这位法国人发现毛的语调中带着怨恨、嘲讽，特别是自豪。他并不是代表同僚们说这番话的，因为他把他们丢在后面，无法听到他的话。只是在离开同僚后，毛才开始慷慨议论。他走得比他的身体所允许的速度更慢，目的是要和一位同情其处境的外国人多谈点个人见解。

毛继续说："修正主义毁灭革命。我对你讲过革命也要有感情……可人们不想终生负有革命负担。中国共产党人只有1%在农村，党的老卫队中的幸存者一直长于行动；另一方面是整个教条主义的青年一代，教条主义牛粪不如……不管你们的大使怎么想，年轻人正显出危险的倾向……是该表明还有另外一些人的时候了。"

道别的时刻终于到了。

"我是孤立的。"毛重复道。突然，他又放声大笑："嗯，有些远方的朋友，请转达我对戴高乐将军的敬意。"①

此后不久，毛在一首诗中讥讽了苏联的共产主义形式并激励自己去斗争：

① 安东尼·马尔罗《回忆录》，纽约1968年版第373~396页。

鲲鹏展翅，
九万里，
翻动扶摇羊角。
背负青天朝下看，
都是人间城郭。
炮火连天，
弹痕遍地，
吓倒蓬间雀。
怎么得了，
哎呀我要飞跃。

借问君去何方？
雀儿答道：
有仙山琼阁。

毛泽东手书《念奴娇·鸟儿问答》。

不见前年秋月朗，

订了三家条约。

还有吃的，

土豆烧熟了，

再加牛肉。

不须放屁，

试看天地翻覆。

　　林彪是唯一坚持支持毛的人物。毛在9月和10月企图说服同僚们在党内进行新的整风运动的努力没有成功。其他人仍在批评毛。刘少奇和邓小平甚至力主恢复同苏联人签订的条约以保卫中国免受轰炸越南的美国人的袭扰。

　　无论如何，毛坚决反对这种主张，并坚持中国必须有自己保卫自己的信心。反过来，其他人则拒绝他要求急剧改变文化和教育政策的提议。彭真宣称："即使是主席，如果错了也要接受批评。"邓小平日后则被断言为"冷酷地割断了与毛的联系"。①

　　毛意识到他在北京是无望的，这里的社会主义教育运动谨慎而无决心。作为一种特有的姿态，他离京前往南方并绝望地转向他妻子那一派政治朋友方面。在周密地安排好他的最后一次庞大的政治运动后，毛长达九个月没有回首都。

①《中国季刊》（伦敦）第31期第16页。

26 文化大革命
（1965~1966）

毛泽东传
A BIOGRAPHY OF MAO TSE-TUNG

1966年，毛泽东在天安门城楼上。

毛用来反对党内保守派的直接口实，是彭真保举的人——北京市副市长吴晗所写的戏剧《海瑞罢官》。它是毛所需要的巨大震动的前奏。基于明朝一件小事写就的这个剧本，事实上很少暗含着对1959年彭德怀事件的评论。其主调可以从其中的一段台词里得到评判。那是一位大臣——海瑞（即彭德怀）说给皇帝（即毛）听的：

"……你前些年倒还做些好事。这些年呢……你的心迷惑了。过于苛断，你的性情偏了。你自以为是，拒绝批评，你的错误太多了。""天下的人不满意你已经很久了，内外大小官员谁都知道。"①

中国读者不会不去类推。

后来，毛在北京向朋友们解释，他"建议江青同志组织一下文章批判《海瑞罢官》。但就在这个红色城市无能为力，无奈只好到上海去组织。"②江青抱怨右倾分子通过秘密打入其组织的代理人密切注视着这一事件的进程。

"无论我走到哪里，他们都尾随着；他们安装了窃听器，对主席、林副主席、总理和我搞间谍活动……"③然而文字工作毕竟在上海党的第一把手柯庆施的帮助下，由江青、张春桥

①这段话并不是《海瑞罢官》剧本里的，而是吴晗《海瑞骂皇帝》一文中的话。此文最初以刘勉之的笔名发表于1959年6月《人民日报》上，后收入中华书局1963年版的《海瑞的故事》一书。——译注

②毛泽东《接见阿尔巴尼亚军事代表团时的谈话》，1967年5月。

③《问题与研究》，台北，1971年5月，第79页。

和姚文元完成了。

1965年11月10日，第一篇文章在上海刊出。但不管怎样，北京的《人民日报》不予理睬。第二天，彭真让一位助手给上海挂电话，想找出是谁未征询他的五人小组的意见便赋予作者这样的权力。北京的五人小组是负责文化改革运动的机构。张春桥答道："毛泽东。"彭的助手未发一言便挂断了电话。12月，就全国范围内刊印这篇文章的问题，两个城市之间展开了意识形态之战。月底，彭真在北京党的一次会议上问他的一位同事："吴晗现在怎样？"

回答是："吴晗很紧张，他感到批判是有来头的。"

彭说："不管有无来头，我们只追求真理。实际上，每个人都是平等的。"①

11月29日，毛使上述问题进一步激化，他在其盟友林彪控制的军队报纸《解放军报》上刊出了那篇文章，并在电台里进行了广播。这样一来北京再无借口可凭，只得照做。直到彭真仍然可以把吴晗当作替罪羊推出来，让他向毛投降，从而保住自己的地位与权力。但是，他作了支持下级的选择，这就使这场斗争演化为彭与毛之间的抗衡。

毛正在充分利用他的"秘密武器"——他的个性和卫队，特别是8341部队。早在夏天，毛就通知该部到农村和工厂去宣传和开展社会主义教育运动。

在杭州召开的一次党的会议上，毛向科学和文化领域内的修正主义发起了攻击。彭真出席了这次会议，此时他是毛的主要对手。毛把注意力集中在干部、学生和农民之间不断增大的令人震惊的鸿沟问题上。他说："我曾给我的孩子说，'你下乡去，跟贫下中农说，就说我爸爸说的，读了几年书，越读越蠢。请叔叔伯伯、兄弟姐妹做老师，向你们来学习。'"

---

① 联合出版物研究服务处，共产主义中国译文，华盛顿，42349。

特别是人文学科需要改造。毛点出了吴晗的戏剧，认为它有敌对性。

接着，毛话锋一转，以其领袖特有的方式提到了伯特兰·罗素的一个进步，"罗素送我一本小册子，可以翻译出来看看。罗素现在政治上好了些，反修、反美、支持越南，这个唯心主义者有点唯物了。这是说的行动。"

这转而引出了一种对社会折中主义的不寻常的辩护："一个人要做多方面的工作，要同各方面的人接触。左派不光同左派接触，还要同右派接触，不要怕这怕那。我这个人，就是各种人都见过……"

接着，亲毛的一位激进者做了极富谄媚特征的插话。而后，毛认为人们应当用更为大众化的形式写作。

"我们这些人都是'学生腔'。"毛抱怨道。

"主席除外。"陈伯达插话。

这次，毛接受了恭维，而在其他场合他通常是迅速地加以反驳的。

毛很不谦虚地赞同道："我做过农民运动、工人运动、学生运动、国民党运动，做过二十几年的军事工作，所以稍微好一些。"①

然而，在清党的问题上，毛依然没有如愿。后来，他回忆说："当时多数人不同意我的意见，暂时只剩下我自己。说我的看法过时了……"②

1965年在家庭的聚会声中结束。毛的儿子岸青及其妻子探望了这位老人。根据这对青年夫妇回忆，毛"欣然挥笔为我们书写了"一首诗。③

毛和江青所生的女儿李讷也长大了。1966年，在她学业结束时，毛为她题词，内容是四条建议：

①毛泽东《在杭州会议上的讲话》，1965年12月21日。

②毛泽东《接见阿尔巴尼亚军事代表团时的谈话》，1967年5月。

③参见《人民日报》，1977年4月6日。

一、"天将降大任于斯人也，必先苦其心志，劳其筋骨，饿其体肤，空乏其身，行拂乱其所为，所以动心忍性，增益其所不能。"二、彻底的唯物主义者是无所畏惧的。三、道路是曲折的，前途是光明的。四、在命运的痛击下，头破血流，但仍不回头。①

1966年一开始，这位姑娘的母亲江青便以毛的思想为依靠迈出了进入政治领域的决定性步骤。她与林彪达成协议，主动让国防部长同享她的文化特长和作为主席的妻子的有利政治条件。林则在军队等级的最高峰给江安排了一个职位以示回报。林交给江一个任务，去上海负责召集一次部队的文艺座谈会。

在江青抵沪前，林告诉他的人："江青同志昨天和我谈了话。她对文艺工作方面在政治上很强，在艺术上也是内行……"②

这预示着毛的妻子生涯中的一个新阶段的来临，她开始被描述成"折射阳光的月亮"。用她自己的话说，至今她依然"作为主席的秘书而工作。我的主要任务是调查国际问题。在文化和教育领域，我算是机动哨兵。就是说，我订阅一些期刊和报纸，进行仔细检查，把所有我认为值得注意的东西提交给主席……许多年来，这一直是我的主要工作内容。"1966年以后，她又把这些职责同作为中央委员会常委秘书的职责结合了起来。③

林在公开讲话中，对毛是千吹捧万奉迎。他写道："毛泽东思想是当代马克思列宁主义的顶峰……他的话句句是真理，一句顶一万句。"④

毛不得不违背自己较为理智的评判容忍上述颂扬，因为林实际上是他在党的高级官员中的唯一同盟者。同时，毛正在宣扬造反的理论，特别是造宣传部的右倾分子的反。因为他们正在"取缔和压制"左派的工作。2月，毛抱怨："中宣部是阎王

---

① 托马斯·施考宾《毛泽东纪事》，慕尼黑1976年版第192页。此段话已核对过中文。

② 《林彪委托江青召开的部队文艺工作座谈会纪要》，1966年。

③ 《中国新闻述评》，香港，872。

④ 米歇尔·Y.M.高《林彪事件：权力政治与军事政变》，纽约1975年版第410页。

殿,要打倒阎王……我历来主张,凡中央机关做坏事,我就号召地方造反,向中央进攻。"①同月,他还指出:"愚民对专制君主有利,而让人民聪明起来则对我们有利。"

然而,政治局在毛缺席的情况下,接受了彭真的决议案,有效地挫钝了文化革新工作的锋芒。对此,毛表达了他的强烈不满。3月,在杭州召开的政治局会议上,毛声讨了北京市委的罪状,第一次谈到了需要一场"文化大革命"。②

毛离开杭州后,继续前往广州郊外的从化温泉别墅,一星期后,他经历了最后一个促使他发动"文化大革命"的挫折。一个同情莫斯科的日本共产党代表团访问了他。毛告诉他们,中国与美国之间的战争是"不可避免的","最迟在两年内"发生。他预计俄国会把美国对中国的进攻作为它占领中国东北的前奏,"结果将是中国人民解放军和苏联军队隔长江对峙。"(他的预言并不像40年代那样准确。)

日本共产党人请求毛采取积极措施转运苏联援越物资,当时这需要忍受美国人的轰炸。毛极为震惊。他决不会同意运送来自修正主义苏联的援助,哪怕它是对第三国的。(中国人继续援助越南。战争结束后他们宣称,给予越南的支援要比苏联人多。)毛的一位助手向他披露,苏联人一直在利用中国铁路向北越运送军用物资。

毛对于他们忽视如此重大的问题十分气愤。他当着日本人的面向助手们大喊:"你们待在北京的人都缺乏判断力!"由周恩来和日本代表团签署的涉及中苏两国支持北越的联合行动的公报,在毛的盛怒之下被废弃了。日本人想就援助越南共产党人这样单一的问题在两个共产主义巨人之间进行调停的努力失败了。③

毛在日本人面前对自己的脾气稍加掩饰后,于同日晚些时

---

① 毛泽东《与康生等同志谈话纪要》,1966年3月28日~30日。

② 据毛泽东《在中央政治局常委扩大会议上的讲话(摘录)》1966年3月17日至20日:"文、史、哲、法、经要搞文化大革命……"另据毛泽东《与康生等同志谈话纪要》,1966年3月28日至30日:"主席最后说:'去年九月,我问一些同志,中央出了修正主义怎么办?这是很可能的,也是最危险的。要保护左派,在文化大革命中培养左派队伍。'"——编注

③《中国季刊》第35期第59~60页。

候发出一道命令解散原党的中央宣传部、北京市委和负责文化改革的小组。他投身到与彭真的全面对立之中。

现在,"文化大革命"正式展开了,它谱写着毛漫长而功勋卓著的生涯中最惊心动魄的诗篇。毛自己把这场革命描绘为"课堂里学不到的政治课",然而这门课把中国导向了"混乱的边缘"(毛的大多数同僚会说,已越过了边缘)。为这场革命设计的方法则含有雪耻的因素。

江青对此做了最充分的界定,她说:"我们要考虑的不仅是 50 天(1966 年夏,毛一度被迫离开刘少奇的北京王国)和 17 年(1949 年至 1965 年,毛的话未得到遵从),而且是 19 年到 30 年。"①这大概是毛在漫长的生涯尽头,为实现至今仍令他难以着手的所有改造和革新而做出的孤注一掷之举。

① 《中国大陆报刊概览》,香港,第 216 页;罗克珊·威特克《江青同志》第 335 页。

由于认定共产党自身已经变成了官僚主义和反革命的党,所以大街上的普通群众必须与既得利益集团作斗争。毛和两部分人结成联盟——军队和学生——以强力推翻党。他之所以能依靠军队,是因为军队忠于他和他的追随者、当了 7 年国防部长的林彪;他之所以能依靠学生,是因为青年一代总是激进的并时刻准备剥夺执政的守旧者的权力,而不论其政治色彩如何。

"文化大革命"在三级展开。一级是在毛和刘少奇为首的政治局对手之间展开的"宫廷内部"的权力斗争;另一级是贯穿全国的为获得更高水平的民主、社会主义和集体主义精神而进行的改造运动;最低一级是短期内破除强制性的法律和法令,以便地方上的宿怨得到解决。权力角逐必然会显出雌雄——无论是个人的还是集团的。

那些洞悉毛的坚定意志的人很清楚该干什么。4 月 14 日,毛的诗友、科学院院长郭沫若承认:"几十年来一直拿着笔在写东西,也翻译了一些东西。按字数来讲恐怕有几百万字了。

但是，拿今天的标准来讲，我以前所写的东西，严格地说，应该全部把它烧掉，没有一点价值。主要的原因是什么呢？就是没有学好毛主席思想……"①

5月，毛在杭州②召开了一次政治局扩大会议。会上充斥着他的支持者。会议完成了清洗彭真和其他一些"右倾分子"的任务；任命了一个新的激进的负责开展文化革命运动的小组，其成员包括陈伯达、江青、张春桥、姚文元和康生。会议花了12天的时间来说服彭真承认错误。毛就新形势问题向中央委员会提出的通报，虽得到政治局的赞同，但直到一年后方印刷发行，原因是当时毛尚未控制新闻出版业。

1965年，毛泽东在杭州。

毛发出了一个暗示，那是他将来真正追寻的目标。他坚定地告诉政治局："混进党里、政府里、军队里和各种文化界的资产阶级代表人物，是一批反革命的修正主义分子……这些人物，有些已被我们识破了，有些则还没有被识破，有些正在受到我们信用，被培养为我们的接班人，例如赫鲁晓夫那样的人物，他们现在睡在我们的身旁……"③

毛的支持者说，"现在睡在我们的身旁"的人，是以刘少奇为首的。不久的将来会证明，他们就像赫鲁晓夫对待斯大林那样不忠诚。

毛得到了庞大的军队的支持。在"文化大革命"开始的几个星期内，林彪把完全忠于他的38军调入北京以确保运动沿着他及其老板铺设的轨道运行。5月18日，在北京召开的一次政治局扩大会议上，林彪开始露出真面目，他作了一个耸人

①《人民日报》，1966年5月5日。

②疑有误，似应为北京。——编注

③《中国共产党中央委员会通知》，1966年5月16日。

听闻的讲话，提出了右倾分子要搞"成风"的军事政变的警告。自1960年以来，第三世界的资本主义国家共发生六十多起政变；中国历史上"历代开国后，十年、二十年、三十年、五十年，很短时间就发生政变，丢掉政权的例子很多。"

中国今天"可能发生反革命政变，要杀人，要篡夺政权，要搞资本主义复辟……可以嗅到一点味道，火药的味道……笔杆子、枪杆子，夺取政权靠这两杆子……现在毛主席健在，我们是大树底下好乘凉。"

"毛主席活到哪一天，九十岁、一百多岁，都是我们党的最高领袖，他的话都是我们行动的准则。谁反对他，全党共诛之，全国共讨之。在他身后，如果有谁做赫鲁晓夫那样的秘密报告，一定是野心家，一定是大坏蛋，全党共诛之，全国共讨之。

"毛泽东思想永远是普遍真理……毛主席的话，句句是真理，一句超过我们一万句。"[1]

5月25日下午2点，第一张大字报由一位激进的响应毛关于批判"右倾主义分子"的新号召的教师在北京大学贴出。这似乎又是一次"百花齐放"。毛从杭州打电话给康生，告诉他在《人民日报》上刊登这张大字报，并在电台上广播。如此一来，这个事件便从不为人知的状态中走出来。

对毛的神化正在升级。6月10日，《红旗》发表了一篇社论，说毛泽东同志的理论和实践就像天空中的太阳和月亮不停地前进，就像地球上的河流和溪水无尽地流淌。7月2日，另一篇中国报刊上登载的文章声称："我们有战无不胜的毛泽东思想这一精神原子弹……"

7月8日，毛给妻子写了一封信，对这股相互激荡的潮流，特别是三个星期前林彪向政治局所作的夸大其词的讲话进行了批评：

[1] 林彪《在中央政治局扩大会议上的讲话》，1966年5月18日。

他的一些提法，我总感觉不安。我历来不信，我那几本小书，有那样大的神通。现在经他一吹，全党全国都吹起来了……看来不同意他们不行了。在重大问题上，违心地同意别人，在我一生还是第一次。叫做不以人的意志为转移吧。

毛悲叹他的同志们经常不相信他犯了错误并且必须改正自己：

我是自信而又有些不自信。我少年时曾经说过：自信人生二百年，会当水击三千里。可见神气十足了。但又不很自信，总觉得山中无老虎，猴子称大王，我就变成这样的大王了。但也不是折中主义，在我身上有些虎气（自信，强有力。威尔逊注），是为主，也有些猴气（机敏、冲动、多变。威尔逊注），是为次。

在此毛引用了汉代的一个格言："峣峣者易折，皦皦者易污。阳春白雪，和者盖寡。"他对江青说，"这后两句，正是指我。"——他在一次政治局会议上也曾说过这两句话。

毛推测，崇拜者们抬举他的意图，与前几代人在新年之际把钟馗的画像贴于大门上为其家庭避鬼出于同一道理。毛写道："我就在二十世纪六十年代当了共产党的钟馗了。"但是，"吹得越高，跌得越重，我是准备跌得粉碎的。那也没有什么要紧，物质不灭，不过粉碎罢了。"

世界上一百多个共产党的大多数不再信仰马克思主义了。"我劝你也要注意这个问题，不要被胜利冲昏了头脑。"他告诉妻子当前在"文化大革命"中的胜利不应是她首先考虑的事,"经常想一想自己的弱点、缺点和错误。这个问题我同你不知讲过多少次……"

毛又说,他在给江的这封信里所写的东西不要刊载,"我的这些近乎黑话的话……也许在我死后的一个什么时机,右派当权时,由他们来公开吧。"毛的最后一句话是,"前途是光明的,道路是曲折的……"①

① 毛泽东《给江青的信》,1966年7月8日。

这段时期,毛一直旅居中国南方。不断有传闻说,毛的健康状况欠佳。1966年春,曾经传说毛由于肺结核、黄疸和高血压而失去了知觉。有家报纸说他被确诊为动脉硬化。5月份的另一则传闻说毛正在"医生的严密监护下"于桂林的避暑胜地疗养;他的饮食受到严格限制,以便使他恢复精力,摆脱高血压的困扰。是年晚些时候,香港盛传毛得了喉癌,无法在公共场所讲话。

由于上述传闻的影响,所以,当72岁高龄的毛于1966年7月16日再次畅游长江的消息公布时,整个世界——更不必说中国——都震惊了。《人民日报》一直等到九天后,才把这一消息告诉中国百姓。毛借助水流在65分钟内游了九英里。他身后跟着5000名年轻的游泳者,他们正在进行一年一度的沿长江一线游泳的比赛,它是10年前由毛首创的。

两天后,毛返回北京。从政治上讲,理应是他取得了胜利,但他自己却说:

1966年,毛泽东在武汉畅游长江。

"回到北京后,感到很难过,冷冷清清。"①

几乎是一到达首都,他的第一个行动就是打电话鼓励清华大学的造反者(他们在5月底已经开始贴出大字报声讨右倾分子),并亮出了自己的立场。

他告诉他们:"看来我必须亲自考虑一下这场革命的结局。我是站在正确的一边吗?不是这么个问题!运动结束时中国不再是无产阶级的天下而是资产阶级的天下吗?绝对不会!我为什么要害怕?难道我们没有看到第一阶段过后他们想要干什么吗?诽谤、恐吓、威胁、讹诈——把'造反派'弄到各地,打棍子,一位'大将'的责难之声灌入人们的耳中。"②这个"大将"当然是刘少奇!

那时,刘少奇大概还不知道,清华大学的学生领袖在一张大字报中批判了他。1961年,在清华大学的一次试验中,有些"志愿人员"甘受铀同位素的侵害,大字报就这一丑闻进行了评论。

毛召开了系列的工作会议以指导"文化革命"的开展。在第一次会议上他宣称:"共产党怕学生运动是反马克思主义。"这时,毛尚未认定有必要清洗高级领导层。他说:"我回北京四天后还倾向保现成的。"不出所料,毛表扬了大字报,并特别赞赏地提到了那张引发了整个运动的大字报。

有些中小学的革命学生,即少先队员,给他们的爸爸贴上大字报,抱怨爸爸忘了过去,没有给他们讲毛泽东思想,而是问他们在学校的分数,好的给奖赏。

毛要求把他的话转达给那些少先队员:"大字报写得好。"③

毛告诫同事们不要带着忧虑的眼光去看事情,或者说,应当正确对待那些需要他们帮助的人。

"好人来了,你不见,你们不出去,我去见,你们又派小干

①《毛泽东思想万岁(1962~1967年)》第439页。

②洛厄尔·迪特默《刘少奇》第75页。

③《毛泽东思想万岁(1962~1967年)》第439页。

部，自己不出去，我出去。总之，是怕字当头，怕反革命，怕动刀动枪，都不下去，不到乱的地方看看……你们不去看，天天忙具体事务，没有感性认识，如何领导？……所有到会的人都要到出乱子的地方去。有人怕讲话，叫讲就讲几句，我们是来学习的，是来支持你们革命的，召之即来，随叫随到，以后再来。"①

毛谈到了残酷的革命逻辑：

>　　准备革命到自己头上来……现在要把革命进行到底，从这方面锻炼自己，改造自己，这样才能赶上……
>
>　　有的同志斗别人很凶，斗自己不行，这样永远过不了关。靠你们引火烧身，煽风点火，放不放？因为是烧到自己头上，同志们这样回答："准备好，不行，就自己罢自己的官，生为共产党员，死为共产党员。"坐沙发吹风扇的生活是不行的。②

几天后，毛召集了一次高级领导人会议，决定撤掉前些时候刘少奇派出去执行整风任务的工作队。现在，刘意识到他无疑是毛的敌对目标。刘在客厅里踱来踱去，内心烦躁不安。他告诉女儿："他们想让我做自我检查，是吗？如果他们让我去你们学校做自我检查，我会去的，因为没有什么可怕的……你应当参加点劳动，帮助写墙报，擦地板。这样，同学们就不会指责你的行为像个官僚和贵族了。"

不管怎样，这个女儿是站在造反同学一边的。这是由于毛的作用，而非她父亲的作用。当她提出父亲的错误不是"偶然的"时，她妈妈怒气冲冲地开口道：

---

① 《跟着毛主席在大风大浪中前进》上册，北京1967年版第321页。

② 《毛泽东思想万岁（1962~1967年）》第439~440页。

第 三 部　大权在握

"你父亲身为中央委员会委员，有许多事情他不能告诉你。可你总是给他施加压力。"

刘对女儿说："如果你感到这个家庭对你有害，你可以与它脱离关系；如果你在经济上还不能独立，我可以给你钱。"

几天后，刘向女儿承认，他"犯了方向和路线错误，表示愿意重新改造自己。"①

与此同时，毛正在鼓励红卫兵。8月1日，他给清华大学附属中学的红卫兵写了一封信，告知他们所送的大字报已经收到，你们的行动"说明对反动派造反有理。我向你们表示热烈的支持……不论在北京，在全国，在文化革命运动中，凡是同你们采取同样态度的人们，我们一律给予热烈地支持。"

最后，毛进行了讨价还价："还有，我们支持你们，我们又要求你们团结一切可以团结的人们，对犯有严重错误的人们，在指出他们的错误以后，也要给予工作和改正错误重新做人的出路。"②

8月上半月，毛主持了一次中央委员会会议，会议以微弱的多数通过了进行"文化大革命"的决定。一年后，毛告诉一些阿尔巴尼亚的来访者："通过争论我才得到半数多一点的同意。当时是有很多人仍然不通的……"③苏联人宣称，全部中央委员会委员的91人中仅有56人，89名候补中央委员中仅有33人，参加了会议，走廊里则充塞着年轻的红卫兵。④

会议第一天，林便定下了奉迎的调子。他告诉同志们："我最近的心情很沉重，我的工作和我的能力是不相称的，是不称职的。我意料是要出错误的。但是要力求减少错误，依靠主席……以毛主席为轴心，我们作磨盘……他……有许多想法，我们是不理解的……我没有别的本事，就是依靠群众的智

①《目前形势》，香港，821。

②毛泽东《给清华大学附中红卫兵的一封信》，1966年8月1日。

③毛泽东《接见阿尔巴尼亚军事代表团时的谈话》，1967年5月。

④《刘少奇和中国的文化革命》第95页。

慧……一切按主席的指示办事……"①

第四天，毛严厉地声讨了他的对手们：

> ……感到危险。自己下命令要学生起来革命，大家起来又加以压制。所谓方向路线，所谓相信群众，所谓马克思主义等等都是假的，已经是多年如此……
>
> ……在无产阶级专政条件下也允许群众请愿，示威游行和告状。而且言论、集会结社、出版自由都写在宪法里。从这次压制学生的文化大革命行动看来，我不相信有真正民主，真正马克思主义……②

第二天，毛精力充沛地踏入竞技场，亲自写了一张大字报，标题为《炮打司令部》：

> 全国第一张马列主义的大字报和《人民日报》评论员的评论，写得何等好啊！请同志们重读这一篇大字报和这篇评论。可是在五十多天里，从中央到地方的某些领导同志，却反其道而行之，站在反动的资产阶级立场，实行资产阶级专政，将无产阶级轰轰烈烈的文化大革命运动打下去，颠倒是非，混淆黑白，围剿革命派，压制不同意见，实行白色恐怖，自以为得意，长资产阶级的威风，灭无产阶级的志气，又何其毒也！联系到一九六二年的右倾和一九六四年……的错误倾向，岂不是可以发人深省的吗？③

刘少奇紧跟着坦白说，只是在读了毛主席的大字报之后，"我才开始认识自己这次所犯的错误……在此之前，我还不知

---

① 林彪《在八届十一中全会上的讲话》，1966年8月。

② 毛泽东《在中央常委扩大会议上的讲话》，1966年8月4日。

③ 毛泽东《炮打司令部——我的一张大字报》，1966年8月5日。

道我犯了这么严重的错误。"①

8月8日,中央委员会接受了毛指导"文化大革命"的十六条纲领,它是这场运动的蓝图。"十六条"说:

当前开展的无产阶级文化大革命,是一场触及人们灵魂的大革命,是我国社会主义革命发展的一个更深入、更广阔的新阶段。

……一大批本来不出名的革命青少年成了勇敢的闯将。他们有魄力、有智慧。他们用大字报、大辩论的形式,大鸣大放,大揭露,大批判,坚决地向那些公开的、隐蔽的资产阶级代表人物进行了进攻……

要让群众在这个大革命运动中,自己教育自己,去识别哪些是对的,哪些是错的,哪些做法是正确的,哪些做法是不正确的……

在辩论中,必须采取摆事实、讲道理,以理服人的方法。对于持有不同意见的少数人,也不准采取任何压服的办法。要保护少数,因为有时真理在少数人手里……

文化革命小组、文化革命委员会的成员和文化革命代表大会的代表的产生,要像巴黎公社那样,必须实行全面的选举制。候选名单,要由革命群众充分酝酿提出来,再经过群众反复讨论后进行选举……

无产阶级文化大革命是使我国社会生产力发展的一个强大的推动力。把文化大革命同发展生产对立起来,这种看法是不对的。②

据出席会议的一位省委书记讲,毛自己在"十六条"原稿上加了话:"要文斗,不要武斗。"

毛来到北京的大街上,鼓励过往的行人把"文化大革命"进行到底,以此庆祝他在中央委员会里取得的胜利。

1966年8月18日,毛泽东在天安门城楼上。

① 迪特默《刘少奇》第93页。

② 《中国共产党中央委员会关于无产阶级文化大革命的决定》,1966年8月8日。

一家共产党报纸报道这一情景："无法说清有多少只手伸向他。许多眼睛里充满了幸福的泪花……许多同毛主席握过手的人逢人便说：'过来和我握手！我的手刚刚触过伟大的毛主席的手！'"

8月18日，百万红卫兵分列在天安门广场上——这种史无前例的集会共有八次，这是第一次。毛向他们行礼致敬。报纸评论道："我们将打碎一个旧世界，建立一个新世界……大海航行靠毛泽东思想……毛主席是我们心中最红的太阳。"有些红卫兵领袖采用了新的名字——卫东，意即保卫毛泽东。

毛鼓励全国的红卫兵串联以交流经验。他敦促说："现在坐火车毕竟不要钱，不是吗？"①

但是，事态的发展并非尽如人意。周恩来告诉清华大学的学生，毛发现"全国几乎90%的工作犯了方向性根本错误"。武汉大学的校长②，共产党的创始人之一，不得不求助于毛制止红卫兵对他的迫害。然而，禁止对这位老学者进行体罚的官方指令被年轻的造反者置之不理，几天之内，他便死去了。

最初，毛对年轻革命者的过激行为采取了容忍的态度。他宣称："应当允许年轻人犯错误。"他甚至对他们结成派系并相互攻击的倾向也采取了宽容的姿态，"年轻人可能会这样或那样地看问题。看法相同的人经常聚在一起，这没有什么不正常的。"毛为"各地的所谓动乱"辩护，并在8月下旬的一次工作会议上说："我的意见，乱他几个月，坚决相信大多数是好的，坏的是少数。没有省委也不要紧，还有地委、县委哩！……"

"我看北京乱得不厉害，学生开了十万人大会，把凶手抓出来，惊慌失措。北京太文明了……"③

但是，当毛的朋友，比如，老将军徐向前等人受到红卫兵

---

①陈志让《毛论著：选集与目录》第128页。

②李达。——译注

③毛泽东《在中央工作会议上的讲话》，1966年8月23日。

不公正的死亡威胁时，毛的对策是把他们邀进中南海的家中，直至危险过去。

现在，林彪实际上已摆脱了控制，他把对毛的崇拜推到一个显然荒谬的地步。江青后来说，毛在1966年中期，已开始觉察到了林的公然不忠。9月18日，林在一篇关于加强学习毛主席著作的讲话中说："毛主席比马克思、恩格斯、列宁、斯大林高得多。现在世界上没有哪一个人比得上毛主席的水平……我们要打破洋人比中国人高明的民族自卑感……洋人、古人哪里有毛主席高？哪里有这样成熟的思想？毛主席这样的天才，全世界几百年、中国几千年才出现一个。毛主席是世界最大的天才。"①

1966年9月15日，红卫兵为毛泽东佩戴红袖章。

毛所处的地位并不令人羡慕，他不得不依靠并非忠诚的盟友来战胜党内的顽固对手。许多知识分子所持的观点和毛大不相同。9月份②失去生命的诗人老舍，据说留下了一纸自杀的遗书，谴责毛背弃了世界社会主义。与此同时，武昌的一派红卫兵指责毛谎报了一份不真实的出身证明，他们的结论是"毛主席出身于富农家庭"。

在10月的一次工作会议上，刘少奇和邓小平承认了他们在派遣工作队问题上的错误。刘少奇还通报了自己以前的错误——40年代没有充分支持土地改革中的"左"的倾向，50年代对合作化缺乏足够的热情，以及60年代的右倾机会主义。

毛以他对刘及其领导下的政府的一系列不满回答上述坦白，这不仅仅是因为刘少奇等人所承认的错误，而且还因为

① 林彪《把学习毛主席著作提高到新阶段——在军事院校的讲话》，1966年9月18日。

② 应为8月24日。——编注

他们在一些问题上没有请示过毛。毛总结道：

> 文化革命只搞了五个月，最少得五年才能得出经验。一张大字报，一个红卫兵，一个大串联，谁也没料到，连我也没有料到，弄得各省市呜呼哀哉。学生也犯了一些错误，主要是我们这些老爷们犯了错误。

毛继续说："我的责任是分一、二线……我想在我没死之前，树立他们的威信，没有想到反面。"

广东党的第一把手陶铸评论道："大权旁落。"

"这是我故意大权旁落，现在倒闹独立王国……邓小平从来不找我，从一九五九年到现在，什么事情都不找我……"

毛继续说："邓小平耳朵聋，一开会就在我很远的地方坐着……六年不向我汇报工作，书记处的工作他就抓彭真。你们不是说他很有能力吗？"

但毛又回忆说，刘少奇在过去的党内斗争中曾站在他一边。"……对刘少奇不能一笔抹煞。你们有错误就改嘛！改了就行。回去振作精神，大胆放手工作。"①

毛用一个对他从领导第一线退下来表示痛惜的讲话结束了会议。毛也力图克服由"文化大革命"带来的突发性混乱和不安定：

> ……时间很短，来势很猛……红卫兵信还没有发出，全国红卫兵都动了起来了，一冲就把你们冲了个不亦乐乎。我这个人闯了这么个大祸。所以你们有怨言，也是难怪的。上次开会我是没有信心的，说过决

① 毛泽东《在中央政治工作汇报会上的讲话》，1966年10月14日。

第三部 大权在握

定通过了不一定能执行,果然很多同志还是不那么理解……

……我看冲一下有好处,多少年没有想,一冲就想了。无非是犯错误,什么路线错误,改了就算了。谁要打倒你们。我也是不想打倒你们,我看红卫兵也不要打倒你们……

你们过不了关,我也不好过,你们着急,我也着急,不能怪同志们,因为时间太短。①

几天后,在红卫兵的第七次集会上,毛抓紧麦克风喊道:"同志们万岁!你们要政治挂帅,到群众里面去,和群众在一起,把无产阶级文化大革命搞得更好。"②这是毛在整个"文化大革命"中面对面地直接向中国民众发表的仅有几句话。

红卫兵的最后一次集会在11月25日。数次集会使中国的铁路系统几乎陷于瘫痪,同时也把对神人的敬畏带给了北京市民。另外,集会肯定使各省的年青一代感到正在以一种前所未有的方式参与中国的现代化。但是,毛对其指示的贯彻情况并不满意。

他告诉红卫兵领袖:"你们贬低了我,也让中国的工、农、兵感到失望。"③

最后一次集会后的第二天,毛前往南方,并且长达两个月不与外界接触。他把陈伯达和江青留在北京,以保证工作的顺利进行。江青的讲话特点可以从下面这段文字中窥其一二,

① 毛泽东《在中央工作会议上的讲话》,1966年10月25日。

② 《毛泽东思想万岁(1962~1967年)》第446页。

③ 《共产主义问题》1969年3月第3页。

1966年11月25日,毛泽东在天安门第八次检阅红卫兵。

它出自毛刚刚离开北京后江的一次讲话：

> 帝国主义是垂死的资本主义，是没落和腐朽的资本主义。现代修正主义是帝国主义政策的产物和资本主义的变种。它们不可能产生任何好的著作。资本主义有几个世纪历史了，但只有少得可怜的几部经典……另一方面，却有一些东西真正泛滥于市场，比如摇滚乐，爵士乐，脱衣舞，印象派，象征派，抽象派，野兽派，现代派——不一而足……一句话，都是毒害和腐化人的心灵的低级趣味的和猥亵的东西……不要打人家，打他们。武斗只能触及皮肉，文斗才能触及他们的灵魂。①

最令江青着迷的是她作为受到公众欢呼的毛的信息传达人的新角色。她告诉面前一张张兴奋的脸："毛主席向你们致以最崇高的敬意。你们肯定都想知道毛主席怎么样了。让我告诉你们，他非常健康。"②

然而，林彪继续歪曲毛的教诲的意义。12月，在"红宝书"——《语录》第二版前言中，林写道："为了把毛泽东思想真正学到手，要反复学习毛主席的许多基本观点，有些警句最好要背熟，反复学习，反复运用。"③

---

① 罗克珊·威特克《江青同志》第326页。

② 以上两段话未查到中文原件。——编注

③ 林彪《毛主席语录》再版前言）1966年12月16日。

27 黑手
(1966~1970)

毛泽东传
A BIOGRAPHY OF MAO TSE-TUNG

1966年11月10日，毛泽东在天安门城楼上听取接见红卫兵活动总指挥郑维山的汇报。

1966年底，从电视屏幕上可以看到毛身体两侧各有一名护士扶助着走路。西方报道说，毛不得不被带往医院检查。在"文化大革命"的这个关键时刻，毛庆贺了自己的73岁寿辰。他曾经告诉蒙哥马利，73和84是难以平安度过的年龄。毛未活到84岁，但可以断定，73岁这年是他掌权多年来处境最为困难的一年，他必须决定在支持青年人，替换老练而狡猾的人这方面要走多远。

毛发动的这场运动的主要牺牲品是他的老同事刘少奇。没有刘的合作，毛很可能在40年代就无法取得党的主席的职位。江青和红卫兵准备比毛走得更远，他们利用刘的女儿来打倒刘。

1月上旬，在比较激进的上海，红卫兵接管了报纸，工人造反派接管了工厂。毛完全赞成这些夺权活动，他热情地欢呼："这是一个阶级推翻另一个阶级，这是一场大革命。"①

在北京，周恩来力图使"文化大革命"保持在一种平和状况中。当红卫兵大喊"打倒刘少奇和邓小

①《毛泽东思想万岁(1962~1967年)》第454页。

平"时，周以背相向。只是在红卫兵高呼"打倒刘邓反动路线"时，他才转而面对其听众。他告诉红卫兵：

> 刘和邓仍是政治局常委成员。你们要求打倒这两个人，我很难办。毛主席给我的任务是要说服你们不要那么干。你们可以彻底批判以刘、邓为代表的资产阶级反动路线，但是你们不能把他们揪出来斗争……
>
> 你们打算包围中南海揪斗他们，党中央和毛主席建议你们不要采取这种行动……由于你们现在从早到晚包围中南海，在扩音器里气冲冲地讲话，我们的伟大领袖和在他领导下工作的同志不能安静地专心致志地工作。①

① 参见迪特默《刘少奇》第140页。

在另一次红卫兵集会上，江青和陈伯达号召按照巴黎公社的路线在北京建立一个人民政府。毛赞成这一思想。2月初，上海首先建立了这样一个公社。但此时毛又改变了主意。

离京两个月后，毛返回首都，并立即召见上海领导人张春桥和姚文元讨论有关问题。这些问题在毛的文化革命思想中证明是关键性的。张、姚二人在上海的行动代表着一种比毛愿意认可的更激进的观点。

毛不同意建立上海人民公社的原因之一是国务院总理将失去首席权力。

他评论说："这是极端的无政府主义，是极端反动的……现在都不愿叫某某长，叫勤务员、服务员。其实这只是形式，实际上总是还要有长，要看内容。"

毛决心反对普遍地改换名称。"这像是我们的红卫兵，他们几乎把北京的街道名字都改了，弄得我们没办法记住，只好记以前的名字……我认为,应当稳妥些,不要把所有名字都改了。"

想把中华人民共和国改成中华人民公社一类的名字也是一样。"这会引起改变政体的问题、国体的问题和国家名称问题……如果改了,接着将是外国承认不承认的问题……我想苏联不会承认……不敢承认,因为承认了可能会引起俄国人的困惑。怎么出了个中华人民公社?对他们来说那是相当难为情的。但资本主义国家可能会承认。如果统统改为人民公社,那么党怎么办?把党放在哪里?……把党委放在哪里?总该有个党嘛!要有一个核心,不管我们叫它什么。"①

在会谈过程中,毛对一些口号进行了批判。他说:"怀疑一切、打倒一切的口号是反动的。"他还禁止再引用他1919年的话,"天下者我们的天下"。红卫兵曾经极为成功地利用过这句话。毛声明"自己也记不住了"。②他开始退却。

特别令毛失望的是,他给红卫兵的清楚解释和指示一直受到忽略。

2月,他给周恩来写信说:"最近以来,许多革命师生和革命群众来信问我,给走资本主义道路当权派和牛鬼蛇神戴高帽子、打花脸、游街,是否算武斗?我认为是武斗的一种形式……(但他又说)这里我顺便强调一下,在斗争中一定要坚持文斗,摆事实,讲道理,以理服人……凡动手打人应依法处置。"③

关于青年造反派对待2月来北京访问的阿尔巴尼亚代表团的过分行为,毛公开表明了自己的观点。"现在红卫兵帮助我们,但也有不可靠的,有的戴黑眼镜、口罩,手里拿着棍子、刀到处乱搞,打人,杀人,杀死了人,杀伤了人。这些人多数是高干子女。"

① 《毛泽东思想万岁 (1962~1967年)》第486~487页。

② 同上,第487~488页。

③ 同上,第489页。

然后，毛对造成这种状况的以往工作中的疏忽提出了意见：

好几年前我就要洗刷几百万……他们不听话嘛！毫无办法……看来我这一套在中国不灵了，因为大中学校长期掌握在刘、邓、陆手里，我们进不去，毫无办法。

我们过去只抓个别问题，个别人物，五三年冬到五四年斗了高、饶，五九年把彭德怀……整下去了。此外，还搞了一些……农村、工厂的斗争，即社会主义教育运动……但都没有解决问题，没有找出一种形式，一种方式，公开的、全面的自下而上的揭发我们的黑暗面，所以这次要搞文化大革命。

在一段有趣的离题话中，他又说："选举我是不相信的，中国有两千多个县，一个县选举两个就四千多，四个就一万多，哪有那么大的地方开会？那么多人怎么认识？我是北京选的，许多人就没有看见我么！见都没见，怎么选呢？"[1]

到 2 月中旬，"文化大革命"几乎超出了毛的控制。红卫兵不分青红皂白地攻击老一辈人。毛同意周恩来的意见，保护剩下的政府高级官员免受攻击。只是在这个决定作出后，周才第一次出来公开谴责刘少奇。然而，周的一些同事却拒绝做

[1] 毛泽东《和卡博、巴卢库同志的谈话》，1967年2月3日。

1966 年，毛泽东和周恩来在天安门城楼上。

出策略性的姿态并继续诚实地表达自己的思想。

像人们所知晓的那样,"二月逆流"实际上是一次涉及九位杰出领导人的公开抗议行动。他们突然站出来反对毛及其新助手——特别是张春桥,还有江青和康生——所操纵的"文化大革命"。九个人包括陈毅、李先念、叶剑英、谭震林等人——他们都是地位颇高的老资格的领导人。

他们的愤怒在2月16日召开的一次会议期间迸发出来。谭震林吼道:"我没有犯错误。我不需要别人的保护。"九位经验丰富的领导人的怨恨积蓄已久。徐向前将军"一小时内敲了20次桌子";叶剑英甚至因猛敲桌子而划破了手指(他的女婿,一位钢琴家的手指被红卫兵打伤了)。另一位将军聂荣臻断言:"对待高干子女的政策是不教育就枪毙。"

上述这些领导人假如因此做过自我批评,那一般也是不被接受的。在"文化大革命"中林彪曾经对朱德说:"你的野心很大。你的自我批评极其荒谬。有些人说你自动做了自我批评。不是这样。那是因为党中央决定你应该'一层一层地剖析自己'……朱德不听毛主席的。他企图自己当领袖。"①

毛解决红卫兵过激行为的办法是把他们置于军人手中。3月7日,他给军队发出了扩大其作用的指示。

他写道:"军队应分期分批对大学、中学和小学高年级实行军训,并且参与关于开学……的工作。"② 3月10日,毛又发出新的指示,极力主张,现在应当在造反青年、老干部和军队三结合的基础上建立革命委员会。

如果说毛在此期间的活动合法,那是颇为勉强的。1967年3月政治局常委开会时,他只能聚集五个支持者(林彪、周恩来、陈伯达、康生和李富春);对立面也有五人(刘少奇、邓小平、陶铸、朱德和陈云)。只是在作为主席的毛自己

① 《Mainichi》,1967年2月9日。

② 《毛泽东思想万岁(1962~1967年)》第463页。

1966年9月15日,毛泽东在天安门城楼上与刘少奇交谈。

① 托马斯·施考宾《毛泽东纪事》,慕尼黑1976年版第206~207页。

投票时,他才能使自己成为多数派。

毛要求在红卫兵完成清除其党内对手的任务前,不许回学校。4月6日,他又对红卫兵保证说:"不要怕乱,菜上得越乱,吃的时间越长,越好。无秩序和混乱往往是好事,能澄清事实……但永远不要动武。开枪永远不是好事。"①

似乎是觉察到了毛内心的想法,三天后,一队30人的红卫兵冲入刘少奇的卧室,强迫他妻子跟他们一起去清华大学,在那里她身穿紧身旗袍,脚踏高跟鞋,头戴草帽,脖子上挂着涂成金色的刻有骷髅的乒乓球项链,接受30万青年人的声讨。红卫兵给王的打扮,是对她与刘访问印尼及其他亚洲国家期间,在某些公开露面的场合中的穿着的讽刺性模仿。江青,这位在毛作为国家主席期间从未和丈夫一起公开露过面的夫人,通过此举满足了某种复仇心理。

世界上再也听不到刘少奇的声音了。刘本来可以作出与毛战斗的选择。中央委员会的多数人站在他一边,这是个很好的机会。但是,由此导致的内战对中国将是灾难性的,刘摒弃了这一方向,把国家利益置于个人利益之上,显示了他的尊严和勇气。刘毫不犹豫地接受了毛在政治统治方面的最高权力。

1967年5月1日,毛向阿尔巴尼亚军队的高级来访者发表谈话,反复地讲到接班人的问题:

本来想在知识分子中培养一些接班人，现在看来很不理想，在我看来，知识分子，包括仍在学校受教育的青年知识分子，从党内到党外，世界观基本上还是资产阶级的，因为解放十几年来，文化教育界是修正主义分子把持了，所以资产阶级思想溶化在他们的血液中……①

然而，毛真的知道自己的追求吗？6月初，他否认红卫兵存在着无政府主义。三个星期后，《人民日报》引用了他的话，大意是："我们共产主义者，不是要做官，是要革命。"毛太了解青年造反派的真正辛酸了。有个学校的红卫兵在7月份发行的一个小册子里对此做了绘声绘色的叙说：

"17年来，我们学校一直被资产阶级统治着。我们再也不能让它继续下去了！……老少先生们，我们坦白地告诉你们，你们坏透了，你们不是别的，只是腐臭的垃圾……以前你们处在特权地位上，坐在我们头上，摧残我们以显示你们的至高无上……你们认为可以利用现存的资产阶级教育做梯子向上爬，成为白色专家，进大学，与'教授、专家'为伍。你们心目中追求的是小汽车、现代小房子、白大褂、图书馆……享有舒适、影响、好名望、高工资……真正的坏蛋！我们告诉你们：如果你们不想改造，如果你们继续反动，我们不会饶恕你们！……你们的阶级仇恨将碰在我们的刺刀尖上，你们的心脏将被挖出来……"②

老年的毛感到进退维谷。他又去旅行了，先到南方，后来又去了北方

① 毛泽东《接见阿尔巴尼亚军事代表团时的谈话》，1967年5月。

②《中国季刊》第30期第10页。

1967年，毛泽东在南京长江摆渡口休息。

和东部。三个月的旅途所见令他灰心。

他告诉周恩来:"我认为这是一场内战。国家分成了'八百个王国'。"在江西,他评论道:"这么多的干部倒台了,是好还是坏?你们研究过这个问题吗?……我们应当批判'打倒一切'的思想。"

在另一场合,他说:"工人阶级内部没有根本的利害冲突。他们为什么要分成两大对立的组织呢?我不理解。"①

当毛正在旅行的时候,武汉军区司令员起而反对中央政权并逮捕了两名北京派来的要求他恢复秩序的密使。现政权要想摆脱十分棘手的危机——由红卫兵提出的长期挑战所酿成的权力危机,就需要周恩来的外交才能。

8月,毛准备同意恢复正常秩序。他在《人民日报》上写道:"现在的文化大革命,仅仅是第一次,以后还必然进行多次。革命的谁胜谁负,要在一个很长的历史时期内才能解决。"②

苏联共产党的新代言人勃列日涅夫到现在可以发出一份令人生畏的声讨"文化大革命"的檄文了。

"中国的最近事态表明,毛泽东及其追随者正在破坏中国人民的革命成果……原党的机构和国家组织机构实际上已经停止了活动。企事业单位、青年团和公共组织已经瘫痪。许多卓越的令人尊敬的党和政府领导人、中国革命的著名参加者、杰出的军事将领、文化和科学领域中的主要代表人物正在遭受诽谤,正在受到非人的压迫。"③

(此后,勃列日涅夫和柯西金至少到1969年还和毛、周保持着一条"热线",以便在紧要关头使用。)

9月下旬,毛视察完各省后返回北京。他批评了妻子江青和陈伯达在他离京期间所做的工作,并要求他们写检讨。在这

---

① 沃伦·高《中国共产党的历史分折》第4卷第162页。

② 《人民日报》,1967年8月13日。

③ BBC世界报道概览·远东,2564。

期间，没有做过自我批评的人几乎没有，甚至毛自己在1969年也稍稍做过检讨。江青发现自己有必要休息七个星期。

恰恰就在毛返京前的一次会议上，江讲道："我是一个普通的共产党员，毛主席的小学生，广大群众的小学生。我必须向亲爱的同志们学习。同志们，为人民做点好事是一个共产党员的义务……我只是一颗小小的螺丝钉。"①

在"文革"中，毛的两个女儿也是"小小的螺丝钉"。长女李敏成为国防部科学技术委员会（负责核武器的发展及其他事务）的领导人。后来，她贴出一张反对负责国防科技工作的聂荣臻的大字报。次女李讷成为《解放军报》的代理主编，这个时期，此报是中央委员会亲毛派的主要喉舌。

与此同时，林彪仍然在一味地努力宣讲，关键是不折不扣地遵守毛的指示。有一次他说："毛泽东思想必须贯彻执行，不管我们理解还是暂时不理解。"8月，他写道："毛泽东思想必须被当作衡量一切的标准。对于毛泽东思想，不管什么时候，什么问题，我们都要毫不犹豫地坚信。"②

毛泽东的非正式讲话和谈话，未经他本人同意，林彪便以《毛泽东思想万岁》为书名出版了。毛通过周恩来和江青的帮助得到了一本。他几乎是看到此书的最后一人，尽管它仅以6角钱的价格在全国发行。

12月，毛给林和周写信，要求他们给个人崇拜降温。但在年底，他的74寿辰刚过，一尊巨大的、高过真人三倍的毛泽东塑像在韶山——"太阳升起的地方"揭幕。

在1968年初的一次高级会议上，毛的同事发现面临着一个非同寻常的问题。

有位干部报告说："交通警察把《毛主席语录》当作指挥棒。这怎么能允许呢？它不能被当作口令……"

---

① 《问题与研究》，台北，1971年5月第77页。

② 米歇尔·Y.M.高《林彪事件：权力政治与军事政变》第485页。

曾经风靡一时的"红宝书"。

① 米歇尔·Y.M.高《林彪事件：权力政治与军事政变》第504页。

②《人民日报》，1968年1月24日。

③ 黄作珍时任北京卫戍区政委，陪同接见"四大学生代表"。——编注

林彪不信，他问："他们把《毛主席语录》当指挥棒？这么宝贵的书怎么能用作指挥棒？"

江青权威性地指出："《毛主席语录》不能当指挥棒，或者'一、二、三、四'的口令。因为报纸上报道了，我们要调查此事。"

康生插话："我听说你们吃饭的时候也要学习《毛主席语录》……"①

正像毛如今发现的那样，"文革"的困难在于有那么多的人缺乏良好的判断力。他说："我们的人眼睛不亮，不善于辨别好人和坏人。我们善于辨别在正常情况之下从事活动的好人和坏人，但是我们不善于辨别在特殊情况下从事活动的某些人们。"②

春天，毛极度渴望解决正困扰着红卫兵的派性问题，以改善他们和军队的关系。但到7月底，他不得不遗憾地派出军队和工人进驻北京大学以结束那里的红卫兵之间的战斗。接着，他召集红卫兵领袖和他的同事开了一次困难而又痛苦的会议。毛与最先进屋的四位造反者一一握手并打量着他们说："都是年轻人。"

在同第五位握手时，他继续说："你是黄作珍吗？我以前没见过你，你没有被杀？"③

"好久没见到你了。"江青加了一句。

毛接着说："上次在天安门我们见过，可是那时没有机会和你谈话。太糟了！你们这些人除非有重要的事情，不然不会来看我。可我看过你们的所有报告。我非常理解你们的处境。蒯大富（那位坦率直言的清华大学的学生领袖。对于他，刘少奇曾经说过要当"活靶子来打"。威尔逊注）没有来。是不能

来还是不愿意来？"

一位年龄较大的头头说，他不愿意来。

"不，"有位红卫兵——一个姑娘插话，"此时，如果他知道和中央文革小组开会，他会哭的，因为他错过了会见主席的机会。我肯定他是不能来。"

"蒯大富要抓黑手，"毛说道，这样他便把要进行说服的主题机智地引了出来，"那么多工人被送到学校去'镇压'和'压制'红卫兵。谁是黑手？黑手还没抓住。黑手不是别人而是我。蒯没有来。他应当来抓我……

"如果你们解决不了问题，我们要实行军管，让林彪下命令……问题总要用一种方式或者另一种方式来解决。文化大革命搞了两年，你们现在……斗是斗，但那是武斗。人民不高兴，工人不高兴，农民不高兴，北京居民不高兴。你们学校里的大多数学生也不高兴，就连拥护你那一派的也有人不高兴。你们这样能团结整个国家吗？"

毛继续说："谁也没想到这种武斗。原计划是停课半年。报纸上就是这么宣布的。后来停课延长到一年，一年不够又延长到两年，最后是三年。我说，如果三年还不够，那么需要多少年就给他们多少年。"

谈话突然扯到了题外，但最后毛又回到正题上来："今天我请你们来谈谈这件事，以便你们有所准备。以前，我从不用录音机，但今天我用了。你们回去后可以按照你们希望的方式解释我今天说的话。如果你们那么做了，我就要回过头来打开这个录音机。你们最好讨论一下，一旦我放这个录音，许多人都会戒备起来。"

毛又说："群众就是不爱打内战……现在再发一个全国的布告：谁如果还继续违反，打解放军、破坏交通、杀人、放火，就要犯罪。"

会上还讨论了谁曾不失时机地为一派红卫兵说过情的问题。有人说,是毛的妻子江青。

江青解释道:"我特别不喜欢师范大学的驻军。天气这么热,你们切断了他们的水、电和食品供应。夏天三个月,不许他们见阳光。你们怎么能这样做呢?当我听说此事时,我忍不住哭了。他们有数百人,至少有数十人。他们毕竟是群众……无产阶级应该奉行无产阶级的人道主义。这几十个反革命分子毕竟是年轻人。他们想绞死我。我也不怕油炸。我听说北京大学的井冈山红卫兵组织要油炸江青。"

姚文元及时插话:"油炸只是一种说法。"

毛提到一位对周恩来怀有敌意的年轻红卫兵领袖,但又为他进行辩护。

毛说:"人们说总理宽宏大度。我和总理是一致的。这些人本不该抓起来。由于我点头,抓的人太多了。"

安全保卫负责人谢富治坚持说:"这和主席没关系,是我进行的逮捕。"

毛责备道:"不要企图为我开脱错误,或者为我做掩盖。我命令抓人,也同意放人。"

"您没有让我抓这么多。"谢申辩说。

后来,毛说小孩们正在收集大字报当废纸卖。

他问:"几分钱一斤?"

谢回答:"六分。孩子们挺走运。"

这时,迟到的蒯赶来了,毛站起身走上前去与他握手。蒯流着泪解释说,清华大学正处在危险中,因为黑手操纵下的工人正开进校园镇压学生。

毛像刚才和其他人谈话那样,挑明了自己的观点。

他戏剧性地开口说："我已经成为黑手了，带我去卫戍部队司令部吧。"

然后，是短暂的意见交换，结果，谄媚包围了毛。毛的前秘书陈伯达突然喊起来："紧跟主席的教导；绝对执行主席的教导。"

毛尖刻地说："不要谈教导了。"紧接着，毛的妻子的亲信姚文元说道：

"今天，主席的话有着深远意义。"

然后，他们把目标集中到狼狈不堪的蒯身上。

毛声称："要让蒯大富清醒。"

陈伯达重复道："蒯大富应当清醒，悬崖勒马。你走上了危险的道路。"

从来善于鹦鹉学舌的林彪跟着说："悬崖勒马。允许你犯错误。"

"不要用'允许犯错误'的话。"毛训斥道。

林对蒯进行了说教，但是，他却把极为明显的二难推理的窘境带给了自己。

他说："今天，毛主席显出了他个人对你的关心，作出了最重要、最正确、最清楚、最及时的教导。如果你听而不闻，就会犯严重的错误。在文化大革命期间，你们红卫兵起过重要作用。现在，全国许多学校已经取得了革命大联合的胜利。大联合关系重大，有些学校落后了，你们应当赶上来。你们没有认识到在运动的不同阶段，需要也不同。"

有位女红卫兵为蒯解围。她说：

"我非常爱蒯大富，我也意识到只要我和他在一起，就会参与许多事情这一事实。但我感到必须尽力保护他以免他垮下来。他的命运同全国红卫兵的命运是连在一起的。"

江青告诉她:"我批评过你几次了,你从未坦白过自己。"

"不要批评她,"毛以少有的对妻子的责怪口气厉声说,"你总是批评别人,从不批评自己。"

"我是说她太缺乏自我批评精神了。"江青辩护道。

毛说:"年轻经受不住批评。她的性格有点像我年轻时候的性格。孩子们的主观主义很顽固,非常顽固。他们只批评别人。"

"蒯大富现在笑了,"江青注意到,"放松一点,不要那么紧张。"

毛告诉蒯:"如果你想抓'黑手',那'黑手'就是我。你能对我干什么呢?我们同情你们一方。"

毛要结束这次讨论了。

他说:"你们都还没有睡觉。你们几个人一块去韩爱晶那里休息一会儿,开个会……蒯大富,你的行为是反对中央吧?……连市革命委员会的会议都无法让你停止行动。我也没有办法,但是还要伸'黑手'。我发动工人去阻止你们武斗。武斗已经继续那么多天了。工人带着锣鼓开进校园,你还没有注意起来。你脱离了群众、工人、农民、士兵、大多数学生和你自己的人。很多人在说你的坏话。"

年长者极力压迫蒯与其他派别妥协,与党的领导妥协。

毛坚持说:"联合是必要的。我们需要蒯大富。没有蒯大富,联合就不能实现。"接着,会议在没有任何结论,或者说在顽固的蒯未作出任何改变其立场的承诺的情况下结束了。①

如今,毛开始谈论的问题,是运用他的权威恢复"文革"期间信誉扫地的某些基本制度。7月底,毛写道:"大学还是要办的,"——尽管他又说,"我这里主要说的是理工科大学还要办。"②

8月,毛结束了他和红卫兵的蜜月,声称,红卫兵在"文

---

① 联合出版物研究服务处,共产主义中国译文;《毛泽东思想万岁(1949~1968年)》第2卷第469~497页。

② 斯图尔特·施拉姆《毛泽东的政治思想》第327页。

革"中的主导作用已经过去。他召集中央委员会通过了解除刘少奇党内一切职务的决定,接受了由毛派准备的一份新的党章草案。这个草案重新把毛的思想置于第一位,甚至提出林彪做毛的接班人。党章说:

"中国共产党以马克思主义、列宁主义、毛泽东思想作为指导思想的理论基础。毛泽东思想是在帝国主义走向全面崩溃、社会主义走向全世界胜利的时代的马克思列宁主义。

"林彪同志一贯高举毛泽东思想伟大红旗,最忠诚、最坚定地执行和捍卫毛泽东同志的无产阶级革命路线。林彪同志是毛泽东同志的亲密战友和接班人。"[1]

毛评价了"文革",把它描绘成"社会主义制度下,无产阶级反对资产阶级和一切剥削阶级的政治大革命"。他也承认,"文革"没有取得最后胜利,将来还要搞。"一个人有动脉、静脉,通过心脏进行血液循环,还要通过肺部进行呼吸,呼出二氧化碳,吸进新鲜氧气,这就是吐故纳新。一个无产阶级的党也要吐故纳新,才能朝气蓬勃。不清除废料,不吸收新鲜血液,党就没有朝气。"[2]

1968年底,毛告诉那些曾经帮助他将党内的主要对手驱除掉的年轻人回家。"青年造反派必须去农村接受贫下中农再教育。这是必要的。"应当说服干部和其他城市居民把高中或初中、学院或大学毕业的儿女"送到农村去"。[3]

1969年4月召开的中国共产党第九次全国代表大会,是一次战胜刘少奇和其他右倾分子的会议。但是,这次会议也埋下了党内进一步分歧的种子,特别是新党章用党的文件的语言指定林彪为毛的接班人,以提供"我们的党和国家永不变色,毛泽东思想永被坚定地遵循的……基本保证"。再也没有什么比这对人类理性,或者民主思想和社会主义的更粗暴的侮辱了。毛

[1]《中国共产党章程》,1969年4月14日。

[2] 参见林彪《在中国共产党第九次全国代表大会上的报告》,1969年4月1日。

[3]《北京评论》,1968年12月号。

明显地不喜欢这样。他自己的讲话显出方寸已乱的迹象和对处处提防的一种新的厌倦。

他讲道:"我的话是些老话,就是大家知道的,没有什么新话。无非是讲团结……"

他指出,"文革"期间中国容易受到外来攻击的伤害。人们特别是军队一直关切的中心是:中苏边界的紧张状况这时已达到了顶点。"人家打来,我们不打出去。我们是不打出去的。我说不要受挑拨,你请我去,我也不去。但是你打来呢,那我就要对付了。看你是小打还是大打。小打就在边界上打。大打,我主张让出点地方来。中国这个地方不小……"

然而,主要的问题还是国内政治问题。"过去不是讲过两句话吗?地方的问题在军队,军队的问题在工作。"

毛又重提过去的问题和理想。"多少年我们都没有啥薪水的,没有定八级工资制,就是吃饭有个定量,叫三钱油,五钱盐,一斤半米就了不起了。至于菜呢?大军所过,哪里能够到处搞到菜吃呀?现在进了城。这个进城是好事,不进城,蒋介石霸住这些地方了;进城又是坏事,使得我们这个党不那么好了。"①

然而,现在已经是共产党进城 20 年了。中国怎么能不把毛看成是生活在过去中的一个人物呢?

在向毛的思想发出冗长的令人厌倦的赞美方面,林彪丝毫没有感到不安。在一段 14 次提到毛的名字的文字中,他坚持说,每个革命委员会都"……必须在各项工作中活学活用毛泽东思想……中国共产党所取得的一切都要归功于毛主席的英明

1969 年 4 月,毛泽东在中国共产党第九次全国代表大会上讲话。大会错误地肯定了"文化大革命"的理论和实践,还把林彪作为"接班人"载入党章。

① 毛泽东《在中国共产党第九届中央委员会第一次全体会议上的讲话》,1969 年 4 月 28 日。

领导……"

从某个方面来讲,毛很高兴听到这些话。一部有关这次代表大会通过新党章情况的电影显示出,当毛提议表决时,他带着明显的高兴之情环视着所有高高举在空中表示一致通过的"红宝书",并兴奋地宣布"通过"!他两旁的林和周,不时地几乎是偷偷地瞥上他几眼以观察他的动向并及时作出反应。

"九大"后,中国报刊在毛的名字上落下了波折号,很明显,这是为了让毛的名字能更容易地和共产主义统治集团中的欧洲圣人马克思和列宁排在同样位置上的一种文体上的简化形式。但它只适用于毛的名字,而不能用在其他人的名字上。

毛的妻子后来断言,这期间毛的家庭正受到林彪安插在住所里的人用慢性药进行的毒害。据她说,毒药对她的神经产生了影响,损害了她的大脑和记忆力。当时,她毫无察觉,直到两三年后。她还说,毛也曾因毒药病倒。①

在随之而来的夏天里,毛泽东思想在官方的宣传中成了红太阳。得益的不仅仅是毛,因为它也为那个接班人继承其衣钵打开了大门。林已经把自己塑造成为比毛更好的毛泽东思想的阐释者!一家省广播电台在10月份声称,林"……最听毛主席的话。林副主席学习毛泽东思想最好、最好,领会得最深、最深,钻研最彻底、最彻底,应用得最全面、最全面……林副主席的每句话都包含着对毛主席无限深刻的无产阶级感情……我们第一次聆听毛主席指示的时候,有可能不完全理解。但是,一经林副主席解释,就容易理解了,或者理解得更深刻了。"②

在此期间,毛的妻子出去游览中山公园的一座寺庙,发现毛的一张半身照片夹在佛像和孙的遗照中间,于是她下令把它取走。过后,她又去了排云殿——颐和园的一处建筑,发现那里有六英寸多高的大字是按照林彪的笔迹设计的。那

①罗克珊·威特克《江青同志》第365页。

②浙江人民广播电台,1970年10月20日。

些字是"读毛主席的书,听毛主席的话"。林正在大张旗鼓地树立对毛的个人崇拜,以便能够利用它为自己服务。毛面临着最后的战斗。

28 和尚打伞
（1970~1976）

毛 泽 东 传
A BIOGRAPHY OF MAO TSE-TUNG

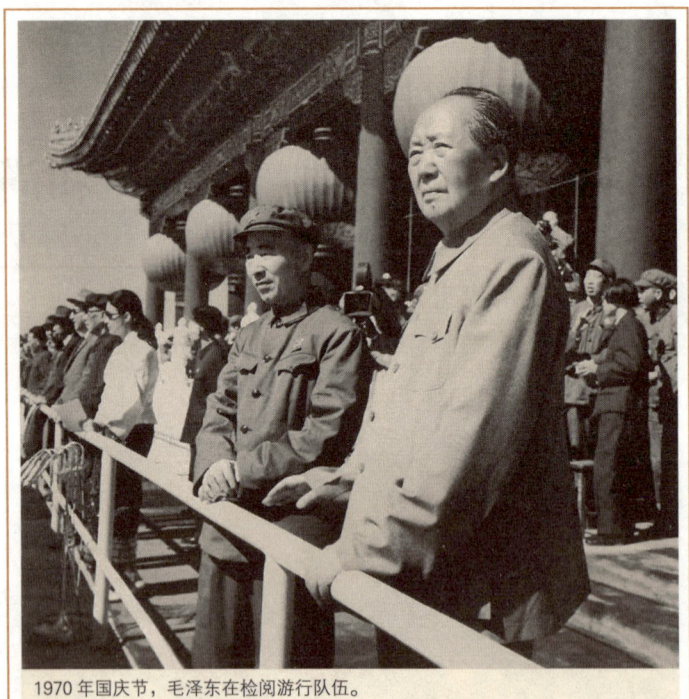

1970年国庆节,毛泽东在检阅游行队伍。

1970年8月，毛在"文化大革命"中最主要的合作者林彪和陈伯达企图进行一次政治夺权。很明显，他们相信毛已经成为一位令人生厌的领袖，而林彪对军队的控制将迫使其他政治家站到他们的过激政策一面来。这个计划就是，让林彪就任国家主席，让中央委员会通过一份由陈起草的关于天才在历史发展过程中的重要作用的决议。将会成为林彪集团的总理的陈显然认定，林彪比毛本人更坚定地执行毛主义的政策，而且更有力量工作。

林背着毛搞阴谋，并想在毛活着的时候成为国家首脑的想法使毛异常动怒，以至周恩来和憎恶林彪的将领居然能说服他放弃林、陈这两个追随者。面对此状，林大概决定牺牲陈伯达，以便自己安然脱身，因为这个时期只有陈伯达被免去了领导职务。中央委员会在中国的新宪法草案中插入了下列语言，毛"作为我国无产阶级专政的国家首脑和全国与武装部队的总司令"在有生之年实施统治。

在九届二中全会上，毛在讲话中指出，他的敌人"……搞突然袭击，搞地下活动。为什么不敢公开呢？可见心里有鬼。他们先搞隐瞒，后搞突然袭击，五个常委瞒着三个（指毛、周和康生。威尔逊注），也瞒着政治局的大多数同志……他们发难……共两天半……有人急于想当国家主席，要分裂党，急于夺权。"

毛评论道："说反天才，就是反对我。我不是天才……天才就是比较聪明一点，天才不是靠一个人靠几个人，天才是靠一个党……天才是靠……集体智慧。"

毛指出，林的一些讲法是错误的。"比如他说，全世界几百年，中国几千年才出现一个天才，不符合事实嘛！马克思、恩格斯是同时代的人，到列宁、斯大林一百年都不到，怎么能说几百年才出一个呢？中国有陈胜、吴广，有洪秀全、孙中山，怎么能说几千年才出一个呢？"[1]

毛把陈伯达的思想批评为典型的"唯心论的先验论"。会后，陈再也没有公开露过面。

毛如此残酷地攻击一个过去曾经与他过从甚密，并为他的传奇色彩贡献匪浅的同事，似乎令人费解。

但不管怎样，此时毛在中央委员会里的影响可能非常之小，以至于他无法阻止周恩来和将军们，以及那些希望切断自己与极端主义分子的联系从而逃脱惩罚的"左"倾分子们，作出他们希望作的决议。有一点是肯定的，即陈的倒台被党内的许多干部视为毛的激进政策现在正为党所抛弃的征兆，因为那种激进政策是陈积极帮助制定的。

三年后，党的第十次代表大会正式将陈伯达逐出领导集团，并斥之为"林彪反党集团主要成员、国民党反共分子、托派、叛徒、特务、修正主义分子"。在许多中国共产党人的眼里，所有这些一定会大大损伤毛对人的本质的判断力方面的声

[1]《毛主席在外地巡视期间同沿途各地负责同志的谈话纪要》，1971年8月中旬至9月12日。

誉，因为主席曾经和一个证明完全是异己分子的人那么亲密地共过事。

毛自己肯定也有这种顾虑，因为庐山会议后，他马上发出了一封致全党的公开信来解释自己的立场。"陈伯达是一个假马克思主义者。长期以来，陈伯达一直和我争论天才问题，认为天才是天生的，而不是从实践中或者群众中培养起来的，让我承认他是个天才。他这么做不为别的，就是想当国家主席。在我看来，他是一个投机分子……"①

10月1日，埃德加·斯诺和妻子出席了一年一度的国庆节庆典。在巨大的观礼台上，毛让他们站在自己两旁，而对城楼下游行的百万中国市民，俯瞰天安门广场。这是美国人第一次获得如此之高的荣耀，外界普遍认为它是一种和解的姿态。毛对于美国的思想路线，当然没有变。是年早些时候，他在有关印中关系的一次讲话中提到了"尼克松的法西斯主义暴行"。

① 米歇尔·Y.M.高《林彪事件：权力政治与军事政变》第68页。

1970年10月1日，毛泽东和斯诺及夫人在天安门城楼上。同年12月，在和斯诺的谈话中，毛泽东表示欢迎美国总统尼克松访问中国，改善中美两国关系。

1970年11月，毛长期等待的美国承认终于有了突破口，它是作为巴基斯坦前总统叶海亚·汗进行国事访问的副产品而出现的。几星期前，这位巴基斯坦人曾在白宫与尼克松总统交换过意见，现在他给周恩来带来了一封尼克松的私人信件，信中建议由一名高级美国人士访华。周对此未做任何鼓励，但答应晚上和毛商量一下。

令叶海亚·汗惊讶的是，第二天周告诉他，中国欢迎尼克松的建议，并非常高兴接待"一位高级人士"进行面对面的会谈。周还说，毛自己评论道："这是第一次通过一个国家首脑把一个国家首脑的信转交给一个国家首脑。"①

当1969年最北端的中苏边界黑龙江和乌苏里江剑拔弩张之际，美国人的行为无疑是最能激发毛的兴趣的东西，它促使毛改变了主意，邀请尼克松。具体细节尚不清楚，但至少尼克松曾经拒绝给苏联攻击中国以道义上的支持。

在这些戏剧性的变化过程中，埃德加·斯诺一直在中国旅行。12月10日清晨，在北京饭店他很早就被叫醒了，并且得到通知去毛在紫禁城的寓所里吃早饭，他们一直谈到下午。

斯诺注意到，"他有点感冒。他疑惑不解地大声说，医生好在哪里。他们连感冒这样的小病都防止不了，浪费了那么多时间。"他同意斯诺的建议，试服几剂林诺斯·保琳医生推荐的维生素C。

他们讨论了斯诺写的关于他们六年前的那次谈话的文章。那时，毛声言，中国存在着"个人崇拜"，而且有存在的理由。但现在，无疑，个人崇拜搞过了头。毛说，对于人民来讲，要克服三千多年以来崇拜帝王的传统习惯是非常艰难的。他列举了给予他的四个伟大——"伟大的导师，伟大的领袖，伟大的统帅，伟大的舵手"。

---

① 《国际先驱论坛报》，1978年2月17日。

他的评价是，真讨嫌。它们最终都要被丢弃，只有"导师"会保存下来。自年轻的时候在长沙以来，他时常当教师，现在仍想保留这种身份："其他的头衔统统丢掉。谢谢。"毛又一次说他"会很快去见上帝"。

斯诺谈起了中国最近控制生育方面的进步。毛领会了他的意向，说，不。农村妇女仍然想要男孩。假如第一个是女孩的话，她们会继续生育，力图有个男孩。斯诺又谈到了美国的妇女解放运动；毛则谈了他对中国和美国人民的殷切希望：如果苏联没有指出一条正确的道路，那么，毛将寄希望于美国人民。美国比其他国家具有更高的工业生产力和大学教育水平。他将很高兴看到那里出现一个革命政党，尽管他并不奢望最近的将来它就能产生。

毛继续说，中国正在研究允许美国的左、中、右三派人物访华的问题。像尼克松这样的代表垄断资产阶级利益的右倾人物可以允许来吗？是的，毛自问自答道，尼克松应受到欢迎。因为中国和美国之间的问题，必须和尼克松一起来解决。毛将很高兴与他会谈，不管他作为旅游者来还是作为美国总统来。

中国还将学习美国通过分权——把权力和财力下放到50个州中——而获得发展的经验。中央政府不能包揽一切，中国的未来要依靠地区和地方的主动性。

斯诺问道，苏联人是否怕中国。毛回答，据说是这样。一个人甚至会害怕屋中的几只耗子，也许他担心它们会吃掉糖果。如果有必要，争论将不得不继续一万年。但是，柯西金来的时候，毛却告诉过他，会谈后苏联人可能要被指责一千年，不会再多。

苏联人看不起中国人和其他许多国家的人民，认为自己只要发一个命令，其他人就得遵守。他们没有意识到有人不想这么做，其中就有谦卑的毛本人。中苏两国的思想分歧现在已变得水火不容，但他们最终会在两个国家之间解决存在的问题。

当这一天的上午结束时，毛陪同斯诺走到门口，并把自己描绘成一个带着一把破伞漫游世界的孤独的僧侣。汉学家指出，中国短语"伞下僧"是个双关语，意指"和尚打伞，无法无天"。①

1971年初，毛开始反击林彪，他改组了华北和北京地区的军事领导机构，撤换了38军中亲林的指挥官，并把该军调出北京，这样一来，便抽掉了他的前副职的权力基石。同时，毛及其私人随从悄悄搬出中南海，因为他们的敌人已潜入那里。后来，他们声称，在中南海吃、睡都不安全。

林彪及其妻子、儿子计划在遥远的上海或其他中国中心城市孤注一掷，发动反毛的军事政变。林的儿子作为空军作战部副部长与空军有着关键性的联系。

3月18日，这位林家少爷对两位空军高级将领说："我们必须制订一个政变计划。"还说"子爵（指他妈妈）说必须注意安全"。

两天后，第三位空军高级将领抵达上海，参加了讨论，最后，在3月22日和24日之间，著名的《571工程纪要》出笼了。中国"五、七、一"的谐音正好是"武（装）起义"。

林能继承毛的御座的各种方式都由他的追随者进行了详细的讨论。根据其中一人的坦白，他们感到和平演变是最理想的，但需要五年或六年的时间，在此期间可能发生很多变化，"没有人能够预见领袖（指林彪）目前的地位能保持那么久"。

林彪毕竟有可能被他人取代。"一切都无法预料。主席的威望那么高，他要叫谁倒还不是一句话。"另一位助手表示异议："统帅是主席自己选的。""刘少奇也是他自己选的。"第一个说话者反驳道。于是宁肯提前采取夺权行动的计划便定了下来。

① 埃德加·斯诺《漫长的革命》第167~175页。

要想保住林的地位以便继承毛的权力，一种方式是除掉张春桥（被认作林的主要对手）；另一种方式是"危及主席的个人生命"，但这会导致难以控制的政治局势的出现。①

4月，毛运用他所喜爱的侧翼击敌而非正面进攻的策略开始行动。他安排了一次有99位高级干部参加的会议，会上进一步批判了陈伯达，而且要求忠于林的五位将军（包括林的妻子）做自我批评。周恩来主持了这次会议。林的妻子非常紧张以至于想马上实施571工程，但林决定等一等。

8月中旬，毛离京去各省秘密巡视以搞清林彪的行为和作用。他攻击林在政治上利用叶群，对此，他的许多听众肯定在内心里认为，这也适用于江青。毛说："我一向不赞成自己的老婆当自己工作单位的办公室主任。林彪那里，是叶群当办公室主任，他们四个人②向林彪请示问题都要经过她。做工作要靠自己动手，亲自看，亲自批。不要靠秘书，不要把秘书搞那么大的权。我的秘书只搞收收发发，文件拿来自己选，自己看，要办的自己写，免得误事。"③

这无疑是要消除下述事实给毛自己的声誉所造成的损害，即陈伯达长期以来是毛的私人秘书。当然，毛的话也拉开了自己与妻子的距离，后者在毛最后的政治斗争中正走向舞台的中心。

接着，毛列举了"十次路线斗争"，在这些斗争中，他对党的领导（实际的或潜在的）一度受到威胁——这就是1927年的陈独秀；1928年的瞿秋白；1930年的李立三；1931年的罗章龙；1931年至1934年的王明；1935年的张国焘；1953年的高岗；1959年的彭德怀；1967年的刘少奇和1970年的林彪。

当毛正在发表上述谈话的时候，据说林的人正计划在从杭州到上海的路上炸毁他的火车。但是，林的女儿豆豆，良心发现，急匆匆地跑去告诉了周恩来这一阴谋，周得以及时地向毛

① 米歇尔·Y.M.高《林彪事件：权力政治与军事政变》第68页。

② 指黄永胜、吴法宪、李作鹏、邱会作。——译注

③《毛主席在外地巡视期间同沿途各地负责同志的谈话纪要》，1971年8月中旬至9月12日。

发出警报，毛的生命因此得救。当毛于9月12日未损毫发地返回北京之际，林乘一架空军三叉戟飞机，掉头逃往西北，大概是要去苏联。但是，飞机于凌晨2点半坠毁在蒙古境内，据报道，九位乘客全部罹难。反叛结束了。

毛对林总怀有某种轻蔑，可能是因为林智慧有限。这位瘦削的、一味顺从的、优柔寡断的人物完全缺乏领袖的魅力，令人惊异的是，他在中国领导层内居然爬得那么高。只有勃勃的野心驱使着他。在一次莎士比亚也会叹为观止的讲话中，毛说："林……一天吃一斤多肉，还是没有胖。就是十年以后他也会这样。"整个世界仍然等待林彪衰亡的真相，对此，只有毛主义者知晓。但是，至少可以说，林未能组织一次成功的暗杀。

几天之内，林死后的声誉便受到全中国的咒骂。一家省广播电台把他骂成"不齿于人类的狗屎堆"。

1972年2月21日，最让人难以置信的事情发生了。尼克松总统飞抵北京会见毛。多少世纪以来，诸侯王公携贡物来到紫禁城，但从未有过一个世界上最为强大的国家的首脑来到这里向中国领袖致意。

尼克松在飞机降落后的三个半小时内，就在中国电视摄像机下坐到了毛的办公室里。毛在一位秘书的帮助下站起来。

当他握住美国总统的手时，第一句话是："我说话不太利索了。"后来，周恩来告诉尼克松，主席患支气管炎大

1972年2月21日，毛泽东在中南海会见美国总统尼克松。2月28日，中美双方在上海发表联合公报，决定实现两国关系正常化。（杜修贤 摄）

约有一个月了。这次握手并非仅有的一次,在后来的会谈中他又握了一次。尼克松在日记里将它描绘为"最感人的时刻"。当毛伸出手时,"我也伸出手,他握了大约一分钟。"

当时在场的基辛格说,他曾让哈佛的学生阅读毛的著作。毛做了一个表示反对的答复,但尼克松评论说:"主席的著作推动了一个民族的进步,改变了世界。"

毛坚持道:"我没有改变世界。我只是改变北京郊区的几个地方。"

他们善意地取笑了毛和蒋介石各自给对方起的名字,以及基辛格用漂亮姑娘作秘密访问巴黎和北京的掩饰的技巧。

毛畅笑着说:"你上次竞选时,我投了你一票。我喜欢右派。"他继续热烈地谈着他的话题,并提起了爱德华·希思和德国的基督教民主党人。他吐露说:"这些右派当权,我比较高兴。"

尼克松事先做了充分的准备,所以他当着毛的面引用了他一首诗中的一句话,毛现出欢愉的微笑。在最后的笑谈中,毛又说,当资本主义被击败的时候,尼克松和基辛格,作为个人,不要在被打倒之列。

他解释道:"如果你们都被打倒了,我们就没有朋友了。"①

亨利·基辛格发现毛"……异常超重,但有着惊人的支配周围事物的能力。的的确确,他有意志力。毛……用这种意志进行统治"。

"我们只谈了一个小时多一点,我实在无法知道毛在一天之内是否有比一个或两个小时更多的有效的精神力量。但他身上的确能够发出一种几乎让人感觉到的压倒一切的魄力。最近,我重新翻阅了我们会谈的记录,发现它是一出瓦格纳戏剧的序曲。后来我们和周恩来会谈过程中所讨论的每个问题几乎

①理查德·尼克松《回忆录》,伦敦和纽约1978年版第580页。

都在同毛的谈话中提到过了。"①

尼克松访华提高了毛的威望,大概毛在同意这次访问的时候已经心中有数了。在取得这一成功后,毛的同事要想再次让他靠边站肯定是很困难的。但是,党内的激进分子则把这次访问视为令毛丢脸的事情。他们的观点可以从几年后据说是中国外交部部长乔冠华所作的一次内部讲话中窥其一二。这次讲话是关于菲律宾第一夫人伊梅尔达·马科斯访华问题的。乔解释说,伊梅尔达是"通过一次选美比赛挑选出来的"。"她是腐朽的资本主义制度的产儿,在这种制度下,资产阶级玩弄妇女。从这里你可以知道菲律宾总统及其夫人代表的是哪个阶级。但是,在目前的国际形势下,我们必须和他们会谈,就像我们不得不邀请尼克松并和他会谈一样。毛主席的光辉就在这里,他能辨别什么是重要的,什么是不重要的。"②

尼克松之后日本首相田中角荣访华,他是来和周恩来谈判建立外交关系的。后来,两位国家首脑一起去看望毛。

毛问他们:"你们吵完了吗? 争吵对你们有好处。"

"我们进行了友好的会谈。"田中谨慎地答道。

毛继续说:"只有通过争论才能成为真正的好朋友。"

然后,毛又简略地谈到食品和饮料:"不要喝太多的茅台,那样对你有害。"

田中应道:"我听说茅台有65度,但我的确喜欢它。"

"噢,不,它有70度,不是65度,"毛说,"谁告诉你错

---

① C. L. 基辛格《平庸岁月,回忆和日记》纽约1978年版第7页。

②《中国新闻分析》,香港,1036。

1972年9月27日,毛泽东会见日本总理大臣田中角荣(中)、外务大臣大平正芳(右)。(杜修贤 摄)

了？顺便说一句，中国有许多古老的东西，让它们束缚住你并不好。我小的时候父亲对我很严厉，我就造他的反……尽管如此，似乎你在日本的选举中要度过一段艰辛的时期，不是吗？"

田中谈到了他所经历过的11次大选，在这些选举中他在大街上发表了许多演说。

毛评价道："在大街上讲话是件费力的工作。请你保重。"

这位日本领导人解释说，在日本不去大街上演讲，任何人都不会当选。

"你们的议会制度怎样？"毛询问。

"它也存在自己的问题。"

"日本好像也有许多问题，不是吗？如果你必须走到大街上去讲话，那么，你的确有个艰辛的时期。"

毛赠给这位日本人几本书，说："我非常喜欢读书。我想这对我的健康不好，但不读上一本书，我就睡不着。"①

毛的妻子和一位美国人的会晤可没有这么简单。后者是一位年轻的说汉语的来中国研究妇女运动的美国学者罗克珊·威特克。江青决定就自己的生活经历和对中国革命的贡献与威特克进行一系列的会谈，大概江认为找到了她的埃德加·斯诺。在1972年8月间，她和年轻的美国来访者大约共度了60个小时，她披露了自己对葛丽泰·嘉宝的崇拜，对好莱坞电影的欣赏一类的情况。这些后来在威特克的《江青同志》一书中面世。

尽管江青的这次冒险得到过周恩来的同意，也得到过汪东兴——毛的贴身警卫的帮助，但是，很明显，她没有征求毛的意见。据江青的敌人说，毛对此事非常生气，认定江的目的就是要树立她的声望。毛还感到党和国家的机密，以及个人的私事被出卖了。据江青的反对派说，由于威特克的访

①《东京时报》，1972年9月27日。

问，自 1975 年秋开始，毛的身体和健康状况不断恶化。此后不久，毛就不再和妻子一起生活了。

从这时起，中国出现了下述谣言，说江青有时向毛要钱，毛把自己的一些稿费给了她。——据说，有一次数达 1.5 万元。很明显 1973 年以后江青的寓所搬到了靠近玉渊潭的钓鱼台国宾馆。尼克松和其他外国高级人士曾下榻于此。据说，江若想见毛，必须先写封信。

如今，江在中国已经成为极不得人心的女士。

1973 年 8 月，毛主持了有生之年的最后一次党代表大会。会议由周恩来组织安排。会议通过的公报将林彪斥责为"资产阶级野心家、阴谋家、反革命两面派、叛徒、卖国贼"。不管怎样，周已患不治之症癌症，所以，毛的新接班人问题变得很难处理。

9 月，蓬皮杜总统来访。毛向这位法国访问者说的第一句话是："噢，至于我，已经垮了。我被病魔压倒了。"他提到，戴高乐在回忆录中曾批评过中国。他解释说："那时，什么人都反对我们。在那种环境下，我们不得不冷漠一些……美国人说我们比希特勒还坏。至于赫鲁晓夫……1955 年他对阿登纳说：'帮我反对中国吧。'"

蓬皮杜说，他会见了苏联和美国领导人，双方都宣布要和平，和平是有依据的。

毛不以为然地挥着手说："我一点也不同意。早晚会爆发战争。最好的计划是推断一下战争的最终结果。只有在战后，你才能考虑和平的可能性。另外，我们也可以放松一下戒备。"

毛对基辛格和拿破仑作了评价："基辛格喜欢下达简要的命令，他的意图经常是很不明智的……拿破仑的办法最好。他解散了议会，自己选人进行统治。"

蓬皮杜询问了中国的人口情况。

毛答道:"噢,连我也不晓得确切数字。我不信我们有八亿。就是达到七亿,我也怀疑。人口普查搞得中国人似乎总在增加,另一方面,又总在表明收成不断减少。"

之后,谈话又迅速而概略地转到拿破仑的战争,纳尔逊和威灵顿,甚至亚历山大方面。毛的知识令人钦佩,只是在一个小问题上出了点偏差。他说:"那位法国大使说起法语来像是带着罗伯斯庇尔和拿破仑的口音。"

蓬皮杜指出:"拿破仑有意大利口音。"

"是的,"毛说,大概他自己想起来了,"人们都笑话他。"①

① 《中篇评论》,巴黎,1976年。

在最后的岁月里,毛接见了世界上数十位国务活动家,包括罗马尼亚的齐奥塞斯库、埃塞俄比亚国王海尔·塞拉西、扎伊尔的蒙博托、加拿大的图德尔、澳大利亚的怀特兰、尼泊尔国王奈尔雷亚、阿尔及利亚的保比·迪恩、巴基斯坦的布托、塞内加尔的桑格和尼日利亚的高汶。

1974年,毛号召进行一场新的批臭林彪,根除其思想影响的运动,并且和批孔一起展开。他的派系中的激进人物,包括他妻子,企图把批孔的矛头转向温和主义者、中间派、现实主义者——周恩来和叶剑英。毛死前所面临的最后一次挑战是抑制他妻子的野心。

1974年3月,他给妻子写信说:"……多见何益?有马列书在,有我的书在,你就是不研究。我重病在身,八十一岁了,也不体谅。你有特权,看你怎么办?你也是个大事不讨论,小事天天送的人。"

但是,江青继续给毛写信,毛又答复说:"即使你见了我,我们也无话可说。已经见过多次了,但你从不执行我的指示。你总是谈琐事;从不和我讨论主要问题。中央委员会里有二百多人，你要和他们交谈并见诸行动。你要有自知之明。别人对你有意见，你不知道吗？"①

如今，毛放松了对政府的控制，因为现政府是由几乎势均力敌的两派组成的，非常便于平衡。这两派是周恩来为首的现实主义者和所谓的"四人帮"——江青、张春桥、姚文元、王洪文（"文化大革命"期间在上海作为青年领导人提拔的纺织工人，后来突然被推上了党的副主席的职位）——为首的激进派。

1974年，毛泽东、周恩来、邓小平同在中南海毛泽东书房里会见客人。（杜修贤 摄）

① 《人民日报》，1976年12月；《明报》1976年10月28日。

4月，当周恩来因癌症住院的时候，激进派确保自己继承毛的权力的机会陡然增加。没有周的坚定领导，较易接近毛的激进派更可以按照自己的意愿行事。几星期后，江青开始接待外国贵宾。

江开始凭借自己的头衔集结政治势力。7月，她被奉为"毛泽东思想的解说人"，直到此时，这个荣誉只给过周恩来和林彪。新闻媒介开始大吹大擂女皇武则天——公元7世纪一位著名的统治者和一个短命王朝的开创者。平民出身的武则天原是地位低下的妃子，她抱着要在帝王的感情世界里居于首位的雄心踏入皇宫。皇帝死后，皇帝的儿子和武结了婚。武帮助新皇帝妥善地处理国事，被尊为贤明皇后。丈夫驾崩后，她自己登上了御座。半个世纪间，武进行了无数的改革，包括妇女地位有所提高。1974年，对她的品性好的一面和她统治期间的功绩的重新讨论，明显是与江青的政治未来有关的。

是年夏天的一次政治局会议上，毛在他的同志面前批评妻子，不要"动不动就给人戴大帽子……"还告诉她："你也是难改呢。"毛对同志们说："她并不代表我，她代表她自己。"接着又对妻子及其三位激进的同僚说，他们不应结成"四人小宗派"。①

当炎热的气候过去后，毛又去南方旅行了。这次是去家乡长沙。后来，他的助手回忆说，在那里"他穿的那双补过多次的拖鞋又破了。他仍然不愿扔掉这双拖鞋并让助手又缝补了一次。"

但是，毛并没有安静地住多久。10月中旬，年轻的王洪文带着一连串攻击周恩来的令人动容的断言抵达长沙。这位年轻人报告说："看来第二次庐山会议正在北京酝酿。我没有告诉周总理……我要来湖南。我们四个人开了一夜的会，他们同意我来这里向您报告。当周总理休息的时候我离开了。来这里我冒了很大风险……尽管周总理病得很重，但他正'忙着'找人谈话。经常拜访周总理住处的人包括邓（小平）同志、叶（剑英）同志和李（先念）同志。"然而，毛对此毫无反应，只是说这些都要双方当面对证。②

11月，毛又在江青送给他的书信的空白处亲笔写道："不要多露面，不要批文件，不要由你组阁……你积怨甚多……"③

据说，一星期后，江青又给丈夫写了一封令人惊讶的信，在进行卑鄙的辩解和气势汹汹的抱怨的同时，提出了进一步的要求。

据推测她给毛写道："我辜负了主席的期望。因为我没有正确的自我评价，醉心于过高地估计自己。我的头脑一直很糊涂……有些不寻常的事情确实让人恐惧。我惊醒了……自从九大以后，我几乎无事可做。我被冷落了，几乎没有工作……"④后来，她的敌人指责说，她还要钱和官职。

毛的反应是，拒绝承认她清闲。他写道："你的工作是

①华国锋《在中国共产党第十一次全国代表大会上的政治报告》，1977年8月12日。

②《问题与研究》，台北，1977年9月第101页。——译注

③《中共中央关于王洪文、张春桥、江青、姚文元反党集团事件的通知》，1976年10月18日。

④《问题与研究》，台北，1977年8月第106页。

研究当前国内和其他国家的形势。这已经是个很繁重的任务了……不能说你无事可做。"①

第二个访问毛的人是他年轻的侄孙女王海容，王转达了江青的要求，即正在为大约于新年之际召开的第四次全国人民代表大会讨论人事安排的中央委员会，应该把推举王洪文作为一项议事内容。毛生气地听着"侄孙女"的叙说。他告诉一些同志："江青有野心，有没有？"

尾声接近了。毛没有参加1975年初在北京召开的中央委员会会议和全国人民代表大会这样两次重要的会议。尽管人民代表大会于北京开会期间，毛精神颇佳地在他的南方别墅里接见了保守的西德领导人弗朗兹·约瑟夫·施特劳斯。如今，任何事情都与党和国家领导职位的任命联系起来，那些在"文化大革命"期间受到非常严厉的批判的人被恢复了名誉。

毛将这些事情大胆地交给周恩来去处理，但他的确提过，鉴于邓小平已经改正了"文化大革命"期间的错误，因而应当恢复邓的副总理和其他职务，让他负责周患病期间的中央委员会的日常工作——这和四位激进主义者的愿望背道而驰。

后来，王海容又一次代表江青向毛报告说，在毛任命了邓小平以后，他妻子几乎不喜欢所有的政治局成员。毛的回答极为简洁："她看得起的没有几个，只有一个，她自己。"

"您呢？"王小姐问。

"她不尊重我。将来她要跟所有的人闹翻，现在人家是敷衍她。""我死了以后，她会闹事。"——这个预言完全成为现实。

江青在一次政治局会议上力图做自我批评，但是后来她坦白道："我没做彻底的检讨……我无法转变思想……理解了存在着四人帮，有助于我意识到这一现实会引起宗派主义，会导致党中央委员会的分裂，有助于我理解主席为什么在去年三四

① 新华社1977年8月22日发。

次提到这个问题。我没有想到这是涉及原则性的重要问题,主席很少在原则问题上让步。"①

5月3日,毛在一次政治局会议上,又一次以警告的口气批评江青等人:

> 要搞马列主义,不要搞修正主义;要团结,不要分裂;要光明正大,不要搞阴谋诡计。不要搞四人帮,你们不要搞了,为什么照样搞呀?为什么不和二百多的中央委员搞团结,搞少数人不好,历来不好。②

在毛的这个人生阶段,许多事情是通过中间人去做的。很明显,在个人访问的场合中,毛最愿意倾听的是年轻人的诉说。"四人帮"选择王洪文或王海容而非毛自己的妻子去为他们说话。现在,江青又安排另一位年轻人和毛住在一起,他就是毛的侄子远新。这个男孩受江青的影响很深。一般来讲,他生活在毛的身边,是极易利用毛的体弱状况来为"四人帮"灌输激进材料的,并且在此基础上以毛的名义逐步发出有利于激进派事业的指示。

9月,江青坚持应当在电台上广播她在一次会议中的讲话,并印发原文。根据毛的继承人华主席在毛逝世后的说法,当时毛的反应简短且击中要害。

毛驳斥道:"放屁。文不对题。""稿子不要发,录音不要放,讲话不要印。"③

根据毛的工作人员讲,毛警告他们提防他妻子。他曾经告诉他们:"江青是纸老虎,一戳就穿。江青欺软怕硬,她也害怕群众。你们要跟她斗,原则不能让。怕什么,有我在嘛。"④

1975年7月,毛接见了泰国总理克立·巴莫。他告诉这

①《问题与研究》,台北,1977年8月第106页。

②《中共中央关于王洪文、张春桥、江青、姚文元反党集团事件的通知》,1976年10月18日。

③华国锋《在中国共产党第十一次全国代表大会上的政治报告》,1977年8月12日。

④《人民日报》,1977年9月8日。

位泰国人"水门丑闻"是因为"美国政治言论过于自由……"的缘故,"你身边正好有部录音机,把谈话录下来有什么错?美国大多数人喜欢玩录音机。"

毛抱怨腿疼,视力不济。他说话时嘴唇抖个不停。他告诉克立怎样与泰国共产主义暴动者战斗。他向克立保证:"你们不必担心泰国共产党,它存在十年了,但没有一个泰国共产党来看过我。"①

下一个来访的国务活动家是西德总理赫尔穆斯·施密特,他把毛描绘为一个坐下或站起都要别人帮助的人。"他的嘴张着,腭下垂着,脸就像头盔一样僵硬……毛说话的声音很小,只能断断续续地发出困难而嘶哑的声音。三名妇女……看他的嘴唇。在无法确定他说的是什么时,她们就相互协商,然后再通过毛印证她们理解的是否正确。出现混乱时,毛就用一支软笔在信纸上迅速而充满信心地写下他要表达的意思……"

毛向这位总理抱怨说:"没有人听我的。"

施密特引用了德国谚语:"滴水穿石。"

毛沮丧地答道:"我没有那么多水了。"②

年底,戴维和朱丽叶·艾森豪威尔访问了毛泽东,并发现他很关心年青一代的问题。朱丽叶·艾森豪威尔写道:"实际上,他是在表明,他对自己的人民,特别是未经考验的年青一代心存怀疑和失望。"他对革命将会被永久地继承下去的机会的评价没有超过50%。

毛告诉这对美国夫妇:"年轻人软弱,必须提醒他们要斗争……党内会有斗争,阶级之间会有斗争,肯定没有东西能离开斗争……斗争延续二三百年是可能的。"

毛说话的声音像是喉鸣——"刺耳、单调、吃力"——当会谈结束时,朱丽叶·艾森豪威尔的最后一瞥所见到的是"一

①《国际使者论坛报》,1975年7月11日。

②《Die Zeit》,1975年11月7日。

个疲劳的人正转过身去，吃力地与护士说话，然后被带走，重新一个人独处。"其他来访者则发现毛脸色苍白，精力耗尽，嘴里流出口水。①

1976年初，周恩来与世长辞。显然，周比任何人都更坚定更忠诚。如果他比毛活得时间长，毛本来希望他能在接班人问题上起到桥梁作用，现在这已不可能了。江青为首的激进派希望能全部接管政权。作为中央委员会里地位仅次于周的高级人士王洪文——10年前他只是一个纺织工厂里的治安保卫人员——现在接管了周的那部分工作。人们宣称，毛曾绝望地叹息道："如果让王洪文这样继续下去，我们很快就会挨饿。"

令人大为惊诧的是，毛任命华国锋为国务院代总理接替周的职位。据说，最初华对这一职务推辞不就，他列举了许多理由，其中，他的马列主义水平不高则是事实。

据说，毛对他讲道："我任命你就是因为你知道自己的水平不高。一个人有缺点就不会骄傲，并且会不断地提高自己。"

当毛的警卫负责人汪东兴对毛的任命道贺时，毛解释了他选中华的原因："首先，他有专区和省级工作经验，在当公安部长的几年中表现不错。其次，他忠诚、老实。第三，他不狡猾。"②

从华的履历和为人所知的观点方面看，他个人一方面不会遭到激进派的反对，另一方面也不会招致现实主义者和右倾分子的嫌恶。

事实上，这是毛作出的明智选择的前提条件。毛自己的确于1月21日和1月28日两次向政治局提出任命华国锋的建议，的确于2月2日签署了任命华为代总理的中央委员会文件。但我们还没有其他人关于毛在整个事件进程中的作用的说法，我们有的只是在此进程中主要的得益者华主席本人所提供的材料。

① 《日本时报》，1976年12月22日。

② 《明报》，香港，1976年10月30日。

毛泽东和中共中央第一副主席、国务院总理华国锋在一起。(杜修贤 摄)

"四人帮"对于他们派系中没有一人取代总理的职位愤怒异常，于是把枪口转向了他们的对手。

据说，毛于2月份以一种备忘录的形式向党发出了他对邓小平的看法。他说，邓是个"非常聪明的人和应该起用的人才"——绵里藏针。他的缺点是过于自信，拒绝批评。①

江青的反应非常清楚。她在一次会议上说："中国有个国际资本主义的代理人，名叫邓小平。大概叫他叛徒更正确。但我们的主席一直在保护他。我讲的只是个人意见。"②

可是，毛仍然欣赏邓，除了对邓反对他的"文革"政策不满外。赫鲁晓夫回忆说，毛曾经给他指出过邓并说："看到那边的那个小个子了吗？他非常聪明，前途远大。"起码邓是坦率的，当他与毛发生分歧时决不搞阴谋。

4月5日，所谓的清明暴乱在天安门广场发生了。周恩来的支持者力图通过对周的祭奠来表达内心的敬仰。但是，他们受到激进集团的无赖们的扰乱。似乎是毛的侄子告诉给毛一系列的谎言，说该事件引出了许多麻烦，并说服毛免去对事件要负责任的邓小平的职务。接着，华被任命为党的第一副主席，并被正式任命为总理。根据华自己的说法，这些都是"毛主席的个人意见"。

叶剑英敦促邓离京避难。后来，邓又参加了一次充塞着激进学生的政治局会议。于是传闻遍布中国，说邓小平如何低下目光

---

① BBC 世界广播概览·远东，5574。

②《问题与研究》，台北，1977年10月第92页。

听了一会儿来自四面八方的责难。但是，当谴责达到高潮时，他却从扶手椅上站起来，慢慢地走出去上厕所了。在那里，他待了两个小时，这足以消弭学生们的热情，并达到挫败会议的目的。

4月底，毛接见了新西兰总理马尔杜。后来，华留下来继续和毛交换意见。他把毛的话整理成三条指示带走了。这三条指示是："（1）慢慢来，不要着急；（2）按既定方针办；（3）你办事，我放心。"①

①《明报》，香港，1976年10月26日。

一个朝代行将结束的不祥之兆明显地出现了。3月，一颗陨石坠落在吉林省境内。《人民日报》回顾历史说，公元前3世纪，一颗陨石落地一度引出有关第一个皇帝秦始皇死后国土会四分五裂的谣言。7月，唐山发生了劫难性的地震。许多迷信的中国人认定，一个伟人的去世就在眼前了。

9月，毛开始感到将不久于人世。他的身体状况日趋恶化。这位老人现在正处于他最后的人生旅程上。1976年9月9日零点10分，他与世长别。

在如何处理遗体问题上，并没有立刻作出灾难性的决定。越南人被问及他们是如何保存胡志明的遗体的。经过良久的犹豫和心理斗争，终于下定决心剖尸，使用化学药品，以便遗体能在一栋宽大而静穆的房子——也许是毛为自己要的最后一件东西——中展出。

华亲自负责此事，可争吵越来越凶。有人发现江未经授权就拿走了毛办公室里的文件，并断定他们进行了篡改。当受到华指责时，江青抱怨道："毛

庄严肃穆的天安门广场。1976年9月18日，伟大领袖毛泽东主席追悼大会在这里隆重举行，首都百万群众参加。

主席尸骨未寒你就想撵我走。你就这样报答毛主席提拔你的恩情吗？"

华答道："我永远不会忘记毛主席的恩情。我要求你完整地归还毛主席的文件。因为我想报答毛主席的恩情，让每个人都团结起来，永远执行毛主席的指示。至于赶走你，我还没有这个打算。你只要安静地待在自己的房子里，没有人敢撵你出去。"①

位于天安门广场的毛主席纪念堂。

① 《明报》1976年10月26日。

在北京举行的国葬上，毛的遗体被放在一个水晶棺中。他的遗孀臂缠黑纱，献上一个缀有向日葵、绿色禾苗、麦穗、玉米和黄色谷穗的花圈，题词是"您的学生和战友敬挽……"三个星期后，江青及其三位激进的同僚被华逮捕。她想在毛死后扩大影响的希望化为泡影。

在长达一代多人的时间内，始终作为政治权力的象征而存在的人物的去世，给中国带来了巨大的打击。当公民们跌跌撞撞地走过他的灵柩之时，泪如泉涌，这个地球上最大的民族力图调节无法填补的内心失落感。

结 论

　　毛泽东尽管有五卷"选集"和一副学者的外貌，然而从本质上讲，他是个重于行动的人。他对社会变革的结果比对隐藏其后的理论更有兴趣。有位易动感情的学者曾经对他说，共产主义很可爱。毛泽东答道："不，同志。共产主义并不可爱；共产主义是我们消灭敌人的铁锤。"

　　最初推动毛投身于民众生活之中的并不是马克思主义。他在晚年评论说："社会把我们这些人推上政治舞台。以前谁想到搞马克思主义？听都没有听说过。听过还看过的是孔夫子、拿破仑、华盛顿、彼得大帝、明治维新、意大利三杰，就是资本主义那一套……"始终催毛奋进的是对一个必须推翻的不合时代潮流的社会结构所束缚着的人的尊严和平等的关心。

　　实事求是地说，毛泽东是位粗犷的哲学家。他对理性建树颇有兴趣，但不可能成为一个真正彻底的伟大思想家。他对共产主义理论的贡献就是用普通民众和教授都能理解的方式进行表达，同时使之地方化，以便中国人民能和欧洲人民懂得一样多。

　　的确，毛具有长远意义的成就之一，是把共产主义从其欧洲无产阶级的发源地中解放出来，并将它的基本原理应用到其他大陆、其他国家和其他复杂的社会现实中来。毛泽东力图用适用于人类社会所有发展阶段和可以为各种类型的革命变革提供依据的普遍性范畴来重新表达共产主义的基本原理。特别是他把农民放在提前为工业无产阶级的精英们准备好了的马克思主义地图上。他告诉马尔罗[①]（马尔罗曾担任法国驻中华人民共和国大使职务。——译注）："你知道在我们之前，人民当中没有人向妇女和青年发表演说。自然也没有人对农民演说。这是第一次，他们每个人都卷入了生活。"在这方面，毛是代表整个亚洲、非洲和拉丁美洲的第三世界来讲话和行事的。

　　推动毛前进的内在力量是对最残忍的家伙们的憎恶，它出自毛个人的反抗意识。他的父亲就拒绝在理论上把他当作一个平等的、独立的人来看待，如果这在实际上受到局限的话。他和父亲的争吵逐渐闻名乡里。毛决定从他生长的村子韶山出走，决心要证明父亲错了，证明自己的判断比父亲高明。另外，毛泽东也想借机提高自己的学识和品格。10岁的时候，他肩上挑着一点东西，第一次企图逃离祖祖辈辈居住的家乡。

一踏入社会，他便备尝各种父权人物的歧视——它们来自社会地位较高的同学、传授知识的老师、受马克思主义理论培育较多的共产党同仁，以及拥有中国人所缺乏的各种技术和特权的外国人。

从20世纪二三十年代的中国状况看，毛当时是位引人讥笑且无足轻重的人物，他唯一的渴求是弥补受教育的不足。正如毛泽东自己在伤感的回忆当中叙述的那样，在北京没有人肯为一个年轻的"说南方土话"的图书管理员花费时间（令人惊异的是，拿破仑、斯大林等都有过类似的坎坷）。

在此情况下，毛并未仅仅停留在气愤上，因为他意识到了自己不为中国精英、中国传统、中国社会制度所接受，他决心在它们的歧视中和农民打成一片。只要他被接受为领袖，农民就有机会变成现代的不受束缚的人群。但是，一旦他的领导遭摒弃，农民的利益就会被忽视。在"文化大革命"期间的一次会议上，他说："我这个人曾经五次被人家排斥，后来又要请我回来……""所以，领袖不能自封。"他的地位"是在群众斗争中得来的。"这个明确的鉴定人的标准，在最初几年里，是毛泽东博得拥戴者的广泛热爱的因素之一。

外交部部长陈毅说："毛主席是一个……受过污辱、冤枉和虐待的人……他被撤过职，受过党内审查，被宣布为机会主义者，蒙耻受辱，被送往后方休养。没有人去看望他，因为谁也不敢接近他。"

中国共产党内其他潜在的领袖，在或多或少地遵循传统的中国民众的生活习惯的同时，总显出有更多的兴趣让他们的莫斯科老师们高兴。但毛泽东却说什么也不追随俄国人，他开创了一种新的大胆的领导方式。《水浒》里的罗宾汉式的英雄的浪漫的平均主义思想给予他的鼓舞同欧洲马克思主义理论给予他的鼓舞几乎相差无几。他教导说，人是平等的，即使他们完全没有受过教育也一样——这在中国是个全新的概念。毛最精彩的论述之一是他在"文革"初期的阵痛中所作的一次讲话，其中谈到，愚民对暴君有利，而让人民聪明起来则对我们有利。毛为妇女的权利而战，为青年学生有权利对他们受教育的制度发表意见而战。

所有这些都是认为共产主义应当建立在一个由获得了解放的个人构成的社会基础上的远见卓识的一部分。20世纪40年代后期，毛详细地阐述了共产党将在必须向社会主义过渡的新民主主义社会所遵循的纲领。甚至在共产党人掌握了政权以后，他仍然认为要发展民族资本主义；在个人的解放完成后，要让人民准备过现代生活。实际上，1945年甚或1949年的中国共产主义是不成熟的。

从某种意义上说，毛写这些东西是展示给美国观众看的；当然也是在寻求解

结 论

除中国右翼势力中潜在对手的武装。但他的理论中有一点是真挚的,当1949年以后实现社会主义的力量积蓄起来时,他无疑调整了自己的观点,辩论说社会主义和个性——假如你喜欢可以称为集体和个人的现代化——作为中国人生活中的两项革命应该同时展开。然而,这一合理化进程中的缺点他却从未承认和探究过。

困难在于中国人顽固地拘泥于他们过去的行为方式,在新的合理的替代方式培植起来以前,毛的许多精力不得不花费在努力改变不合理的传统上。他的"红宝书"中的撒母耳微笑成分便是一例,读者会发现其中的某个段落在一份《人民日报》的顶端曾大加宣传过。毛的声音出现得那么经常,当他的革命在由旧社会塑造的个人构成的基础上展开的时候,这声音是正确而合理的。

例如,在1956年他说:"要教育出国同志,要老老实实,是就是是,非就是非,好的、坏的、中间的都给人家看……我国有小脚,别人要照相,让他们照,衣服穿得不好,不怕难看,在外国人面前撒谎,总有一天会揭穿的。"任何访问过中国的人都会认识到,这些话是多么需要说出来,又是多么需要不断地重复。

然而,毛忘记了自己也应当是一个与别人平等的人。这并不是说他有腐化现象,在物质生活方面,他比起任何同僚都更朴素、更无追求。的确,他作为领袖因为经常穿着带补丁的衣服、磨破了的袖口、松松垮垮的短袜出现在人们面前而闻名世界。不过,使他难于与人相处的是他的孤僻。他始终与其他人保持着一定距离。甚至既是他的妻子又是他的政治伙伴的江青最终也不得不承认,她既不理解他,也无法了解他。萧三在学生时代就认识了毛,后来他虽站在共产主义的对立面,但仍与毛生活了一段时间。萧承认,"毛是我们当中最复杂的人物……没有人真正了解他。我比其他人认识他的时间都长,但我从未摸清他的底蕴。"

陈毅解释说:"当他掌权时,所有同志都把与他的分歧掩盖起来。他也不准别人向他道歉。"这可以作为毛的品格的证明。但实际上恰恰相反,他不准备和这些人开诚布公,过去他受到过他们的伤害,他担心将来会重演。

通过不允许同僚在理性和原则的基础与他有分歧,毛确立了自己一贯正确的前提,从而强行建立起一种个人专制。他告诉马尔罗:"我的理想没有实现。我总感到是这样。"毛泽东喜欢辩论上的短兵相接,宁肯与对手直接对垒,而不愿搞不端之举或退缩不前。他曾经说过:"思想要交锋,你一刀,我一枪。不交锋,就缺乏明确性、彻底性。"但是,毛从来忍受不了失败,他是一个糟糕的失败者。

毛泽东在加入中国共产党的56年间,还把很大一部分精力花在了声势日减的所谓党内"十次路线的斗争"上。在1949年以前的历次斗争中,甚至在50年代初期的高岗事件中，毛反对其对手的行动可以说是出于保护党独立于苏联人的控制之外的需要。可是，当1959年他转而反对彭德怀元帅时，他便开始犯严重错误了。彭对"大跃进"中经济政策的批评切中要害，而且表达了党内广泛存在的看法。后来，毛的某些拥护者对刘少奇的责难更令人发指。刘是位忠实而坦诚的人。当然，为了避免招致党内的混乱，他一直忍辱负重，听凭毛的训示。

在"大跃进"和"文化大革命"——毛泽东的两项最大的实验都失败以后，毛只能和一些二流人物——林彪、陈伯达、江青待在一起了，当然还有个别例外。大概可以预见，毛或者寻求打倒他们，或者寻求约束他们的行为。

上面说的那个例外是周恩来，毛和他的关系是极其微妙的。周没有毛的领导魄力。但周身上有一种能使其成为他人思想的执行者，成为一位大臣而非君主的品质。确切地说，他可能更愿意去做别人让做的事情。自1935年遵义会议上，周把指挥棒交给毛以后，周一直是毛最好的外交家和助手。

毛可能富于报复性，但是，他对待反对者并不残忍，至少以其他中国统治者和共产党统治者的所为作尺度来衡量的话是这样。整肃在规模上没有苏联那么大，在导致死亡和肉体侵犯的程度上也不及苏联。毛希望对手们能从自身的经历中吸取教训，改变立场和观点，甚至允许他们从监禁地或接受再教育的农村返回，清除错误思想，治病救人。

毛的缺点是无法和对自己的判断缺乏信心且不因毛说什么而改变观点的人共事。他越来越不喜欢这样的同僚，有时甚至以个人的好恶报复他们。但毛的个人专断不是那种导致杀戮的或者监禁同僚的过分的个人暴虐，而是表现为不善于和真正有才华的人合作。

尽管毛有着光辉的思想，有和农民打成一片的真挚情感，后者使他产生了高度自信并决心实现他的理想，但是，毛缺乏让理想和情感发挥效用的实际的政治与管理技艺。他也没有起码的在一群政治家和管理家着手实现其理想的工作中进行指导的能力。促使他登峰造极、稳居领袖高位的精力出自他的个性。而这种个性又悲剧性地妨碍了他信任那些有着同样理想并能和他一起工作来逐步实现理想的同僚。

用毛不可能实现的雄心大志作标准来衡量，他的政治生涯只能说是失败。他的确领导建立了一个全新的国家——中华人民共和国；与以前几个世纪的数代人相比，9亿百姓过上了相当不错的生活。由于"文化大革命"的客观作用，中国现在成长起来的一代人，不再温顺地等别人告诉怎么做，而是要坚持满足自己的要求。

结 论

具有讽刺意味的是，未来几代人可能会谴责毛在共产党人统治的第一个四分之一世纪里，没能有效地利用国家的政治安定局面。那个时期，在令人发狂的政治口号喧嚣起来以前，本来可以在斯大林主义模式的基础上做更多的事，建设国民经济。以后的历史学家也许会说，毛在一个很多人并不关切人的尊严的时代过于热心地坚持维护人的尊严——但是，在经济基础建立起来后，它就变得亟需了。毛在"大跃进"中对经济管得太多，而在其他时期又管得可能太少了。

如果毛能够把类似"文化大革命"和"大跃进"这样两种其中都含有激动人心的积极因素的实验结合起来，如果他能够更好地理解同事并愿意和他们一起共事，中国今天也许处在一种更令人欣慰的境况中。一个人不可能完美无缺，对毛这样一位英雄不能过于吹毛求疵。许多中国人明显地为有这样一位英雄而高兴，并且极乐于把对毛的统治的不满意之处归咎于他的下属。

像穆罕默德·甘地——一个在地位上唯一能与毛媲美的当代亚洲人士或世界人士——一样，毛天生就是一位导师。和甘地一样，甚至更甚，毛把改造世界的愿望从教室里带到政治竞技场中。他在解放人们方面是光辉的，但在管理复杂的政治事务方面则是不成功的。与甘地不同，他不愿放弃权力，尽管1958年以后存在着不利的政治条件。他顽强地抱着他的权力，固守着他的信念，如同当年读书时在老师面前错误地抱定《三国演义》不放一样。

最后，谁能否认从韶山到北京乃是一个鼓舞人心的历程呢？谁会刻薄到足以说出毛过大于功的话呢？谁妒忌毛的声望和传奇生涯呢？他来自中国"受虐待的一方"，没有受过正规教育，所以，他后来非常热爱学习。他所知道的是贫困、堕落、剥削和非正义——他花了整整一生的时间尽最大的努力和这些东西战斗。毛所进行的是贯穿整个中国文明国度的革命，这个国家就像整个欧洲那么大。

毛泽东选择了马克思主义作武器，是因为他在需要武器的时候，马克思主义正处于时兴阶段。他开始指导自己的党逐渐树立起一种现实的观念，即重视农民的作用。在这个阶段，农民是中国人口中的绝对多数，并且表现得特别能战斗。

毛能使党掌握政权是因为，他的敌人腐败以及对日本帝国主义的

韶山群众前往毛泽东故居向一代伟人致哀。

入侵掉以轻心。一旦掌权，毛便迅速地把中国的经济结构转变为社会主义的经济制度，这一制度抵制欧美的工业化模式，坚持保护人，哪怕以速度和经济比例为代价。

在20世纪40年代击败了日本和蒋介石后，50年代毛又宣布向地球开战，60年代则向人的本性挑战。他总是走极端——企求百花齐放运动中彻底的言论自由，"大跃进"运动中个人的集体主义精神，"文化大革命"中领导与被领导的完全平等。每一种尝试都失败了，因为没有党的支持。然而，每一种实验后，总有些沉淀积存下来，它们使中国的共产主义，使中国的国家生活具有了自己的特点。

无论如何，隐藏在成就后面的那个人仍然是个谜。一个精力充沛的人物，蕴含了对权势的憎恶和因教育或教养被社会拒于门外的愤怒，他的一生波澜壮阔，不断从打击中站起，并且这些打击似乎没有给他留下创伤。他说服了许多最亲密的亲戚和朋友参加到他的革命事业中来，然而，他见到的仅是他们一个个地牺牲在为革命成功而进行的残酷战争中。从他的几次婚姻生活中，我们只是偶然瞥见一丝感情的流露。在他的孩子们的儿童时期，他爱他们，但一俟他们成年，他便显得严厉而冰冷了。最后，没有人赢得他的心。对他来说，人的感情是第二位的。

译 后 记

毛泽东留给我们民族最可宝贵的遗产是以他名字命名的科学思想体系。今天，人们愈来愈深切地认识到，要当之无愧地继承这笔极其丰富的精神财富，首先必须对它作出全面正确的理解；而获得全面正确理解的重要渠道则是把这一思想体系同毛泽东一生波澜壮阔的革命实践以及这一实践依据的中国特殊历史条件有机地联系起来加以考察。只有这样才可能深刻领会毛泽东思想的历史内涵和精神实质，从而真正掌握他的基本立场、观点和方法。正因为如此，对毛泽东生平的研究日益成为毛泽东思想研究领域中一个不可分割的重要组成部分。

研究毛泽东的生平是一项非常重要而又难度很大的工作。无论从什么角度着眼，毛泽东都是20世纪最杰出的历史人物。作为革命家，他在中国这个半殖民地半封建的落后农业大国中成功地领导了新民主主义和社会主义革命，大大加快了中国社会的历史进程；作为思想家，他以深邃的历史洞察力和追求真善美的理论创新勇气把马列主义普遍真理与中国革命具体实践相结合，创立了一种符合中国历史要求的思想体系，为落后民族走向社会主义前途开拓了一条崭新的思路；作为军事家，他依据对人民革命战争特殊规律的深刻认识，制定了高超的战略战术原则，运筹帷幄，决胜千里，创造了以弱胜强、以小胜大的战争奇迹；作为诗人，他留下了一篇篇气势恢宏、才华横溢的千古绝唱；同时，他又是一位有血有肉的普通人，像常人一样具有自己独特的性格、气质和情感，体验着人生的喜怒哀乐。这一切，构成了毛泽东的历史人格。此其一。毛泽东以其毕生奋斗改变了中国的历史走向和世界的政治格局，在中国现代史半个多世纪风云变幻的进程中，他始终处于时代潮流的中心，中国革命的轨迹同他的个人经历不可分割地交织在一起，烙上了他作为领袖人物的不可磨灭的个人印迹。可以说，不懂得毛泽东，就不会真正理解中国现代革命史，反之亦然，要真正理解毛泽东，也必须对中国半个多世纪血与火的艰难历程有一个透彻的理解。此其二。毛泽东的一生全部奉献给了中华民族的解放和发展事业，他的功绩无与伦比，但是他在晚年也出现过一些严重失误，尤其是在社会主义革命和建设的某些重大问题上，他的真知灼见和错误言行交织在一起，呈现出一种错综复杂的状况。此其三。至少是由于以上三点，完整地、准确地、生动地再现毛泽东这位历史人物的本来面貌并对其功过是非作出令人信服的评说，无疑是一项相当艰巨浩繁的工程。

研究毛泽东的生平，对中外史学界都是一个具有挑战性的重要课题。多年来，国外学者出版了许多研究毛泽东生平的传记性著作，我们这里作为《国外研究毛泽东思想资料选辑》第六辑介绍给读者的这部由迪克·威尔逊撰写的《毛泽东传》，在一定程度上反映了他们在这个领域中的研究状况。

迪克·威尔逊先生是国外研究当代中国问题的知名学者。他早年就读于英国牛津大学，后在研究中国问题的权威性刊物《中国季刊》担任主编，现在美国伯克利加州大学从事有关研究工作。威尔逊先生在研究当代中国历史和人物方面有一定造诣，除这部毛泽东传记著作外，他的主要著述还有《周恩来传》《长征，1935年》《亚洲的觉醒》《人类的四分之一》等。他曾数次访华，同我国学者进行学术交流。

我们在本书编辑过程中感到，威尔逊先生是以学者态度从事这项研究的。毛泽东一生留下了大量著述和讲话稿，这是研究他的思想和活动的基础资料。此外，还有许多有关历史文献和回忆录对于了解毛泽东的个人生活、革命实践及其历史背景也是非常重要的。详尽准确地占有这些文献史料是对毛泽东生平进行科学研究的前提条件。但由于种种原因，这无论对于国内学者还是国外学者都是一项有相当难度的工作。可以看出，威尔逊先生在这方面投入了大量精力，充分利用了他所能收集到的各种材料，这是本书具有一定的学术参考价值的原因所在。

尽可能全面地掌握有关文献史料是研究毛泽东生平的必要前提，但仅此还远远不够。毛泽东是作为无产阶级革命家参与历史活动的，在存在不同社会制度和思想体系的当今世界上，人们从各自的立场和角度出发，对他的言论和行动无疑会作出不同甚至相反的分析和评价。毛泽东晚年出现的严重失误，往往使情况变得更为复杂。威尔逊先生不是运用唯物史观来研究毛泽东的。但是，作为一位学者，他比较能够尊重事实，尊重历史，力求从他的角度对毛泽东作出比较客观的描述和评价。

威尔逊先生在本书的结构安排上采取了以毛泽东的政治生涯为主线，兼顾他在其他领域中活动，同时穿插其个人生活的写法。这种有主有次、有详有略的全方位考察，也在一定程度上有助于再现毛泽东极富特色的个人风貌，使本书具有可读性。

当然，毋庸讳言，像国外许多这类著作一样，本书也存在一些明显的缺陷。由于在收集和理解文献史料方面存在的众所周知的困难，作者不得不大量利用第二手材料，甚至某些道听途说的东西，但又没能进行严谨的考证或鉴别，便据此作出某些推测性的叙述，这就难免出现一些不准确或失实之处。

另外，作者采用的某些研究方法在我们看来也不够妥当。

其一是所谓心理分析法。威尔逊先生很注重分析毛泽东的性格结构，并试图用他早年形成的个性特征作为解释他的政治倾向和历史活动的重要因素。这在西

| 译 后 记 |

方传记作者中是带有相当普遍性的现象。毛泽东作为一位现实的历史人物无疑具有与他人不同的个人特征，这种特征在他作出反应或选择时肯定也会以某种方式发挥作用，因而确应加以研究。但是，毛泽东作为革命者所走过的道路毕竟是以他对中国革命特殊规律的理性认识为依据的，他的动机和方式只有在中国的历史和现实以及生动的革命实践中才能找到其最深刻的根源。应当说，历史塑造了毛泽东这个人物及其性格，而不是相反。否则，过分强调他早年经历所形成的性格，往往会使毛泽东的革命生涯蒙上一层命定论的神秘色彩。其二是权力斗争的观察视角。在领导中国革命和建设的漫长过程中，党内斗争无疑是毛泽东政治活动的一个重要内容。通过这种斗争，毛泽东带领全党克服了革命队伍内部存在的种种错误倾向，保证了中国革命沿着正确的轨道前进，当然在晚期，特别是在"文化大革命"中，他在这种斗争中也出现了严重的失误。但是，无论在正确地进行这种斗争还是在出现失误时，在毛泽东看来，这种斗争的实质都是事关中国革命和建设事业成败的原则之争。国外学者一般都对研究这种斗争表现出浓厚的兴趣，但他们往往过多地从个人的角度、从权力斗争的角度去观察和认识问题，这就难免混淆事情的本来面目，无法正确地分析这种斗争的真实意义和功过是非。应当说，在威尔逊先生的这本书中也不同程度地存在着这种倾向。

在本书中译本的翻译、校订和编辑过程中，我们对其中有些疏漏和讹误之处做了必要的订正和注释，但未对所有细节一一加以核对，请读者注意。对于作者叙述中过于冗长的、游离于主题之外的或属于道听途说的文字，我们作了必要的删节。作者在英文原版中对所引文献史料没有一一注明出处，只开列了每章的参考书目，现在中译本的注释是译校者参阅作者的书目查对现有中文资料后注出的。本书原中文译本为《历史巨人——毛泽东》，此次重印改为现书名。

《国外研究毛泽东思想资料选辑》编辑组负责组织本书的翻译、校订和编审。参加这一辑编审工作的是石仲泉、张宁。杨凤城和张爱茹参加了本书的统稿和校订工作。张宁和张爱茹负责本书的编辑工作。参加翻译工作的有：杨凤城（第17、22、23、24、25、26、27、28章和结论）、范琦勇和刘红卫（序、第1、2、3、4、5、6、11、12、13章）、刘一皋（第7、8、9、10章）、毋樱祥（第14、15、16章）、温乐群（第18、19、20、21章）、刘晓、刘晶、王树荫、陈先奎参加翻译了第一、三编的部分内容。

由于水平所限，本书的翻译、校审和编辑工作难免有疏漏之处，敬请读者予以指正。

《国外研究毛泽东思想资料选辑》编辑组

摄 影

（按音序排列）

鲍乃镛	曹兴华	陈正青	陈之平	成元功
崔宝林	丁翔起	杜修贤	高　风	高　粮
高振普	官天一	郭占英	何世尧	侯　波
花　皑	黄新民	胡宝玉	康茅召	雷明明
李宝坤	李虎臣	李基禄	李九龄	刘东鳌
刘庆瑞	刘少山	李学增	吕厚民	吕相友
孟庆彪	梦　珊	孟昭瑞	钱嗣杰	乔治·洛蒂
齐观山	齐铁砚	盛承天	苏俊慧	塔吉·古拉
唐理奎	汤庆森	童小鹏	王一兵	王永宏
吴化学	吴印咸	徐大刚	雪　印	许万育
徐肖冰	袁　浩	袁汝逊	俞沛文	张　彬
张　举	赵黄岗	赵　炜	赵行杰	郑茂相
郑小箴	邹健东			

声　明

在此，我们对为本书做出了贡献的人们，一并表示最衷心的谢忱。由于种种原因，个别图片作者的姓名可能有遗漏，在此深表歉意。

需要说明的是，对部分图片作者，因地址不详而无法联系，也无法支付报酬。请作者见书后与我们联系。